LAZOS LITERARIOS

Jane Eyre

y

Lecturas afines

❧ **McDougal Littell**
A HOUGHTON MIFFLIN COMPANY
Evanston, Illinois   Boston   Dallas

Acknowledgments

Simon & Schuster: "The Governess" (*"La institutriz"*) from *What Jane Austen Ate and Charles Dickens Knew* by Daniel Pool; Copyright © 1993 by Daniel Pool. Reprinted and translated with the permission of Simon & Schuster.

Bloodaxe Books Ltd.: "I see, I see the crescent moon" (*"Veo, veo la media luna"*) from *Selected Poems by Anna Akhmatova* by Anna Akhmatova, translated by Richard McKane. Copyright © 1969, 1989 by Richard McKane. Reprinted and translated by permission of Bloodaxe Books, Ltd.

Smith/Skolnick Agency: "Signs and Symbols" (*"Signos y símbolos"*) from *Nabokov's Dozen* by Vladimir Nabokov; Copyright 1948 by Vladimir Nabokov. Reprinted and translated by arrangement with the Estate of Vladimir Nabokov and Smith/Skolnick Agency.

PeopleWeekly Syndication: "Home for Hope" (*"Una casa para la esperanza"*) by Ron Arias, from *People Weekly,* January 23, 1995; Copyright © 1995 by Time Inc. Reprinted and translated by permission of People Weekly.

Wallace Literary Agency, Inc.: "Seventh House" (*"Séptima casa"*) from *The Grandmother's Tale and Selected Stories* by R. K. Narayan. (Published by Viking); Copyright © 1970, 1994 by R. K. Narayan. Reprinted and translated by permission of the Wallace Literary Agency, Inc.

Contenido

Jane Eyre

Charlotte Brontë

Traducción
Juan G. de Luaces

Capítulo 1

Aquel día no fue posible salir de paseo. Por la mañana jugamos durante una hora entre los matorrales, pero después de comer (Mrs. Reed comía temprano cuando no había gente de fuera), el frío viento invernal trajo consigo unas nubes tan sombrías y una lluvia tan recia, que toda posibilidad de salir se disipó.

Yo me alegré. No me gustaban los paseos largos, sobre todo en aquellas tardes invernales. Regresábamos de ellos al anochecer, y yo volvía siempre con los dedos agarrotados, con el corazón entristecido por los regaños de Bessie, la niñera, y humillada por la consciencia de mi inferioridad física respecto a Eliza, John y Georgiana Reed.

Los tres, Eliza, John y Georgiana, se agruparon en el salón en torno a su madre, reclinada en el sofá, al lado del fuego. Rodeada de sus hijos (que en aquel instante no disputaban ni alborotaban), mi tía parecía sentirse perfectamente feliz. A mí me dispensó de la obligación de unirme al grupo, diciendo que se veía en la necesidad de mantenerme a distancia hasta que Bessie le dijera, y ella lo comprobara, que yo me esforzaba en adquirir mejores modales, en ser una niña obediente. Mientras yo no fuese más sociable, más despejada, menos huraña y más agradable en todos los sentidos, Mrs. Reed se creía obligada a excluirme de los privilegios reservados a los niños obedientes y buenos.

—¿Y qué ha dicho Bessie de mí? —interrogué al oír aquellas palabras.

—No me gustan las niñas preguntonas, Jane. Una niña no debe hablar a los mayores de esa manera. Siéntate en cualquier parte y, mientras no se te ocurran mejores cosas que decir, estáte callada.

Me deslicé hacia el comedorcito de desayunar anexo al salón y en el cual había una estantería con libros. Cogí uno que tenía bonitas estampas. Me encaramé al alféizar de una ventana, me senté en él cruzando las piernas como un turco y, después de correr las rojas cortinas que protegían el hueco, quedé aislada por completo en aquel retiro.

Las cortinas escarlatas limitaban a mi derecha mi campo visual, pero a la izquierda, los cristales, aunque me defendían de los rigores de la inclemente tarde de noviembre, no me impedían contemplarla. Mientras volvía las hojas del libro, me paraba de cuando en cuando para otear el paisaje invernal. A lo lejos todo se fundía en un horizonte plomizo de nubes y nieblas. De cerca se divisaban los prados húmedos y los arbustos agitados por el viento, y sobre toda la perspectiva caía, sin cesar, una lluvia desoladora.

Continué hojeando mi libro. Era una obra de Bewick, *History of British Birds*, consagrada en gran parte a las costumbres de los pájaros y cuyas páginas de texto me interesaban poco, en general. No obstante, había unas cuantas de introducción que, a pesar de ser muy niña aún, me atraían lo suficiente para no considerarlas áridas del todo. Eran las que trataban de los lugares donde suelen anidar las aves marinas: «las solitarias rocas y promontorios donde no habitan más que estos seres», es decir, las costas de Noruega salpicadas de islas, desde su extremidad meridional hasta el Cabo Norte.

Do el mar del Septentrión, revuelto, baña
la orilla gris de la isla melancólica
de la lejana Tule, y el Atlántico
azota en ruda tempestad las Hébridas. . .

Me sugestionaba mucho el imaginar las heladas riberas de Laponia, Siberia, Spitzberg, Nueva Zembla,

Islandia, Groenlandia y «la inmensa desolación de la Zona Ártica, esa extensa y remota región desierta que es como el almacén de la nieve y el hielo, con sus interminables campos blancos, con sus montañas heladas en torno al polo, donde la temperatura alcanza su más extremado rigor».

Yo me formaba una idea muy personal de aquellos países, una idea fantástica, como todas las nociones aprendidas a medias que flotan en el cerebro de los niños, pero intensamente impresionante. Las frases de la introducción se relacionaban con las estampas del libro y prestaban máximo relieve a los dibujos: una isla azotada por las olas y por la espuma del mar, una embarcación estrallándose contra los arrecifes de una costa peñascosa, una luna fría y fantasmal iluminando, entre nubes sombrías, un naufragio. . .

No acierto a definir el sentimiento que me inspiraba una lámina que representaba un cementerio solitario, con sus lápidas y sus inscripciones, su puerta, sus dos árboles, su cielo bajo y, en él, media luna que, elevándose a lo lejos, alumbraba la noche naciente.

En otra estampa dos buques que aparecían sobre un mar en calma se me figuraban fantasmas marinos. Pasaba algunos dibujos por alto: por ejemplo, aquel en que una figura cornuda y siniestra, sentada sobre una roca, contemplaba una multitud rodeando una horca que se perfilaba en lontananza.

Cada lámina de por sí me relataba una historia: una historia generalmente oscura para mi inteligencia y mis sentimientos no del todo desarrollados aún, pero siempre interesante, tan interesante como los cuentos que Bessie nos contaba algunas tardes de invierno, cuando estaba de buen humor. En esas ocasiones llevaba a nuestro cuarto la mesa de planchar y, mientras repasaba los lazos de encaje y los gorros de dormir de Mrs. Reed, nos relataba narraciones de amor y de aventuras tomadas de antiguas fábulas y romances y, en ocasiones (según más adelante descubrí), de las páginas de *Pamela and Henry, Earl of Moreland*.

Con el libro en las rodillas me sentía feliz a mi modo. Sólo temía ser interrumpida, y la interrupción llegó, en efecto. La puerta del comedorcito acababa de abrirse.

—¡Eh, tú, doña Estropajo! —gritó la voz de John Reed.

Al ver que el cuarto estaba, en apariencia, vacío, se interrumpió.

—¡Lizzy, Georgy! —gritó—. Jane no está aquí. ¡Debe de haber salido, con lo que llueve! ¡Qué bestia es! Decídselo a mamá.

«Menos mal que he corrido las cortinas» , pensaba yo.

Y deseaba con todo fervor que no descubriera mi escondite. John Reed no lo hubiera encontrado probablemente, ya que su sagacidad no era mucha, pero Eliza, que asomó en aquel momento la cabeza por la puerta, dijo:

—Está en el antepecho de la ventana, Jack. Estoy segura de ello.

Me apresuré a salir, temiendo que si no Jack me sacase a rastras.

—¿Qué quieres? —pregunté con temor.

—Debes decir: «¿Qué quiere usted, señorito Reed?» —repuso—. Quiero que vengas aquí.

Y sentándose en una butaca, me ordenó con un ademán que me acercara.

John Reed era un mozalbete de catorce años, es decir, contaba cuatro más que yo. Estaba muy desarrollado y fuerte para su edad, su piel era fea y áspera, su cara ancha, sus facciones toscas y sus extremidades muy grandes. Comía hasta atracarse, lo que le producía bilis y le hacía tener los ojos abotargados y las mejillas hinchadas. Debía haber estado ya en el colegio, pero su mamá le retenía en casa durante un mes o dos, «en atención a su delicada salud». Mr. Miles, el maestro, opinaba que John se hallaría mejor si no le enviasen de casa tantos bollos y confituras, pero la madre era de otro criterio y creía que la falta de salud de su hijo se debía a que estudiaba en exceso.

John no tenía mucho cariño a su madre ni a sus hermanas y sentía hacia mí una marcada antipatía. Me reñía y me castigaba no una o dos veces a la semana o al día, sino siempre y continuamente. Cada vez que se acercaba a mí, todos mis nervios se ponían en tensión y un escalofrío me recorría los huesos. El terror que me inspiraba me hacía perder la cabeza. Era inútil apelar a nadie: la servidumbre no deseaba malquistarse con el hijo de la señora, y ésta era sorda y ciega respecto al asunto. Al parecer, no veía nunca a John pegarme ni insultarme en su presencia, pese a que lo efectuaba más de una vez, si bien me maltrataba más frecuentemente a espaldas de su madre.

Obediente, como de costumbre, a las órdenes de John, me acerqué a su butaca. Durante tres minutos estuvo insultándome con todas las energías de su lengua. Yo esperaba que me pegase de un momento a otro, y sin duda en mi rostro se leía la aversión que me inspiraba, porque, de súbito, me descargó un golpe violento. Me tambaleé, procuré recobrar el equilibrio y me aparté uno o dos pasos de su butaca.

—Eso es para que aprendas a contestar a mamá, y a esconderte entre las cortinas, y a mirarme como me acabas de mirar.

Estaba tan acostumbrada a las brutalidades de John Reed, que ni siquiera se me ocurría replicar a sus injurias y sólo me preocupaba de los golpes que solían seguirlas.

—¿Qué hacías detrás de la cortina? —preguntó.

—Leer.

—A ver el libro.

Lo cogí de la ventana y se lo entregué.

—Tú no tienes por qué andar con nuestros libros. Eres inferior a nosotros: lo dice mamá. Tú no tienes dinero, tu padre no te ha dejado nada y no tienes derecho a vivir con hijos de personas distinguidas como nosotros, ni a comer como nosotros, ni a vestir como nosotros a costa de mamá. Yo te enseñaré a coger mis libros. Porque son míos, para que te enteres, y la casa, y todo lo que hay en ella me pertenece, o me pertenecerá dentro de pocos años. Sepárate un poco y quédate en pie en la puerta, pero no lejos de las ventanas y del espejo.

Le obedecí, sin comprender de momento sus propósitos. Reparé en ellos cuando le vi asir el libro para tirármelo, y quise separarme, pero ya era tarde. El libro me dio en la cabeza, la cabeza tropezó contra la puerta, el golpe me produjo una herida y la herida comenzó a sangrar. El dolor fue tan vivo que mi terror, que había llegado a su extremo límite, dio lugar a otros sentimientos.

—¡Malvado! —le dije—. Eres peor que un asesino, que un negrero, que un emperador romano. . .

Yo había leído *History of Rome*, de Goldsmith, y había formado una opinión personal respecto a Nerón, Calígula y demás césares. E incluso había en mi interior establecido paralelismos que hasta aquel momento guardaba ocultos, pero que entonces no conseguí reprimir.

—¡Cómo! —exclamó John—. Eliza, Georgiana, ¿habéis oído lo que me ha dicho? Voy a contárselo a mamá. Pero antes. . .

Se precipitó hacia mí, me cogió por el cabello y por la espalda y me zarandeó bárbaramente. Yo le consideraba un tirano, un criminal. Una o dos gotas de sangre se deslizaron desde mi cabeza hasta mi cuello. Sentí un dolor agudo. Aquellas impresiones se sobrepusieron a mi miedo y repelí a mi agresor enérgicamente. No sé bien lo que hice, pero le oí decir a gritos:

—¡Condenada! ¡Perra!

No tardó en recibir ayuda. Eliza y Georgiana habían corrido hacia su madre y ésta aparecía ya en escena, seguida de Bessie y de Abbot, la criada.

Nos separaron y oí exclamar:

—¡Hay que ver! ¡Con qué furia pegaba esa niña al señorito John!

—¡Con cuánta rabia!

La Mrs. ordenó:

—Llévensela al cuarto rojo y enciérrenla en él.

Varias manos me sujetaron y me arrastraron hacia las escaleras.

Capítulo 2

Resistí por todos los medios. Ello era una cosa insólita y contribuyó a aumentar la mala opinión que de mí tenían Bessie y Miss Abbot. Yo estaba excitadísima, fuera de mí. Comprendía, además, las consecuencias que iba a aparejar mi rebeldía y, como un esclavo insurrecto, estaba firmemente decidida, en mi desesperación, a llegar a todos los extremos.

—Cuidado con los brazos, Miss Abbot: la pequeña araña como una gata.

—¡Qué vergüenza! —decía la criada—. ¡Qué vergüenza, señorita Eyre! ¡Pegar al hijo de su bienhechora, a su señorito!

—¿Mi señorito? ¿Acaso soy una criada?

—Menos que una criada, porque ni siquiera se gana el pan que come. Ea, siéntese aquí y reflexione a solas sobre su mal comportamiento.

Me habían conducido al cuarto indicado por Mrs. Reed y me hicieron sentarme. Mi primer impulso fue ponerme en pie, pero las manos de las dos mujeres me lo impidieron.

—Si no se está usted quieta, habrá que atarla —dijo Bessie—. Déjeme sus ligas, Abbot. No puedo quitarme las mías, porque tengo que sujetarla.

Abbot procedió a despojar sus gruesas piernas de sus ligas. Aquellos preparativos y la afrenta que había de seguirlos disminuyeron algo mi excitación.

—No necesitan atarme —dije—. No me moveré.

Y, como garantía de que cumpliría mi promesa, me senté voluntariamente.

—Más le valdrá —dijo Bessie.

Cuando estuvo segura de que yo no me rebelaría más, me soltó, y las dos, cruzándose de brazos, me contemplaron como si dudaran de que yo estuviera en mi sano juicio.

—Nunca había hecho una cosa así —dijo Bessie, volviéndose a la criada.

—Pero en el fondo su modo de ser es ése —replicó la otra—. Siempre se lo estoy diciendo a la señora, y ella concuerda conmigo. Es una niña de malos instintos. Nunca he visto cosa semejante.

Bessie no contestó, pero se dirigió a mí y me dijo:

—Debe usted comprender, señorita, que está bajo la dependencia de Mrs. Reed, que es quien la mantiene. Si la echara de casa, tendría usted que ir al hospicio.

No contesté a estas palabras. No eran nuevas para mí: las estaba oyendo desde que tenía uso de razón. Y sonaban en mis oídos como un estribillo, muy desagradable sí, pero sólo comprensible a medias. Miss Abbot agregó:

—Y aunque la señora tenga la bondad de tratarla a usted como si fuera igual que sus hijos, debe usted quitarse de la cabeza la idea de que es igual al señorito y a las señoritas. Ellos tienen mucho dinero y usted no tiene nada. Así que su obligación es ser humilde y procurar hacerse agradable a sus bienhechores.

—Se lo decimos por su bien —añadió Bessie con más suavidad—. Si procura usted ser buena y amable, quizá pueda vivir siempre aquí, pero si es usted maleducada y violenta, la señora la echará de casa.

—Además —acrecentó Miss Abbot—, Dios la castigará. Ande, Bessie, vámonos. Rece usted, señorita Eyre, y arrepiéntase de su mala acción, porque, si no, puede venir algún coco por la chimenea y llevársela.

Se fueron y cerraron la puerta.

El cuarto rojo no solía usarse nunca, a menos que en Gateshead Hall hubiese una extraordinaria afluencia de invitados. Era, sin embargo, uno de los mayores y más majestuosos aposentos de la casa. Había en él un lecho de caoba, de macizas columnas con cortinas de damasco rojo, situado en el centro de la habitación, como un tabernáculo. La habitación tenía dos ventanas grandes con las cortinas perpetuamente corridas. La alfombra era roja y la mesita situada junto al lecho estaba cubierta con un paño carmesí. Las paredes se hallaban tapizadas en rosa. El armario, el tocador y las sillas eran de caoba barnizada en oscuro. Junto al lecho había un sillón lleno de cojines, casi tan ancho como alto, que me parecía un trono.

El cuarto era frío, porque casi nunca se encendía la chimenea en él; silencioso, porque estaba lejos de las cocinas y del cuarto de los niños; solemne, porque me constaba que se usaba pocas veces y porque. . . La criada sólo entraba allí los sábados para quitar el polvo del espejo y de los muebles. De tarde en tarde, Mrs. Reed visitaba también la habitación para revisar, en un departamento secreto del armario, las joyas que guardaba en unión de un retrato de su difunto marido. . .

La clave de que el cuarto rojo fuera imponente residía en esas últimas palabras. Mr. Reed había muerto nueve años atrás precisamente en aquella habitación, en ella había permanecido de cuerpo presente, y todo fue dejado allí en la misma forma en que se encontraba al fallecer su tío.

El asiento en que Bessie y la áspera Abbot me habían hecho instalarme era una otomana baja, próxima a la chimenea de mármol. Ante mí se erguía el lecho; a mi derecha quedaba el armario, grande y sombrío, con negros reflejos en sus paredes; y a la izquierda, las ventanas cerradas, entre las cuales había un gran espejo que duplicaba la visión de la vacía majestad del lecho y del aposento.

Yo no estaba absolutamente segura de si las dos mujeres habían cerrado la puerta al marcharse. Me atreví a levantarme para comprobarlo. ¡Ay, sí!, la encontré cerrada herméticamente.

Pasé ante el espejo otra vez. Involuntariamente mis

ojos fascinados dirigieron una mirada al cristal. Todo parecía en el espejo más frío y más sombrío de lo que era en realidad, y la extraña figurita que, en el rostro lívido y los ojos brillantes de miedo, aparecía en el cristal se me figuraba un espíritu, uno de aquellos seres, entre hadas y duendes, que en las historias de Bessie se aparecían a los viajeros solitarios. Volví a mi asiento.

Comenzaba a acosarme a la superstición. Pero no me dominaba del todo: aún quedaban en mi alma rastros de la energía que me infundiera mi rebeldía reciente. En mi cabeza se agitaban las violencias de John Reed, la orgullosa indiferencia de sus hermanas, la aversión de su madre y la parcialidad de la servidumbre, como los sedimentos depositados dentro de un pozo salen a la superficie al agitarse sus aguas. ¿Por qué abría de sufrir siempre, de ser siempre golpeada, siempre acusada, siempre considerada culpable? ¿Por qué no agradaba nunca a nadie, ni jamás merecía atención alguna? Eliza, testaruda y egoísta, era respetada. A Georgiana, díscola, caprichosa e insolente, todo se le perdonaba. Su belleza, sus mejillas rosadas y sus dorados rizos encantaban a cuantos la veían y le daban derecho a que se pasasen por alto todas sus faltas. John no era jamás reprendido, ni mucho menos castigado, aunque retorciese el cuello a los pichones, matase las crías de los pavos reales, maltratase a los perros, cogiese las uvas de las parras y arrancase los retoños de las plantas más delicadas del invernadero. Llamaba *vieja* a su madre, se burlaba de su piel morena —tan parecida a la de él—, no hacía caso alguno de ella, estropeaba a veces sus vestidos de seda y, con todo, era «su niño querido». Yo no hacía nada malo, procuraba cumplir todos mis deberes y, sin embargo, se me consideraba fastidiosa y traviesa y se me reñía siempre, de la mañana a la tarde y de la tarde a la mañana.

Mi cabeza sangraba aún del golpe que me asestara John, sin que nadie le hubiera reprendido a él por eso y, en cambio, mi reacción contra aquella violencia merecía la reprobación general.

«Es muy injusto», decía mi razón, estimulada por una precoz, aunque transitoria energía. Y en mi interior se forjaba la resolución de librarme de aquella situación de tiranía intolerable, o bien huyendo de la casa o, si eso no era posible, negándome a comer y a beber para concluir, muriendo, con tanta tortura.

Durante aquella inolvidable tarde la consternación reinaba en mi alma, un caos mental en mi cerebro y una rebeldía violenta en mi corazón. Mis pensamientos y mis sentimientos se debatían en torno a una pregunta que no lograba contestar: «¿Por qué he de sufrir así? ¿Por qué me tratan de este modo?»

No lo comprendí claramente hasta pasados muchos años. Yo discordaba con el ambiente de Gateshead Hall, yo no era como ninguno de los de allí, yo no tenía nada de común con Mrs. Reed, ni con sus hijos, ni con sus servidores. Me querían tan poco como yo a ellos. No sentían propensión alguna a simpatizar con un ser que ni en temperamento ni en inclinaciones se les asemejaba, con un ser que no les era útil ni agradable en nada. Si yo, al menos, hubiera sido una niña juguetona, guapa, alegre y atrayente, mi tía me hubiera soportado mejor, sus hijos me hubieran tratado con más cordialidad y las criadas no hubieran descargado siempre sobre mí todos sus malos humores.

La luz del día comenzaba a disiparse en el cuarto rojo. Eran más de las cuatro y la tarde se convertía, rápida, en crepúsculo. Yo oía aullar el viento y batir la lluvia en las ventanas. Mi cuerpo estaba ya tan frío como una piedra y, no obstante, cada vez sentía un frío mayor. Todo mi valor de antes se esfumaba. Mi acostumbrada humillación, las dudas que albergaba sobre mi propio valor, la habitual depresión de mi ánimo, recuperaban su imperio de siempre a medida que mi cólera decaía. Todos decían que yo era muy mala, y acaso lo fuese. . . ¿No acababa de ocurrírseme la idea de dejarme morir? Eso era un pecado y, además, ¿me sentía en efecto dispuesta a la muerte? ¿Acaso las tumbas situadas bajo el pavimento de la iglesia de Gateshead eran un lugar atractivo? Allí me habían dicho que fue enterrado Mr. Reed. Este recuerdo hizo aumentar mi temor.

No me acordaba de él. Sólo sabía que mi tío, hermano de mi madre, me había recogido en su casa al quedarme huérfana y que, antes de morir, hizo prometer a su mujer que me trataría como a sus propios hijos. Sin duda, Mrs. Reed creía haber cumplido su promesa —y hasta quizá quepa decir que la cumplía tanto como se lo permitía su modo de ser—, pero en realidad, ¿cómo había de interesarse por una persona a la que no le unía parentesco alguno y que, muerto su marido, era una intrusa en su casa?

Comenzó a surgir en mi mente una extraña idea. Yo no dudaba de que, si mi tío hubiera vivido, me habría tratado bien. Y en aquellos momentos, mientras miraba al lecho y las paredes sombrías, y también, de vez en cuando, al espejo que daba a todas las cosas un aspecto fantástico, empecé a rememorar ocasiones en las que oyera hablar de muertos salidos de sus tumbas para vengar la desobediencia a sus últimas voluntades. Pensé que bien pudiera suceder que el espíritu de mi tío, indignado por los padecimientos que se infligían a la hija de su hermana, surgiese, ya de la tumba de la iglesia, ya del mundo desconocido en que moraba, y se presentase en aquella habitación para consolarme. Yo sospechaba que tal posibilidad, muy confortadora en teoría, debía ser terrible en la realidad. Traté de tranquilizarme, aparté el cabello que se me caía sobre los ojos, levanté la cabeza y traté de sondear las tinieblas de la habitación.

En aquel instante, una extraña claridad se reflejó en la pared. ¿Será —me pregunté— un rayo de luna que se desliza entre las cortinas de las ventanas? Pero la luz de la luna no se mueve, y aquella luz cambiaba de lugar. Por un momento se reflejó en el techo y luego osciló sobre mi cabeza.

Ahora, a través del tiempo transcurrido, conjeturo que tal luz provendría de alguna linterna que, para orientarse en la oscuridad, llevase alguien que cruzaba el campo, pero entonces, predispuesta mi mente a todos los horrores, en tensión todos mis nervios, pensé que aquella claridad era quizá el preludio de una aparición del otro mundo. El corazón me latía apresuradamente, las sienes me ardían, mis oídos percibieron un extraño sonido, como el apresurado batir de unas alas invisibles, y me pareció que algo terrible y desconocido se me aproximaba. Me sentí sofocada, oprimida; no podía más. . . Corrí a la puerta y la golpeé con desesperación. Sonaron pasos en el corredor, la llave giró en la cerradura y entraron en la habitación Abbot y Bessie.

—¿Se ha puesto usted mala, señorita? —preguntó Bessie.

—¡Qué modo de gritar! ¡Creí que iba a dejarme sorda! —exclamó Miss Abbot.

—Sáquenme de aquí. Déjenme ir a mi cuarto —grité.

—Pero ¿qué le ha pasado? ¿Ha visto alguna cosa rara? —preguntó Bessie.

—He visto una luz y me ha parecido que se me acercaba un fantasma —dije, cogiendo la mano de Bessie.

—Ha gritado a propósito —opinó Abbot—. Si la hubiese ocurrido algo, podía disculparse ese modo de gritar, pero lo ha hecho para que viniéramos. Conozco sus mañas.

—¿Qué pasa? —preguntó otra voz.

Mi tía apareció en el pasillo, haciendo mucho ruido con las faldas sobre el pavimento. Se dirigió a Bessie y a Miss Abbot.

—Creo haber ordenado —dijo— que se dejase a Jane Eyre encerrada en el cuarto rojo hasta que yo viniese a buscarla.

—Es que Miss Jane dio un grito terrible, señora — repuso Bessie.

—No importa —contestó mi tía—. Suelta la mano de Bessie, niña. No te figures que por esos procedimientos lograrás que te saquemos de aquí. Odio las farsas, sobre todo en los niños. Mi deber es educarte bien. Te quedarás encerrada una hora más y cuando salgas será a condición de que has de ser obediente en lo sucesivo.

—¡Ay, por Dios, tía! ¡Perdóneme! ¡Tenga compasión de mí! ¡Yo no puedo soportar esto! ¡Castígueme de otro modo! ¡Me moriría si viera. . .!

—¡A callar! No puedo con esas patrañas tuyas.

Probablemente mi tía creía sinceramente que yo estaba fingiendo para que me soltasen y me consideraba como un complejo de malas inclinaciones y doblez precoz.

Bessie y Abbot se retiraron y Mrs. Reed, cansada de mis protestas y de mis súplicas, me volvió bruscamente la espalda, cerró la puerta y se fue sin más comentarios. Sentí alejarse sus pasos por el corredor. Y debí de sufrir un desmayo, porque no me acuerdo de más.

Capítulo 3

Lo primero de lo que me acuerdo después de aquello es de una especie de pesadilla en el curso de la cual veía ante mí una extraña y terrible claridad roja, atravesada por barras negras. Parecía oír voces confusas, semejantes al aullido del viento o al ruido de la caída del agua de una cascada. El terror confundía mis impresiones. Luego noté que alguien me cogía, me incorporaba de un modo mucho más suave que hasta entonces lo hiciera nadie conmigo y me sostenía en aquella posición, con la cabeza apoyada, no sé si en una almohada o en un brazo.

Cinco minutos después, las nubes de la pesadilla se disiparon y me di cuenta de que estaba en mi propio lecho y que la luz roja era el fuego de la chimenea del cuarto de niños. Era de noche. Una bujía ardía en la mesilla. Bessie estaba a los pies de la cama con una vasija en la mano, y un señor, sentado a la cabecera, se inclinaba hacia mí.

Sentí una inexplicable sensación de alivio, de protección y de seguridad al ver que aquel caballero era un extraño a la casa. Separé mi mirada de Bessie (cuya presencia me era menos desagradable que me lo hubiera sido, por ejemplo, la de Miss Abbot) y la fijé en el rostro del caballero. Le reconocí: era Mr. Lloyd, un boticario a quien mi tía solía llamar cuando alguien de la servidumbre estaba enfermo. Para ella y para sus niños avisaba al médico siempre.

—¿Qué? ¿Sabes quién soy? —me preguntó Mr. Lloyd.

Pronuncié su nombre y le tendí la mano. Él la estrechó, sonriendo, y dijo:

—Vaya, vaya: todo va bien. . .

Luego encargó a Bessie que no me molestasen durante la noche y dio algunas otras instrucciones complementarias. Dijo después que volvería al día siguiente y se fue, con gran sentimiento mío. Mientras estuvo sentado junto a mí, yo sentía la impresión de que tenía un amigo a mi lado, pero cuando salió y la puerta se cerró tras él, un gran abatimiento invadió mi corazón. Dijérase que la habitación se había quedado a oscuras.

—¿No tiene ganas de dormir, Miss Jane? —preguntó Bessie con inusitada dulzura.

Apenas me atreví a contestarle, temiendo que sus siguientes palabras fuesen tan violentas como las habituales.

—Probaré a dormir —dije únicamente.

—¿Quiere usted comer o beber algo?

—No, Bessie; muchas gracias.

—Entonces voy a acostarme, porque son más de las doce. Si necesita algo durante la noche, llámeme.

Aquella extraordinaria amabilidad me animó a preguntarle:

—¿Qué pasa, Bessie? ¿Estoy enferma?

—Se desmayó usted en el cuarto rojo. Pero esté segura de que pronto se pondrá buena.

Y se fue a la habitación de la doncella, que estaba contigua. Le oí decirle:

—Venga a dormir conmigo en el cuarto de los niños, Sarah. No quisiera por nada del mundo estar sola esta noche con esa pobre pequeña. Temo que se muera. ¡Dios sabe lo que habrá visto en el cuarto rojo! La señora esta vez ha sido demasiado severa.

Sarah la acompañó. Ambas se acostaron y durante media hora estuvieron cuchicheando, antes de dormirse. Yo únicamente pude entender retazos aislados de su conversación, por los que sólo saqué en limpio la esencia del objeto de la charla.

—Vio una aparición vestida de blanco. . .

—. . .Y detrás de ella, un enorme perro negro. . .

—. . .Tres golpes en la puerta de la habitación. . .

—. . .Una luz en el cementerio de la iglesia. . .

Y otras cosas por el estilo. Se durmieron, al fin. El fuego y la bujía se apagaron. Pasé toda la noche en un temeroso insomnio. Mis ojos, mis oídos y mi cerebro estaban invadidos de un miedo terrible, de un miedo como sólo los niños pueden sentir.

Con todo, ninguna enfermedad grave siguió a aquel incidente del cuarto rojo. El suceso me produjo únicamente un trauma nervioso, que aún hoy repercute en mi cerebro. Sí, Mrs. Reed: a usted le debo bastantes sufrimientos mentales. . . Pero la perdono, porque sé que ignoraba usted lo que hacía y que, cuando me sometía a aquella tortura, pensaba corregir mis malas inclinaciones.

Al día siguiente ya me levanté y estuve sentada junto al fuego de nuestro cuarto, envuelta en un mantón. Físicamente me sentía débil y quebrantada, pero mi mayor sufrimiento era un inmenso abatimiento moral, un abatimiento que me hacía prorrumpir en silencioso llanto. Intentaba enjugar mis lágrimas, pero inmediatamente otras inundaban mis mejillas. Sin embargo, tenía motivos para sentirme feliz: Mrs. Reed había salido con sus niños en coche. Abbot estaba en otro cuarto y Bessie, según se movía de aquí para allá arreglando la habitación, me dirigía de vez en cuando alguna frase amable. Tal cosa constituía para mí un paraíso de paz, acostumbrada como me hallaba a vivir entre continuas reprimendas y frases desagradables. Pero mis nervios se hallaban en un estado tal, que ni siquiera aquella calma podía apaciguarla.

Bessie se fue a la cocina y volvió trayéndome una tarta en un plato de china de brillantes colores, en el que había pintada un ave del paraíso enguirnaldada de pétalos y capullos de rosa. Aquel plato despertaba siempre mi más entusiasta admiración y, repetidas veces, había solicitado la dicha de poderlo tener en la mano para examinarlo, pero tal privilegio me fue denegado siempre hasta entonces. Y he aquí que ahora aquella preciosidad se hallaba sobre mis rodillas y que se me invitaba cordialmente a comer el delicado pastel que contenía. Mas aquel favor llegaba, como otros muchos ardientemente deseados en la vida, demasiado tarde. No tenía ganas de comer la tarta y las flores y los plumajes del pájaro me parecían aquel día extrañamente deslucidos. Bessie me preguntó si quería algún libro y esta palabra obró sobre mí como un enérgico estimulante. Le pedí que me trajese de la biblioteca los *Viajes de Gulliver*. Yo los leía siempre con deleite renovado y me parecían mucho más interesantes que los cuentos de hadas. Habiendo buscado en vano los enanos de los cuentos entre las campánulas de los campos, bajo las setas y entre las hiedras que decoraban los rincones de los muros antiguos, había llegado hacía tiempo en mi interior a la conclusión de que aquella minúscula población había emigrado de Inglaterra, refugiándose en algún lejano país. Y como Lilliput y Brobdingnag eran, en mi opinión, partes tangibles de la superficie terrestre, no dudaba de que, algún día, cuando fuera mayor podría, haciendo un largo viaje, ver con mis ojos las casitas de los liliputienses, sus arbolitos, sus minúsculas vacas y ovejas y sus diminutos pájaros; y también los maizales del país de los gigantes, altos como bosques, los perros y gatos grandes como monstruos, y los hombres y mujeres del tamaño de los toros. No obstante, ahora tenía en mis manos aquel libro, tan querido para mí, y mientras pasaba sus páginas y contemplaba sus maravillosos grabados, todo lo que hasta entonces me causaba siempre tan infinito placer, me resultaba hoy turbador y temeroso. Los gigantes eran descarnados espectros, los enanos malévolos duendes y Gulliver un desolado vagabundo perdido en aquellas espantables y peligrosas regiones.

Cerré el libro y lo coloqué sobre la mesa, al lado de la tarta intacta.

Bessie había terminado de arreglar el cuarto y, abriendo un cajoncito, lleno de espléndidos retales de tela y satén, se disponía a hacer un gorrito más para la muñeca de Georgiana. Mientras lo confeccionaba, comenzó a cantar:

En aquellos lejanos días. . .
¡Oh, cuánto tiempo atrás!. . .

Le había oído a menudo cantar lo mismo y me agradaba mucho. Bessie tenía —o me lo parecía— una voz muy dulce, pero entonces yo creía notar en su acento una tristeza indescriptible. A veces, absorta en su trabajo, cantaba el estribillo muy bajo, muy lento:

¡Cuántooooo tiempooooo atráááááás!

Y la melodía sonaba con la dolorosa cadencia de un himno funeral. Luego pasó a cantar otra balada y ésta era ya francamente melancólica:

Mis pies están cansados y mis miembros rendidos.
¡Qué áspero es el camino, qué empinada la cuesta!
Pronto las tristes sombras de una noche sin Luna
cubrirán el camino del pobre niño huérfano.

¡Oh! ¿Por qué me han mandado tan lejos y tan solo,
entre los campos negros y entre las grises rocas?
Los hombres son muy duros: solamente los ángeles
velan los tristes pasos del pobre niño huérfano.

Y he aquí que sopla, suave, la brisa de la noche;
ya en el cielo no hay nubes y las estrellas brillan,
porque Dios, bondadoso, ha querido ofrecer
protección y esperanza al pobre niño huérfano.

Acaso caeré cruzando el puente roto,
o me hundiré en las ciénagas siguiendo un fuego fatuo.
Pero entonces el buen Padre de las alturas,
recibirá el alma del pobre niño huérfano.

Y aun cuando en este mundo no haya nadie que me ame
y no tenga ni padres ni hogar a que acogerme,
no ha de faltar, al fin, en el cielo, un hogar
ni el cariño de Dios al pobre niño huérfano.

Bessie, cuando acabó de cantar, me dijo:
—Miss Jane: no llore. . .
Era como si hubiese dicho al fuego:
«No quemes».
Pero ¿cómo podía ella adivinar mi sufrimiento?
Mr. Lloyd acudió durante la mañana.
—Ya levantada, ¿eh? ¿Qué tal está?
Bessie contestó que ya me hallaba bien.
—Hay que tener mucho cuidado con ella. Ven aquí,
Jane. . . ¿Te llamas Jane, verdad?
—Sí, señor: Jane Eyre.
—Bueno, dime: ¿por qué llorabas? ¿Te ocurre algo?
—No, señor.
—Quizá llore porque la señora no le ha llevado en
coche con ella —sugirió Bessie.
—Seguramente no. Es demasiado mayor para llorar
por tales minucias.
Yo protesté de aquella injusta imputación, diciendo:
—Nunca he llorado por esas cosas. No me gusta salir
en coche. Lloro porque soy muy desgraciada.
—¡Oh, señorita! —exclamó Bessie.
El buen boticario pareció quedar perplejo. Yo estaba
en pie ante él, mientras me contemplaba con sus
pequeños ojos grises, no muy brillantes pero sí
perspicaces y agudos. Su rostro era anguloso, aunque
bien conformado. Me miró detenidamente y me
preguntó:

—¿Qué sucedió ayer?

—Se cayó —se apresuró a decir Bessie.

—¿Cómo que se cayó? ¡Cualquiera diría que es un bebé que no sabe andar! No puede ser. Esta niña tiene lo menos ocho o nueve años.

—Es que me pegaron —dije, dispuesta a dar una explicación del suceso que no ofendiera mi orgullo de niña mayor—. Pero no me puse mala por eso —añadí.

Mr. Lloyd tomó un polvo de rapé de su tabaquera. Cuando lo estaba guardando en el bolsillo de su chaleco, sonó la campana que llamaba a comer a la servidumbre.

—Váyase a comer —dijo a Bessie al oír la campana—. Yo, entre tanto, leeré algo a Jane hasta que vuelva usted.

Bessie hubiese preferido quedarse, pero no tuvo más remedio que salir, porque la puntualidad en las comidas se observaba con extraordinaria rigidez en Gateshead Hall.

—¿Qué es lo que te pasó ayer? —preguntó Mr. Lloyd cuando Bessie hubo salido.

—Me encerraron en un cuarto donde había un fantasma y me tuvieron allí hasta después de oscurecer.

El boticario sonrió, pero a la vez frunció el entrecejo.

—¡Qué niña eres! ¡Un fantasma! ¿Tienes miedo a los fantasmas?

—Sí, sí; era el fantasma de Mr. Reed, que murió en aquel cuarto. Ni Bessie ni nadie se atreve a ir a él por la noche, ¡y a mí me dejaron allí sola y sin luz! Es una maldad muy grande y nunca la perdonaré.

—¡Qué bobada! ¿Y es por eso por lo que te sientes tan desgraciada? ¿Tendrías miedo allí ahora, que es de día?

—No, pero por la noche sí. Además, soy desgraciada, muy desgraciada, por otras cosas.

—¿Qué cosas? Dímelas.

Yo hubiera deseado de todo corazón explicárselas. Y,

sin embargo, me resultaba difícil contestarle con claridad. Los niños sienten, pero no saben analizar sus sentimientos, y si logran analizarlos en parte, no saben expresarlos con palabras. Temerosa, sin embargo, de perder aquella primera y única oportunidad que se me ofrecía de aliviar mis penas narrándolas a alguien di, después de una pausa, una respuesta tan verdadera como pude, aunque poco explícita en realidad:

—Soy desgraciada porque no tengo padre, ni madre, ni hermanos, ni hermanas.

—Pero tienes una tía bondadosa y unos primitos. . .

Yo callé un momento. Luego insistí:

—Pero John me pega y mi tía me encierra en el cuarto rojo.

Mr. Lloyd sacó otra vez su caja de rapé.

—¿No te parece que esta casa es muy hermosa? —dijo—. ¿No te agrada vivir en un sitio tan bonito?

—Pero la casa no es mía, y Abbot dice que tengo menos derecho de estar aquí que una criada.

—¡Bah! No es posible que no te encuentres a gusto. . .

—Si tuviera dónde ir, me iría muy contenta, pero no podré hacerlo hasta que sea una mujer.

—Acaso puedas, ¿quién sabe? ¿No tienes otros parientes además de Mrs. Reed?

—Creo que no, señor.

—¿Tampoco por parte de tu padre?

—No lo sé. He preguntado a la tía y me ha respondido que tal vez tenga algún pariente pobre y humilde, pero que no sabe nada de ellos.

—Si lo tuvieras, ¿te gustaría irte con él?

Reflexioné. La pobreza desagrada mucho a las personas mayores y, con más motivo, a los niños. Ellos no tienen idea de lo que sea una vida de honrada y laboriosa pobreza y ésta la relacionan siempre con los andrajos, la comida escasa, la lumbre apagada, los modales groseros y los vicios censurables. La pobreza entonces era, para mí, sinónimo de degradación.

—No, no me gustaría vivir con pobres —fue mi respuesta.

—¿Aunque fuesen amables contigo?

Yo no comprendía cómo unas personas humildes podían ser amables. Además, hubiera tenido que acostumbrarme a hablar como ellos, adquirir sus modales, convertirme en una de aquellas mujeres pobres que yo veía cuidando de los niños y lavando la ropa a la puerta de las casas de Gateshead. No me sentí lo bastante heroica para adquirir mi libertad a tal precio.

Así, pues, dije:

—No; tampoco me gustaría ir con personas pobres, aunque fueran amables conmigo.

—¿Tan miserables piensas que son esos parientes tuyos? ¿A qué se dedican? ¿Son trabajadores?

—No lo sé. La tía dice que, si tengo algunos, deben ser unos pordioseros. Y a mí no me gustaría ser una mendiga.

—¿No te gustaría ir a la escuela?

Volví a reflexionar. Apenas sabía lo que era una escuela. Bessie solía hablar de ella como de un sitio donde las muchachas se sentaban juntas en bancos y donde había que ser muy correctos y puntuales. John Reed odiaba el colegio y renegaba de su maestro, pero las inclinaciones de John Reed no tenían por qué servirme de modelo, y si bien lo que Bessie contaba acerca de la disciplina escolar (basándose en los informes suministrados por las hijas de la familia donde estuviera colocada antes de venir a Gateshead) era aterrador en cierto sentido, otros datos proporcionados por ella y obtenidos de aquellas mismas jóvenes, me parecían considerablemente atractivos. Bessie solía hablar de cuadritos de paisajes y flores que aquellas jóvenes aprendían a hacer en el colegio, de canciones que cantaban y música que tocaban, de libros franceses que traducían. . . Todo aquello me inclinaba a emularlas. Además, estar en la escuela significaba cambiar de vida; hacer un largo viaje, salir de Gateshead. . . Cosas todas que resultaban en gran manera atrayentes.

—Me gustaría ir a la escuela —fue, pues, la contestación que di como resumen de mis pensamientos.

—Bueno, bueno. ¿Quién sabe lo que puede ocurrir? —dijo Mr. Lloyd. Y agregó, al salir, como hablando consigo mismo—: La niña necesita cambio de aire y de ambiente. Sus nervios no se hallan en buen estado.

Bessie volvía del comedor y, al mismo tiempo, sentimos el rodar de un carruaje sobre la arena del camino.

—¿Es su señora? —preguntó el boticario—. Quisiera hablar con ella antes de irme.

Bessie le invitó a pasar al comedorcito. En la entrevista que Mr. Lloyd tuvo con mi tía supongo, por el desarrollo ulterior de los sucesos, que él recomendó que me enviasen a un colegio y que la resolución fue bien acogida por ella. Así lo deduje de una conversación que una noche mantuvo Abbot con Bessie en nuestro cuarto cuando yo estaba ya acostada y, según ellas creían, dormida.

—La señora quedará encantada de librarse de una niña tan traviesa y de tan malos instintos, que no hace más que maquinar maldades —decía Abbot quien, al parecer, debía de tenerme por un Guy Fawkes en ciernes.

Aquella misma noche, en el curso de la charla de las dos mujeres, me enteré por primera vez de que mi padre había sido un humilde pastor; de que mi madre se casó con él contra la voluntad de sus padres, quienes consideraban al mío como muy inferior a ellos; de que mi abuelo, enfurecido, se negó a ayudar a mi madre ni con un chelín; de que mi padre había contraído el tifus visitando a los enfermos pobres de una ciudad fabril donde estaba situado su curato; y de que se lo contagió a mi madre, muriendo los dos con el intervalo de un mes.

Bessie, oyendo aquel relato, suspiró y dijo:

—La pobrecita Jane es digna de compasión, ¿verdad Abbot?

—Si fuese una niña agradable y bonita —repuso Abbot—, sería digna de lástima, pero un renacuajo como ella no inspira compasión a nadie.

—No mucha, es verdad. . . —convino Bessie—. Si fuera tan linda como Georgiana, las cosas sucederían de otro modo.

—¡Oh, yo adoro a Georgiana! —dijo la vehemente Abbot—. ¡Qué bonita está con sus largos rizos y sus ojos azules y con esos colores tan hermosos que tiene! Parecen pintados. . . ¡Ay, Bessie; me apetecería comer liebre!

—También a mí. Pero con un poco de cebolla frita. Venga, vamos a ver lo que hay.

Y salieron.

Capítulo 4

De mi conversación con Mr. Lloyd y de la mencionada charla entre Miss Abbot y Bessie deduje que se aproximaba un cambio en mi vida. Esperaba en silencio que ocurriese, con un vivo deseo de que tanta felicidad se realizara. Pero pasaban los días y las semanas, mi salud se iba restableciendo del todo y no se hacían nuevas alusiones al asunto. Mi tía me miraba con ojos cada vez más severos, apenas me dirigía la palabra y, desde los incidentes que he mencionado, procuraba ahondar cada vez más la separación entre sus hijos y yo. Me había destinado un cuartito para dormir sola, me condenaba a comer sola también y me hacía pasar todo el tiempo en el cuarto de niños, mientras ellos estaban casi siempre en el salón. No hablaba nada de enviarme a la escuela, pero yo presentía que no había de conservarme mucho tiempo bajo su techo. En sus ojos, entonces más que nunca, se leía la extraordinaria aversión que yo le inspiraba.

Eliza y Georgiana —obraban sin duda en virtud de instrucciones que recibieran— me hablaban lo menos posible. John me hacía burla con la lengua en cuanto me veía, y una vez intentó pegarme, pero yo me revolví con el mismo arranque de cólera y rebeldía que causara mi malaventura la otra vez y a él le pareció mejor desistir. Se separó abrumándome a injurias y diciendo que le había roto la nariz. Yo le había asestado, en efecto, en esta prominente parte de su rostro un golpe tan fuerte como mis puños me lo permitieron y cuando noté que aquello le lastimaba, me preparé a repetir mis arremetidas sobre su lado flaco. Pero él se apartó y fue a contárselo a su mamá. Le oí comenzar a exponer la habitual acusación.

—Esa asquerosa de Jane. . .

Y siguió diciendo que yo me había tirado a él como una gata. Pero su madre le interrumpió:

—No me hables de ella, John. Ya te he dicho que no te acerques a ella. No quiero que la tratéis tus hermanas ni tú. No es digna de tratar con vosotros.

Sin pensarlo casi, grité desde las regiones donde me hallaba desterrada:

—¡Ellos son los indignos de tratarme a mí!

Mrs. Reed era una mujer bastante voluminosa, pero al oírme subió las escaleras velozmente, se precipitó como un torbellino en el cuarto de jugar, me zarandeó contra las paredes de mi cuchitril y, con voz enfática e imperiosa, me conminó a no pronunciar ni una palabra más en todo lo que quedaba de día.

—¿Qué diría el tío si viviese? —fue mi casi voluntaria contestación.

Y escribo «casi voluntaria», porque aquel día las palabras me brotaban de la boca de una manera espontánea, como si me las dictasen en mi interior una fuerza desconocida que yo fuese incapaz de dominar aunque lo hubiera pretendido.

—¿Eh? —dijo mi tía.

Y en la mirada, habitualmente fría, de sus ojos grises, se transparentaba algo parecido al temor. Soltó mi brazo y me contempló como si dudara en decidir si yo era una niña o un demonio.

Continué:

—Mi tío está en el cielo y sabe todo lo que usted hace y piensa, y también papá y mamá. Todos ellos saben cómo me maltrata usted y las ganas que tiene de que me muera.

Mi tía logró recuperar su presencia de espíritu. Me abofeteó y se fue sin decir palabra. Bessie llenó esta laguna sermoneándome durante más de una hora y asegurándome que no creía que hubiese una niña más mala que yo bajo la capa del cielo. Yo me sentía inclinada a creerla, porque aquel día sólo surgían en mi alma sentimientos rencorosos.

Habían transcurrido noviembre, diciembre y la mitad de enero. Las fiestas de Navidad se celebraron en la casa como de costumbre. Se enviaron y se recibieron muchos regalos y se organizaron muchas comidas y reuniones. De todo ello yo estuve, por supuesto, excluida. Todas mis diversiones pascuales consistían en presenciar cómo se peinaban y componían diariamente Georgiana y Eliza para bajar a la sala vestidas de brillantes muselinas y encarnadas sedas y, después, en escuchar el sonido del piano o del arpa que tocaban abajo, en asistir al ir y venir del mayordomo y el lacayo, y en percibir el entrechocar los vasos y tazas y el murmullo de las conversaciones cuando se abrían o cerraban las puertas del salón.

Si me cansaba de este entretenimiento, me volvía al solitario y silencioso cuarto de jugar. Pero, de todos modos, yo, aunque estaba muy triste, no me sentía desgraciada. De haber sido Bessie más cariñosa y haber accedido a acompañarme, habría preferido pasar las tardes sola con ella en mi cuarto, a estar bajo la temible mirada de mi tía, en un salón lleno de caballeros y señoras. Pero Bessie, una vez que terminaba de arreglar a sus jóvenes señoritas, solía marcharse a las agradables regiones del cuarto de criados y de la cocina, llevándose la luz, por regla general. Entonces me sentaba al lado del fuego, con mi muñeca sobre las rodillas, hasta que la chimenea se apagaba, mirando de cuando en cuando en torno mío para convencerme de que en el aposento no había otro ser más temible que yo. Cuando ya no quedaba de la lumbre más que el rescoldo, me desvestía presurosamente, a tirones, y huía del frío y de la oscuridad refugiándome en mi cuartucho. Me llevaba siempre allá a mi muñeca. El corazón humano necesita recibir y dar afecto y, no teniendo objeto más digno en que depositar mi ternura, me consolaba amando y acariciendo a aquella figurilla, andrajosa y desastrada como un espantapájaros en miniatura. Aún recuerdo con asombro cuánto cariño ponía en mi pobre juguete. Nunca me dormía si no era con mi muñeca entre mis brazos y, cuando la sentía a mi lado y creía que estaba segura y calentita, era feliz pensando que mi muñeca lo era también.

Pasaban largas horas —o me lo parecía— antes de que se disolviese la reunión. A veces resonaban en la escalera los pasos de Bessie, que venía a buscar su dedal o sus tijeras, o a traerme algo de comer: un pastel o un bollo de manteca. Se sentaba en el lecho mientras yo comía y, al terminar, me arreglaba las ropas de la cama, me besaba y decía:

«Buenas noches, Miss Jane.» Cuando era amable conmigo, Bessie me parecía lo más bello, lo más cariñoso y lo mejor del mundo, y deseaba ardientemente que nunca volviera a reprenderme, a tratarme mal o a no hacerme caso. Bessie Lee debía ser, si mi memoria no me engaña, una muchacha inteligente, porque era muy ingeniosa para todo y tenía grandes dotes de narradora. Al menos así la recuerdo yo a través de los cuentos que nos relataba. La evoco como una joven delgada, de cabello negro, ojos oscuros, bellas facciones y buena figura. Pero tenía un carácter variable y caprichoso y era indiferente a todo principio de justicia o de moral. Fuera como fuese, ella era la persona a quien más quería de las de la casa.

Llegó el 15 de enero. Eran las nueve de la mañana. Bessie había salido a desayunar. Eliza estaba poniéndose un abrigo y un sombrero para ir a un gallinero de que ella misma cuidaba, ocupación que le agradaba tanto como vender los huevos al mayordomo y acumular el importe de sus transacciones. Tenía marcada inclinación al ahorro, y no sólo vendía huevos y pollos, sino que también entablaba activos tratos con el jardinero, quien, por orden de Mrs. Reed, compraba a su hija todos los productos que ésta cultivaba en un cuadro del jardín reservado para ella: semillas y retoños de plantas y flores. Creo que Eliza hubiera sido capaz de vender su propio cabello si creyera sacar de la operación un beneficio razonable. Guardaba sus ahorros en los sitios más desconcertantes, a lo mejor en un trapo o en un pedazo de papel viejo, pero después, en vista de que a veces las criadas descubrían sus escondrijos, Eliza optó por prestar sus fondos a su madre, a un interés del cincuenta o sesenta por ciento, y cada trimestre cobraba con rigurosa exactitud sus beneficios, llevando con extremado cuidado en un pequeño libro las cuentas del capital invertido.

Georgiana, sentada en una silla alta, se peinaba ante el espejo, intercalando entre sus bucles flores artificiales y otros adornos de los que había encontrado gran provisión en un cajón del desván. Yo estaba haciendo mi cama, ya que había recibido perentorias órdenes de Bessie de que la tuviese arreglada antes de que ella regresase. Bessie solía emplearme como una especie de segunda doncella del cuarto de jugar y, a veces, me mandaba quitar el polvo, limpiar el cuarto, etc. Después de hacer la cama, me acerqué a la ventana y comencé a poner en orden varios libros de estampas y algunos muebles de la casa de muñecas que había en el alféizar. Pero habiéndome ordenado secamente Georgiana (de cuya propiedad eran las sillitas y espejitos y los minúsculos platos y copas) que no tocara sus juguetes, interrumpí mi ocupación y, a falta de otra mejor, me dediqué a romper las flores de escarcha con que el cristal de la ventana estaba cubierto, para poder mirar a través del vidrio el aspecto del paisaje, quieto y como petrificado bajo la helada invernal.

Desde la ventana se veían el pabellón del portero y el camino de coches, y precisamente cuando yo arranqué parte de la floración de escarcha que cubría con una película de plata el cristal, vi abrirse las puertas y subir un carruaje por el camino. Lo miré con indiferencia. A Gateshead venían coches frecuentemente y ninguno traía visitantes que me interesaran. El carruaje se detuvo frente a la casa, oyóse sonar la campanilla, y el recién llegado fue recibido. Pero yo no hacía caso de ello, porque mi atención estaba concentrada en un pajarillo famélico, que intentaba picotear en las desnudas ramitas de un cerezo próximo a la pared de la casa. Los restos del pan y la leche de mi desayuno estaban sobre la mesa. Abrí la ventana, cogí unas migajas y las estaba colocando en el borde del antepecho, cuando irrumpió Bessie.

—¿Qué está usted haciendo señorita Jane? ¿Se ha lavado las manos y la cara?

Antes de contestar, me incliné sobre la ventana otra vez, a fin de colocar en sitio seguro el pan del pájaro, y cuando hube distribuido las migajas en distintos lugares, cerré los batientes y repliqué:

—Aún no, Bessie. Acabo de terminar de limpiar el polvo.

—¡Qué niña! ¿Qué estaba usted haciendo? Está usted encarnada. ¿Por qué tenía la ventana abierta?

No necesité molestarme en contestarla, pues Bessie tenía demasiada prisa para perder tiempo en oír mis explicaciones. Me condujo al lavabo, me dio un enérgico, aunque afortunadamente breve restregón de manos y cara con agua, jabón y una toalla, me peinó con un áspero peine y, en seguida, me dijo que bajase al comedorcito de desayunar.

Hubiera deseado preguntarle el motivo y saber si mi tía estaba allí o no, pero Bessie se había ido y cerrado la puerta del cuarto. Así, pues, bajé lentamente. Hacía cerca de tres meses que no me llamaban a presencia de mi tía. Confinada en las habitaciones de niños, el comedorcito, el comedor grande y el salón eran para mí regiones vedadas.

Antes de entrar en el comedor, me detuve en el

vestíbulo, intimidada y temblorosa. En aquella época de mi vida, los castigos injustos que recibiera habían hecho de mí una infeliz cobarde. Durante diez minutos titubeé; ni me atrevía a volver a subir ni me atrevía a entrar en donde me esperaban.

El impaciente sonido de la campanilla del comedorcito me decidió. No había más remedio que entrar.

«¿Qué querrán de mí?», me preguntaba, mientras con ambas manos intentaba abrir el picaporte, que resistía a mis esfuerzos. «¿Quién estará con la tía? ¿Una mujer o un hombre?»

Al fin el picaporte giró y, erguida sobre la alfombra, divisé algo que a primera vista me pareció ser una columna negra, recta, angosta, en lo alto de la cual un rostro deforme era como una esculpida carátula que sirviese de capitel.

Mi tía ocupaba su sitio habitual junto al fuego. Me hizo signo de que me aproximase y me presentó al desconocido con estas palabras:

—Aquí tiene la niña de que le he hablado.

Él —porque era un hombre y no una columna como yo pensara— me examinó con inquisitivos ojos grises, bajo sus espesas cejas, y dijo con voz baja y solemne:

—Es pequeña aún. ¿Qué edad tiene?

—Diez años.

—¿Tantos? —interrogó, dubitativo.

Siguió examinándome durante varios minutos. Al fin, me preguntó:

—¿Cómo te llamas, niña?

—Jane Eyre, señor.

Y le miré. Me pareció un hombre muy alto, pero ha de considerarse que yo era muy pequeña. Tenía las facciones grandes y su rostro y todo su cuerpo mostraban una rigidez y una afectación excesivas.

—Y qué, Jane Eyre, ¿eres una niña buena?

Era imposible contestar afirmativamente, ya que el

pequeño mundo que me rodeaba sostenía la opinión contraria. Guardé silencio.

Mi tía contestó por mí con un expresivo movimiento de cabeza, agregando:

—Nada más lejos de la verdad, Mr. Brocklehurst.

—¡Muy disgustado de saberlo! Vamos a hablar un rato ella y yo.

Y, abandonando la posición vertical, se instaló en un sillón frente al de mi tía y me dijo:

—Ven aquí.

Crucé la alfombra y me paré ante él. Ahora que su cara estaba al nivel de la mía, podía vérsela mejor. ¡Qué nariz tan grande, y qué boca, y qué dientes tan salientes y enormes!

—No hay nada peor que una niña mala —me dijo—. ¿Sabes adónde van los malos después de morir?

—Al Infierno —fue mi pronta y ortodoxa contestación.

—¿Y sabes lo que es el Infierno?

—Un sitio lleno de fuego.

—¿Y te gustaría ir a él y abrasarte?

—No, señor.

—¿Qué debes hacer entonces para evitarlo?

Medité un momento y di una contestación un tanto discutible.

—Procurar no estar enferma para no morirme.

—¿Y cómo puedes estar segura de no enfermar? Todos los días mueren niños más pequeños que tú. Hace un par de días nada más que he acompañado al cementerio a un niño de cinco años. Pero era un niño bueno y su alma estará en el Cielo ahora. Es de temer que no se pueda decir lo mismo de ti, si Dios te llama.

No sintiéndome lo suficientemente informada para aclarar sus temores, me limité a suspirar y a clavar la mirada en sus inmensos pies, deseando vivamente marcharme de allí cuanto antes.

—Espero que ese suspiro te saldrá del alma y que te

arrepentirás de haber obrado mal con tu bondadosa bienhechora.

«¿Mi bienhechora? —pensé—. Todos dicen que mi tía es mi bienhechora. Si lo es de verdad, una bienhechora resulta una cosa muy desagradable.»

—¿Rezas siempre por la noche y por la mañana? —continuó mi interlocutor.

—Sí, señor.

—¿Lees la Biblia?

—A veces.

—¿Y qué te gusta más de ella?

—Me gustan las Profecías, y el libro de Daniel, y el de Samuel, y el Génesis, y una parte del Éxodo, y algunas de los Reyes y las Crónicas, y Job, y Jonás.

—¿Y los Salmos? ¿Te gustan?

—No, señor.

—¡Qué extraño! Yo tengo un niño más pequeño que tú que sabe ya seis salmos de memoria, y cuando se le pregunta si prefiere comer pan de higos o aprender un salmo, responde: «Aprender un salmo. Los ángeles cantan salmos y yo quiero ser un ángel». Y entonces se le dan dos higos para recompensar su piedad infantil.

—Los Salmos no son interesantes —contesté.

—Eso prueba que eres una niña mala y debes rogar a Dios que cambie tu corazón, sustituyendo el de piedra que tienes por otro humano.

Ya iba yo a preguntarle detalles sobre el procedimiento a seguir durante la operación de cambiarme de víscera, cuando Mrs. Reed me mandó sentar y tomó la palabra.

—Mr. Brocklehurst: creo haberle indicado en la carta que le dirigí hace tres semanas que esta niña no tiene el carácter que yo desearía que tuviese. Me agradaría que, cuando se halle en el colegio de Lowood, las maestras la vigilen atentamente y procuren corregir su defecto más grave: la tendencia a mentir. Ya lo sabes, Jane: es inútil que intentes embaucar al señor Brocklehurst.

Por mucho que hubiera deseado agradar a mi tía, frases como aquélla, frecuentemente repetidas, me impedían hacerlo. En este momento, en que iba a emprender una nueva vida, ya ella se encargaba de sembrar por adelantado aversión y antipatía en mi camino. Me veía transformada ante los ojos del señor Brocklehurst en una niña embustera. ¿Cómo remediar semejante calumnia?

«De ningún modo», pensaba yo, mientras trataba de contener las lágrimas que acudían a mis ojos.

—El mentir es muy feo en una niña —dijo Brocklehurst—, y todos los embusteros irán al lago de fuego y azufre. No se preocupe, señora. Ya hablaré con las profesoras y con la señorita Temple para que la vigilen.

—Deseo —siguió mi tía— que se la eduque de acuerdo con sus posibilidades: es decir, para ser una mujer útil y humilde. Durante las vacaciones, si usted lo permite, permanecerá también en el colegio.

—Tiene usted mucha razón —dijo Brocklehurst—. La humildad es grata a Dios y, aunque desde luego es una de las características de todas las alumnas de Lowood, ya me preocuparé de que la niña se distinga entre ellas por su humildad. He estudiado muy profundamente los medios de humillar el orgullo humano, y hace pocos días que he tenido una evidente prueba de mi éxito. Mi hija segunda, Augusta, estuvo visitando la escuela con su madre, y al regreso exclamó: «¿Qué pacíficas son las niñas de Lowood, papá! Con el cabello peinado sobre las orejas, sus largos delantales y sus bolsillos en ellos, casi parecen niñas pobres. Miraban mi vestido y el de mamá, como si nunca hubieran visto ropas de seda.»

—Así me gusta —dijo mi tía—. Aunque hubiese buscado por toda Inglaterra, no hubiera encontrado un sitio donde el régimen fuera más apropiado para una niña como Jane Eyre. Conformidad, Mr. Brocklehurst, conformidad es lo primero que yo creo que se necesita en la vida.

—La conformidad es la mayor virtud del cristiano, y todo está organizado en Lowood de modo que se desarrolle esa virtud: comida sencilla, vestido sencillo, cuartos sencillos, costumbres activas y laboriosas. . . Tal es el régimen del establecimiento.

—Bien. Entonces quedamos en que la niña será admitida en el colegio de Lowood y educada con arreglo a su posición y posibilidad en la vida.

—Sí, señora; será acogida en mi colegio, y confío en que acabará agradeciendo a usted el gran honor que se le dispensa.

—Entonces se la enviaré cuanto antes, porque le aseguro que deseo librarme de la responsabilidad de atenderla, que comienza a ser demasiado pesada para mí.

—Lo comprendo, señora, lo comprendo. . . Bien: tengo que irme ya. Pienso volver a Brocklehurst Hall de aquí a una o dos semanas, ya que mi buen amigo, el arcediano, no me dejará marchar antes. Escribiré a Miss Temple que va a ser enviada al colegio una niña nueva para que no ponga dificultades a su admisión. Buenos días.

—Buenos días, Mr. Brocklehurst. Mis saludos a su señora, a Augusta y Theodore y al joven Broughton Brocklehurst.

—De su parte, gracias. . . Niña, toma este libro. ¿Ves? Se titula *Manual del niño bueno*, y debes leerlo con interés, sobre todo las páginas que tratan de la espantosa muerte repentina de Marta G. . ., una niña traviesa, muy amiga de mentir.

Y después de entregarme aquel interesante tomo, el señor Brocklehurst volvió a su coche y se fue.

Mi tía y yo quedamos solas. Ella cosía y yo la miraba. Era una mujer de unos treinta y seis o treinta y siete años, robusta, de espaldas cuadradas y miembros vigorosos, más bien baja y, aunque gruesa, no gorda; con las mandíbulas promientes y fuertes, las cejas espesas, la barbilla ancha y saliente y la boca y la nariz bastante bien formadas. Bajo sus párpados brillaban unos ojos exentos de toda expresión de ternura, su cutis era oscuro y mate, su cabello áspero y su naturaleza sólida como una campana. No estaba enferma jamás. Dirigía la casa despóticamente y sólo sus hijos se atrevían a veces a desafiar su autoridad.

Yo, sentada en un taburete bajo, a pocas yardas de su butaca, la contemplaba con atención. Tenía en la mano el libro que hablaba de la muerte repentina de la niña embustera y, cuanto había sucedido, cuanto se había hablado entre mi tía y Brocklehurst, me producía un amargo resentimiento.

Mi tía levantó la vista de la labor, suspendió la costura y me dijo:

—Vete de aquí. Márchate al cuarto de jugar.

No sé si fue mi mirada lo que la irritó, pero el caso era que en su voz había un tono de reprimida cólera. Me levanté y llegué hasta la puerta, pero de pronto me volví y me acerqué a mi tía.

Sentía la necesidad de hablar: me había herido injustamente y era necesario devolverle la ofensa. Pero ¿cómo? ¿De qué manera podría herir a mi adversaria? Concentré mis energías y acerté a articular la siguiente brusca interpelación:

—No soy mentirosa. Si lo fuera, le diría que la quiero mucho y, sin embargo, le digo francamente que no la quiero. Me parece usted la persona más mala del mundo, después de su hijo John. Y este libro puede dárselo a su hija Georgiana. Ella sí que es embustera y no yo.

La mano de mi tía continuaba inmóvil sobre la costura. Sus ojos me contemplaban fríamente.

—¿Tienes algo más que decir? —preguntó en un tono de voz más parecido al que se emplea para tratar con un adulto que al que es habitual para dirigirse a un niño.

La expresión de sus ojos y el acento de su voz excitaron más aún mi aversión hacia ella. Temblando de pies a cabeza, presa de una ira incontenible, continué:

—Me alegro de no tener que tratar más con usted. No volveré a llamarla tía en mi vida. Nunca vendré a verla cuando sea mayor, y si alguien me pregunta si la quiero, contestaré contándole lo mal que se ha portado conmigo y la crueldad con que me ha tratado.

—¿Cómo te atreves a decir eso?

—¿Qué cómo me atrevo? ¡Porque es verdad! Usted piensa que yo no siento ni padezco y que puedo vivir sin una pizca de cariño, pero no es así. Me acordaré hasta el día de mi muerte de la forma en que mandó que me encerrasen en el cuarto rojo, aunque yo le decía: «¡Tenga compasión, tía, perdóneme!», y lloraba y sufría infinitamente. Y me castigó usted porque su hijo me había pegado sin razón. Al que me pregunte le contaré esa historia tal como fue. La gente piensa que usted es buena, pero no es cierto. Es usted mala, tiene el corazón muy duro y es una mentirosa. ¡Usted sí que es mentirosa!

Al acabar de pronunciar estas frases, mi alma comenzó a expandirse, exultante, sintiendo una extraña impresión de independencia, de triunfo. Era como si unas ligaduras invisibles que me sujetaran se hubieran roto proporcionándome una inesperada libertad. Y había causa para ello. Mi tía parecía anonadada, la costura se había deslizado de sus rodillas, sus manos pendían inertes y su faz se contraía como si estuviese a punto de llorar.

—Estás equivocada, Jane. Pero ¿qué te pasa? ¿Cómo tiemblas así? ¿Quieres un poco de agua?

—No, no quiero.

—¿Deseas algo? Te aseguro que no te quiero mal.

—No es verdad. Ha dicho usted a Mr. Brocklehurst que yo tenía mal carácter, que era mentirosa. Pero yo diré a todos en Lowood cómo es usted y lo que me ha hecho.

—Tú no entiendes de estas cosas, Jane. A los niños hay que corregirles sus defectos.

—¡Yo no tengo el defecto de mentir! —grité violentamente.

—Vamos, Jane, cálmate. Anda, vete a tu cuarto y descansa un poco, queridita mía.

—No quiero descansar, y además no es verdad que sea queridita suya. Mándeme pronto al colegio, porque no quiero vivir aquí.

—Te enviaré pronto, en efecto —dijo en voz baja mi tía.

Y, recogiendo su labor, salió de la estancia.

Quedé dueña del campo. Aquella era la batalla más dura que librara hasta entonces y la primera victoria que consiguiera en mi vida. Permanecí en pie sobre la alfombra como antes el señor Brocklehurst y gocé por unos momentos de mi bien conquistada soledad. Me sonreí a mí misma y sentí que mi corazón se dilataba de júbilo. Pero aquello no duró más de lo que duró la excitación que me poseía. Un niño no puede disputar ni hablar a las personas mayores en el tono que yo lo hiciera sin experimentar después una reacción depresiva y un remordimiento hondo. Media hora de silencio y reflexión me mostraron lo locamente que había procedido y lo difícil que se hacía mi situación en aquella casa donde odiaba a todos y era de todos odiada.

Había saboreado por primera vez el néctar de la venganza y me había parecido dulce y reanimador. Pero, después, aquel licor dejaba un regusto amargo, corrosivo, como si estuviera envenenado. Poco me faltó para ir a pedir perdón a mi tía; mas no lo hice, parte por experiencia y parte por sentimiento instintivo de que ella me rechazaría con doble repulsión que antes, lo que hubiera vuelto a producir una exaltación turbulenta de mis sentimientos.

Era preciso ocuparme en algo mejor que en hablar airadamente, sustituir mis sentimientos de sombría indignación por otros más plácidos. Cogí un libro de cuentos árabes y comencé a leer. Pero no sabía lo que leía. Me parecía ver mis propios pensamientos en las páginas que otras veces se me figuraban tan fascinadoras.

Abrí la puerta vidriera del comedorcito. Los arbustos estaban desnudos y la escarcha, no quebrada aún por el sol, reinaba sobre el campo. Me cubrí la cabeza y los brazos con la falda de mi vestido y salí a pasear por un rincón apartado del jardín. Pero no encontré placer alguno en aquel lugar, con sus árboles silenciosos, sus piñas caídas y las hojas secas que, arrancadas por el viento en el otoño, permanecían todavía pegadas al suelo húmedo. El día era gris, y del cielo opaco, color de nieve, caían copos de vez en cuando sobre la helada pradera. Allí estuve largo rato pensando en que no era más que una pobre niña desgraciada y preguntándome incesantemente:

«¿Qué haré, qué haré?»

Oí de pronto una voz que me llamaba:

—¡Miss Jane! Venga a almorzar.

Era Bessie y yo lo sabía bien, pero no me moví. Sentí avanzar sus pasos por el sendero.

—¡Qué traviesa es usted! —dijo—. ¿Por qué no acude cuando la llaman?

La presencia de Bessie, por contraste con mis amargos pensamientos, me pareció agradable. Después de mi victoria sobre mi tía, el enojo de la niñera no me preocupaba mucho. Ceñí, pues, su cintura con mis brazos y dije:

—Bessie, no seas regañona.

Aquel impulso había sido más espontáneo y cariñoso que los acostumbrados en mí, y le agradó.

—¡Qué niña tan rara es usted! —me dijo,

mirándome—. ¿Sabe que van a llevarla al colegio?

Asentí.

—¿Y no le apena separarse de su pobre Bessie?

—¿Qué importo yo a Bessie? Bessie se pasa la vida regañándome. . .

—Porque es usted muy arisca, muy huraña, muy tímida. . . Debía ser más decidida.

—¿Para qué? ¿Para recibir más golpes?

—¡Qué tontería! Pero es verdad, de todos modos, que estará usted mejor fuera de aquí. Mi madre me dijo, cuando vino a verme la semana pasada, que no le gustaría estar en el lugar de usted. En fin. . . Voy a darle buenas noticias.

—No lo creo.

—¿Cómo que no? ¿Por qué me mira así? Pues sí: la señora y los señoritos han salido a tomar el té fuera de casa, y usted y yo lo tomaremos juntas. Voy a cocer para usted un bollito en el horno, y luego me ayudará a preparar su equipaje. La señora quiere enviarla al colegio de aquí a uno o dos días, y tiene usted que recoger lo que piense llevarse.

—Bessie, prométeme no reñirme durante el tiempo que pase en casa.

—Bueno, pero usted acuérdese de ser una niña muy buena y de no tener miedo de mí. No se sobresalte cuando yo empiece a hablarla: es una cosa que me ataca los nervios.

—No volveré a temerte, Bessie. Además, pronto habré de temer a otras personas. . .

—Si usted hace ver que les teme, esas personas se disgustarán con usted.

—Como tú, Bessie.

—No; como yo, no. Yo soy la persona que más la quiere de todos.

—¡Pero no lo demuestras!

—¿Cómo habla de esa manera? ¡Es usted muy atrevida!

—Lo soy porque me voy a marchar pronto de aquí y porque. . .

Iba a explicarle mi triunfo sobre Mrs. Reed, pero lo pensé mejor y guardé silencio.

—¿Y se alegra usted de abandonarme?

—No, Bessie. Precisamente ahora me disgusta más que antes el separarme de ti.

—Precisamente ahora, ¿eh? ¡Con qué frescura lo dice! Hasta sería capaz de no darme un beso si se lo pidiera. . . Puede que me contestara que, *precisamente ahora, no. . .*

—Sí, quiero besarte, sí. . . —repuse—. Baja la cabeza.

Bessie se detuvo. Nos abrazamos estrechamente y la seguí hasta la casa, muy satisfecha.

La tarde transcurrió en paz y armonía. Por la noche Bessie me relató uno de sus cuentos más encantadores y cantó para mí una de sus canciones más lindas. Hasta en una vida tan triste como la mía no faltaba alguna vez un rayo de sol.

Capítulo 5

Aún no acababan de dar las cinco de la mañana del 19 de enero cuando Bessie entró en mi cuarto con una vela en la mano y me encontró ya preparada y vestida. Estaba levantada desde media hora antes y me había lavado y vestido a la luz de la luna, que entraba por las estrechas ventanas de mi alcoba. Me marchaba aquel día en un coche que pasaría por la puerta a las seis de la mañana. En la casa no se había levantado nadie más que Bessie. Había encendido el fuego en el cuarto de jugar y estaba preparando mi desayuno. Hay pocos niños que tengan ganas de comer cuando están a punto de emprender un viaje y a mí me sucedió lo que a todos. Bessie, después de instarme inútilmente a que tomase algunas cucharadas de sopa de leche, envolvió algunos bizcochos en un papel y los guardó en mi saquito de viaje. Luego me puso el sombrero y el abrigo, se envolvió ella en un mantón y las dos salimos de la estancia. Al pasar junto al dormitorio de mi tía, me dijo:

—¿Quiere usted entrar para despedirse de la señora?

—No, Bessie. La tía fue a mi cuarto anoche y me dijo que cuando saliera no era necesario que la despertase, ni tampoco a mis primos. Luego me aseguró que tuviera en cuenta siempre que ella era mi mejor amiga y que debía decírselo a todo el mundo.

—¿Y qué contestó usted, señorita?

—Nada. Me tapé la cara con las sábanas y me volví hacia la pared.

—Eso no está bien, señorita.

—Sí está bien, Bessie. Mi tía no es mi amiga: es mi enemiga.

—¡No diga eso, Miss Jane!

Cruzamos la puerta. Yo exclamé:

—¡Adiós, Gateshead!

Aún brillaba la luna y reinaba la oscuridad. Bessie llevaba una linterna cuya luz oscilaba sobre la arena del camino, húmeda por la nieve recién fundida. El amanecer invernal era crudo; helaba. Mis dientes castañeteaban, aterida de frío.

En el pabellón de la portería brillaba una luz. La mujer del portero estaba encendiendo la lumbre. Mi equipaje se hallaba a la puerta. Lo había sacado de casa la noche anterior. A los cinco o seis minutos sentimos a lo lejos el ruido de un coche. Me asomé y vi las luces de los faroles avanzando entre las tinieblas.

—¿Se va sola? —preguntó la mujer.

—Sí.

—¿Hay mucha distancia?

—Cincuenta millas.

—¡Qué lejos! ¡No sé cómo la señora la deja hacer sola un viaje tan largo!

El coche, tirado por cuatro caballos, iba cargado de pasajeros. Se detuvo ante la puerta. El encargado y el cochero nos metieron prisa. Mi equipaje fue izado sobre el techo. Me separaron del cuello de Bessie, a quien estaba cubriendo de besos.

—¡Tenga mucho cuidado de la niña! —dijo Bessie al encargado del coche cuando éste me acomodaba en el interior.

—¡Sí, sí! —contestó él.

La portezuela se cerró, una voz exclamó: «¡Listos!», y el carruaje empezó a rodar.

Así me separé de Bessie y de Gateshead rumbo a las que a mí me parecían entonces regiones desconocidas y misteriosas.

Recuerdo muy poco de aquel viaje. El día me pareció de una duración sobrenatural y tuve la impresión de haber rodado cientos de millas por la carretera. Atravesamos varias poblaciones y en una de ellas, muy grande, el coche se detuvo y se desengancharon los caballos. Los viajeros se apearon para comer. El encargado me llevó al interior de una posada con el mismo objeto, pero como yo no tenía apetito, se fue, dejándome en una inmensa sala de cuyo techo pendía un enorme candelabro y en lo alto de una de cuyas paredes había una especie de galería donde se apilaban varios instrumentos de música. Permanecí allí largo rato, sintiendo un angustioso temor de que viniese alguien y me secuestrara. Yo creía firmemente en la existencia de los secuestradores de niños, ya que tales personajes figuraban con gran frecuencia en los cuentos de Bessie. Al fin vinieron a buscarme, mi protector me colocó en mi asiento, subió al suyo, tocó la trompa y el coche comenzó a rodar sobre la calle empedrada de L. . .

La tarde era sombría y nublada. Llegaba el crepúsculo. Yo comprendía que debíamos estar muy lejos de Gateshead. El panorama cambiaba. Ya no atravesábamos ciudades; grandes montañas grises cerraban el horizonte, y al oscurecer descendimos a un valle poblado de bosque. Luego se hizo noche del todo, y yo oía silbar lúgubremente el viento entre los árboles.

Arrullada por el sonido, me dormí. Me desperté al cesar el movimiento del vehículo. Vi por la ventanilla una puerta cochera abierta y en ella, iluminada por los faroles, una persona que me pareció ser una criada.

—¿No viene aquí una niña llamada Jane Eyre? —preguntó.

—Sí —repuse.

Me sacaron, bajaron mi equipaje, y el coche volvió inmediatamente a ponerse en marcha.

Ya en la casa, procuré, ante todo, calentar al fuego mis dedos agarrotados por el frío, y luego lancé una ojeada a mi alrededor. No había ninguna luz encendida, pero a la vacilante claridad de la chimenea se distinguían, a intervalos, paredes empapeladas, alfombras, cortinas y brillantes muebles de caoba.

Aquel salón no era tan espléndido como el de Gateshead, pero sí bastante lujoso. Mientras intentaba descifrar lo que representaba un cuadro colgado en el muro, la puerta se abrió y entró una persona llevando una luz y seguida de cerca por otra.

La primera era una señora alta, de negro cabello, negros ojos y blanca y despejada frente. Su aspecto era grave, su figura erguida. Iba medio envuelta en un chal.

—Es muy pequeña para dormir sola —dijo al verme, mientras ponía la luz sobre una mesa.

Me miró atentamente durante unos minutos y agregó:

—Valdrá más que se acueste pronto, parece muy fatigada. ¿Estás cansada, verdad? —me preguntó, colocando una mano sobre mi hombro—. Y seguramente tendrás apetito. Déle algo de comer antes de acostarla, Miss Miller. ¿Es la primera vez que te separas de tus padres, niña?

Le contesté que no tenía padres, y me preguntó cuánto tiempo hacía que habían muerto. Después se informó de mi edad y de si sabía leer y escribir, me acarició la mejilla afectuosamente y me despidió, diciendo:

—Confío en que seas obediente y buena.

La señora que había hablado representaba unos veintinueve años. La que ahora me conducía, y a la que la otra llamara Miller, parecía más joven. La primera me impresionó por su aspecto y su voz. Esta obra era más ordinaria, más rubicunda, muy apresurada en su modo de andar y en sus actos, como quien tiene entre sus manos múltiples cosas. Me pareció desde luego lo que más tarde averigüé que era: una profesora auxiliar.

Guiada por ella recorrí los pasillos y estancias de un edificio grande e irregular, a cuyo extremo, saliendo por fin del profundo y casi temeroso silencio que reinaba en el resto de la casa, escuché el murmullo de muchas voces, y entré en un cuarto muy grande, en cada uno de cuyos extremos había dos mesas alumbradas cada una por dos bujías.

Alrededor de las mesas estaban sentadas en bancos muchas muchachas de todas las edades, desde los nueve o diez años hasta los veinte. A primera vista me parecieron innumerables, aunque en realidad no pasaban de ochenta. Todas vestían una ropa de idéntico corte y de color pardo. Era la hora de estudio, se hallaban enfrascadas en aprender sus lecciones del día siguiente, y el murmullo que yo sintiera era el resultado de las voces de todas ellas repitiendo sus lecciones a la vez.

Miss Miller me señaló asiento en un banco próximo a la puerta y luego, situándose en el centro de la habitación, gritó:

—¡Instructoras: recojan los libros!

Cuatro muchachas de elevada estatura se pusieron en pie y recorrieron las mesas recogiendo los libros. Miss Miller dio otra voz de mando:

—¡Instructoras: traigan las bandejas de la comida!

Las cuatro muchachas altas salieron y regresaron portando una bandeja cada una. En cada bandeja había porciones de algo que no pude observar lo que era y, además, un jarro de agua y un vaso.

Las instructoras circularon por el salón. Cada muchacha cogía de la bandeja una de aquellas porciones y, si quería beber, lo hacía en el vaso de todas. Yo tuve que beber, porque me sentía sedienta, pero no comí lo que, según pude ver entonces, era una delgada torta de avena partida en pedazos.

Terminada la colación, Miss Miller leyó las oraciones y las escolares subieron las escaleras formadas de dos en dos. Ya estaba tan muerta de cansancio, que no me di cuenta siquiera de cómo era el dormitorio, salvo que, como el cuarto de estudio, me pareció muy grande. Aquella noche dormí con Miss Miller, quien me ayudó a desnudarme. Luego lancé una mirada a la larga fila de lechos, en cada uno de los cuales había dos muchachas.

Diez minutos más tarde, la única luz del dormitorio se apagaba y yo me dormí.

La noche pasó deprisa. Yo estaba tan cansada, que no soñé nada. Sólo una vez creí oír bramar el viento con furia y escuchar la caída del agua de una catarata. Me desperté: era Miss Miller, que dormía a mi lado. Cuando volví a abrir los ojos, sentí tocar una bronca campana. Aún no era de día y el dormitorio estaba iluminado por una o dos lamparillas. Tardé algo en levantarme, porque hacía un frío agudo y, cuando al fin me vestí, tuve que compartir el lavabo con otras seis muchachas, lo que no hubiera ocurrido de haberme levantado antes.

Volvió a sonar la campana y las alumnas se alinearon y bajaron las escaleras por parejas. Entramos en el frío cuarto de estudio. Miss Miller leyó las plegarias de la mañana y ordenó luego:

—Fórmense por clases.

A continuación siguió un alboroto de varios minutos, durante los cuales Miss Miller no cesaba de repetir: «¡Orden! ¡Silencio!» Cuando el tumulto cesó, vi que las muchachas se habían agrupado en cuatro semicírculos, colocados frente a cuatro sillas situadas ante cuatro mesas. Todas las alumnas tenían un libro en la mano, y en cada mesa, ante la silla vacía, había un libro grande, como una Biblia. Siguió un silencio. Después comenzó a circular el vago rumor que se produce siempre que hay una muchedumbre reunida. Miss Miller recorrió los grupos acallando aquel reprimido murmullo.

Sonó otra campana e, inmediatamente, tres mujeres entraron y se instalaron cada una en uno de los tres asientos vacíos. Miss Miller se instaló en la cuarta silla vacante, la más cercana a la puerta y en torno a la cual estaban reunidas las niñas más pequeñas. Me llamaron a aquella clase y me colocaron detrás de todas.

Se repitió la plegaria diaria y se leyeron varios

capítulos de la Biblia, en lo que se invirtió más de una hora. Cuando acabó aquel ejercicio, era día claro. La infatigable campana sonó por cuarta vez. Yo me sentía encantada ante la perspectiva de comer alguna cosa. Estaba desmayada, ya que el día anterior apenas había probado bocado.

El refectorio era una sala grande, baja de techo y sombría. En dos largas mesas humeaban recipientes llenos de algo que, con gran disgusto mío, estaba lejos de despedir un olor atractivo. Una general manifestación de descontento se produjo al llegar a nuestras narices aquel perfume. Las muchachas mayores, las de la primera clase, murmuraron:

—¡Es indignante! ¡Otra vez el potaje quemado!

—¡Silencio! —barbotó una voz.

No era la de Miss Miller, sino la de una de las profesoras superiores, que se sentaba a la cabecera de una de las mesas. Era menuda, morena y vestida con elegancia, pero tenía un aspecto indefiniblemente desagradable. Una segunda mujer, más gruesa que aquélla, presidía la otra mesa. Busqué en vano a la señora de la noche anterior: no estaba visible. Miss Miller se sentó al extremo de la mesa en que yo estaba instalada, y una mujer de apariencia extranjera —la profesora francesa— se acomodó al extremo de la otra.

Se rezó una larga plegaria, se cantó un himno, luego una criada trajo té para las profesoras y comenzó el desayuno.

Devoré las dos o tres primeras cucharadas sin preocuparme del sabor, pero casi enseguida me interrumpí sintiendo una profunda náusea. El potaje quemado sabe casi tan mal como las patatas podridas. Ni aun el hambre más aguda puede con ello. Las cucharas se movían lentamente, todas las muchachas probaban la comida y la dejaban después de inútiles esfuerzos para deglutirla. Terminó el almuerzo sin que ninguna hubiese almorzado y, después de rezar la oración de gracias correspondiente a la comida que no se había comido, evacuamos el comedor. Yo fui de las últimas en salir y vi que una de las profesoras probaba una cucharada de potaje, hacía un gesto de asco y miraba a las demás. Todas parecían disgustadas. Una de ellas, la gruesa, murmuró:

—¡Qué porquería! ¡Es vergonzoso!

Pasó un cuarto de hora antes de que se reanudasen las lecciones y, entretanto, reinó en el salón de estudio un grandísimo tumulto. En aquel intervalo se permitía hablar más alto y con más libertad, y todas se aprovechaban de tal derecho. Toda la conversación giró en torno al desayuno, el cual mereció unánimes censuras. ¡Era el único consuelo que tenían las pobres muchachas! En el salón no había ahora otra maestra que Miss Miller, y un grupo de chicas de las mayores la rodeó hablándola con seriedad. El nombre de Mr. Brocklehurst sonó en algunos labios, y Miss Miller movió la cabeza reprobatoriamente, pero no hizo grandes esfuerzos para contener la general protesta. Sin duda la compartía.

Un reloj dio las nueve. Miss Miller se separó del grupo que la rodeaba y, situándose en medio de la sala, exclamó:

—¡Silencio! ¡Siéntense!

La disciplina se impuso. En cinco minutos el alboroto se convirtió en orden y un relativo silencio sucedió a la anterior confusión, casi babeliana. Las maestras superiores recuperaron sus puestos. Parecía esperarse algo. Las ochenta muchachas permanecían inmóviles, rígidas, todas iguales, con sus cabellos peinados lisos sobre las orejas, sin rizo alguno visible, vestidas de ropas oscuras, con un cuello estrecho y con un bolsillo grande en la parte delantera del uniforme (bolsillo que estaba destinado a hacer las veces de cesto de costura). Una veintena de alumnas eran muchachas muy mayores o, mejor dicho, mujeres ya formadas, y aquel extraño atuendo oscuro daba un aspecto ingrato incluso a las más bonitas de entre ellas.

Yo las contemplaba a todas y de vez en cuando dirigía también miradas a las maestras. Ninguna de éstas me gustaba: la gorda era un poco ordinaria, la morena un poco desagradable, la extranjera un poco grotesca. En cuanto a la pobre señorita Miller, ¡era tan rubicunda, estaba tan curtida por el sol, parecía tan agobiada de trabajo!

Mientras mis ojos erraban de unas a otras, todas las clases, como impulsadas por un resorte, se pusieron en pie simultáneamente.

¿Qué sucedía? Yo estaba perpleja. No había oído dar orden alguna. Antes de que saliese de mi asombro, todas las alumnas volvieron a sentarse y sus miradas se concentraron en un punto determinado. Miré también hacia él y vi entrar a la persona que me recibiera la noche anterior. Se había parado en el otro extremo del salón, junto al fuego (había una chimenea en cada extremo de la sala) y contemplaba, grave y silenciosa, las dos filas de muchachas.

Miss Miller se aproximó a ella, le dirigió una pregunta y, después de recibir la contestación, volvió a su sitio y ordenó:

—Instructora de la primera clase: saque las esferas.

Mientras la orden se ponía en práctica, la recién llegada avanzó a lo largo de la sala. Aún me acuerdo de la admiración con que seguía cada uno de sus pasos. Vista a la luz del día aparecía alta, bella y arrogante. Sus ojos oscuros, de serena mirada, sombreados por pestañas largas y finas, realzaban la blancura de su despejada frente. Sus cabellos formaban rizos sobre las sienes, según la moda de entonces, y llevaba un vestido de tela encarnada con una especie de orla de terciopelo negro, a la española. Sobre su corpiño brillaba un reloj de oro (en aquella época los relojes eran un objeto poco común). Si añadimos a este retrato unas facciones finas y un cutis pálido y suave, tendremos, en pocas y claras palabras, una idea del aspecto exterior de Miss Temple, ya que se llamaba María Temple, como supe después al ver escrito su nombre en un libro de oraciones que me entregaron para ir a la iglesia.

La inspectora del colegio de Lowood (pues aquel era el cargo que ocupaba) se sentó ante dos esferas que trajeron y colocaron sobre una mesa, y comenzó a dar la primera clase, una lección de geografía. Entretanto, las otras maestras llamaron a las alumnas de los grados inferiores, y durante una hora se estudió historia, gramática, etcétera. Luego siguieron escritura y aritmética y, finalmente, Miss Temple enseñó música a varias de las alumnas de más edad. La duración de las lecciones se marcaba por el reloj. Cuando dieron las doce, la inspectora se levantó:

—Tengo que hablar dos palabras a las alumnas —dijo.

El tumulto consecutivo al fin de las lecciones iba ya a comenzar, pero al sonar la voz de la inspectora, se calmó.

—Esta mañana les han dado un desayuno que no han podido comer. Deben ustedes estar hambrientas. He ordenado que se sirva a todas un bocadillo de pan y queso. Esto se hace bajo mi responsabilidad —aclaró la inspectora.

Y en seguida salió de la sala.

El queso y el pan fueron distribuidos inmediatamente, con gran satisfacción de las pupilas. Luego se dio la orden de «¡Al jardín!» Cada una se puso un sombrero de paja ordinaria con cintas de algodón, y una capita gris. A mí me equiparon con idénticas prendas y, siguiendo la corriente general, salí al aire libre.

El jardín era grande. Estaba rodeado de tapias tan altas que impedían toda mirada del exterior. Una galería cubierta corría a lo largo de uno de los muros.

Entre dos anchos caminos había un espacio dividido en pequeñas parcelas, cada una de las cuales estaba destinada a una alumna, a fin de que cultivase flores en ella. Aquello debía de ser muy lindo cuando estuviera lleno de flores, pero entonces nos hallábamos a fines de enero y todo tenía un triste color pardusco. El día era muy malo para jugar a cielo descubierto. No llovía, pero una amarillenta y penetrante neblina lo envolvía todo, y los pies se hundían en el suelo mojado. Las chicas más animosas y robustas se entregaban, sin embargo, a ejercicios activos, pero las menos vigorosas se refugiaron en la galería para guarecerse y calentarse. La densa niebla penetró tras ellas. Yo oía de vez en cuando el sonido de una tos cavernosa.

Ninguna me había hecho caso, ni yo había hablado a ninguna, pero como estaba acostumbrada a la soledad, no me sentía muy disgustada. Me apoyé contra una pilastra de la galería, me envolví en mi capa y, procurando olvidar el frío que se sentía y el hambre que aún me hostigaba, me entregué a mis reflexiones harto confusas para que merezcan ser recordadas. Yo no me daba apenas cuenta de mi situación. Gateshead y mi vida anterior me parecían flotar a infinita distancia, el presente era aún vago y extraño, y no podía conjeturar nada sobre el porvenir. Contemplé el jardín y la casa. Era un vasto edificio, la mitad del cual aparecía grisáceo y viejo y la otra mitad completamente nuevo. Esta parte estaba salpicada de ventanas enrejadas y columnadas que daban a la construcción un aspecto monástico. En aquella parte del edificio se hallaban el salón de estudio y el dormitorio. En una lápida colocada sobre la puerta se leía esta inscripción:

«Institución Lowood. Parcialmente reconstruida por Naomi Brocklehurst, de Brocklehurst Hall, sito en este condado.» —«Ilumínanos, Señor, para que podamos conocerte y glorificar a tu Padre, que está en los Cielos.» (San Mateo, versículo 16.)

Yo leí y releí tales frases, consciente de que debían tener alguna significación y de que entre las primeras palabras y el versículo de la Santa Escritura citado a continuación debía existir una relación estrecha. Estaba intentando descubrir esta relación, cuando oí otra vez la tos de antes y, volviéndome, vi que la que tosía era una niña sentada cerca de mí sobre un asiento de piedra. Leía atentamente un libro, cuyo título, *Rasselas*, me pareció extraño y, por tanto, atractivo.

Al ir a pasar una hoja, me miró casualmente y, entonces, la interpelé:

—¿Es interesante ese libro?

Y ya había formado en mi interior la decisión de pedirle que me lo prestase alguna vez.

—A mí me gusta —repuso, después de contemplarme durante algunos instantes.

—¿De qué trata? —continué.

Aquel modo de abordarla era contrario a mis costumbres, pero verla entregada a tal ocupación hizo vibrar las cuerdas de mi simpatía; a mí también me gustaba mucho leer, si bien sólo las cosas infantiles, porque las lecturas más serias y profundas me resultaban incomprensibles.

—Puedes verlo —contestó, ofreciéndome el tomo.

Un breve examen me convenció de que el texto era menos interesante que el título, al menos desde el punto de vista de mis gustos personales, porque allí no se veía nada de hadas, ni de gnomos, ni otras cosas similares y atrayentes. Le devolví el libro y ella, sin decir nada, reanudó su lectura:

Volví a hablarle:

—¿Qué quiere decir esa piedra de encima de la puerta? ¿Qué es la Institución Lowood?

—Esta casa en que has venido a vivir.

—¿Y por qué se llama institución? ¿Es diferente a otras escuelas?

—Es una institución semibenéfica. Tú y yo, y todas

las que estamos aquí, somos niñas pobres. Supongo que tú eres huérfana.

—Sí.

—¿De padre o de madre?

—No tengo padre ni madre. Los dos murieron antes de que yo pudiera conocerles.

—Pues aquí todas las niñas son huérfanas de padre o madre, o de los dos, y por eso esto se llama institución benéfica para niñas huérfanas.

—¿Es que no pagamos nada? ¿Nos mantienen de balde?

—No. Nuestros parientes pagan quince libras al año.

—Entonces, ¿cómo se llama una institución semibenéfica?

—Porque quince libras no bastan para cubrir los gastos y vivimos gracias a los que se suscriben con dádivas fijas.

—¿Y quiénes se suscriben?

—Señoras y caballeros generosos de los contornos y de Londres.

—¿Quién era Naomi Brocklehurst?

—La señora que reconstruyó la parte nueva de la casa. Es su hijo quien manda ahora en todo esto.

—¿Por qué?

—Porque es el tesorero y director del establecimiento.

—¿De modo que la casa no pertenece a esa señora alta que lleva un reloj y que mandó que nos diesen pan y queso?

—¿Miss Temple? ¡No! Sería mejor, pero no. . . Ella tiene que responder ante Mr. Brocklehurst de todo lo que hace. Es él quien compra la comida y la ropa para nosotras.

—¿Vive aquí?

—No. A dos millas de distancia, en un palacio muy grande.

—¿Es bueno ese señor?

—Dicen que hace muchas caridades. Es sacerdote[1.]

—¿Y la señora alta es Miss Temple?

—Sí.

—¿Y las otras profesoras?

—La de las mejillas encarnadas es Miss Smith, y está encargada de las labores. Ella corta nuestros vestidos. Nosotras nos hacemos todo lo que llevamos. La bajita del pelo negro es Miss Scartched: enseña historia y gramática y está encargada de la segunda clase. La del chal y el bolsillo atado a la cintura con una cinta amarilla se llama Madame Pierrot. Es francesa y enseña francés.

—¿Son buenas las maestras?

—Sí, bastante buenas.

—¿Te gusta la del pelo negro y la señora. . . esa francesa? ¡No puedo pronunciar su nombre!

—Miss Scartched es un poco violenta. Debes procurar no molestarla. Madame Pierrot no es mala persona.

—Pero Miss Temple es mejor que todas, ¿no?

—Miss Temple es muy buena y muy inteligente. Por eso manda en las demás.

—¿Llevas mucho tiempo aquí?

—Dos años.

—¿Eres huérfana?

—No tengo madre.

—¿Eres feliz aquí?

—¡Cuántas preguntas! Yo creo que ya te he dado bastantes contestaciones por ahora. Déjame leer.

Pero en aquel momento tocaron a comer y todas entramos en la casa. El aroma que ahora llegaba del refectorio no era mucho más apetitoso que el del desayuno. La comida estaba servida en dos grandes

---

[1] La autora quiere significar sacerdote anglicano, en inglés, *clergyman*. Recuérdese que el señor Brocklehurst, en su conversación con la señora Reed, habla de su esposa e hijas (cap. IV). Nota del traductor.

recipientes de hojalata y de ellos se exhalaba un fuerte olor a manteca rancia. Aquel rancho se componía de patatas insípidas y de trozos de carne pasada, cocido todo a la vez. A cada alumna se le sirvió una ración relativamente abundante. Yo comí lo que me fue posible, y me consternó pensar en que la comida de todos los días pudiera ser siempre igual.

Inmediatamente después de comer volvimos al salón de estudios y las lecciones se reanudaron y prosiguieron hasta las cinco de la tarde.

El único incidente digno de mención consistió en que la muchacha con quien yo charlaba en la galería fue castigada por Miss Scartched, mientras daba clase de historia, a salir al centro del salón y permanecer allí en pie.

El castigo me pareció muy afrentoso, particularmente para una muchacha de trece años o más, como representaba tener. Creí que daría muestras de nerviosidad o vergüenza, pero con gran asombro mío, ni siquiera se ruborizó. Permaneció impertérrita y seria en medio del salón, sirviendo de blanco a todas las miradas.

«¿Cómo podrá estar tan serena? —pensaba yo—. Si me hallase en su lugar, creo que desearía que la tierra se abriese y me tragase. Sin embargo, ella mira como si no pensara en que está castigada, como si no pensase siquiera en lo demás que la rodea. He oído decir que hay quien sueña despierto. ¿Será que está soñando despierta? Tiene la mirada fija en el suelo, pero estoy segura de que no lo ve. Parece que mirara dentro de sí. A lo mejor está recordando cosas de antes y no se da cuenta de lo que la pasa ahora. . . ¡Qué niña tan rara! No se puede saber si es mala o buena.»

Poco después de las cinco hicimos otra comida, consistente en una taza de café y media rebanada de pan moreno. Comí el pan y bebí el café con deleite, pero hubiera tomado mucho más de ambas cosas. Seguía hambrienta.

Luego tuvimos otra media hora de recreo. Después volvimos al estudio, más tarde nos dieron el vaso de agua y el pedazo de torta de avena, y al fin nos acostamos. Así transcurrió el primer día de mi estancia en Lowood.

Capítulo 6

El día siguiente comenzó como el anterior, pero con la novedad de que tuvimos que prescindir de lavarnos. El tiempo había cambiado durante la noche y un frío viento del Nordeste que se filtraba por las rendijas de las ventanas de nuestro dormitorio había helado el agua en los recipientes.

Durante la hora y media consagrada a oraciones y a lecturas de la Biblia me creí a punto de morir de frío. El desayuno llegó al fin. Hoy no estaba quemado, pero en cambio era muy poco. Yo hubiera comido doble cantidad.

Durante aquel día fui incorporada formalmente a la cuarta clase y me fueron asignadas tareas y ocupaciones como a las demás. Dejaba, pues, de ser espectadora para convertirme en actriz en la escena de Lowood. Como no estaba acostumbrada a aprender de memoria las lecciones, al principio me parecieron difíciles y largas y pasar frecuentemente de unos temas a otros me aturdía, así que me sentí aliviada cuando, a las tres, Miss Smith me entregó una franja de muselina de dos varas de largo, aguja, dedal, etc., y me envió a un rincón de la sala con instrucciones sobre lo que debía ejecutar. Casi todas las demás muchachas cosían también, pero había algunas agrupadas alrededor de Miss Scartched y se podían, pues, oír sus explicaciones sobre la lección, así como sus represiones, de las que se deducía qué muchachas eran objeto de su animadversión. Comprobé que lo era más que ninguna la niña con quien yo trabara conversación en la galería. La clase era de historia de Inglaterra. Mi conocida, que al principio estaba en primera fila, al final de la lección se hallaba detrás de todas, pero aun allí la profesora la perseguía con sus amonestaciones:

—Burns (aquel debía ser su apellido, porque allí a las niñas les llamaban por su apellido, como a los muchachos), no pongas los pies torcidos. Burns, no hagas este gesto. Burns, levanta la cabeza. Burns, no quiero verte en esa postura.

Etcétera, etcétera.

Después de haber leído dos veces la lección, se cerraron los libros y todas las muchachas fueron interrogadas. La lección comprendía parte del reinado de Carlos I y versaba esencialmente sobre portazgos, aduanas e impuestos marítimos, asuntos sobre los cuales la mayoría de las alumnas no supieron contestar. En cambio, Burns resolvía todas las dificultades. Había retenido en la memoria lo fundamental de la lectura y contestaba con facilidad a todo. Yo esperaba alguna frase encomiástica por parte de la profesora, pero en vez de ello, lo que oí fue esta inesperada increpación:

—¡Oh, qué sucia eres! ¡No te has limpiado las uñas esta mañana!

Burns no contestó. Yo estaba asombrada de su silencio.

«¿Cómo no responderá —pensaba yo— que esta mañana no ha sido posible lavarse por estar el agua helada?»

Miss Smith me llamó en aquel momento y me hizo varias preguntas sobre si había ido al colegio antes, si sabía bordar, hacer punto, etc. Por esta razón no pude seguir los movimientos de Miss Scartched; mas cuando volví a mi asiento, vi que ésta acababa de dar una orden que no entendí, pero a consecuencia de la cual Burns salió de la clase y volvió momentos después trayendo un haz de varillas de mimbre atadas por un extremo. Los entregó a la profesora con respetuosa cortesía, inclinó la cabeza y Miss Scartched, sin pronunciar una palabra, le descargó debajo de la nuca una docena de golpes con aquel haz.

Ni una lágrima se desprendió de los ojos de Burns, ni

un rasgo de sus facciones se alteró. Yo había suspendido la costura y contemplaba la escena con un profundo sentimiento de impotente angustia.

—¡Qué niña tan empedernida! —exclamó la profesora—. No hay modo de corregirla. Quita eso de ahí.

Burns obedeció y se llevó el instrumento de castigo. La miré cuando salía del cuarto donde se guardaban los libros. En aquel momento introducía su pañuelo en el bolsillo y en sus mejillas se veían huellas de lágrimas.

La hora del juego durante la tarde me pareció el mejor momento del día. Era cuando nos daban el pan y el café que, si bien no satisfacían mi apetito, al menos me reanimaban. A aquellas horas la habitación estaba más caliente, ya que se encontraban encendidas las dos chimeneas, cuyos fulgores suplían en parte la falta de luz. El tumulto de aquella hora, las conversaciones que entonces se permitían, inspiraban una agradable sensación de libertad.

De haber sido una niña que llegase allí procedente de un hogar feliz, probablemente aquella hora del día hubiera sido lo que me habría producido mayor sensación de soledad y la que más hubiera entristecido mi corazón. Pero dada mi situación peculiar, no me sucedía así. Asomada a los cristales de la ventana, oyendo rugir fuera el viento y contemplando la oscuridad, casi hubiera deseado que el viento sonase más lúgubre, que la oscuridad fuera más intensa y que el alboroto de las voces de las escolares se elevase de tono todavía más.

Deslizándome entre las muchachas y pasando bajo las mesas, me acerqué a una de las chimeneas y allí encontré a Burns, silenciosa, abstraída, absorta en la lectura de su libro, que devoraba a la pálida claridad de las brasas medio apagadas de la lumbre.

—¿Es el mismo? —le pregunté.

—Sí —dijo—. Precisamente lo estoy terminando.

Y, con gran satisfacción mía, lo terminó cinco minutos después. «Ahora podré hablarla», pensé.

Me senté en el suelo, a su lado.

—¿Cómo te llamas, además de Burns?

—Helen.

—¿Eres de aquí?

—No. Soy de un pueblo del Norte, cerca de la frontera con Escocia.

—¿Piensas volver a él?

—Supongo que sí, pero nunca se sabe lo que puede ocurrir.

—Tendrías ganas de irte de Lowood, ¿verdad?

—No. ¿Por qué? Me han enviado aquí para instruirme y no me sacarán hasta que eso esté conseguido.

—Pero esa profesora, Miss Scartched, es muy cruel contigo.

—¿Cruel? No. Es severa y no me perdona ninguna falta.

—Si yo estuviera en tu lugar y me pegara con aquello con que te pegó, se lo arrancaría de la mano y se lo rompería en las narices.

—Seguramente no harías nada de eso, pero si lo hicieras, el señor Brocklehurst te expulsaría del colegio y ello sería muy humillante para tu familia. Así que vale más aguantar con paciencia y guardarse esas cosas para una misma, de modo que la familia no se disguste. Además, la Biblia nos enseña a devolver bien por mal.

—Pero es muy molesto que a una la azoten y que la saquen en medio del salón para avergonzarla ante todas. Yo, aunque soy más pequeña que tú, no lo aguantaría.

—Debemos soportar con conformidad lo que nos reserva el destino. Es una muestra de debilidad decir «yo no soportaría esto o lo otro».

La oía con asombro. No podía estar de acuerdo con aquella opinión. Me pareció que Helen Burns consideraba las cosas a una luz invisible para mis ojos. Sospechaba que acaso tuviese razón y yo no, pero no pudiendo averiguarlo de modo concreto, resolví aplazar las comparaciones entre nuestros conceptos respectivos para mejor ocasión.

—Tú no cometes faltas. A mí me parece que eres una niña buena.

—No debes juzgar por las apariencias. Miss Scartched tiene razón: dejo siempre las cosas revueltas, soy muy descuidada, olvido mis deberes, me pongo a leer cuando debía aprender las lecciones, no tengo método y, a veces, digo, como tú, que no puedo soportar las cosas sistemáticas. Todo eso le crispa los nervios a la profesora, que es muy ordenada, muy metódica y muy especial.

—Y muy cruel —añadí.

Helen no debía estar de acuerdo conmigo. Guardó silencio.

—¿Miss Temple es tan severa contigo como Miss Scartched?

Al oír mencionar el nombre de la inspectora, una dulce sonrisa se pintó en el semblante de Helen.

—Miss Temple es muy bondadosa y le duele ser severa hasta con las niñas más malas. Me indica, amablemente, los errores que cometo y, aunque haga algo digno de represión, siempre es tolerante conmigo. La prueba de que tenga malas inclinaciones es que, a pesar de su bondad y de lo razonablemente que me dice las cosas, no me corrijo y sigo siendo lo mismo: no atiendo a las lecciones.

—¡Qué raro! —dije—. ¡Con lo fácil que es atender!

—Para ti, sí. Te he observado hoy en clase y he visto la atención que ponías cuando Miss Miller explicaba la lección y te preguntaba. Pero a mí no me pasa eso. A veces, mientras la profesora está hablando, pierdo el hilo de lo que dice y caigo como en un sueño. Se me figura, a lo mejor, que estoy en Northumberland y que los ruidos que oigo son el rumor de un arroyuelo que corre próximo a nuestra casa. Cuando me doy cuenta de dónde estoy de veras, como no he oído nada, no sé qué contestar a lo que me preguntan.

—Pero esta tarde has contestado bien a todo.

—Por casualidad. Me interesaba el asunto de la lección que nos han leído. Hoy, en vez de pensar en Northumberland, pensaba en lo asombroso de que un hombre tan recto como Carlos I obrase tan injusta e imprudentemente en ciertas ocasiones, y en lo extraño de que una persona íntegra como él no viese más allá de sus derechos de monarca. Si hubiese sabido mirar más lejos hubiera comprendido lo que exigía eso que se llama el espíritu de los tiempos. Ya ves: yo admiro mucho a Carlos I. ¡Pobre rey, cómo lo asesinaron! Los que lo hicieron no tenían derecho a derramar su sangre. ¡Y se atrevieron a hacerlo!

Helen hablaba en aquellos momentos como para sí, olvidando que yo no podía comprenderla, ya que ignoraba, o poco menos, todo lo que se refería a aquel asunto.

Insistí en el tema primitivo.

—¿También te olvidas de la lección cuando te enseña Miss Temple?

—Casi nunca, porque Miss Temple tiene un modo muy particular de expresarse, dice cosas más interesantes que mis pensamientos y como lo que enseña y su conversación me gustan mucho, no puedo por menos de atenderla.

—¿Así que eres buena con Miss Temple?

—Sí: me dejo llevar por ella sin poner nada de mi parte, de modo que en ser buena no hay ningún mérito.

—Sí lo hay. Eres buena con los que son buenos contigo. También a mí me parece ser buena así. Si todos obedeciéramos y fuéramos amables con los que son crueles e injustos, ellos no nos temerían nunca y serían más malos cada vez. Cuando nos pegan sin razón debemos devolver el golpe, para enseñar a los que lo hacen que no deben repetirlo.

—Ya cambiarás de opinión cuando seas mayor. Ahora eres demasiado pequeña para comprenderlo.

—No, Helen; yo creo que no debo tratar bien a los que se empeñan en tratarme mal y me parece que debo defenderme de los que me castigan sin razón. Eso es tan natural como querer a las que me demuestran cariño o aceptar los castigos que merezco.

—Los paganos y los salvajes profesan esa doctrina, pero las personas civilizadas y cristianas, no.

—¿Cómo que no? No te comprendo.

—La violencia no es el mejor medio de vencer el odio, y la venganza no remedia las ofensas.

—¿Entonces qué hay que hacer?

—Lee el Nuevo Testamento y aprende lo que Cristo nos enseñó y cómo procedía, y procura imitarle.

—¿Qué enseñaba Cristo?

—Que hay que amar a nuestros enemigos, bendecir a los que nos maldicen y desear el bien de los que nos odian.

—Entonces yo debo amar a mi tía y bendecir a su hijo John y eso me es imposible.

Helen me preguntó entonces que a qué me refería y me apresuré a explicárselo todo, contándoselo a mi manera, sin reservas ni paliativos, sino tal como lo recordaba y lo sentía.

Helen me escuchó con paciencia hasta el final. Yo esperaba que me diese su opinión, pero no comentó nada.

—Bueno —dije—. ¿Qué te parece? ¿No es cierto que mi tía es una mujer malvada y que tiene un corazón muy duro?

—Se ha portado mal contigo, sin duda, pero eso debe de ser porque no simpatiza con tu carácter, como le pasa a Miss Scartched con el mío. . . Hay que ver con qué detalle recuerdas todo lo que te han hecho y te han dicho. ¡Cómo sientes lo mal que te han tratado! ¿No crees que serías más dichosa si procurases perdonar la severidad de tu tía? A mí me parece que la vida es demasiado corta para perderla en odios infantiles y en recuerdos de agravios. Es verdad que no hay que aguantar muchas cosas en este mundo, pero debemos pensar en el momento en que nuestro espíritu se desprenda de nuestro cuerpo y vuelva a Dios, que lo ha creado. Y entonces nuestra alma debe estar pura, porque ¿quién sabe si no será llamada a infundirse en un ser muy superior al hombre, en un ser celestial? Sería, en cambio, muy triste que un alma humana se convirtiera en alma de un demonio. ¡No quiero pensar en eso! Para que no suceda, hay que perdonar. Yo procuro distinguir al pecador del pecado. Odio el pecado y perdono al pecador, olvido los agravios que me hacen, y así vivo tranquila esperando el fin.

Helen inclinó la cabeza. Comprendí que no deseaba seguir hablando, sino abstraerse en sus propios pensamientos. Pero no pudo hacerlo durante largo rato. Una instructora, una muchacha grande y tosca, se acercó y le dijo, con su rudo acento de Cumberland:

—Helen Burns: si no pones en orden ahora mismo las labores y las cosas de tu cajón, iré a decírselo a Miss Scartched.

Helen, arrancada a sus sueños, suspiró y se fue, sin dilación, a cumplir las órdenes de la instructora.

Capítulo 7

El primer trimestre de mi vida en Lowood me pareció tan largo como una edad del mundo, y no precisamente la Edad de Oro. Hube de esforzarme en vencer infinitas dificultades, en adaptarme a nuevas reglas de vida y en aplicarme a tareas que no había hecho nunca. El sentimiento de depresión moral que todo ello me causaba era mucho peor que las torturas físicas que me producía, y no, en verdad, porque éstas fueran pocas.

Durante enero, febrero y parte de marzo, las nieves y los caminos impracticables nos confinaron entre los muros del jardín, que no traspasábamos más que para ir a la iglesia.

Cada día pasábamos una hora al aire libre. Nuestras ropas eran insuficientes para defendernos del riguroso frío. No poseíamos botas y la nieve penetraba en nuestros zapatos y se derretía dentro de ellos. No usábamos guantes y teníamos las manos y los pies llenos de sabañones. Mis pies inflamados me hacían sufrir indeciblemente, en especial por las noches, cuando entraban en calor, y por las mañanas al volver a calzarme.

La comida que nos daban era insuficiente a todas luces para nuestro apetito de niñas en pleno crecimiento. Las raciones parecían a propósito para un desganado convaleciente. De esto resultaba un abuso, y era que las mayores, en cuanto tenían oportunidad, procuraban saciar su hambre arrancando con amenazas su ración a las pequeñas. Más de una vez, después de haber tenido que distribuir el pan moreno que nos daban a las cinco, entre dos mayores que me lo exigían, tuve que ceder a una tercera la mitad de mi taza de café, y beberme el resto acompañado de las lágrimas silenciosas que el hambre y la imposibilidad de oponerme arrancaban a mis ojos.

Durante el invierno, los días más terribles de todos eran los domingos. Teníamos que recorrer dos millas hasta la iglesia de Brocklebridge, en la que oficiaba nuestro director. Llegábamos heladas, entrábamos en el templo más helado aún y permanecíamos, paralizadas de frío, mientras duraban los Oficios religiosos. Como el colegio estaba demasiado lejos para ir a comer y regresar, se nos distribuía, en el intervalo entre los Oficios de la mañana y la tarde, una ración de pan y carne fría en la misma mezquina cantidad habitual de las comidas de los días laborables.

Después de los Oficios de la tarde, tornábamos al colegio por un empinado camino barrido por los helados vientos que venían de las montañas del Norte, y tan fríos, que casi nos arrancaban la piel de la cara.

Recuerdo a Miss Temple caminando con rapidez a lo largo de nuestras abatidas filas, envuelta en su capa a rayas que el viento hacía ondear, animándonos, dándonos ejemplo, excitándonos a seguir adelante «como esforzados soldados», según decía. Las otras pobres profesoras tenían bastante con animarse a sí mismas y no les quedaban energías para pensar en animar al prójimo.

¡Qué agradable, al regresar, hubiera sido sentarse al lado del fuego! Pero esto a las pequeñas les estaba vedado: cada una de las chimeneas era inmediatamente rodeada por una doble hilera de muchachas mayores y las pequeñas habían de limitarse a intentar caldear sus ateridas manos metiéndolas bajo los delantales.

A la hora del té nos daban doble ración de pan y un poco de manteca: era el extraordinario del domingo. Yo lograba, generalmente, reservarme la mitad de ello; el resto, invariablemente, tenía que repartirlo con las mayores.

La tarde del domingo se empleaba en repetir de

memoria el Catecismo y los capítulos cinco, seis y siete de San Mateo. Además, habíamos de escuchar un largo sermón leído por Miss Miller. En el curso de estas tareas, algunas de las niñas menores se dormían y eran castigadas a permanecer en pie en el centro del salón hasta que concluía la lectura.

Mr. Brocklehurst no apareció por la escuela durante la mayor parte del mes en cuyo curso llegué al establecimiento. Sin duda continuaba con su amigo el arcediano. Su ausencia fue un alivio para mí. Sobra decir que tenía motivos para temer su llegada. Pero ésta, al fin, se produjo.

Una tarde (llevaba entonces tres semanas en Lowood), mientras me hallaba absorta en resolver en mi pizarra una larga cuenta, mis ojos, dirigidos al azar sobre una ventana, descubrieron a través de ella una figura que pasaba por el jardín en aquel instante. Casi instintivamente le reconocí y cuando, minutos después, las profesoras y alumnas se levantaron en masa, ya sabía yo que quien entraba a largas zancadas en el salón era el que en Gateshead me pareciera una columna negra y me causara tan desastrosa impresión: Mr. Brocklehurst, en persona, vestido con un sobretodo abotonado hasta el cuello. Se me figuró más alto, estrecho y rígido que nunca.

Yo tenía —ya lo dije— mis motivos para temer su presencia: la promesa que hiciera a mi tía de poner a Miss Temple y a las maestras en autos de mis perversas inclinaciones.

Se dirigió a Miss Temple y le habló. No me cabía duda de que estaba poniéndole en antecedentes de mi maldad y no separaba de ellos mis ojos ansiosos.

Sin embargo, lo primero que oí desde el sitio en que estaba sentada disipó, de momento, mis aprensiones.

—Diga usted a Miss Smith que no he hecho la nota de las agujas que he comprado, pero que debe llevar la relación y tener en cuenta que sólo conviene entregar una a cada discípula. Si se les dieran más, tendrían menos cuidado y las perderían. Hay que preocuparse también del repaso de medias. La última vez que estuve aquí vi, tendidas, muchas que estaban llenas de agujeros.

—Se seguirán sus órdenes, señor —dijo Miss Temple.

—La lavandera me ha informado —siguió él— de que algunas de las niñas se mudan de camisa dos veces a la semana. Las reglas limitan las mudas a una semanal.

—Lo explicaré, señor. Agnes y Catherine Johnstone fueron invitadas a tomar el té con algunos amigos en Lowton el jueves pasado y, por tratarse de eso, les permití ponerse camisas limpias.

—Bien; por una vez puede pasar, pero procure que el caso no se repita a menudo. Hay otra cosa que me ha sorprendido. Al hacer cuentas con el ama de llaves, he visto que se había servido una ración extraordinaria de pan y queso durante la quincena pasada. ¿Cómo es eso? He mirado las disposiciones sobre extraordinarios y no he visto que se mencione para nada una ración suplementaria de tal clase. ¿Quién ha introducido semejante innovación? ¿Y con qué derecho?

—Yo soy la responsable, señor —dijo Miss Temple—. El pan y el queso se sirvieron un día en que el desayuno estaba tan mal preparado que ninguna alumna lo pudo comer. No me atreví a hacerlas esperar sin alimento hasta la hora de la comida.

—Escúcheme un instante, señorita: usted sabe que mi plan educativo respecto a estas niñas consiste en no acostumbrarlas a hábitos de blandura y lujo, sino al contrario, en hacerlas sufridas y pacientes. Si acontece algún pequeño incidente en la preparación de las comidas no ha de suplirse con algo más delicado, lo cual tendería a relajar los principios de esta institución, sino que el hecho debe servir para edificación espiritual de las alumnas, fortificando sus ánimos mediante esa prueba pasajera. En ocasiones así, no estará de más una adecuada exhortación de las profesoras acerca de los sufrimientos de los primitivos cristianos y alguna alusión a las palabras del Señor cuando pidió a sus discípulos que tomasen su cruz y le siguiesen. Es preciso recordar a las pupilas que el hombre no vive sólo de pan y citarles algunas de las divinas palabras: «Bienaventurado el que sufra por mi amor», u otras. Sin duda, señorita, cuando daba usted a las muchachas el queso y el pan en lugar del potaje quemado, atendía al bienestar de sus viles cuerpos, pero ¿no piensa usted que contribuía a la perdición de sus almas?

Mr. Brocklehurst calló, como abrumado por la emoción que le producían sus palabras.

A medida que hablaba Mr. Brocklehurst, Miss Temple parecía ir convirtiéndose gradualmente en una estatua de mármol y su boca y sus ojos, contraídos en una expresión severa, se apartaban de él.

Mr. Brocklehurst se dirigió a la chimenea, se paró junto a ella con las manos a la espalda y dirigió a toda la escuela una mirada majestuosa. De pronto, sus ojos se abrieron desmesuradamente. Dijérase que iban a salirse de sus órbitas. Volviéndose a la inspectora, dijo, con acento menos sereno que el acostumbrado:

—¿Qué es eso, Miss Temple? ¿Quién es aquella muchacha del pelo rizado? ¡Sí: todo rizado!, aquella del pelo rojo.

Y su mano se extendió, señalando al objeto de sus iras.

—Es Julia Severn, señor —repuso, con calma, Miss Temple.

—¿Con que Julia Severn? ¿Y por qué ha de llevar el cabello rizado? Ni ella ni ninguna. ¿Cómo osa seguir tan descaradamente las costumbres mundanas, rizándose los cabellos? ¡En una institución evangélica y benéfica como ésta!

—Julia tiene el rizado natural —repuso Miss Temple, con más calma aún.

—¡Pero nosotros no tenemos por qué estar conformes con la naturaleza! Quiero que estas niñas sean niñas de Dios y nada más. ¡Esas vanidades no pueden admitirse! Vuelvo a repetir que deseo que los peinados sean lisos y sencillos. ¡Nada de pelo abundante! Señorita: los cabellos de esa muchacha van a ser cortados al rape: mañana enviaré un peluquero. Veo que hay muchas que tienen el cabello demasiado largo. No, eso no. . . Vamos a ver: mande a toda la primera clase que se ponga de cara a la pared.

Miss Temple se pasó el pañuelo por los labios como para disimular una sonrisa y dio la orden. Volviendo un poco la cabeza, pude percibir las muecas y miradas con que las muchachas comentaban aquella maniobra. Fue una lástima que Mr. Brocklehurst no pudiese verlas también.

Después de examinar durante cinco minutos las nucas de las alumnas, Mr. Brocklehurst pronunció su sentencia:

—Es preciso cortar el pelo a todas éstas.

Miss Temple pareció a punto de protestar.

—Señorita —prosiguió él—: yo sirvo a un Señor cuyo reino no es de este mundo. Conviene mortificar a estas muchachas para que aprendan a dominar las vanidades de la carne. Sus cabellos deben, pues, ser cortados. Pensemos en el tiempo que pierden componiéndose y. . .

La entrada de otras visitantes, tres mujeres, interrumpió al director. Fue una lástima que no oyeran el discurso de Mr. Brocklehurst, porque iban espléndidamente ataviadas de terciopelo, seda, pieles y otras vanidades. Las dos más jóvenes (lindas muchachas de dieciséis y diecisiete años) llevaban magníficos sombreros de castor gris, muy de moda entonces, adornados con plumas de avestruz, y de sus sienes pendían innúmeros tirabuzones cuidadosamente rizados. La señora de más edad vestía un costoso chal de terciopelo forrado de armiño y llevaba un postizo de tirabuzones rizados, a la francesa.

Las visitantes —Mrs. y Misses Brocklehurs— fueron deferentemente acogidas por Miss Temple y acomodadas en asientos de honor. Debían de haber venido en coche con su reverendo esposo y padre y, al parecer, habían procedido a examinar los cuartos de arriba, mientras él se dedicaba a verificar las cuentas del ama de llaves y la lavandera. Dirigieron varias observaciones y reproches a Miss Smith, encargada de la ropa blanca y de la limpieza de los dormitorios. Pero yo no pude oírlas, porque otros temas requerían mi atención más inmediata.

Mientras Mr. Brocklehurst daba instrucciones a Miss Temple, yo no había descuidado lo concerniente a mi seguridad personal, seguridad sólo garantizable si me ponía a salvo de miradas ajenas. Para ello procuré sentarme en la última fila de la clase y, fingiendo estar absorta en mis cuentas, coloqué la pizarra de modo que ocultase mi rostro. Pero no había contado con lo imprevisto: la traidora pizarra se me deslizó, no sé cómo, de entre las manos y cayó al suelo con ominoso ruido. Todas las miradas se concentraron en mí. Mientras me inclinaba para recoger los dos fragmentos en que se había convertido la pizarra, reuní todas mis fuerzas y me preparé para lo peor.

—¡Qué niña tan descuidada! —dijo Mr. Brocklehurst. Y, enseguida, añadió—: Ya veo que es la alumna nueva. Tengo que decir dos palabras respecto a ella. Manden venir aquí a esa niña —agregó, tras un silencio que me pareció interminable.

Yo estaba tan paralizada, que por mí sola no hubiera podido moverme, pero dos muchachas mayores que se sentaban a mi lado me obligaron a levantarme para comparecer ante el terrible juez.

Al pasar junto a Miss Temple la oí cuchichear:

—No tengas miedo, Jane. Has roto la pizarra por casualidad. No te castigarán.

Pero aquellas palabras no me tranquilizaron.

«Dentro de un minuto, todas me tendrán por una despreciable hipócrita», pensaba yo.

Y un impulso de ira contra Mrs. Reed, Mr. Brocklehurst y demás enemigos míos se levantaba en mi corazón. Yo no era Helen Burns.

—Póngala en ese asiento —dijo Brocklehurst señalando uno muy alto del que acababa de levantarse una instructora.

Me colocó allí no sé quién: yo no estaba para reparar en detalles. Sólo noté que mi cara estaba a la altura de la nariz de Mr. Brocklehurst, que él estaba a una yarda de distancia de mí y que detrás se agrupaba un torbellino de sedas, terciopelos, pelos y plumas de animales exóticos.

Mr. Brocklehurst se volvió a su familia.

—¿Veis —dijo—: ven ustedes, Miss Temple, profesoras y alumnas, esta niña?

Era evidente que sí, porque yo sentía fijas en mí todas las miradas.

—Ya ven ustedes lo pequeña que es y también que tiene la apariencia de una niña como otra cualquiera. Dios, en su bondad, le ha dado el aspecto de todos nosotros, sin que signo alguno exterior delate su verdadero carácter. ¿Quién pensaría que el Enemigo tiene en ella un servidor celoso? Sin embargo, siento decirlo, es así.

Siguió la pausa. Comprendí que el Rubicón había sido pasado y que era preciso sostenerse firme ante la adversidad.

—Queridas niñas —siguió él—: lamentable es tener que manifestar que esta muchacha es una pequeña réproba. Pónganse en guardia contra ella y, de ser necesario, eludan su compañía, elimínenla de sus juegos, rehúyan su conversación. Ustedes, señoras profesoras, vigílenla, pesen bien sus palabras, observen lo que hace, castiguen su cuerpo para salvar su alma, si tal salvación es posible. Porque —la lengua se me estremece al declararlo— esta muchacha, tan pequeña, es peor que uno de esos niños nacidos en tierras paganas que oran a Brahma y se arrodillan ante los ídolos, porque es. . . ¡una embustera!

Siguió una pausa de diez minutos. Las tres Brocklehurst sacaron sus pañuelos y se los aplicaron a los ojos, mientras cuchicheaban:

—¡Qué horror!

Mr. Brocklehurst concluyó:

—Lo he sabido por su bienhechora, por la caritativa y compasiva mujer que recogió a esta niña cuando quedó huérfana, educándola como a sus propios hijos, y cuya generosidad y bondad han sido tan mal pagadas por esta ingrata muchacha, que dicha señora tuvo que separarla de sus hijos, a fin de que con su corrupción no contaminase la pureza de aquellas inocentes criaturas. Ha venido aquí como los antiguos judíos al Betesda, para purificarse. Señora inspectora, señoras profesoras: no dejen que las aguas purificadoras se encenaguen con la presencia de esta niña.

Tras esta sublime conclusión, Mr. Brocklehurst se abrochó el botón más alto de su abrigo, murmuró no sé qué a las mujeres de su familia, que se levantaron; habló a Miss Temple, y todas las personas mayores salieron de la habitación. Mi juez se volvió en la puerta y decretó:

—Déjenla sentada en ese asiento media hora más y no la permitan hablar en todo lo que queda de día.

Así, yo, que había asegurado que no soportaría la afrenta de permanecer en pie en el centro del salón, hube de estar expuesta a la general irrisión en un pedestal de ignominia. No hay palabras para definir mis sentimientos: me faltaba el aliento y se me oprimía el corazón.

Y entonces una muchacha se acercó a mí y me miró.

¡Qué extraordinaria luz había en sus ojos! ¡Qué cambio tan profundo inspiró en mis sentimientos! Fue como si una víctima inocente recibiese en la hora suprema el aliento de un mártir heroico. Dominé mis nervios, alcé la cabeza y adopté en mi asiento una firme actitud.

Helen Burns —era ella— fue llamada a su sitio por una observación referente a la labor. Pero al volverse, me sonrió. ¡Oh, qué sonrisa! Al recordarla hoy, comprendo que era la muestra de una inteligencia delicada, de un auténtico valor, mas entonces su rostro, sus facciones, sus brillantes ojos grises, me parecieron los de un ángel. Y, sin embargo, no hacía una hora que Miss Scartched había castigado a Helen a pasar el día a pan y agua porque al copiar un ejercicio, echó un borrón. Así, es la naturaleza humana: los ojos de Miss Scartched, atentos a aquellos mínimos defectos, eran incapaces de percibir el esplendor de las buenas cualidades de la pobre Helen.

Capítulo 8

El fin de la media hora coincidió con las cinco de la tarde. Todas se fueron al refectorio. Yo me retiré a un rincón oscuro de la sala y me senté en el suelo. Los ánimos que artificialmente recibiera empezaban a desaparecer y la reacción sobrevenía. Rompí en lágrimas. Helen no estaba ya a mi lado y nada me confortaba. Abandonada a mí misma, mis lágrimas fluían a torrentes.

Yo había procurado portarme bien en Lowood. Conseguí amigas, gané el afecto y el aprecio de todos. Mis progresos habían sido muchos: aquella misma mañana Miss Miller me otorgó el primer lugar en la clase. Miss Temple sonrió con aprobación y me ofreció que, si continuaba así dos meses más, se me enseñaría francés y dibujo. Las condiscípulas me estimaban: las de mi edad me trataban como una más y ninguna me ofendía. Y he aquí que, en tal momento, se me hundía y se me humillaba. ¿Cómo podría levantarme de nuevo?

«De ningún modo», pensaba yo.

Y deseé ardientemente la muerte. Cuando estaba expresando este deseo con desgarrador acento, apareció Helen Burns. Me traía pan y café.

—Anda, come —me dijo.

Pero todo era inútil. Yo no podía reprimir mis sollozos ni mi agitación. Helen me miraba, seguramente con sorpresa.

Se sentó junto a mí en el suelo, rodeó con sus brazos sus rodillas y permaneció en aquella actitud, silenciosa como una estatua india. Yo fui la primera en hablar.

—Helen, ¿por qué te acercas a una niña a quien todo el mundo considera una embustera?

—¿Todo el mundo, Jane? Aquí no hay más que

ochenta personas y en el mundo hay muchos cientos de millones.

—Sí, ¿pero qué me importan esos millones? Me importan las ochenta personas que conozco, y ésas se burlan de mí.

—Te equivocas, Jane. Seguramente ni una de las de la escuela se burla de ti ni te desprecia, y estoy segura de que muchas te compadecen.

—¿Cómo van a compadecerme después de lo que ha dicho Mr. Brocklehurst?

—Mr. Brocklehurst no tiene aquí muchas simpatías, ¿comprendes? Las profesoras y las chicas puede que te miren con cierta frialdad un día o dos, pero si sigues portándote bien, la simpatía que todas tienen por ti se expresará, y más que antes. Además, Jane. . .

Y se interrumpió.

—¿Qué Helen? —pregunté, poniendo mi mano entre las suyas.

Ella me acarició los dedos, como para calentármelos, y prosiguió:

—Aunque todo el mundo te odiase, mientras tu conciencia estuviese tranquila, nunca, créelo, te faltarían amigos.

—Mi conciencia está tranquila, pero si los demás no me quieren, vale más morir que vivir. No quiero vivir sola y despreciada, Helen.

—Tú das demasiada importancia al aprecio de los demás, Jane. Eres demasiado vehemente, demasiado impulsiva. Piensa que Dios no te ha creado sólo a ti y a otras criaturas humanas, tan débiles como tú. Además de esta tierra y además de la raza humana, hay un reino invisible poblado por otros seres, y ese mundo nos rodea por todas partes. Esos seres nos vigilan, están encargados de custodiarnos. . . Y si se nos trata mal, si se nos tortura, los ángeles lo ven, reconocen nuestra inocencia (porque yo sé que tú eres inocente: lo leo en tus ojos) y Dios, cuando nuestra alma deje nuestro cuerpo, nos dará recompensa merecida. Así que, ¿a qué preocuparte tanto de la vida, si pasa tan pronto y luego nos espera la gloria?

Yo callé. Helen me había tranquilizado, pero en la calma que me infundía había algo de inexpresable tristeza. Sin saber por qué, mientras ella hablaba, yo sentía una vaga angustia, y cuando, al concluir, tosió con tos seca, olvidé mis propios sufrimientos para pensar en los de mi amiga.

Apoyé la cabeza en los hombros de Helen y la abracé por el talle. Ella me atrajo hacia sí y las dos permanecimos silenciosas. Ya llevábamos largo rato de aquel modo cuando sentimos entrar a otra persona. El viento había barrido las nubes del cielo y a la luz de la Luna que entraba por la ventana reconocimos en la recién llegada a Miss Temple.

—Venía a buscarte, Jane —dijo—. Acompáñame a mi cuarto. Puesto que Helen está contigo, que venga también.

Seguimos a la inspectora a través de los laberínticos pasillos del edificio, ascendimos una escalera y llegamos a su cuarto. Un buen fuego ardía en él. Miss Temple mandó sentarse a Helen en una butaca baja, junto a la chimenea; ella se sentó en otra y me hizo ir a su lado.

—¿Qué? —dijo, mirándome a la cara—. ¿Se te ha pasado ya el disgusto?

—Yo creo que no se me pasará nunca.

—¿Por qué?

—Porque me han acusado injustamente y porque creo que usted y todas van a despreciarme desde ahora.

—Nosotras te consideraremos siempre como te merezcas, pequeña. Sigue siendo una niña buena y te querré lo mismo.

—¿Soy buena, señorita?

—Sí lo eres —repuso, abrazándome—. Y ahora dime: ¿Quién es esa que Mr. Brocklehurst llama tu bienhechora?

—Mrs. Reed, la viuda de mi tío. Mi tío murió y me dejó a cargo de ella.

—¿Así que no te recogió ella de por sí?

—No. Yo he oído siempre a las criadas que mi tío la hizo prometer, antes de morir, que me tendría siempre a su lado.

—Bueno, Jane, ya sabes, y si no lo sabes yo te lo digo, que cuando se acusa a un criminal se le deja defenderse. Puesto que te han acusado injustamente, defiéndete lo mejor que puedas. Dime, pues, toda la verdad, pero sin añadir ni exagerar nada.

Pensé que convenía hablar con moderación y con orden y, después de concentrarme para organizar un relato coherente, expliqué toda la historia de mi triste niñez. Estaba tan fatigada —y además tan influida por los consejos de Helen— que acerté a exponer las cosas con mucho menos apasionamiento y más orden que de ordinario, y comprendí que Miss Temple me creía.

En el curso de la historia mencioné a Mr. Lloyd y no omití lo sucedido en el cuarto rojo, porque me era imposible olvidar el sentimiento de dolor y agonía que me acometió cuando, tras mi angustiosa súplica, mi tía ordenó de nuevo que me recluyesen en aquel sombrío y oscuro aposento.

Al terminar mi relato, Miss Temple me miró durante unos minutos en silencio, y luego dijo:

—Conozco algo a Mr. Lloyd: le escribiré y, si lo que él me diga está de acuerdo con lo que me has contado, se hará saber públicamente que tienes razón. Yo, por mi parte, te doy la razón desde ahora, Jane.

Me besó y me retuvo a su lado. Mientras yo me entregaba al infantil placer de contemplar su rostro, sus cabellos rizados, su blanca frente y sus oscuros ojos, Miss Temple se dirigió a Helen Burns:

—¿Cómo te encuentras Helen? ¿Has tosido mucho hoy?

—No mucho, señorita.

—¿Te sigue doliendo el pecho?

—Me duele algo menos.

Miss Temple se levantó, cogió la mano de Helen y le tomó el pulso. Volvió a su asiento y la oí suspirar apagadamente. Durante algunos minutos permaneció pensativa. Al fin dijo, tocando la campanilla:

—Vaya, hoy sois mis invitadas y debo trataros como a tales.

Agregó, dirigiéndose ya a la criada:

—Bárbara, aún no he tomado el té. Tráigalo y ponga tazas también para estas señoritas.

Trajeron el servicio. ¡Qué bonitos me parecieron el juego de china, la tetera, el conjunto del servicio colocado en una mesita junto al fuego! ¡Qué bien olían la bebida y las tostadas! No sin pena observé que de éstas había pocas. Me sentía desmayada de apetito. Miss Temple lo comprendió.

—Bárbara —dijo—, ¿no puede traer más pan y manteca? Es poco para tres. . .

Bárbara se fue y volvió en seguida.

—Señorita, Mrs. Harden dice que es la cantidad de costumbre.

Mrs. Harden era el ama de llaves, una mujer cuyo corazón, como el de Mr. Brocklehurst, estaba compuesto por una aleación, a partes iguales, de hierro y pedernal.

—¡Vaya, qué se le va a hacer, Barbara! —contestó Miss Temple. Y agregó sonriendo—: Afortunadamente, por esta vez puedo suplir yo misma las deficiencias.

Hizo acercarse a Helen a.la mesa, nos sirvió té y un apetitoso aunque minúsculo trozo de pan con manteca, y luego, levantándose, sacó de un cajón un pastel grande.

—Las tostadas son tan pequeñas —dijo—, que tendremos que tomar también algo de esto.

Y cortó el pastel en gruesas rebanadas.

A nosotras todo aquello nos sabía a néctar y ambrosía.

Pero quizá lo más agradable de todo, incluso más que aquellos delicados bocados con que se satisfacían nuestros hambrientos estómagos, era la sonrisa con que nuestra anfitriona nos ofrecía sus obsequios.

Terminado el té, la inspectora nos hizo sentar una a cada lado de su butaca y entabló una conversación con Helen.

Miss Temple mostraba en todo su aspecto una sorprendente serenidad, hablaba con un lenguaje grave y propio, y producía en todos los sentidos una impresión de agrado y simpatía en los que la veían y la escuchaban. Pero de quien yo estaba más maravillada era de Helen.

La merienda, el alegre fuego, la amabilidad de la profesora, habían despertado todas sus facultades. Sus mejillas se cubrieron de color rosado. Nunca hasta entonces las viera yo sino pálidas y exangües. El líquido brillo de sus ojos les daba una belleza mayor aún que la de los de Miss Temple: una belleza que no consistía en el color, ni en la longitud de las pestañas, ni en el dibujo perfecto de las cejas, sino en su animación, en su irradiación admirables. Su alma estaba en sus labios, y su lenguaje fluía cual un manatial cuyo origen yo no podía comprender. ¿Cómo una muchacha de catorce años ocultaba dentro de sí tales torrentes de férvida elocuencia? En aquella memorable velada, me parecía que el espíritu de Helen vivía con la intensidad de quien prefiere concentrar sus sensaciones en un término breve antes que arrastrarlas, apagadas, a lo largo de muchos años anodinos.

Hablaban de cosas que yo no había oído nunca, de naciones y tiempos pasados, de lejanas regiones, de secretos de la naturaleza descubiertos o adivinados, de libros. ¡Cuánto habían leído las dos! ¡Cuántos conocimientos poseían! Los nombres franceses y los autores franceses parecían serles familiares.

Pero cuando mi admiración llegó al colmo fue

cuando Helen, por indicación de Miss Temple, alcanzó un tomo de Virgilio y comenzó a traducir del latín. Apenas había terminado una página, sonó la campana anunciando la hora de recogerse.

No cabía dilación posible: Miss Temple nos abrazó a las dos diciéndonos, mientras nos estrechaba contra su corazón:

—Dios os bendiga, niñas mías.

A Helen la tuvo abrazada un poco más que a mí, se separó de ella con mayor disgusto y sus ojos la siguieron hasta la puerta. La oí suspirar otra vez con tristeza y la vi enjugarse una lágrima.

Al entrar en el dormitorio escuchamos la voz de Miss Scartched: estaba inspeccionando los cajones y acababa de examinar el de Helen, quien fue recibida con una áspera reprensión.

—Es cierto que mis cosas están en un desorden espantoso —me dijo Helen en voz baja—. Iba a arreglarlas, pero me olvidé.

A la mañana siguiente, Miss Scartched escribió en gruesos caracteres sobre un trozo de cartón la palabra «descuidada» y colgó el cartón, a guisa de castigo, en la frente despejada, inteligente y serena de mi amiga. Ella soportó aquel cartel de ignominia hasta la noche, pacientemente, con resignación, considerándolo un justo castigo de su negligencia.

En cuanto la profesora salió de la sala, corrí hacia Helen, le quité el cartel y lo arrojé al fuego. La furia que mi amiga era incapaz de sentir, había abrasado mi pecho durante todo aquel día y grandes y continuas lágrimas habían corrido por mis mejillas constantemente. El espectáculo de su triste sumisión me angustiaba el alma.

La semana siguiente a estos sucesos, Miss Temple recibió la contestación de Mr. Lloyd. Éste corroboraba cuanto yo había afirmado. Miss Temple convocó a toda la escuela y manifestó que, habiendo indagado sobre la verdad de las imputaciones que se hicieran contra Jane

Eyre, tenía la satisfacción de manifestar que los cargos no respondían a la realidad y que yo quedaba limpia de toda tacha. Las profesoras me dieron la mano y me besaron y un murmullo de satisfacción corrió a lo largo de las filas de mis compañeras.

Aliviada de aquel ominoso peso, renové desde entonces mi tarea con ardor, resuelta a abrirme camino a través de todas las dificultades. Mis esfuerzos obtuvieron el resultado apetecido; mi memoria, no mala, se ejercitó con la práctica y ésta agudizó mis facultades.

Pocas semanas después fui promovida a la clase superior a la mía y antes de dos meses comencé a estudiar francés y dibujo. Aprendí las conjugaciones del verbo ser el mismo día en que dibujé mi primera casita (cuyos muros, desde luego, emulaban, por lo derechos, los de la torre inclinada de Pisa).

Aquella noche, al acostarme, no pensaba, como de costumbre, en una cena de patatas asadas calientes o de leche fresca y pan blanco, lo que constituía mi distracción habitual. En vez de ello, me parecía ver en la oscuridad una serie de ideales dibujos salidos de mi lapiz: casas y árboles pintados a mi gusto, rocas, ruinas pintorescas, vaquitas, mariposas volando sobre purpúreas rosas, pajaritos picoteando cerezas, nidos de avecitas llenos de huevos como perlas y rodeado de festones de hiedra. . .

Por otro lado, examinaba con incredulidad la posibilidad de llegar a traducir por mí misma cierto librito de cuentos franceses que Madame Pierrot me había mostrado aquel día. Pero antes de que este grave problema se solventase mentalmente a mi satisfacción, caí en un dulce sueño.

Ya dijo Salomón: «Más vale comer hierbas en compañía de quienes os aman, que buena carne de buey con quien os odia.»

Yo no hubiera cambiado Lowood, con todas sus privaciones, por Gateshead, con todas sus magnificiencias.

Capítulo 9

Por otro lado, las privaciones o, mejor, las asperezas de Lowood iban disminuyendo. Se acercaba la primavera, las escarchas del invierno habían cesado, sus nieves se habían derretido y sus helados vientos se templaban. Mis martirizados pies, acerados por el agudo cierzo de febrero, mejoraban con el suave aliento de abril. Las mañanas y las noches ya no eran de aquel frío polar que hacía helar la sangre en nuestras venas. Ya podíamos jugar en el jardín, al aire libre, durante la hora de recreo. Empezaban a asomar los primeros brotes de flor; azafraneros, trinitarias y campánulas blancas. Las tardes de los jueves se consideraban festivas. Dábamos durante ella largos paseos y podíamos ver florecitas más bellas aún en el borde de los caminos.

A abril sucedió mayo: un mayo luminoso, sereno. Los días eran de sol y de cielo azul y soplaban suaves brisas del Sur y el Oeste. La vegetación crecía lujuriante. El jardín de Lowood estaba verde, florecía por doquier. Olmos, fresnos y robles, antes secos, estaban ya cubiertos de hojas. Brotaban, espléndidas, infinitas plantas silvestres. Mil variedades de musgo cubrían el suelo.

Más allá de las tapias del jardín se elevaban, frondosas, las colinas a la sazón deslumbrantes de verdor, dominando el recinto del colegio.

Pero si el lugar tenía ahora un encantador aspecto, sus condiciones sanitarias no eran tan encantadoras.

El profundo bosque en que Lowood estaba situado era, con sus aguas estancadas y su humedad, un foco de infecciones, cuando empezó la primavera, el tifus penetró en los dormitorios y en los cuartos de estudio donde nos apiñábamos; y, en mayo, el colegio estaba convertido en un hospital.

La casi extenuación física originada por la escasez de alimentos, los fríos sufridos, el descuido, la escasa higiene, habían predispuesto a todas a la infección y cincuenta de las ochenta alumnas tuvieron que guardar cama. Las clases se suspendieron, la disciplina se relajó. Las pocas que no enfermamos gozábamos de libertad casi ilimitada. Los médicos habían prescrito ejercicio al aire libre para conservar la salud, y aun sin tal prescripción hubiéramos estado en libertad por falta de personal suficiente para vigilarnos. Miss Temple pasaba el día en el dormitorio de las enfermas y sólo lo abandonaba por la noche para descansar algunas horas. Las profesoras estaban ocupadas con los preparativos de la marcha de las *afortunadas* muchachas que tenían parientes que podían sacarlas de allí para evitar el contagio. Muchas, casi todas, sólo salieron del colegio para ir a morir a sus casas; otras fallecieron en Lowood y fueron enterradas rápidamente y sin aparato. La naturaleza de la epidemia no consentía dilaciones.

Mientras la desgracia se había convertido en huésped permanente de Lowood y la muerte en su frecuente visitante, mientras entre sus muros todo era sombrío y terrible, mientras los cuartos y los pasillos hedían a hospital, y drogas y medicamentos luchaban en vano contra la oleada de mortalidad, mayo, fuera, brillaba más bellamente que nunca en las colinas y en los bosques que nos rodeaban. Crecían en el jardín las plantas de malva altas como árboles; se abrían las lilas; rosas y tulipanes estaban en capullo y se multiplicaban las margaritas. Pero toda aquella riqueza de color y perfume no aliviaba la suerte de las pupilas de Lowood: sólo servía para engalanar las tapas de sus ataúdes.

Yo y las demás que no estábamos enfermas gozábamos a nuestro placer de las bellezas que nos rodeaban. Nos dejaban correr por el bosque, como gitanillas, de la mañana a la noche, y vivíamos como queríamos. También en los demás aspectos estábamos ciertamente mucho mejor. Mr. Blocklehurst y su familia no se acercaban ahora nunca a Lowood, el ama de llaves se había marchado por miedo a la infección, y su sucesora, antigua matrona en el dispensario de Lowton, era más tolerante y más compasiva. Además, éramos menos a comer, ya que las enfermas tomaban muy poco alimento, y nuestros platos estaban siempre más llenos que antes. Cuando no había tiempo de preparar una comida en regla, lo que ocurría a menudo por entonces, se nos daba un trozo de pastel frío o un pedazo de pan y queso, y nos íbamos a comerlo al bosque a nuestras anchas.

Mi lugar favorito era una piedra ancha y lisa a la que se llegaba atravesando un arroyo del bosque, operación que yo realizaba después de descalzarme. La piedra era lo bastante amplia para permitir que se instalara en ella conmigo otra niña: Mary Ann Wilson, algunos años mayor que yo, y a la que eligiera por camarada porque su trato me complacía mucho. Como conocía la vida mejor que yo, me contaba muchas cosas que me encantaban. Mi curiosidad, a su lado, quedaba bien satisfecha. Me perdonaba fácilmente mis defectos y no trataba de imponer su criterio sobre mis opiniones. Tenía un turno para hablar y yo otro para preguntar. Así, solíamos andar siempre juntas, experimentando mucho placer, si no mucha ventaja, en nuestra relación.

¿Qué se había hecho de Helen Burns? ¿Por qué yo no compartía con ella mis días de dulce libertad? ¿Me había cansado de su compañía? Mary Ann era, de cierto, muy inferior a mi primera amiga: sólo podía contarme algún cuento divertido, mientras Helen me hubiera ofrecido con su conversación puntos de vista más vastos.

Pese a todos mis defectos, no me había cansado de Helen, ni dejado de abrigar hacia ella un sentimiento tan devoto, profundo y tierno como nunca experimentara mi corazón. ¿Y cómo podía ser de otro modo si Helen no dejaba jamás de manifestarme una amistad leal y serena, jamás interrumpida por disgustos ni malos humores?

Pero Helen se encontraba entonces enferma y yo había dejado de verla hacía varias semanas. No estaba en la zona del edificio destinada a las demás pacientes, porque su enfermedad no era tifus, sino tuberculosis, dolencia que yo, en mi ignorancia, creía susceptible de curarse con tiempo y cuidados.

Me confirmaba esta idea el hecho de que, una o dos veces, cuando las tardes eran muy buenas y calurosas, Miss Temple solía sacar a Helen al jardín. Mas yo no le podía hablar, porque ella, sentada en la galería, estaba a mucha distancia de mí, que me hallaba en el bosque.

Una tarde, a principios de junio, estuve en el bosque con Mary Ann hasta muy tarde. Como de costumbre, nos habíamos separado de las demás y nos alejamos tanto que nos extraviamos. Para orientarnos tuvimos que preguntar en una cabaña solitaria. Al regresar, ya había salido la luna. A la puerta del jardín estaba una jaca, que reconocimos como la del médico. Mary Ann sugirió que alguna debía hallarse muy mal cuando llamaban a Mr. Bates tan tarde.

Ella penetró en la casa. Yo me quedé unos minutos plantando en mi parcela del jardín unas raíces que había recogido en el bosque y que temía que se secasen si las dejaba para la mañana siguiente.

Terminada mi tarea, permanecí allí un breve rato aún. Olían suavemente las flores, caía el rocío, la noche era apacible, cálida y majestuosa. La brisa del Oeste prometía un día siguiente tan bueno como el que acababa de terminar. La luna se levantaba lentamente en el cielo.

Yo contemplaba aquel espectáculo gozando de él tanto como puede gozar un niño. Y en mi mente se elevó un pensamiento nuevo en mí hasta entonces:

«¡Qué triste es estar enfermo, en peligro de muerte! El mundo es hermoso. ¡Qué terrible debe de ser que le arrebaten a uno de él para ir a parar Dios sabe dónde!»

Mi cerebro hizo entonces su primer esfuerzo para comprender cuanto en él se había imbuido respecto al cielo y al infierno. Por primera vez me sentí conturbada y horrorizada. Y por primera vez también, mirando en torno mío, me sentí rodeada por un abismo impenetrable. Sólo existía un punto firme: el mundo en que me apoyaba, y todo en torno, eran nubes imprecisas y profundidades vacías. Me estremecí ante el pensamiento de verme alguna vez precipitada en aquel caos. Mientras meditaba estas ideas, oí abrirse la puerta. Mr. Bates salía y una celadora iba con él. Cuando el médico hubo montado y partido, corrí hacia la mujer.

—¿Cómo está Helen Burns?

—Muy mal —me contestó.

—¿Es ella a quien Mr. Bates ha visitado?

—Sí.

—¿Y qué dice?

—Que no estará aquí mucho tiempo.

De haber oído tal frase el día anterior, yo hubiera deducido que mi amiga iba a ser trasladada a Northumberland, a su propia casa. No habría sospechado que aquello significaba que Helen iba a morir.

Pero en aquel momento lo comprendí inmediatamente. Me pareció evidente que los días de Helen en este mundo estaban contados y que iba a pasar a la región de los espíritus. Me sentí horrorizada y disgustada y a la vez experimenté la imperiosa necesidad de verla. Pregunté, pues, en qué cuarto se hallaba.

—En la habitación de Miss Temple —contestó la celadora.

—¿Puedo ir a verla?

—No, niña, no. No es posible. Anda, entra. Esta hora es mala para estar aquí fuera. Te expones a coger la fiebre.

La mujer cerró la puerta y me dirigí al salón de estudio. Ya era el momento. El reloj daba las nueve y Miss Miller comenzaba a llamar a las discípulas para ir al dormitorio.

No pude conciliar el sueño y, unas dos horas más tarde, cuando sentí que todas mis compañeras dormían, me levanté sin miedo, me puse el vestido sobre la ropa de noche y, descalza, salí en busca del cuarto de Miss Temple. Estaba al otro extremo de la casa, pero yo conocía el camino y, a la luz de una espléndida luna de verano que entraba, aquí y allá, por las ventanas de los corredores, me orienté sin dificultades. Un fuerte olor de alcanfor y vinagre invadía los pasillos próximos al dormitorio de las enfermas.

Pasé junto a la puerta cautelosamente, para que la celadora que pasaba la noche en el dormitorio no me sintiese. Temía que me descubrieran y me hiciesen volver atrás. Y yo necesitaba ver a Helen. Quería abrazarla antes de morir, darle el último beso, cambiar con ella la última palabra.

Descendí una escalera, atravesé parte del piso bajo y abrí y cerré silenciosamente dos puertas. Subí otro tramo de escalera y me encontré ante la alcoba de Miss Temple.

Reinaba un silencio profundo. Se filtraba una suave luz por el agujero de la cerradura y bajo la puerta, que estaba entornada, sin duda para que la enferma pudiese respirar aire fresco. Impaciente y angustiada, empujé el batiente. Mis ojos buscaron, ansiosos, a Helen. Temía encontrarla muerta.

Contiguo al lecho de Miss Temple y medio tapada por sus cortinas blancas, había una camita. Divisé bajo las ropas de la cama una forma humana, pero la cara estaba cubierta por los tapices. La sirvienta a quien yo hablara en el jardín dormía, acomodada en una butaca. Una bujía a medio consumir ardía sobre la mesa. Miss Temple no estaba. Luego supe que había sido llamada para atender a una enferma que sufriera un acceso de delirio.

Avancé; me detuve al lado de la cama. Mi mano tocó la cortina. Pero preferí hablar antes que mirar: me asustaba la posibilidad de encontrar un cadáver.

—Helen —murmuré suavemente—: ¿Estás despierta?

Ella se movió y separó las cortinas. Su rostro aparecía pálido y consumido, pero tranquilo como siempre. Me pareció tan poco cambiada, que mi temor se disipó instantáneamente.

—¿Es posible que seas tú, Jane? —me dijo con su amable voz de costumbre.

«No —pensé—: no es posible que vaya a morir. No moriría con esa serenidad ni hablaría como habla. Están equivocados».

Me incliné sobre mi amiga y la besé. Su frente estaba helada. Sus mejillas, sus manos, sus muñecas, estaban heladas también y parecían transparentes. Pero su sonrisa era la habitual.

—¿Cómo has venido, Jane? Son más de las once: las he oído dar hace algunos minutos.

—He venido a verte, Helen. Me han dicho que estabas mala y no he podido dormirme sin hablarte primero.

—Has llegado a tiempo de decirme adiós. Probablemente será el último.

—¿Es que te vas, Helen? ¿Te llevan a tu casa?

—Sí, a mi casa; a mi última casa, a la definitiva.

—No, no, Helen —murmuré, acongojada.

Y, mientras trataba de reprimir mis lágrimas, un golpe de tos acometió a mi amiga. No obstante, no despertó a la celadora. Cuando hubo pasado el acceso, me cuchicheó:

—Jane, tienes los pies desnudos. Tápatelos con mi colcha.

Lo hice así: ella me abrazó y permanecimos un rato juntas, muy apretadas. Ella dijo, luego, siempre en voz baja:

—Soy feliz, Jane. No creas que me he disgustado cuando he oído decir que iba a morir. Todos hemos de morir alguna vez. Además, esta enfermedad no es cruel: hace sufrir poco y no perturba los sentidos. No dejo quienes me lloren. Tengo padre, pero últimamente ha vuelto a casarse y no me echará gran cosa de menos. Muriendo joven, me evito muchos sufrimientos. Yo no tengo cualidades ni dotes para abrirme camino en el mundo y estaría siempre, si viviese, cometiendo errores.

—Pero ¿qué va a ser de ti, Helen? ¿Acaso sabes adónde vas a ir a parar?

—Sí, lo sé, porque tengo fe. Voy a reunirme con Dios, nuestro creador. Me entrego en sus manos y confío en su bondad. Cuento con impaciencia las horas que faltan para ese venturoso momento. Dios es mi padre y mi amigo: le amo y creo que Él me ama a mí.

—¿Volveré a verte, Helen, después. . ., después de mi muerte?

—Sí, vendrás a la misma mansión de dicha y el mismo Padre de todos te recibirá, Jane.

Hubiera querido preguntarle dónde estaba aquella mansión y si existía, pero callé. Abracé otra vez a Helen y escondí mi cabeza en su pecho. Ella me dijo, con dulce tono:

—¡Qué a gusto me siento! El último golpe de tos me fatigó un poco y creo que ahora podría dormirme. Pero no es necesario que te vayas, Jane. Me encuentro muy bien a tu lado.

—Estaré contigo, Helen. No me iré de aquí.

—¿Estás calentita?

—Sí.

—Entonces, que descanses, Jane.

Me besó, la besé, y ambas nos dormimos en seguida. Cuando me desperté era de día. Noté en torno mío un movimiento inusitado. Una celadora me llevaba en brazos al dormitorio a través de los corredores.

No me reprendieron por salir de mi habitación. Todos estaban demasiado ocupados para pensar en minucias. No se me dio explicación, ni contestación alguna a mis muchas preguntas. Pero un día o dos más tarde me enteré de que, al volver Miss Temple a su alcoba, me encontró tendida en la camita, con la cabeza sobre el hombro de Helen y mis brazos rodeando su cuello. Yo estaba dormida y Helen estaba. . . muerta.

Su tumba está en el cementerio de Brocklebridge. Durante quince años después de su muerte, sólo la cubrió un montón de tierra en el que crecía la hierba. Ahora, una lápida de mármol gris, con su nombre y la palabra «*Resurgam*» inscritos en ella, marca el lugar donde yace para siempre mi amiga.

Capítulo 10

Hasta ahora he consagrado varios capítulos a detallar todos los pormenores de mi insignificante existencia. Pero ésta no es una biografía propiamente dicha y, por tanto, puedo pasar en silencio el transcurso de mi vida durante ocho años a partir de los diez, no consagrándole más que algunas breves líneas.

Una vez que la fiebre tífica hubo cumplido su tarea de devastación en Lowood, desapareció por sí misma, pero no antes de que su virulencia hubiese llamado la atención pública. Hecha una investigación sobre el origen de la epidemia, la indignación general fue muy grande. Lo malsano del emplazamiento del colegio, la cantidad y calidad de la comida de las niñas, el agua infectada que se usaba en su preparación y la insuficiente limpieza, vestuario e instalación de las recogidas, produjeron un resultado muy mortificante para Mr. Brocklehurst, pero muy beneficioso para la institución.

Personas adineradas y bondadosas del condado suscribieron generosas aportaciones para la mejora del colegio, se establecieron nuevas reglas, y los fondos de la escuela se enviaron a una Comisión que debía administrarlos. Lo muy influyente que era Mr. Brocklehurst impidió que fuese destituido, pero se le relegó al cargo de tesorero y otras personas, más compasivas y mejores que él, asumieron parte de los deberes que antes ejerciera. La escuela, muy mejorada, se convirtió entonces en una verdadera institución de utilidad pública. Yo viví en ella ocho años desde su reorganización: seis como discípula y dos como profesora, y puedo atestiguar, en ambos sentidos, el saludable cambio operado en la casa.

Durante aquellos ocho años mi vida fue monótona, pero no infeliz, porque nunca estuve ociosa. Tenía a mi alcance las posibilidades de adquirir una sólida instrucción, era aplicada y deseaba sobresalir en todo y granjearme las simpatías de las profesoras. Cuando llegué a ser la primera discípula de la primera clase, fui promovida a profesora y desempeñé el cargo durante dos años, al cabo de los cuales mi vida se modificó.

Miss Temple, a través de todos los cambios, había conservado su cargo de inspectora. A ella debía yo casi todos mis conocimientos. Su trato y amistad eran mi mayor solaz: era para mí una madre, una maestra y una compañera. Al fin se casó con un sacerdote, un hombre tan excelente, que casi se merecía una mujer como ella, y se trasladó a otra parte a vivir. Perdí, pues, a aquella buena amiga.

Al irse me pareció que se iban también todos los sentimientos, todas las ideas que me hicieran considerar, en cierto modo, a Lowood como mi propia casa. Yo había asimilado muchas de las cualidades de Miss Temple: el orden, la serenidad, la autoconvicción de que era feliz. A los ojos de las demás pasaba por un carácter disciplinado y tranquilo y hasta a mí misma me lo parecía.

Pero el destino, en forma del padre Nasmyth, se interpuso entre Miss Temple y yo. La vi, por última vez, a raíz de la boda, subir, con su ropa de viaje, a la silla de posta que se la llevaba, y luego contemplé el vehículo subir la colina y desaparecer entre los árboles. Me retiré a mi alcoba y pasé a solas casi todo el resto del día que, en atención a lo excepcional del caso, se consideraba semifestivo.

Todo el tiempo estuve paseando por mi cuarto. Al principio creí que sólo me hallaba triste por la pérdida de mi amiga. Pero al cabo de mis reflexiones llegué a otro descubrimiento, y era el de que, desaparecida Miss Temple y, con ella, la atmósfera de serenidad que la rodeaba y que yo asimilara, se esfumaban también todos los pensamientos y todas las inclinaciones que el contacto con ella me produjeran, y volvía a sentirme en mi elemento natural y a experimentar las antiguas emociones. Hasta entonces, mi mundo había estado reducido a las paredes de Lowood y mi experiencia se constreñía a la de sus reglas y sistemas. Mas ahora recordaba que había otro mundo, y en él un amplio campo de esperanzas, sensaciones y goces para quien tuviera el valor de arrastrar sus peligros.

Abrí la ventana y miré al exterior. Los dos cuerpos del edificio, el jardín, las colinas que lo dominaban. . . Mis ojos contemplaron las cumbres azules; aquellas alturas cubiertas de rocas y matorrales eran como los límites de un presidio, de un destierro. . . Imaginé la blanca carretera que, bordeando el flanco de una montaña, se desvanecía entre otras dos, en un desfiladero, y evoqué la lejana época en que yo siguiera aquel camino. Recordé el descenso entre las montañas: parecía que hubiera transcurrido un siglo desde que llegara a Lowood para no volver a salir de él. Mis vacaciones habían transcurrido siempre en el colegio. Mi tía no me llamó nunca a Gateshead, ni ella ni sus hijos me visitaron jamás.

Yo no me comunicaba para nada con el mundo exterior. Reglas escolares, deberes escolares, costumbres escolares, voces, rostros, tipos, preferencias y antipatías dentro de la escuela: tal era lo que yo conocía del mundo. Y ahora sentía que esto no me bastaba, que estaba fatigada de la ruina de aquellos ocho años.

Deseaba libertad, ansiaba la libertad y oré a Dios por conseguir la libertad. Necesitaba cambios, alicientes nuevos y, en conclusión, reconociendo lo difícil que era conseguir la libertad anhelada, rogué a Dios que, al menos, si había de continuar en servidumbre, me concediese una servidumbre distinta.

En aquel momento, la campana llamó a cenar y yo descendí las escaleras.

No pude reanudar el hilo de mis pensamientos hasta la hora de acostarme. Y, aun entonces, otra profesora que compartía mi alcoba me abrumó con una prolongada efusión de locuacidad. ¡Con qué afán deseaba yo que el sueño impusiese silencio a mi compañera! Se me figuraba que, si podía retrotraerme a mis meditaciones de poco antes, junto a la ventana, quizá lograra que se me ocurriese alguna sugerencia capaz de facilitar la consecución de mis deseos.

Al fin, Miss Gryce comenzó a roncar. Era una robusta galesa llena de salud. Hasta entonces, sus ruidos nasales me habían molestado considerablemente. Pero aquella noche fue un alivio para mí oírla roncar, porque ello me libraba de inoportunidades. Y mis pensamientos de antes recuperaron instantáneamente su actividad.

«Una nueva servidumbre», reflexioné. Cierto que esa palabra no suena tan dulce como las de libertad, alegría, sensación. Pero tales vocablos, aunque deliciosos, no son para mí más que eso: meros vocablos, y probablemente muy difíciles de convertir en realidades. Mas una nueva servidumbre es cosa hacedera. Servir, se puede siempre. Yo he servido aquí ocho años. ¿Por qué no he de poder hacerlo en otro sitio? Sí, sí puedo. Nadie tiene derecho a mandar en mi voluntad. Lo que pienso es realizable: no hace falta más sino que mi imaginación descubra los medios de conseguirlo.

Me senté en el lecho, quizá para estimular mi imaginación. La noche era fría. Me eché un chal sobre los hombros y concentré mis pensamientos en el modo de resolver el problema que me preocupaba.

«¿Qué quiero? Un empleo nuevo, en un sitio nuevo, entre caras nuevas y en condiciones nuevas. Quiero esto, porque no puedo aspirar a cosa mejor. ¿Qué hacen los que desean obtener un empleo diferente al que tienen? Supongo que apelarán a sus amigos, pero yo no tengo amigos. Ahora bien, hay muchos que no tienen amigos y se valen por sí mismos. ¿Cómo lo hacen?»

Yo no podía decirlo, ni tenía quien me lo aclarara. Traté de poner en orden mi cerebro para encontrar la respuesta justa y pronta. Trabajé mentalmente durante una hora, con intensidad. Mis sienes y mi pulso latían apresurados. Pero mis esfuerzos eran inútiles: me debatía en un caos mental. Excitada y febril por aquella estéril tarea, di un paseo por la alcoba para calmarme. A través de la cortina de la ventana vi brillar algunas estrellas. Sentí un escalofrío y me volví al lecho.

Sin duda, en mi ausencia del lecho, un hada bondadosa había colocado la anhelada sugerencia sobre mi almohada porque, apenas acostada, di con la solución: «Los que desean un empleo, se anuncian. Por tanto, hay que anunciarse en el diario del condado.»

¿Cómo hacerlo? La respuesta fue también inmediata: «Pones el texto del anuncio y el importe en un sobre dirigido al editor del periódico y lo depositas todo, en la primera oportunidad que tengas, en la oficina de Correos, advirtiendo en el anuncio que dirijan la contestación a J. E., Lista de Correos. Al cabo de una semana puedes ir a buscar las cartas que haya y obrar en consonancia con ellas.»

Una vez que hube estudiado el plan y dado los últimos toques, me sentí satisfecha y pude dormirme al fin.

Me levanté muy temprano, redacté mi anuncio y lo guardé en el sobre antes de que hubiera tocado la campana dando la señal de levantarse.

El anuncio rezaba así: «Señorita joven, acostumbrada a enseñar (no me faltaba razón: ¿acaso no había ejercido de maestra durante dos años?), desea colocación en casa particular para educar niños menores de catorce años (yo pensaba que, teniendo yo dieciocho, no me respetarían mis pupilos si contaban mi edad aproximada). Conoce todo lo esencial para dar una buena instrucción, así como francés, dibujo y música (en aquellos tiempos, lector, éste ahora reducido cuadro de conocimientos, era muy pasadero). Dirigirse a J. E., Lista de Correos, Lowton, condado de. . .»

Todo el día permaneció aquel importante documento en mi gaveta. Después del té, pedí permiso a la nueva inspectora para ir a Lowton a hacer algunos recadillos míos y de algunas de mis discípulas. Otorgado el permiso, me puse en marcha. Había una caminata de dos millas y la tarde caía ya, pero los días eran largos aún. Visité una o dos tiendas, deposité mi carta y regresé en medio de una lluvia torrencial, con las ropas caladas, pero con el corazón alegre.

La semana siguiente me pareció muy larga. Llegó, no obstante, a su término, como todas las cosas de este mundo, y de nuevo, al caer de una agradable tarde de otoño, me encontré recorriendo a pie el camino de Lowton. La ruta era pintoresca, pero yo pensaba más en las cartas que hubiera o no hubiese en Correos que en el encanto que pudieran tener arroyos, praderas y cañadas.

El pretexto de mi excursión, esta vez, era tomarme medida de unos zapatos. Fui, pues, primero al zapatero y luego recorrí la quieta calle que conducía a la administración de Correos, la cual estaba a cargo de una anciana señora que usaba lentes y llevaba mitones negros.

—¿Hay cartas a nombre de J. E.? —pregunté.

Me miró por encima de los lentes y revolvió en un cajón. No aparecía nada y mis esperanzas comenzaron a decaer. Al fin encontró una carta dirigida a J. E. La examinó largamente y luego me la tendió a través del mostrador, no sin dirigirme otra inquisitiva y desconfiada mirada.

—¿No hay más que una? —interrogué.

—Nada más —repuso.

La guardé en el bolsillo y me apresuré a regresar. La disciplina del establecimiento exigía que yo estuviese de vuelta antes de las ocho y eran ya casi las siete y media.

Al llegar, tenía que cumplir varias obligaciones todavía: estar con las muchachas durante la hora de estudio, leerles las oraciones, acompañarlas al lecho y cenar con las demás profesoras. Luego, al retirarme, la inevitable Miss Gryce me acompañó. En el candelero sólo quedaba un pequeño cabo de vela y temí que la conversación de mi compañera durase más que el cabo, pero afortunadamente la pesada cena que había deglutido hizo sobre ella un efecto soporífico. Antes de terminar de desvestirme, ya estaba roncando.

Quedaba aún una pulgada de vela: a su luz leí la carta, que era muy breve: «Si J. E. posee los conocimientos indicados en su anuncio del pasado jueves, y si puede dar buenas referencias de su competencia y conducta, se le ofrece un empleo para atender a una sola niña, de diez años de edad. El sueldo son treinta libras al año. J. E. puede enviar informes, nombre, dirección y demás detalles a: Mrs. Fairfax, Thornfield, Millcote, condado de. . .»

Examiné detenidamente el papel: la escritura era un poco anticuada e insegura, como de mano de anciana. Tal circunstancia me pareció satisfactoria. Yo temía, al lanzarme a quella empresa por mis propios medios, verme envuelta en algún enredo, y deseaba que todo marchase bien, con seriedad, *en règle*. Y me parecía que una señora anciana era un buen elemento en un asunto como el que tenía entre manos. Me parecía ver a Mrs. Fairfax con un gorrito y un traje negro de viuda, tal vez seca de trato, pero no grosera: un tipo de señora inglesa a la antigua usanza. Thornfield era, sin duda, el nombre de su casa, seguramente un lugar limpio y ordenado. Millcote, condado de. . . Evoqué mentalmente el mapa de Inglaterra. Millcote estaba situado setenta millas más cerca de Londres que el lugar donde yo residía ahora, y era un centro fabril. Mejor que mejor: habría más movimiento, más vida. Mi cambio iba a ser completo. La idea de vivir entre inmensas chimeneas y nubes de humo no era muy fascinadora, «pero —pensé— sin duda Thornfield estará bastante lejos de la ciudad».

En aquel momento se extinguió la luz.

Al día siguiente di nuevos pasos en mi asunto. Mis planes no podían continuar secretos: era preciso comunicarlos a los demás para que llegasen a buen fin. Pedí y obtuve una audiencia de la inspectora y le indiqué que tenía la posibilidad de obtener una colocación con doble sueldo de las quince libras anuales que me pagaban en Lowood. Le rogué que hablase con Mr. Brocklehurst u otro miembro del patronato para que me autorizasen a citar el colegio como referencia. Ella consintió amablemente en actuar como mediadora.

La inspectora, en efecto, habló del asunto con Mr. Brocklehurst, y éste dijo que había que contar ante todo con mi tía, que era mi tutora por derecho propio.

Se escribió, por tanto, a Mrs. Reed. Mi tía respondió que yo podía hacer lo que quisiera, ya que ella había renunciado, desde mucho tiempo atrás, a intervenir en mis asuntos.

La carta fue pasada al patronato y éste, tras un pesado trámite, me concedió permiso para trasladarme al nuevo empleo que se me ofrecía, dándome, además, la seguridad de que se me expediría un certificado acreditativo de mi capacidad y buen comportamiento, como alumna y como profesora, firmado por los directores de la institución.

Una vez que se me entregó dicho certificado —en lo que se tardó un mes— envié copia de él a Mrs. Fairfax, quien contestó diciendo que estaba satisfecha y que en un plazo de quince días podía ir a tomar posesión de mi puesto de institutriz.

La quincena pasó rápidamente. Inicié mis preparativos. Yo no tenía mucha ropa, sino sólo la imprescindible. La guardé en el mismo baúl que ocho años atrás trajera a Lowood.

Todo quedó empaquetado y preparado. Media hora después fue llamado el recadero que debía llevar mi equipaje a Lowton. Yo saldría a la mañana siguiente, muy temprano, para tomar allí la diligencia. Tenía ya limpios y a punto mi traje negro de viaje, mi sombrero, mis guantes y mi manguito, y había revisado todos mis cajones para asegurarme de que no me dejaba nada. Pero aunque había pasado todo el día en pie, me resultaba imposible estar quieta siquiera un instante, tal era mi excitación. Aquella noche iba a cerrarse una época de mi vida y una nueva iba a abrirse a la mañana siguiente. ¿Quién podía dormir en el intervalo?

Una criada me abordó en el pasillo por el que yo paseaba inquieta como un alma en pena.

—Señorita —me dijo—: una persona desea hablar con usted.

No pregunté quién era. Pensé que el mandadero. Corrí escaleras abajo y me dirigí a la cocina, donde supuse que le habrían hecho pasar. Al cruzar el salón en que nos reuníamos las maestras, una persona salió a mi encuentro:

—¡Es ella! ¡Estoy segura! —dijo la persona que me cortaba el paso, cogiéndome la mano.

Miré y vi a una mujer joven aún, con aspecto de sirvienta bien vestida. Tenía el cabello y los ojos negros y su talante era muy agradable.

—¿Es posible que no me recuerde usted, Miss Jane? —dijo con voz y sonrisa que reconocí en seguida.

La besé y abracé.

—¡Bessie, Bessie, Bessie! —fue cuanto acerté a decir.

Ella lloraba y reía a la vez. Luego las dos pasamos al salón. Junto al fuego había un niño de unos tres años con un trajecito a rayas.

—Mi hijo —dijo Bessie.

—¿Con que te has casado, Bessie?

—Sí, hace unos cinco años. Con Robert Leaven, el cochero. Además de Bobby, tengo una niña y la he bautizado con el nombre de Jane.

—¿No vives en Gateshead?

—Vivo en la portería. El portero antiguo se fue.

—¿Cómo están todos allí? Pero antes, siéntate, Bessie. ¿Quieres sentarte en mis rodillas, Bobby?

Bobby prefirió instalarse en las de su madre.

—No está usted muy alta ni muy guapa, Miss Jane —dijo Bessie—. Se me figura que no le ha ido muy bien en el colegio. Miss Eliza le lleva a usted la cabeza y con Miss Georgiana se pueden hacer dos como usted.

—¿Es muy guapa?

—Mucho. El último invierno estuvo en Londres y todos la admiraban. Un señorito joven se enamoró de ella. ¿No sabe lo que pasó? Pues que huyeron juntos. Pero les encontraron a tiempo y los detuvieron. Fue Miss Eliza quien les encontró. Creo que está envidiosa de su hermana. Ahora las dos se llevan como perro y gato: están riñendo siempre.

—¿Y John Reed?

—No es lo que su madre hubiera deseado. Le suspendieron en los exámenes. Sus tíos querían que fuese abogado, pero es un libertino y un holgazán y temo que no haga nunca nada de provecho.

—¿Qué aspecto tiene?

—Es muy alto y algunos dicen que guapo. ¡Pero con aquellos labios tan gruesos!

—¿Y mi tía?

—De aspecto bien, pero yo creo que la procesión anda por dentro. La conducta del señorito la disgusta mucho. ¡No sabe usted el dinero que gasta ese chico!

—¿Vienes de parte de mi tía, Bessie?

—No. Hace mucho que tenía deseos de verla, y como he oído que se ha recibido una carta diciendo que se marcha usted a otro sitio, he querido visitarla antes de que se aleje más de mí.

—Me parece que te defraudo, Bessie —dije, notando que, en efecto, sus miradas no indicaban una admiración profunda, aunque sí afecto sincero.

—No crea: está usted bastante bien y tiene aspecto de verdadera señorita. Vale usted más de lo que esperaba: usted, de niña, no era guapa.

La sincera contestación de Bessie me hizo sonreír. Comprendía que era exacta, pero confieso que no me halagaba en exceso: a los dieciocho años se desea agradar y la convicción de que no se tiene un aspecto muy atractivo dista mucho de ser lisonjera.

—En cambio, debe usted de ser muy inteligente —agregó Bessie por vía de consuelo—. ¿Sabe usted mucho? ¿Toca el piano?

—Un poco.

En el salón había uno. Bessie lo abrió y me pidió que le regalase con una audición. Toqué uno o dos valses, y ella se mostró encantada.

—¡Las señoritas no tocan tan bien! —dijo con entusiasmo—. ¡Ya sabía yo que usted las superaría! ¿Sabe usted dibujar?

—Ese cuadro de encima de la chimenea es uno de los que he pintado.

Era un cuadrito a la aguada que había regalado a la inspectora como muestra de mi agradecimiento por su intervención en el asunto de mi empleo.

—¡Qué bonito es! Es tan lindo como los que pinta el maestro de dibujo del señorito. Las señoritas no harían nunca cosa semejante. ¿También sabe usted francés?

—Sí, Bessie: lo leo y lo hablo.

—¿Y bordar?

—Sí.

—¡Es usted una señorita completa! Ahora querría hacerle otra pregunta ¿No ha oído hablar nunca de sus parientes por parte de padre?

—Nunca en mi vida.

—Pues la señora decía siempre que eran pobres y despreciables, pero yo creo que no, porque hace siete años, un tal Mr. Eyre fue a Gateshead y preguntó por usted. La señora le dijo que estaba usted en un colegio a cincuenta millas de distancia y él se disgustó mucho.

Tenía que embarcar para un país lejano y el buque zarpaba de Londres al cabo de uno o dos días. No podía esperar. Aparentaba ser todo un caballero. Creo que era hermano de su padre, señorita.

—¿A qué país se iba, Bessie?

—A una isla a miles de millas de aquí: un sitio que produce vino. Me lo dijo el mayordomo.

—¿Madeira? —sugerí.

—Madeira: eso es.

—¿Y se fue, dices?

—Sí: sólo estuvo unos minutos en la casa. La señora lo recibió con mucha altivez y cuando se marchó dijo que era «un vil mercader». Mi Robert cree que debe ser exportador de vinos.

Durante más de una hora, Bessie y yo hablamos de los viejos tiempos. Luego tuvo que dejarme. A la mañana siguiente la vi durante un momento en Lowton, mientras esperaba la diligencia. Nos separamos, al fin, en la puerta de la posada de Brocklehurst. Ella tomó el camino de Lowood Fell para esperar el coche que la conduciría a Gateshead. Yo subí al carruaje que iba a llevarme hacia una nueva vida y una nueva tarea en los desconocidos alrededores de Millcote.

Capítulo 11

Cada nuevo capítulo de una novela es como un nuevo cuadro en una obra teatral. Así, pues, lector, al subir el telón, imagínate una estancia en una posada de Millcote, con sus paredes empapeladas, como todas las posadas las tienen, con la acostumbrada alfombra, los acostumbrados muebles y los acostumbrados adornos, incluyendo, desde luego, entre ellos un retrato de Jorge III y otro del príncipe de Gales. La escena es visible al lector gracias a la luz de una lámpara de aceite colgada del techo y a la claridad de un excelente fuego junto al que estoy sentada envuelta en mi manto y tocada con mi sombrero. Mi manguito y mi paraguas están sobre la mesa y yo procuro devolver el calor y la elasticidad a mis miembros entumecidos y embotados por un viaje de dieciséis horas, que son las que median entre las cuatro de la madrugada, en que salí de Lowton, y las ocho de la noche, que en este momento están sonando en el reloj del municipio de Millcote.

No imagines, lector, que mi aspecto tranquilo refleja la serenidad de mi ánimo. Al pararse la diligencia, yo esperaba que alguien me aguardase. Miré, pues, afanosa, en torno mío, mientras me apeaba utilizando los peldaños de la escalerita colocada al efecto para mi comodidad, intentando descubrir algo que se pareciese al coche que, sin duda, debía conducirme a Thornfield y oír alguna voz que pronunciase mi nombre. Pero nada semejante se veía ni oía.

Interrogué a un mozo de la posada si alguien había preguntado por Miss Eyre y la contestación fue negativa. No tuve más remedio que pedir una habitación, en la que me ha encontrado el lector en espera de los que debían ir a buscarme, mientras toda clase de dudas y temores poblaban mis pensamientos.

Para una joven inexperta es muy extraña la sensación que le produce el encontrarse sola en el mundo, cortada toda conexión con su vida anterior, sin divisar puerto a qué acogerse y no pudiendo, por múltiples razones, volver, caso de no hallarlo, al puesto de partida. El encanto de la aventura embellece tal sensación, un impulso de suficiencia personal la anima, pero el temor contribuye mucho a estropearlo todo. Y el temor era el que predominaba sobre mis restantes sentimientos cuando, pasada media hora, continuaba sola, sin que nadie se presentase a recogerme.

Toqué la campanilla.

—¿Está cerca de aquí un sitio llamado Thornfield? —pregunté al camarero que acudió a la llamada.

—¿Thornfield?. . . No lo conozco, señorita. Voy a averiguarlo en el bar.

Desapareció, pero reapareció en seguida.

—¿Se apellida usted Eyre, señorita?

—Sí.

—Abajo la espera una persona.

Le seguí, tomando mi paraguas y mi manguito, y salí. Un hombre estaba en pie y, a la luz de un farol, distinguí un coche de un solo caballo parado junto a la puerta.

—Ese será su equipaje, ¿no? —dijo aquel hombre, con bastante brusquedad.

Señalaba mi baúl, que estaba en el pasillo.

—Sí.

Lo cargó en el vehículo y yo subí a él. Era una especie de carricoche. Inquirí si Thornfield estaba muy lejos.

—Unas seis millas —repuso.

—¿Tardaremos mucho en llegar?

—Cosa de hora y media.

Aseguró la portezuela y saltó al pescante. Partimos, íbamos lo bastante despacio para darme tiempo a pensar holgadamente. Estaba satisfecha de llegar al fin de mi viaje. Instalada a mi placer en el cómodo aunque no elegante carruje, reflexionaba del modo más optimista posible.

«A juzgar por el aspecto del criado y del coche —pensaba yo—, Mrs. Fairfax es una mujer de pocas pretensiones. Tanto mejor: la única vez que he vivido con personas encopetadas fui muy desgraciada. Quizá la señora viva sola con la niña. Si es así, y si la señora es medianamente amable, haré todo lo posible para que nos entendamos bien. Ahora que, a veces, esos buenos propósitos no son correspondidos. En Lowood, sí lo fueron; pero en cambio, mi tía respondía con repulsas agrias a mis buenas intenciones. Esperemos que Mrs. Fairfax no sea como Mrs. Reed: si lo fuera, no seré yo quien pase con ella mucho tiempo.»

Me asomé a la ventanilla. Millcote estaba lejos ya. A juzgar por sus luces, era bastante mayor que Lowton. Había muchas casas esparcidas por el campo. La región era distinta a Lowood: más populosa, menos pintoresca, más animada y menos romántica.

Los caminos eran malos, la noche brumosa. El caballo iba al paso. A lo que me parecía, la hora y media se convertiría en dos horas. Al fin, el cochero se volvió hacia mí y me dijo:

—Ya no estamos lejos de Thornfield.

Miré de nuevo por la ventanilla. Pasábamos junto a una iglesia. Su torre, achatada, se elevaba hacia el cielo. Divisé una hilera de luces y supuse que era un pueblo o aldea.

Diez minutos después, el conductor se apeó y abrió una verja. La atravesamos y subimos despacio una pendiente. El coche se detuvo ante la puerta de una casa de la que salía luz por entre los cortinajes de una ventana arqueada. Las demás estaban oscuras. Una criada abrió la puerta. Me apeé y la seguí.

—Por aquí, señorita —dijo la muchacha.

Me condujo, a través de un vestíbulo cuadrado flanqueado de altas puertas, hasta un cuarto cuya doble iluminación de fuego y bujías casi me dejó ciega durante un momento por contraste con las tinieblas en que había estado sumida durante dos horas. Cuando pude ver, me hallé agradablemente sorprendida por un cuadro atractivo y alegre.

El cuarto era pequeño, alfombrado. Junto a la chimenea había una mesita redonda y, a su lado, un sillón de alto respaldo y antigua forma, en el que se hallaba sentada una ancianita con gorrito de viuda, vestida de seda negra y delantal de muselina blanca. Mrs. Fairfax era tal como yo me la había imaginado, sólo que menos altanera, mucho más sencilla. . . Estaba haciendo calceta y un enorme gato dormía a sus pies. No faltaba detalle alguno para dar la impresión de un hogar tranquilo y confortable. No podía esperarme mejor recibimiento que el que me hizo: se levantó en seguida y acudió a mí.

—¿Cómo está usted, querida? Vendrá aburrida, sin duda, ¡John conduce tan despacio! Acérquese al fuego; debe usted de sentirse helada.

—Hablo con Mrs. Fairfax, ¿verdad?

—Sí. Siéntese.

Me instaló en su propia butaca y comenzó a quitarme el chal y el sombrero. Le rogué, agradecida, que no se molestara.

—No es molestia. Debe usted de tener las manos entumecidas. Prepara algo caliente y un par de bocadillos, Leah. Aquí están las llaves de la despensa.

Sacó del bolsillo un gran manojo de llaves y las entregó a la criada.

—Acérquese más al fuego, querida —me dijo—. ¿Ha traído usted su equipaje?

—Sí, señora.

—Voy a ver si lo han llevado a su cuarto —declaró.

Y salió de la estancia.

«Me trata como a una visitante», pensé. No esperaba yo tan buen recibimiento. Creía que me acogería con frialdad e indiferencia. Pero no nos entusiasmemos demasiado pronto.

La señora volvió. Quitó la labor y uno o dos libros que había sobre la mesa, y cuando Leah trajo lo pedido, ella misma me lo ofreció.

Me sentía confundida viéndome tratada con amabilidad tan insólita para mí; pero notando que Mrs. Fairfax procedía como si aquello fuese cosa corriente, acepté sus atenciones con naturalidad.

—¿Tendré el gusto de ver esta noche a Miss Fairfax? —pregunté.

—¿Qué dice, querida? Soy un poco sorda —repuso, aproximando el oído a mi boca.

Repetí la pregunta con más claridad.

—¿Miss Fairfax? Querrá decir Miss Varens. Así se apellida su futura discípula.

—¡Ah! ¿No es hija suya?

—No. No tengo familia.

Hubiera deseado saber algo más, pero comprendí que era incorrecto hacer excesivas preguntas. Además, lo averiguaría todo más adelante.

—Celebro —continuó, sentándose a la mesa frente a mí y poniendo al gato sobre sus rodillas— que haya venido usted. No es agradable vivir aquí sola. Por algún tiempo se está bien, porque Thornfield, aunque algo descuidada estos años últimos, es una hermosa residencia antigua. Pero ya sabe usted que, en invierno, se siente una muy sola, aun viviendo en el mejor de los sitios, si no tiene quien la acompañe. Claro que tengo a Leah, que es una buena chica, y a John y a su mujer, que son excelentes personas; pero al fin y al cabo son criados y no se puede hablar con ellos de igual a igual. Es preciso guardar las distancias para no perder autoridad ante ellos. El pasado invierno, que fue muy frío como usted sabe, desde noviembre a febrero no vino aquí alma humana, fuera del carnicero y el cartero. A veces hacía que la muchacha me leyese algo, pero la pobre se aburría. En primavera y verano se está mejor. Precisamente la pequeña Adèle Varens vino, con su niñera, a principios del otoño. Un niño anima siempre mucho una casa. Y ahora que está usted aquí también, me sentiré completamente satisfecha.

Mi corazón se confortaba oyendo la agradable conversación de la digna señora. Acerqué mi butaca a la suya y expresé mi deseo de que mi compañía le resultara lo atractiva que ella esperaba.

—No quiero entretenerla por esta noche —me dijo—. Son cerca de las doce; usted ha viajado durante todo el día y debe de estar muy cansada. Si se ha calentado ya, váyase a dormir. He mandado que le preparen la alcoba contigua a la mía. Aunque es un cuartito pequeño, supongo que lo preferirá usted a uno de los grandes aposentos de la parte de delante. Están mejor amueblados, pero son sombríos y solitarios. Yo nunca duermo en ellos.

Le agradecí sus atenciones y, como, en efecto, me sentía cansada, la seguí a mi habitación. Cogió la bujía y me guió. Antes fue a cerciorarse de que la puerta del vestíbulo estaba bien cerrada. Recogió la llave y comenzó a subir al piso principal. Peldaños y barandillas eran de roble, la ventana de la escalera era alta y enrejada, y todo, incluso la amplia galería en que se abrían las puertas de los dormitorios, parecía pertenecer más a una iglesia que a una casa particular. En escaleras y galerías soplaba un aire frío y lóbrego. Me sentí feliz cuando vi que mi habitación era de pequeñas dimensiones y estaba amueblada al estilo moderno.

Después de que la señora me hubo deseado, con amabilidad, buenas noches y me quedé sola, miré detalladamente a mi alrededor, y el agradable aspecto de mi cuarto disipó en parte la impresión que me produjeran el inmenso vestíbulo, la sombría y espaciosa escalera y la larga y helada galería. Al sentirme, tras un día de fatiga corporal e inquietud moral, llegada felizmente a puerto de refugio, un impulso de gratitud inflamó mi corazón. Me arrodillé a los pies del lecho, di gracias a Dios y le rogué que me ayudase en mi camino y me permitiese corresponder a la bondad con que era acogida desde el principio en aquella casa. Aquella noche pude acostarme sin zozobras ni temores. Me dormí pronto y profundamente. Cuando desperté, era día claro.

Al despertar, la alcoba me pareció de nuevo un cuartito muy lindo. El sol entraba alegremente a través de los azules visillos de algodón de la ventana. En vez del escueto entarimado y los fríos muros enyesados de Lowood, mi habitación tenía el suelo alfombrado y empapeladas las paredes. El aspecto externo de las cosas influye mucho en las personas jóvenes. Tuve la impresión de que empezaba para mí una nueva época de mi vida, en la cual las satisfacciones iban a ser tantas como antes las pesadumbres. Sentíame optimista: parecíame que iba a suceder algo muy agradable, no dentro de un día ni de un mes, pero sí en un período indeterminado, en lo futuro.

Me levanté y me vestí con el mayor esmero posible. Tenía que ser sencilla en mi atuendo, porque no poseía nada que no fuese sencillísimo, pero me gustaba no dar una impresión de descuido o desaliño y deseaba parecer tan bien como mi falta de belleza me lo permitía. Con frecuencia lamentaba no ser más hermosa: me hubiera gustado tener las mejillas rosadas, la nariz recta y la boca pequeña y roja. Hubiese querido también ser alta, majestuosa y bien conformada, y me parecía una desdicha verme tan baja, tan pálida y de facciones tan irregulares y tan pronunciadas.

Difícil sería decir en qué se basarían y a qué tendían tales aspiraciones, aunque, en el fondo, me parece que eran lógicas y naturales. Fuera como fuese, cuando me hube peinado cuidadosamente y vestido mi traje negro, de una sencillez casi cuáquera, y mi cuello blanco, juzgué que estaba lo bastante aseada y presentable para comparecer ante Mrs. Fairfax y para que mi discípula no experimentase desagrado al verme. Abrí la ventana de mi cuarto, me cercioré de que dejaba todos mis efectos en orden sobre el tocador y salí.

Atravesé la larga y solemne galería, descendí los inseguros peldaños de roble y llegué al vestíbulo. Me detuve un momento a contemplar las pinturas de los muros, una de las cuales representaba un torvo caballero con coraza, y otra una señora con el cabello empolvado y un collar de perlas. Del techo pendía una lámpara de bronce. Había también un enorme reloj cuya caja era de roble curiosamente trabajado con aplicaciones de negro ébano. Todo me parecía grandioso e imponente, pero quizá se debiera a que yo estaba poco acostumbrada a la magnificencia.

La puerta vidriera del vestíbulo estaba abierta. Me detuve en el umbral. Hacía una hermosa mañana de otoño. El sol iluminaba blandamente frondas y praderas, verdes aún.

Salí y examiné la fachada del edificio. Tenía tres pisos. Era una casa hidalga, no un castillo señorial. Las almenas que cubrían su parte superior le daban un aspecto muy pintoresco. En aquellos almenares habitaban innumerables cornejas, que en este momento volaban en bandadas. El terreno inmediato a la casa estaba separado de los prados cercanos por un seto sobre el que destacaban grandes arbustos espinosos, fuertes, nudosos y duros como robles. Semejante vegetación aclaraba la etimología del nombre del lugar[1]. Más allá de los prados se elevaban colinas, no tan altas como las que circundaban Lowood, no tan fragosas y sin tanto aspecto de barrera de separación del mundo habitado, pero sí lo bastante silenciosas y

---

[1] Thornfield significa, literalmente, en inglés, campo de espinos.

desiertas para dar la impresión de que Thornfield estaba en medio de una soledad extraña en las proximidades de una villa tan populosa como Millcote. En una de las colinas se divisaban, medio ocultos entre los árboles, los tejados de una aldea. La iglesia estaba próxima a Thornfield y su vieja torre se erguía sobre un collado.

Mientras yo disfrutaba del paisaje y del aire puro, escuchaba los graznidos de las cornejas y pensaba, contemplando la residencia, en lo grande que era para una viejecita sola como Mrs. Fairfax, ella en persona apareció en la puerta.

—¿Ya vestida? —dijo—. ¡Muy madrugadora es usted!

Me acerqué a la anciana, quien me recibió con un beso y un apretón de manos.

—¿Le gusta Thornfield? —me preguntó.

Yo contesté que mucho.

—Sí —dijo—: es un sitio muy hermoso. Pero temo que tienda a desmerecer si Mr. Rochester no se decide a venir a vivir aquí o, al menos, a pasar en la casa temporadas frecuentes. Las buenas propiedades requieren la presencia de sus propietarios.

—¿Quién es Mr. Rochester? —interrogué.

—El propietario de Thornfield —dijo ella con naturalidad—, ¿sabía que el amo se llama Rochester?

Yo lo ignoraba y jamás había oído hablar de aquel caballero, pero la anciana parecía dar por descontado que Mr. Rochester debía ser universalmente conocido, y que su existencia debía ser adivinada en cualquier caso por inspiración divina.

—Creí —dije— que Thornfield era propiedad de usted.

—¿Mía? ¡Bendito sea Dios! ¡Mía! Yo no soy más que la administradora, el ama de llaves. Soy algo pariente, eso sí, de los Rochester por parte de madre y mi marido un pariente cercano. Mi marido, que en paz descanse, era sacerdote: el párroco de esa iglesia que ve usted ahí. La madre de Mr. Rochester fue una Fairfax, prima segunda de mi esposo. Pero yo nunca me he considerado como parienta, sino como una simple ama de llaves. El amo es muy bueno conmigo y yo no aspiro a más.

—¿Y la niña? —pregunté.

—Está a cargo de Mr. Rochester y él me mandó que le buscase institutriz. La niña vino con su *bonne*, como llama a la niñera.

El enigma quedaba explicado. La afable ancianita no era una gran señora, sino una subalterna, como yo. No por ello me sentí menos atraída hacia la anciana; al contrario. La igualdad entre las dos era real y no dependía de mera condescendencia de su parte y, por tanto, yo me sentía más a gusto, menos sujeta.

Mientras pensaba en esto, una niña, seguida de su niñera, apareció corriendo en la explanada. Al principio no pareció reparar en mí. No debía de tener más de siete u ocho años. Era de frágil contextura y su rostro estaba muy pálido. Sus cabellos abundantísimos y rizados, descendían casi hasta su cintura.

—Buenos días, Miss Adèle —dijo Mrs. Fairfax—. Venga a ver a la señora que se va a encargar de su educación para que pueda usted llegar a ser una mujer de provecho.

Ella se acercó.

—*C'est la gouvernante?* —preguntó a su niñera, refiriéndose a mí.

La niñera repuso:

—*Mais oui, certainement.*

—¿Son extranjeras? —pregunté extrañada de oírlas hablar en francés.

—La niñera sí, y Adèle ha nacido en el continente y creo que ha vivido siempre en él hasta hace seis meses. Al principio no entendía nada de inglés, pero ahora hablaba ya un poco. Yo no la comprendo, porque revuelve los dos idiomas, mas confío en que llegará a hablar nuestra lengua bien.

Afortunadamente, yo había practicado mucho el francés con Madame Pierrot, con quien todas las veces que me era posible conversaba en su idioma. Durante aquellos siete años, procuré aprender cuanto pude y me esforcé en imitar el acento y la pronunciación de mi profesora. Así, pues, había adquirido bastante soltura en la lengua francesa y me resultó fácil entenderme con Adèle.

Cuando se cercioró de que yo era su profesora, se acercó y me tendió la mano. La llevé a desayunar y le dirigí algunas frases en su propio idioma. Al principio me contestaba irónicamente, pero después de llevar algún tiempo a la mesa y examinarme durante diez minutos a su gusto con sus grandes ojos castaños, comenzó de pronto a hablar con gran rapidez.

—Usted habla en francés tan bien como Mr. Rochester —dijo en su lengua—. Podré hablarla como a él y a Sophie. ¡Qué contenta se pondrá Sophie! Aquí nadie la comprende: Mrs. Fairfax no entiende más que inglés. Sophie es mi niñera: vino conmigo por el mar en un barco muy grande que echaba mucho humo, mucho, y yo me puse mala, y Sophie y Mr. Rochester. Mr. Rochester se tumbó en un sofá en un sitio que se llamaba el salón, y Sophie y yo en dos camas pequeñas en otro lugar. Yo creía que iba a caerme de la mía: estaba en una pared, como un estante. Y luego, señorita . . . ¿Cómo se llama usted?

—Eyre, Jane Eyre.

—¿Cómo? No sé decirlo. Bueno; pues el barco se paró por la mañana en una ciudad muy grande con muchas casas negras y mucho humo, más fea que la ciudad de que veníamos, y Mr. Rochester me cogió en brazos y me llevó a tierra por un tablón, y Sophie detrás. Y luego fuimos en un coche a una casa mayor y más bonita que ésta. Se llama un hotel. Estuvimos allí una semana y Sophie y yo íbamos a pasear todos los días a un sitio verde lleno de árboles que se llama el parque. Allí había muchos niños y un estanque con pájaros y yo les echaba migas.

—¿La entiende usted cuando habla tan deprisa? —me preguntó la anciana.

Yo la comprendía muy bien, porque estaba acostumbrada a la no menos veloz manera de hablar de Madame Pierrot.

—Pregúntele algo sobre sus padres —continuó Mrs. Fairfax.

—Adèle —interrogué—: ¿con quién vivías cuando estabas en esa ciudad bonita de que me has hablado?

—Vivía con mamá, pero mamá se fue al cielo. Mamá me enseñaba a cantar y a bailar y a decir versos. Iban a casa muchos señores y muchas señoras a ver a mamá, y yo bailaba delante de todos, o me sentaba en las rodillas de alguno y cantaba. Me gustaba mucho. ¿Quiere usted oírme cantar?

El desayuno había concluido y yo le permití que me diera una muestra de sus habilidades. La pequeña dejó su silla, se colocó sobre mis rodillas, echó hacia atrás sus cabellos rizados y, levantando los ojos al techo y juntando sus manos ante sí con coquetería, comenzó a cantar un aria de ópera, que versaba sobre las vicisitudes de una mujer abandonada por su adorador y que, apelando a su amor propio, se presentaba una noche, ataviada con sus mejores galas, en un baile al que asistía también el perjuro, para demostrarle, con la alegría de su aspecto, lo poco que el abandono le afectaba.

El tema me pareció muy poco apropiado para un cantar infantil. Por mucho que reconociese que la gracia consistía precisamente en que fueran labios infantiles los que profirieran tales amargas quejas de amor, no por ello dejaba de parecerme una cosa de muy mal gusto.

Adèle cantó con bastante buena entonación y con

toda la inocencia propia de su edad. Acabado el cantar, saltó de mis rodillas y dijo:

—Ahora voy a recitar versos.

Y, adoptando una actitud adecuada, comenzó:

—*La ligue des rats*, fábula de la Fontaine. . .

Y declamó la fábula con un énfasis, un cuidado y una voz y unos ademanes tales, que demostraban a las claras lo mucho que le habían hecho ensayar aquella recitación.

—¿Te enseñó tu mamá esos versos? —pregunté.

—Sí. Me acostumbró a poner la mano así al decir: «*Qu'avez vous donc?, lui dit un de ces rats, parlez!*» ¿Quiere ver cómo bailo?

—No; ahora, no. Después de que tu mamá se fuera al cielo, como tú dices, ¿con quién fuiste a vivir?

—Con Madame Frédéric y su marido. Se encargaron de mí, pero no eran parientes míos. Me parece que deben de ser pobres, porque su casa no es tan bonita como la de mamá. Pero estuve poco tiempo con ellos. Mr. Rochester me preguntó si me gustaría ir a vivir con él a Inglaterra y dije que sí, porque yo conocía a Mr. Rochester antes que a Madame Frédéric, y me regalaba vestidos y juguetes, y era muy bueno conmigo. Pero no ha cumplido lo que me decía, porque me ha traído aquí y se ha ido, y a lo mejor no volveré a verle jamás.

Adèle y yo pasamos a la biblioteca, la cual, por orden expresa de Mr. Rochester, debía servir de cuarto de estudio. Casi todos los libros estaban guardados bajo llave en estanterías protegidas por cristales, pero había sido dejado fuera un volumen que contenía las nociones elementales de primera enseñanza, y varios volúmenes de literatura amena: poesía, biografía, novelas, viajes. . . Supuse que Mr. Rochester, al sacar aquellos libros, pensó que bastarían para llenar las necesidades de lectura de la institutriz y, en efecto, por el momento me satisficieron bastante. Comparados con el escaso surtido de lecturas a que estaba acostumbrada en

Lowood, tales libros me parecieron un abundante arsenal de instrucción y entretenimiento. En la misma habitación había un piano muy bien afinado, un caballete y otros útiles de pintura y dos esferas terráqueas.

Mi discípula era dócil, aunque poco aplicada. No estaba acostumbrada a un trabajo organizado. Consideré imprudente sobrecargarla al principio, así que, después de hablarle mucho y enseñarle sólo un poco, la llevé con su niñera. Todavía no era mediodía y resolví emplear el tiempo en dibujar algunas cosas para uso de la niña.

Cuando subía a coger papeles y lápices, Mrs. Fairfax me llamó.

—Supongo que ya habrá terminado sus horas de clase —me dijo.

Hablaba desde una estancia cuyas puertas estaban abiertas. Entré. La habitación era amplia y magnífica, con sillas y cortinajes rojos, una alfombra turca, zócalos de nogal, un gran ventanal con vidrieras de colores y un techo muy alto, decorado con ricas molduras. La anciana estaba quitando el polvo de algunos magníficos jarrones que había sobre el aparador.

Yo no había visto nunca nada tan majestuoso. No pude por menos de exclamar:

—¡Qué habitación tan hermosa!

—Sí. Es el comedor. He venido a abrir la ventana para que se ventile un poco, porque los cuartos cerrados toman un olor muy desagradable. Aquel salón huele como una cueva.

Señalaba un arco situado frente a la ventana y cubierto por un gran cortinón, descorrido en aquel momento. Lancé una ojeada al interior. Era un saloncito seguido de un *boudoir*. Ambos estaban cubiertos de suntuosas alfombras blancas adornadas de guirnaldas de flores. Los artesonados eran blancos también y representaban uvas y hojas de vid. En contraste con aquellas blancas tonalidades, las otomanas y divanes eran de vivo carmesí. Vasos de centelleante cristal de Bohemia, color rojo rubí, ornaban la chimenea, de pálido mármol de Paros, y grandes espejos colocados entre las ventanas multiplicaban la decoración, toda nieve y fuego.

—¡Qué ordenados tiene usted estos cuartos, Mrs. Fairfax! —dije—. ¡Ni una mota de polvo! A no ser por el olor a cerrado, se diría que están habitados continuamente.

—Es que, Miss Eyre, aunque Mr. Rochester viene pocas veces, cuando llega lo hace siempre de improviso. Y como he observado que le disgusta mucho no encontrar a punto las cosas, procuro tenerlo todo siempre dispuesto por si se presenta de pronto.

—¿Entonces Mr. Rochester es un hombre escrupuloso, de esos que se fijan en todo?

—No, no es así, precisamente. Pero es un hombre de gustos y costumbres muy refinados y quiere que todo responda a ese modo de ser suyo.

—¿Le aprecia usted? ¿Le aprecia la gente en general?

—Sí; su familia, aquí, ha sido siempre muy estimada. Casi todas las tierras de la vecindad, hasta donde alcanza la vista, pertenecen a los Rochester desde tiempo inmemorial.

—Yo no me refiero a las propiedades. ¿Le estima usted, aparte de eso, por sus cualidades personales?

—Claro que le estimo, como es mi obligación. Los colonos dicen, por su parte, que es un señor justo y generoso. Pero le conocen poco, porque no ha vivido apenas entre ellos.

—Me refería más bien a su carácter. ¿No tiene algún rasgo peculiar?

—Su carácter es irreprochable, según creo. Un poco raro, eso sí. Ha viajado mucho, ha visto mucho y me parece inteligente. Pero en realidad he tratado muy poco con él.

—¿En qué consisten sus rarezas?

—No sé en qué; no es fácil decirlo. Pero se notan cuando se le habla. Nunca se puede saber si bromea o no, si está enfadado o contento. En fin, no se le puede comprender o, al menos, yo no le comprendo; pero por lo demás, es un amo admirable.

Esto fue cuanto me contó la anciana respecto a nuestro patrón. Hay personas que tienen la propiedad de no saber describir en absoluto los caracteres de las otras, y Mrs. Fairfax pertenecía, sin duda, a esa clase de gentes. A sus ojos, el señor Rochester no era más que Mr. Rochester: esto es, un caballero y un propietario. A juicio de ella, sobraba toda otra averiguación. Se encontraba evidentemente sorprendida de mis preguntas.

Salimos del comedor y me propuso mostrarme toda la casa. Subimos y bajamos escaleras, entramos en habitaciones y más habitaciones. Yo admiraba lo bien arreglado que todo se hallaba. Los aposentos de la parte de delante eran muy espaciosos. Los cuartos del tercer piso, oscuros y bajos de techo, interesaban por su aspecto de antigüedad. Se notaba que a medida que las modas fueron evolucionando, los muebles de los pisos principales habían sido transportados al tercero. A la escasa luz que entraba por las ventanas angostas, distinguíanse camas inmensas, antiguos arcones de roble o nogal con cabezas de querubes y complicados dibujos en forma de palma sobre las tapas. Junto a aquellas verdaderas reproducciones del arca judaica se veían hileras de venerables sillas estrechas y de alto respaldo; escabeles más arcaicos aún, en cuyos respaldos tapizados quedaban vestigios de antiguos bordados hechos por dedos que hacía dos generaciones se pudrían en la sepultura.

Semejantes objetos fuera de uso daban al tercer piso de Thornfield el aspecto de una casa de antaño o de un almacén de reliquias. El melancólico silencio de aquellas estancias me agradaba; pero seguro que no hubiera dormido tranquila en uno de los enormes lechos vacíos, cerrados algunos, como armarios, con enormes puertas de nogal, cubiertos por antiguas cortinas a la inglesa, con extraños bordados que representaban no menos extrañas flores, extraños pájaros y otras mil y mil raras figuras, sin duda de aspecto temeroso por la noche, cuando las iluminase la pálida y triste luz de la luna filtrándose por las ventanas.

—¿Duermen en estos cuartos los criados? —pregunté.

—No. En éstos de aquí no duerme nadie. La servidumbre habita en otros, al extremo del pasillo. Seguro que si en Thornfield Hall hubiera un fantasma, su guarida estaría por estos rincones.

—Eso creo yo. ¿No tienen ustedes fantasma?

—Nadie ha oído hablar de él —repuso la anciana, sonriendo.

—¿Tampoco hay leyendas que se refieran a cosas de ese estilo?

—Creo que no. Se dice que, en sus tiempos, los Rochester eran una raza de gentes más bien violentas que pacíficas. . . Quizá sea en virtud de tal razón por lo que duermen tranquilos en sus tumbas.

—Hartos de turbulencia, reposan tranquilos, ¿no? —comenté—. ¿Y adónde me lleva usted ahora? —añadí, viendo que se preparaba a salir.

—Arriba de todo. ¿No quiere ver el panorama que se domina desde lo alto?

Subimos a los desvanes por una estrecha gradería, y luego, siguiendo una escalera de mano y una claraboya, alcanzamos el tejado del edificio. Pude ver claramente el interior de los nidos de las aves entre las almenas. Los campos se extendían ante nosotros: primero, la explanada contigua a la casa; después, las praderas; el bosque, seco y pardo, dividido en dos por un sendero;

la iglesia, el camino, las colinas. . . Todo ello bañado por la luz suave de un sol otoñal y limitado por un horizonte despejado y azul.

Cuando retornamos y pasamos la claraboya, me encontré en tinieblas. El desván me parecía oscuro como una mazmorra, en comparación a la espléndida bóveda diáfana que un momento antes me cubría y bajo la que se alargaba la brillante perspectiva de praderas, campos y colinas de que Thornfield era centro.

La anciana se detuvo un momento para cerrar la claraboya. Mientras tanto, yo descendí la estrecha escalera que conducía al pasillo que separaba las habitaciones delanteras y traseras del tercer piso. Era un corredor angosto, bajo de techo, oscuro, con sólo una ventanilla en su lejano extremo y con dos hileras de puertecillas negras a ambos lados, como los pasillos del castillo de Barba Azul.

De pronto, escuché el sonido que menos podía figurarme oír en tal lugar: una risotada. Una extraña risotada, aguda, penetrante, conturbadora. Me detuve. El sonido se repitió, primero apagado, luego convertido en una estrepitosa carcajada que despertó todos los ecos de las solitarias estancias.

Oí a Mrs. Fairfax descender las escaleras. Le pregunté:

—¿Ha oído usted esa risa? ¿Qué es?

—Alguna de las criadas —repuso—. Quizá Grace Poole.

—Pero, ¿la ha oído usted bien? —volví a preguntar.

—Sí, muy bien. Es Grace. La oigo a menudo. Una de estas habitaciones es la suya. Leah está con ella a veces y cuando se hallan juntas suelen armar un alboroto que. . .

La risa se repitió, otra vez apagada, y terminó en un curioso murmullo.

—¡Grace! —exclamó Mrs. Fairfax.

Confieso que yo no esperaba respuesta alguna de

Grace, porque la risotada me parecía tener un acento trágico y sobrenatural como jamás oyera. Aunque estábamos en pleno día, circunstancia poco propicia a las manifestaciones fantasmagóricas, yo no podía evitar cierto temor. Sin embargo, pronto me convencí de que todo sentimiento que no fuese el del asombro estaba de más.

Se abrió la puerta más próxima y salió de ella una criada: una mujer de treinta a cuarenta años, de figura maciza, de rojos cabellos, de cara chata. Imposible imaginar una aparición menos fantasmal y menos novelesca.

—No haga tanto ruido, Grace —dijo la anciana—. Recuerde mis órdenes.

Grace se fue sin decir palabra.

—Esta mujer ayuda a Leah en su trabajo —dijo la viuda—. En ciertos aspectos deja algo que desear, pero hace bastante bien las faenas domésticas. Y, dígame, ¿qué le parece su nueva discípula?

La conversación, así derivada hacia Adèle, continuó hasta que alcanzamos las agradables y luminosas regiones inferiores. Adèle, que se nos reunió en el vestíbulo, exclamó:

—La comida está en la mesa, señoras. —Y añadió—: Tengo mucho apetito. . .

La comida, en efecto, se hallaba ya a punto en el gabinete de Mrs. Fairfax.

Capítulo 12

La esperanza de que mi vida transcurriese sin ulteriores deseos de novedad, como cabía suponer en virtud de mis primeras impresiones en Thornfield Hall, comenzó a disiparse a medida que fui adquiriendo mayor conocimiento del lugar y sus habitantes. Y no porque me encontrase a disgusto. Mrs. Fairfax era, como aparentaba, una mujer de plácido carácter y amable natural, de bastante educación y mediana inteligencia. Mi discípula era una niña muy viva que, por estar muy mimada, tenía a veces caprichos y antojos; pero como se hallaba enteramente confiada a mi cuidado, sin ajenas intromisiones, pronto rectificó sus defectillos y se hizo obediente y tratable. No tenía ni mucho talento, ni acusados rasgos de carácter ni un especial desarrollo de sentimientos o inclinaciones que la elevasen sobre el nivel habitual de los niños de su edad, pero tampoco vicios o faltas peores de lo corriente. Hizo razonables progresos en sus estudios y pronto experimentó hacia mí un vivo, aunque quizá no muy profundo, afecto. Y como ella era sencilla, alegre y amiga de complacer, me inspiró la suficiente simpatía para que las dos nos sintiéramos contentas la una de la otra.

Este lenguaje, entre paréntesis, puede parecer tibio a aquellos que sustentan solemnes doctrinas sobre la naturaleza angelical de los niños y sobre el deber de que los encargados de su educación profesen hacia ellos un afecto idolátrico, pero yo no escribo para adular egoísmos paternos ni para repetir tópicos. Yo sentía solícito interés por la intrucción y el bienestar de Adèle y experimentaba sincero agradecimiento hacia la amabilidad de Mrs. Fairfax; todo ello de modo reposado y tranquilo.

En ocasiones, mientras Adèle jugaba con su niñera y Mrs. Fairfax estaba ocupada en la despensa, yo salía a dar un paseo sola. Otras veces, subía las escaleras que conducían al último piso, alcanzaba el ático y, desde arriba, contemplaba campos y colinas. Más allá de la línea del horizonte existía, según imaginaba, un mundo activo, ciudades, regiones llenas de vida que conocía por referencia, pero que no había visto jamás. Y sentía en mi interior el afán de ver todo aquello de cerca, de tratar más gentes, de experimentar el encanto de otras personas. Apreciaba cuanto había de bueno en Mrs. Fairfax y en Adèle, pero creía en otra clase de bondad más calurosa, más apasionada, que deseaba conocer.

Sin duda habrá muchos que me censuren considerándome una perenne descontenta. Pero yo no podía evitarlo: era algo consustancial conmigo misma. Cuando sentía con mucha intensidad aquellas impresiones, mi único alivio consistía en subir al tercer piso, pasear a lo largo del pasillo y dejar que mi imaginación irguiese ante mí, en la soledad, un cuento maravilloso que nunca acababa: la narración, llena de color, fuego y sensaciones, de la existencia que yo deseaba vivir y no vivía.

Es inútil aconsejar calma a los humanos cuando experimentan esa inquietud que yo experimentaba. Si necesitan acción y no la encuentran, ellos mismos la inventarán. Hay millones de seres condenados a una suerte menos agradable que la mía de aquella época, y esos millones viven en silenciosa protesta contra su destino. Nadie sabe cuántas rebeliones, aparte de las políticas, fermentan en los ánimos de las gentes. Se supone generalmente que las mujeres son más tranquilas, pero la realidad es que las mujeres sienten igual que los hombres, que necesitan ejercitar sus facultades y desarrollar sus esfuerzos como sus hermanos masculinos, aunque ellos piensen que deben vivir reducidas a preparar budines, tocar el piano, bordar y hacer punto, y critiquen o se burlen de las que aspiran a realizar o aprender más de lo acostumbrado en su sexo.

En aquellos paseos por el tercer piso, era frecuente oír las carcajadas de Grace Poole, que tan mal efecto me hicieran el primer día. A las carcajadas se unían con frecuencia extraños murmullos, todavía más raros que su risa. Había días en que Grace permanecía silenciosa del todo, pero otros hacía aún más ruido del corriente. En ocasiones yo la veía salir o entrar en su cuarto llevando, ora una jofaina, ora una bandeja o un plato, ora (perdona, lector romántico, que te diga la verdad desnuda) un gran jarro de cerveza. Su aspecto vulgar disipaba inmediatamente la curiosidad que sus carcajadas producían. Intenté algunas veces entablar conversación con ella, pero Grace parecía persona de pocas palabras. Solía contestarme con monosílabos que cortaban todo propósito de seguir la charla.

Los demás habitantes de la casa: John y su mujer, Leah la doncella y Sophie la niñera, eran gentes corrientes. A veces, yo hablaba en francés con Sophie y le hacía preguntas sobre asuntos referentes a su país; pero ella tenía muy escasas dotes de narradora y sus respuestas más que animarme a continuar preguntándole, parecían dichas adrede para desalentarme y confundirme.

Pasaron octubre, noviembre y diciembre. Una tarde de enero, Mrs. Fairfax me pidió que concediese fiesta a Adèle, alegando que hacía frío. La niñera secundó la petición con energía y yo, recordando lo preciosas que en mi infancia fueran las fiestas para mí, resolví complacerlas. El día, aunque frío, era despejado y sereno. Fatigada de haber pasado la mañana entera en la biblioteca, aproveché con gusto la circunstancia de que el ama de llaves hubiese escrito una carta, para ofrecerme a llevarla a Hay al correo. Me puse el sombrero y el abrigo y me preparé a salir. Las dos millas de distancia se presentaban como un agradable paseo invernal. Adèle quedó sentada en su sillita en el gabinete de Mrs. Fairfax. Le entregué su mejor muñeca (habitualmente guardada en un cajón y envuelta en papel plata), le ofrecí un libro de cuentos, respondí con un beso a su «Vuelva pronto, mi buena amiga Miss Jane», y emprendí la marcha.

El suelo estaba endurecido, el aire en calma y el camino solitario. Anduve primero de prisa para entrar en calor, y luego comencé a caminar más lentamente, para gozar mejor el placer del paseo. Daban las tres de la tarde cuando pasé junto al campanario de la iglesia. Un sol pálido y suave iluminaba el paisaje. De allí a Thornfield había una milla de distancia por un sendero cuyos bordes engalanaban en verano rosas silvestres, avellanas y zarzamoras en otoño y escaramujos y acerolas en invierno; pero cuyo mayor encanto, de todos modos, consistía en su silencio y su soledad. A ambos lados extendíanse los campos desiertos.

A mitad de camino, me senté junto a la puertecilla de una valía. Envuelta en mi manteleta y con las manos en el manguito, no sentía frío, a pesar de la fuerte helada que había congelado el arroyito que corría por el centro del camino.

Desde mi asiento se distinguía, hacia el Oeste, la mole de Thornfield Hall, cuyas almenas se recortaban bajo el cielo. Contemplé el edificio hasta que el sol se hundía entre los árboles. Entonces volví mi mirada hacia el Este.

Sobre lo alto de la colina comenzaba a levantarse la luna, pálida aún como una ligera nube. De las chimeneas de Hay, medio oculto entre los árboles a una milla de distancia, salía un humo azul. Ningún ruido delatador de vida llegaba desde el pueblecillo, pero mi oído percibía el rumor de los arroyuelos en las laderas, argentinos los más cercanos, tenues como un murmullo los más remotos.

Un bronco rumor de fuertes pisadas rompió el encanto de aquellos dulces rumores, como en una pintura el negro perfil de un roble o de un peñasco colocado en primer término rompe la armonía de los azules montes lejanos, de los suaves horizontes. . . Era evidente que un caballo galopaba por el camino.

En aquella época yo era joven y toda clase de fantasías,

ora brillantes, ora lúgubres poblaban mi mente: los recuerdos de los cuentos que me contaban de niña, y a los que la juventud añadiera renovados vigor y colores. Mientras procuraba distinguir entre la penumbra la aparición del caballo, evocaba ciertas historias de Bessie en las que figuraba un espíritu de los países del Norte de Inglaterra, el *Gytrash,* que en forma de caballo, mula o perro gigantesco, recorría los caminos solitarios y asaltaba a los viajeros.

Antes de ver el caballo, distinguí entre los árboles un enorme perro a manchas blancas y negras, fiel reproducción del *Gytrash* de Bessie, pero al aparecer el corcel, que iba montado por un hombre, el hechizo se disipó. Nadie montaba nunca el *Gytrash,* éste andaba siempre sólo y, en fin, según mis referencias, los duendes muy rara vez adoptaban la forma humana. No se trataba, pues, de duende alguno, sino de algún viajero que por el atajo se dirigía a Millcote. Pasó ante mí y yo dejé de mirarle, mas a los pocos instantes oí un juramento y el ruido de una caída. El animal había resbalado en el hielo que cubría el camino y hombre y caballo se habían desplomado en tierra. El perro acudió corriendo y, viendo a su amo en el suelo y oyendo relinchar al caballo, comenzó a ladrar con tal fuerza, que todos los ámbitos del horizonte resonaron con sus ladridos. Giró alrededor del grupo de los dos caídos y luego se dirigió hacia mí, como única ayuda que veía a mano. Era todo lo que él podía hacer. Yo, atendiendo su tácita invitación, me dirigí hacia el viajero, que en aquel momento luchaba por desembarazarse del estribo. Se movía con tanto vigor, que supuse que no se había lesionado mucho, pero no obstante, le pregunté:

—¿Se ha hecho daño?

Me pareció que juraba de nuevo, aunque no puedo asegurarlo. De todos modos, es indudable que profería para sí algunas palabras que le impedían contestarme.

—¿Puedo ayudarle en algo? —continué.

—Quitándose de en medio — contestó.

Lo hice así y él comenzó a tratar de incorporarse, primero sobre sus rodillas y luego sobre sus pies. Fue una tarea larga y trabajosa, acompañada de tales ladridos del can, que me hicieron apartarme a unas varas más de distancia, aunque no me fui hasta asistir al desenlace del suceso. Todo concluyó bien, el caballo se incorporó y un enérgico: «¡Calla, *Piloto*!» hizo enmudecer al perro. El viajero entonces se palpó pies y piernas, como para cerciorarse de si se habían roto algo o no, y alguna novedad debió de encontrar, porque se acercó a la valla junto a la que yo estuviera sentada y se sentó, a su vez.

Pensando que podría serle útil, me aproximé:

—Si se ha lastimado y necesita ayuda, puedo ir a buscar a alguien a Hay o a Thornfield Hall.

—Gracias. Yo mismo iré. No hay nada roto: es una simple dislocación.

Y se puso en pie de nuevo, pero no pudo reprimir un involuntario «¡ay!».

A la última claridad del día y a la primera de la Luna, pude examinar a aquel hombre. Bajo el gabán que vestía podía apreciarse la vigorosa complexión de su cuerpo. Tenía el rostro moreno, los rasgos acusados y las cejas espesas. Debía de contar unos treinta y cinco años. De haberse tratado de un joven arrogante, no hubiera sido yo quien le preguntara contra su deseo ni quien le hubiese ofrecido servicios que no me pedía. Yo había visto raras veces jóvenes guapos, y nunca había hablado a ninguno. Experimentaba una admiración teórica por la belleza, la fascinación y la elegancia, pero reconocía las escasas probablidades de que un hombre que reuniese tales dotes me mirase con agrado sin ulterior mal pensamiento. Así, pues, si aquel viajero me hubiera contestado amablemente, si hubiese recibido con agradecimiento o declinado con amabilidad la oferta de mis servicios, seguramente yo me habría apresurado a alejarme. Pero su aspereza me hacía sentirme segura, y por ello, en vez de marcharme, insistí:

—No le dejaré solo, señor, en esa forma y en este camino solitario, hasta que no le vea montado.

Me miró.

—Creo que lo que debía usted hacer —repuso— es estar ya en su casa, si la tiene. ¿De dónde viene usted?

—De allá arriba. No me da miedo caminar a la luz de la Luna. Si lo desea, iré a Hay a buscar ayuda para usted; precisamente iba allí a echar una carta.

—Entonces, ¿vive en esa casa? —dijo, señalando a Thornfield Hall, cuya masa oscura, iluminada por la Luna, se destacaba entre los árboles.

—Sí, señor.

—¿De quién es esa casa?

—De Mr. Rochester.

—¿No le ha visto usted nunca?

—No.

—¿Ni sabe dónde está? Usted no es, desde luego, una criada. . . —dijo.

—No.

Lanzó una ojeada a mis vestidos, tan sencillos como siempre; un abrigo negro y un sombrero negro, no muy elegantes. Pareció quedar perplejo. Yo le ayudé a comprender:

—Soy la institutriz.

—¡La institutriz! ¡El diablo me lleve si no me había olvidado de. . .! ¡La institutriz!

Volvió a examinarme con la mirada. Luego comenzó a andar, dando evidentes muestras de que sentía fuertes dolores.

—Si es usted tan amable —dijo—, puede auxiliarme. ¿No lleva usted paraguas? Me serviría como bastón.

—No.

—Bien: coja las bridas del caballo y hágale acercarse. No tenga miedo.

De haber estado sola, no me hubiera, en efecto, atrevido, pero no obstante le obedecí. Dejé mi manguito en la valla y me aproximé al caballo. Mas éste se empeñaba en no dejarme coger las bridas. En vano traté de alcanzar su cabeza, haciendo repetidos esfuerzos y con mucho miedo de sufrir una coz. El viajero me miraba atentamente y al fin rompió a reír.

—Veo —murmuró— que, puesto que la montaña no viene al profeta, es el profeta quien debe ir a la montaña. No tengo más remedio que rogarla que se aproxime.

Me acerqué.

—Perdóneme —continuó— si me veo obligado a utilizar sus servicios.

Apoyó su pesada mano en mi hombro y en tal forma llegó hasta su caballo. Empuñó la brida y, con un esfuerzo, montó. Al realizarlo, hizo una mueca: debía dolerle mucho el pie dislocado.

—Le ruego que me dé el látigo —dijo—. Lo he dejado en la cuneta.

Lo busqué y lo encontré.

—Gracias. Ahora vaya a Hay a depositar su carta y vuelva lo antes que pueda.

Espoleó al caballo y partió. El perro se lanzó en pos suyo y los tres se desvanecieron:

> como un arbusto que arranca
> el huracán de la estepa. . .

Cogí mi manguito y me puse en marcha. El incidente había pasado ya para mí. Aunque poco novelesco y nada importante, había significado, sin embargo, un cambio, aunque breve, en mi monótona vida. Mi ayuda había sido solicitada y útil y me alegraba de haberla podido prestar. Por trivial que aquel hecho pareciese, daba alguna actividad a mi pasiva existencia, era un cuadro más introducido en el museo de mi memoria, y un cuadro diferente a los habituales, porque su protagonista era varón, fuerte y moreno. Creía verle aún cuando deposité mi carta en Hay y mientras regresaba a casa rápidamente. En el punto donde estuviera sentada, me detuve un instante, como esperando oír otra vez el ruido de los cascos de un caballo y ver aparecer a un jinete y un perro de Terranova análogo al *Gytrash* de los cuentos de Bessie. Pero ante mí sólo se distinguía un sauce iluminado por la luna y no se oía más que el rumor del viento entre los árboles. Después dirigí mi mirada a Thornfield, vi brillar una luz en una ventana y, comprendiendo que era tarde, apresuré el paso.

No me era muy grato entrar allí de nuevo. Cruzar el umbral significaba volver al ambiente muerto, atravesar el vestíbulo silencioso, ascender la oscura escalera y pasar la larga velada de invierno con la tranquila Mrs. Fairfax, volviendo a adormecer mis sensaciones en la apagada existencia cuya tranquilidad y holgura yo no apreciaba ya en cuanto valían. En aquella época me hubiera agradado ser arrastrada por las tormentas y azares de una vida de luchas lejos de la serena calma en que vivía, sentimiento muy parecido al de quien, cansado de estar mucho tiempo sentado en una silla demasiado cómoda, desea levantarse y dar un largo paseo.

Me detuve ante la verja, me detuve ante el edificio, me detuve en el umbral, cuyas puertas vidrieras estaban cerradas. Mi alma y mis ojos se alejaban de aquella casa gris para dirigirse al cielo que sobre mí se extendía, como un inmenso mar azul salpicado de nubes. La Luna ascendía majestuosamente hacia el cenit y la contemplación de las temblorosas estrellas que brillaban en el infinito espacio hacía palpitar mi corazón y aceleraba el ritmo de mis venas. Pero siempre surgen pequeños detalles que nos llaman a la realidad, y a mí me bastó oír sonar el reloj del vestíbulo para, olvidándome de Luna y estrellas, abrir la puerta y entrar en la casa.

El vestíbulo no estaba oscuro como de costumbre. Lo iluminaba profusa luz que salía del comedor, cuya puerta estaba abierta, dejando ver el fuego encendido y una deslumbrante exhibición de mantelerías y vajillas. Varias personas se hallaban junto a la chimenea y diversas voces mezclaban sus tonos. Pero apenas había tenido tiempo de darme cuenta de ello y, antes de que pudiera asegurarme de que una de las voces era la de Adèle, la puerta se cerró bruscamente.

Me dirigí al cuarto de Mrs. Fairfax. El fuego estaba encendido, pero no la luz. Mrs. Fairfax no estaba. En su lugar vi, tendido en la alfombra y mirando con gravedad la llama, un perro negro y blanco como el *Gytrash* del camino. Tanto me satisfizo verle, que me adelanté y exclamé:

—¡*Piloto!*

Se acercó a mí y comenzó a hacerme fiestas. Le acaricié y movió la cola. Me desconcertaba el pensar cómo había penetrado hasta allí solo, y tanto por averiguarlo como por pedir luz, toqué la campanilla. Acudió Leah.

—¿Por qué está aquí este perro?

—Ha venido con el amo.

—¿Con quién?

—Con el amo, con Mr. Rochester. Ha llegado hace poco.

—¡Ah! ¿Y Mrs. Fairfax está con él?

—Sí, y también la señorita Adèle, John ha ido a buscar al médico. El señor se ha caído del caballo y se ha dislocado un tobillo.

—¿Cayó en el camino de Hay?

—Sí; resbaló en el hielo.

—Ya. Tráigame luz. Leah, haga el favor.

Lea trajo una bujía y tras Leah llegó Mrs. Fairfax, quien me dio las mismas noticias, añadiendo que el doctor Carter se había presentado ya y estaba con Mr. Rochester. Luego dio órdenes para preparar el té. Yo me fui a mi habitación a quitarme el abrigo.

Capítulo 13

Por prescripción del médico, Mr. Rochester se acostó temprano aquella noche y se levantó tarde a la mañana siguiente. Cuando estuvo vestido, hubo de atender a su administrador y a algunos de sus colonos, que le esperaban.

Adèle y yo evacuamos la biblioteca, que había de servir de sala de recepción de los visitantes. Había un buen fuego encendido en un cuarto del primer piso y yo llevé allí los libros y lo arreglé para servir de estancia de estudio.

Thornfield Hall había cambiado. Su habitual silencio, casi de iglesia, había desaparecido. Constantemente llamaban a la puerta, sentíase sonar la campanilla, muchas personas atravesaban el vestíbulo y oíase hablar a varias a la vez. Si aquella racha de vida del mundo que me era desconocido y que acababa de entrar en la casa se debía al amo, me pareció que su presencia era preferible a su ausencia.

Adèle aquel día no estaba en disposición de estudiar. Con cualquier pretexto quería salir del cuarto y bajar las escaleras, a fin, como era notorio, de presentarse en la biblioteca, donde yo sabía que su presencia no era necesaria. Cuando lograba hacerla volver a sentarse, la niña hablaba incensantemente de su «*amigo Édouard Fairfax de Rochester*», como ella le llamaba (yo ignoré hasta entonces el nombre de pila del dueño de la casa), y se entregaba a conjeturas sobre los regalos que le habría traído, ya que él, según parecía, al ordenar que se fuese a buscar su equipaje a Millcote, había hablado de cierta cajita cuyo contenido debía de interesar mucho a la pequeña.

—Y eso debe significar —decía— que contiene un

regalo para mí y acaso para usted, señorita. Mr. Rochester ha hablado de usted; me ha preguntado el nombre de mi institutriz y me dijo que si no era una mujer pálida y delgada. Me ha dicho que sí. . .

Comí con mi discípula, como de costumbre, en el gabinete del ama de llaves. Pasamos la tarde, fría y desapacible, en el cuarto de estudios. Al ponerse el sol, permití a Adèle dejar los libros y bajar, ya que, por el relativo silencio que reinaba, cabía conjeturar que Mr. Rochester estaba libre ya. Una vez sola, me acerqué a la ventana. No se veía nada. Caían constantemente copos de nieve cubriendo el suelo. Corrí la cortina y me acerqué al fuego.

Había comenzado a trazar en la ceniza de los bordes la reproducción del castillo de Heidelberg, que recordaba haber visto en alguna parte, cuando entró el ama de llaves, arrancándome bruscamente a mis pensamientos.

—A Mr. Rochester le agradaría que usted y su discípula bajasen a tomar el té con él en el comedor. Ha estado tan atareado todo el día, que no ha podido ocuparse de usted hasta ahora.

—¿A qué hora toma el té? —pregunté.

—A las seis. Creo que sería mejor que cambiase usted de vestido. Yo iré con usted. . . Tome una luz.

—¿Es necesario que me cambie de ropa?

—Sí, vale más. Yo siempre me visto por las noches cuando está el señor.

Aquella ceremoniosidad me pareció demasiado solemne, pero no obstante, fui a mi habitación y, con la ayuda de la señora Fairfax, cambié mi vestido negro de tela ordinaria por otro de seda negra, único repuesto de mi guardarropa, a más de un tercer vestido gris que, a través de los conceptos adquiridos en Lowood sobre el vestuario, me parecía que sólo debía usar en señaladísimas ocasiones.

—Necesita usted un prendedor —dijo el ama de llaves.

Me puse un pequeño adorno de perlas que me había regalado Miss Temple y bajamos. Poco acostumbrada como estaba a tratar con gentes desconocidas, la invitación de Mr. Rochester era más un disgusto que otra cosa para mí. Precedida de Mrs. Fairfax entré en el comedor. En la mesa ardían dos velas de cera y otras dos en la chimenea. *Piloto* estaba tendido junto a la lumbre y Adèle arrodillada a su lado. Mr. Rochester yacía medio tendido sobre unos cojines, con el pie encima de un almohadón. Reconocí a mi viajero, con sus espesas cejas y su cabeza cuadrada, que parecía más cuadrada aún por la forma en que llevaba cortado su negro cabello. Reconocí su enérgica nariz, con sus amplias aletas que, a mi entender, denotaban un temperamento colérico; su boca, tan fea como su barbilla y su mandíbula; su torso, que ahora, despojado del abrigo, me pareció tan cuadrado como su cabeza. Creo, con todo, que tenía buena figura, en el sentido atlético de la palabra, aunque no era ni alto ni gallardo.

Mr. Rochester notó, sin duda, que entrábamos, pero no lo delató por movimiento alguno.

—Aquí está la señorita Eyre, señor —dijo el ama de llaves con su habitual placidez.

Él se inclinó, pero no separó los ojos del grupo que formaban el perro y la niña.

—Que se siente —dijo—. ¿Qué diablos me importa que esa señorita esté aquí o no?

Me sentí a mis anchas. Un acogimiento cortés me habría turbado seguramente, porque yo no hubiera sabido corresponder con adecuada gentileza. Por el contrario, semejante recepción me dejaba en libertad de proceder como quisiera. Además, aquella rudeza me resultaba interesante.

Rochester permanecía tan mudo e inmóvil como una estatua. Mrs. Fairfax, pensando, sin duda, que convenía que alguien entre nosotros se mostrara atento, tomó la palabra. Con su amabilidad habitual, comenzó por condolerse de lo atareado que su señor había estado durante todo el día y de las molestias que debía causarle la dislocación, y concluyó recomendándole calma y paciencia.

—Quiero el té, señora —dijo él por toda respuesta.

La anciana tocó la campanilla y, en cuanto trajeron el servicio, procedió a distribuir rápidamente tazas y cucharas. Adèle se sentó a la mesa, pero Rochester no abandonó su lugar.

—¿Quiere usted alcanzar la taza al señor? —me preguntó Mrs. Fairfax—. Adèle quizá la dejase caer.

Hice lo que me pedía. Cuando él cogió la taza, Adèle, juzgando sin duda oportuno el momento para intervenir en mi favor, exclamó:

—¿Verdad, señor, que hay un regalo para Miss Eyre en esa cajita?

—¿Qué dices? —gruñó él—. ¿Esperaba usted algún regalo, Miss Eyre? ¿Le gustan los regalos?

Y me contempló con sus ojos duros y penetrantes.

—No sé, señor. Tengo poca costumbre de recibirlos. La opinión general es que son cosas agradables.

—Yo no hablo de la opinión general. Digo si le gustan a usted.

—Hay que pensarlo antes de contestar, señor. Aceptar un regalo puede ser tomado en muchos sentidos, y han de considerarse todos antes de opinar.

—Veo que es usted menos sencilla que Adèle. Ella, en cuanto me ve, me pide un regalo a gritos, mientras que usted, en cambio, filosofa sobre el asunto.

—Porque yo tengo con usted menos confianza que Adèle. Ella está acostumbrada a que usted le compre juguetes, pero yo soy una extraña para usted y no tengo el mismo derecho.

—Déjese de modestias. He examinado a Adèle y he comprendido que se ha preocupado usted mucho de ella, porque la niña no tiene gran talento y, sin embargo, en poco tiempo ha progresado mucho.

—Ya me ha dado usted mi regalo, señor. Para una maestra nada hay más halagador que oír elogiar los progresos de su discípula.

—¡Hum! —murmuró Rochester.

Y bebió su té en silencio.

—Acérquese al fuego —dijo después, mientras el ama de llaves se sentaba en un rincón a hacer calceta.

Adèle me había cogido de la mano y me hacía girar por la estancia, mostrándome las consolas y cuanto había digno de verse. Al oírle, le obedecimos. Adèle pretendió sentarse en mis rodillas, pero se le ordenó que fuese a jugar con *Piloto*.

—¿Vive usted en mi casa hace tres meses?

—Sí, señor.

—¿De dónde vino usted?

—Del colegio de Lowood, en el condado de. . .

—¡Ah, si! Una institución benéfica. ¿Cuánto tiempo ha pasado usted allí?

—Ocho años.

—¡Debe usted ser persona de mucho aguante para haber soportado ocho años de esa vida! No me extraña que tenga usted la mirada de un ser del otro mundo. Cuando la encontré anoche en el camino me pareció uno de esos seres fantásticos que figuran en los cuentos y temí que me hubiera embrujado el caballo. Aún no estoy seguro de lo contrario. . . ¿Tiene usted padres?

—No.

—¿Ni se acuerda de ellos?

—No.

—Ya me lo figuraba. ¿Y a quién esperaba usted sentada en el borde del camino? ¿A su gente?

—¿Cómo?

—Quiero decir si esperaba a los enanos del bosque. Se me figura que, como castigo a haber roto uno de sus círculos mágicos, puso usted en el camino aquel condenado hielo.

Moví la cabeza.

—Los enanos del bosque —dije hablando con tanta seriedad aparente como él— abandonaron Inglaterra hace más de cien años. Y ni siquiera en el camino de Hay ni en los campos próximos he podido encontrar rastros de ninguno. Nunca volverán a danzar en las noches de verano ni bajo la fría luna de invierno. . .

Mrs. Fairfax, arqueando las cejas, mostró el asombro que le producía tan extravagante conversación.

—Bueno —repuso Mr. Rochester—. Supongo que al menos tendrá usted tíos o tías.

—Nunca los he visto.

—¿Ni en su casa?

—No tengo casa.

—¿Y sus hermanos?

—No tengo hermanos.

—¿Quién la recomendó aquí?

—Me anuncié y Mrs. Fairfax contestó a mi anuncio.

—Sí —dijo la buena señora—, y doy gracias al cielo por el acierto que tuve. Miss Eyre ha sido una gran compañera para mí y una bondadosa y útil profesora para Adèle.

—No haga el artículo —replicó Mr. Rochester—. Los elogios no son mi fuerte. Yo sé juzgar por mí mismo. Y lo primero que esta señorita me ha hecho es motivar una caída de mi caballo.

—¡Oh, señor! —dijo Mrs. Fairfax.

—Esta dislocación se la debo a ella.

La viuda pareció turbada.

—¿No ha vivido usted nunca en una ciudad, señorita?

—No, señor.

—¿Ha tratado mucha gente?

—Con nadie más que con las condiscípulas y profesores de Lowood y ahora con los habitantes de Thornfield.

—¿Ha leído usted mucho?

—Los libros que he encontrado a mi alcance, que no han sido demasiados.

—Veo que ha vivido usted como una monja, no cabe duda. . . Creo que el director de ese colegio es un tal Brocklehurst, un clérigo, ¿no?

—Sí, señor.

—Y supongo que ustedes sentirían hacia su director la estimación de las religiosas de un convento hacia su capellán, ¿no?

—No.

—¿Cómo que no? ¡Una novicia que no estima a su sacerdote! Eso es casi una impiedad. . .

—Yo no estimo a Mr. Brocklehurst, ni soy la única que tiene tal opinión. Es un hombre duro, mezquino, que hacía que nos cortasen los cabellos y nos escatimaba el hilo y las agujas.

—¡Qué modo tan equivocado de entender la economía! —intervino Mrs. Fairfax.

—¿Es ése todo el motivo de disgusto que tiene usted con él? —preguntó Mr. Rochester.

—Nos mataba de hambre cuando estaba a su cargo la organización de las comidas, antes de que se nombrase un patronato. Una vez a la semana nos fatigaba con larguísimas lecturas y todas las noches nos hacía leer libros sobre la muerte repentina y el Juicio Final, que nos hacían acostarnos despavoridas. . .

—¿Qué edad tenía usted cuando ingresó en Lowood?

—Diez años.

—Entonces, ahora cuenta dieciocho, ¿verdad? Asentí.

—La aritmética es útil a veces; sin ella, yo no habría podido ahora adivinar su edad. Es cosa difícil de precisar en ciertos casos. . . Y ¿qué aprendió usted en Lowood? ¿Sabe usted tocar?

—Un poco.

—Ya; ésa es la respuesta de rigor. Vaya usted a la biblioteca. . . bien: quiero decir que haga el favor de ir a la biblioteca. Dispense mi modo de hablar. Estoy acostumbrado a decir que se haga esto o lo otro y a ser obedecido, y no voy a violentar mis costumbres por usted. Vaya, pues, a la biblioteca, alúmbrese con una vela y toque una pieza al piano.

Obedecí sus indicaciones.

—¡Basta! —gritó al cabo de algunos minutos—. Toca usted *un poco*, ya lo veo. . . Como otras muchas chicas de los colegios, y hasta mejor que alguna, pero no bien.

Cerré el piano y volví. Mr. Rochester continuó:

—Adèle me ha enseñado esta mañana unos dibujos de usted, según ella dice. Pero supongo que estarán hechos con la ayuda de algún profesor.

—No —me apresuré a decir.

—Veo que tiene usted cierto orgullo. Bueno: tráigame su álbum de dibujos y enséñemelos, pero sólo en el caso de que sean auténticamente suyos. A mí no logrará usted engañarme. Soy perito en la materia.

—Entonces no diré nada, para que usted juzgue por sí mismo—. Fui a buscar el álbum y lo llevé.

Adèle y Mrs. Fairfax se aproximaron para ver mis dibujos y pinturas.

—Esperen —dijo Rochester—. Cuando yo concluya, lo cogen ustedes. Entretanto, no se echen encima.

Examinó cuidadosamente mis trabajos, apartó tres y separó los demás.

—Lléveselos a otra mesa, Mrs. Fairfax —dijo—, y véanlos usted y Adèle. Y usted —agregó dirigiéndose a mí—, siéntese y conteste a mis preguntas. Ya veo que estos trabajos son de una misma mano. Esa mano, ¿es la suya?

—Sí.

—¿Cuándo los hizo? Deben de haberle costado mucho tiempo.

—Los dibujé en mis dos últimas vacaciones de Lowood. ¡Como no tenía nada que hacer!

—¿De dónde los ha copiado usted?

—Los he sacado de mi cabeza.

—¿De esa cabeza que veo sobre sus hombros?

—Sí, señor.

—¿Y queda algo parecido dentro de ella?

—Creo que sí, y hasta pudiera ser que quedase algo mejor.

Él se abstrajo de nuevo en la contemplación de los trabajos.

—¿Se sentía usted feliz cuando los hacía? —dijo al fin.

—Sí, señor. El pintar o dibujar ha sido una de las pocas alegrías que yo he tenido en el mundo.

—Eso no es mucho decir. Sus placeres, según usted misma afirma, no han sido muy abundantes. Pero se me figura que se extasiaba usted mientras daba a sus pinturas estos extraños matices que emplea. ¿Trabaja en ello muchas horas al día?

—Como no tenía nada que hacer por estar en vacaciones, trabajaba de sol a sol, y como los días eran largos, disponía de mucho tiempo.

—¿Y está usted satisfecha del resultado de sus esfuerzos?

—No. Me atormenta mucho la diferencia que existe entre lo que sueño hacer y lo que hago. Siempre imagino hacer cosas que me resultan imposibles.

—No del todo. Usted ha creado una sombra de lo que soñaba. Si no es usted una artista en plena madurez, al menos lo que ha hecho es extraordinario para una escolar. Hay detalles que debe de haber visto en sus sueños. . . Por ejemplo: ¿dónde puede usted, si no, haber visto Patmos?. . . Porque esto es Patmos. . . En fin, llévese todo esto.

Apenas había comenzado a colocar mis trabajos en el álbum, cuando Rochester miró al reloj y dijo bruscamente:

—Son las nueve. ¿Cómo está Adèle levantada aún? . . . Acuéstela, señorita.

Adèle fue a besarle antes de salir. Él recibió la caricia, pero la correspondió con menos afecto que lo hubiera hecho con el perro.

—Buenas noches —nos dijo, señalando la puerta con un ademán, como si, ya cansado de nosotras, nos despidiese.

Mrs. Fairfax recogió su labor, yo mi álbum, nos despedimos de Mr. Rochester, que nos correspondió fríamente, y nos retiramos.

—No me había usted ablado de que Mr. Rochester fuera tan especial —dije a Mrs. Fairfax después de que hubimos acostado a la niña.

—¿Y lo es?

—Sí. Es muy brusco y muy voluble.

—Sin duda parece algo raro, pero yo estoy acostumbrada a su carácter y nunca pienso en eso. Puesto que tiene un temperamento especial, es preciso seguirle la corriente.

—¿Por qué?

—En parte, porque su naturaleza es así y es imposible contrariar la propia naturaleza, y luego porque sufre preocupaciones, penas. . .

—¿Acerca de qué?

—De disgustos familiares, o cosa parecida.

—¿Tiene familia?

—Ahora no, pero antes sí. Hace pocos años que murió su hermano mayor.

—¿Su hermano mayor?

—Sí. El actual Mr. Rochester no ha sido siempre dueño de esta propiedad. Sólo hace nueve años que lo es.

—Yo creo que nueve años es tiempo suficiente para consolarse de la pérdida de un hermano.

—Quizá no. Yo creo que entre ellos hubo disgustos. Mr. Rochester no fue justo con Mr. Edward y puede ser que hasta procurase predisponer a su padre contra éste. El padre amaba mucho el dinero y deseaba que las propiedades de la familia estuviesen reunidas en una sola mano. No deseaba dividir las tierras y, en consecuencia, Mr. Rowland y su padre realizaron, al parecer, algunas maniobras que dejaban a Mr. Edward en una situación penosa. . . No sé exactamente cuál, pero sí sé que era muy desagradable, que produjo no pocos disgustos y que hizo padecer mucho a Mr. Edward. Como no es hombre que perdone fácilmente, rompió con su familia y durante muchos años llevó una vida errante. Desde que, por muerte de su hermano, entró en posesión de la herencia, no ha pasado aquí nunca quince días seguidos. No me extraña, en el fondo, que huya de esta casa.

—¿Por qué?

—Porque tiene recuerdos sombríos para él.

Me hubiese agradado pedir algunas explicaciones, pero Mrs. Fairfax no quería o no podía darme detalles más explícitos sobre la naturaleza de las preocupaciones de Mr. Rochester. Acaso fuesen un misterio para ella misma y no supiese sino lo que le permitían imaginar sus conjeturas. En cualquier caso, como era evidente que deseaba cambiar de conversación, hice por mi parte lo mismo.

Capítulo 14

Durante los días siguientes vi pocas veces a Mr. Rochester. Por las mañanas estaba muy ocupado en sus asuntos y por la tarde le visitaban personas de Millcote o de las cercanías, las cuales, en ocasiones, comían con él. Cuando se repuso de la dislocación, solía salir mucho a caballo, seguramente para devolver aquellas visitas, y no volvía hasta muy entrada la noche.

En aquel período, aunque Adèle solía ir a verle con frecuencia, todas mis relaciones con él se redujeron a encuentros casuales, en el vestíbulo, la escalera o la galería. En esas ocasiones, él me saludaba con una fría mirada y una distraída inclinación de cabeza, o bien con una sonrisa amable. Sus cambios de carácter no me molestaban, ya que era evidente que dependían de causas que para nada se referían a mí.

Un día que estaba comiendo con varios invitados pidió mi álbum, sin duda para que lo viesen. Aquellos caballeros se marcharon pronto, a fin de asistir a una reunión en Millcote, pero él no les acompañó. A poco de haberse ido sus invitados, tocó la campanilla y ordenó que bajásemos Adèle y yo. Arreglé un poco a la niña. Yo no tuve que arreglarme, ya que mi vestimenta cuáquera, por lo lisa y rasa, no permitía casi desarreglo alguno. Adèle pensó en seguida si habría llegado su *petit coffre* que, por no sé qué confusión, sufriera un atraso de varios días. En cuanto entró en el comedor, vio una cajita de cartón sobre la mesa y se alborozó, como si conociera por instinto de lo que se trataba.

—¡Mi caja, mi caja! —exclamó, precipitándose hacia ella.

—Sí: tu caja. . . Llévatela a un rincón y ábrela. ¡Se ve que eres una auténtica parisiense! —dijo la grave y sarcástica voz de Mr. Rochester, surgiendo de las profundidades de una inmensa butaca en que se hallaba hundido, al lado del fuego—. Pero no vayas dándonos noticias de tu operación anatómica a medida que investigues en las entrañas de la caja. Hazlo en silencio; *tiens-toi tranquille, enfant; comprends-tu?*

Adèle se había retirado a un sofá con su tesoro y se afanaba en soltar la cuerda que lo sujetaba. Habiendo eliminado tal obstáculo y hallado ciertos objetos envueltos en papel transparente, se limitó a exclamar:

—¡Oh, qué bonito!

Y permaneció absorta en una extática contemplación.

—¿Y Miss Eyre? —preguntó el amo, semi-incorporándose en su sillón y mirando hacia la puerta, donde yo me hallaba—. Bien, pase y siéntese —continuó, al verme, aproximando una silla a la suya—. No me gusta la charla de los niños. Soy un solterón y ningún recuerdo grato me producen las cosas infantiles. Me sería imposible pasar toda la velada *tête-à-tête* con un chiquillo. Digo lo mismo respecto a las viejas, pese a lo que aprecio a la señora Fairfax. Miss Eyre: siéntese precisamente donde le he señalado. . . Quiero decir, si gusta. . . ¡El demonio se lleve esos miramientos tontos! Siempre me olvido de ellos.

Tocó la campanilla y encargó que invitasen a acudir a Mrs. Fairfax, la cual se presentó con su cesto de labor, como de costumbre.

—Buenas noches, señora. He prohibido a Adèle que me hable a propósito de los regalos. Le ruego que me sustituya en la tarea de atenderla y de conversar sobre ese tema. Con ello hará usted una obra de caridad.

Adèle en efecto, apenas vio al ama de llaves, la condujo al sofá en seguida y colmó su falda con las porcelanas y marfiles de que estaban hechos los regalos, entregándose a explicaciones y arrebatos de júbilo tan vehementes como se lo permitía su escaso dominio del inglés.

—Ya he cumplido mis deberes de anfitrión dando a mis huéspedes ocasión de divertirse el uno al otro —dijo Rochester— y quedo, pues, en libertad de divertirme yo. Señorita: haga el favor de aproximarse más al fuego. Desde aquí no puedo verla sin abandonar la cómoda posición en que estoy sentado, y no tengo ganas de hacer tal cosa.

Hice lo que me decía, aunque hubiera preferido permanecer más en la sombra. Pero Mr. Rochester tenía un modo de dar órdenes que obligaba a obedecerle sin discusión posible.

Estábamos en el comedor. Las luces, encendidas para la comida, seguían inundando la estancia con su claridad. El rojo fuego ardía alegremente y los cortinajes de púrpura pendían, ricos y amplios, de los altos ventanales y el elevado arco de acceso. Todo estaba en silencio, y sólo se oían el cuchicheo de Adèle, que no se atrevía a hablar alto, y el batir de la lluvia invernal en los cristales.

Mr. Rochester, que estaba sentado en su butaca forrada de damasco, miraba de un modo inusitado en él, con menos dureza que de costumbre y de modo mucho menos sombrío. Por sus labios vagaba una sonrisa y sus ojos brillaban, ignoro si como consecuencia de haber bebido mucho, aunque me parece probable que sí. Estaba, en resumen, en el momento beatífico de la digestión, y se sentía más expansivo y más indulgente que por la mañana. Reclinaba su maciza cabeza sobre el blanco respaldo del sillón, la lumbre iluminaba de lleno sus duras facciones y en sus ojos, grandes y negros, muy bellos por cierto, había algo que si no era dulzura podía considerarse como una manifestación parecida a ese sentimiento.

Miró el fuego durante algunos instantes, volvió la cabeza de pronto y me sorprendió examinando su fisonomía.

—Me contempla usted —dijo—. ¿Le parezco guapo?

De haberlo meditado, yo hubiese dado una contestación cortés, pero la respuesta brotó de mis labios antes de que tuviese tiempo de reflexionar:

—No, señor.

—Palabra que es usted rara de veras —dijo—. Está usted quieta, grave y silenciosa como una monjita, con las manos cruzadas y mirando la alfombra (excepto cuando, como ahora, me mira a la cara) y, en cambio, si se le hace alguna pregunta, sale con una contestación si no grosera, al menos brusca. ¿Qué significa eso?

—Perdóneme, señor. Reconozco que yo debía contestar que no es fácil responder a tal pregunta guiándose por las apariencias; que eso va en gustos; que la hermosura en los hombres tiene poca importancia, o algo parecido.

—¿Cómo que no tiene importancia la hermosura? Ahora, so pretexto de paliar el insulto anterior, me introduce, tranquilamente, un cuchillo afilado en el oído. ¡Porque no otra cosa son sus palabras! Dígame: ¿qué defectos encuentra en mí?' ¿Acaso no tengo mis miembros y mis facciones completos, como los demás hombres?

—He querido rectificar mi contestación, señor. Era un disparate.

—Lo mismo creo. Ea, critique mi figura. ¿Acaso no le gusta mi frente?

Separó los cabellos que caían sobre sus cejas y mostró una sólida envoltura de los órganos intelectuales, en la que las protuberancias características de la bondad brillaban por su ausencia.

—¿Qué? ¿Acaso tengo aspecto de tonto?

—Nada de eso, señor. ¿Me encontrará usted grosera si le pregunto, a mi vez, si tiene usted algo de filántropo?

—¡Ea, otra cuchilla, con la disculpa de acariciarme! ¡Y todo porque he dicho que no me gusta tratar con los niños y las viejas! No, jovencita, no soy un filántropo, pero tengo conciencia.

Y señaló las prominencias que, según se dice, indican tal cualidad y que, afortunadamente para él, eran bastante acusadas.

—Además —agregó—, poseo una especie de ruda blandura de corazón. Cuando yo tenía la edad de usted, era un muchacho bastante sentimental y me emocionaba fácilmente ante los infortunados y los desvalidos. Pero después la fortuna me ha baqueteado de tal modo, que me he hecho duro y resistente como una pelota de goma maciza. No obstante, soy vulnerable por una o dos hendiduras, tengo algún punto flaco. . . ¿Me concede eso alguna esperanza?

—¿De qué, señor?

—De volver a tranformarme, de pelota de goma maciza que soy, en un ser de carne y hueso.

«Decididamente, ha bebido mucho», pensé.

Y no supe qué contestar. ¿Qué podía decirle sobre sus posibilidades de transformación?

—Me mira usted con asombro, señorita, y como usted no tiene mucho más de bonita que yo de guapo, el asombro no la favorece en nada, se lo aseguro. Le conviene escucharme, porque así separará sus ojos de mi cara y se dedicará a estudiar las flores de la alfombra. Jovencita: esta noche me siento comunicativo y sociable.

Y tras ese preámbulo se levantó y apoyó el brazo en la chimenea. En tal actitud, se le veía el cuerpo tan bien como la cara. Su pecho tenía un perímetro casi desproporcionado a la longitud de sus brazos y piernas. Estoy segura de que la gente le hubiera juzgado un hombre muy desagradable; pero, sin embargo, había tan espontánea altivez en su porte, tanta naturalidad en sus modales, tan sincera indiferencia hacia la fealdad de su exterior, tan firme creencia en la importancia de otras facultades suyas —intrínsecas o no, pero al margen del mero atractivo personal—, que, al mirarle, la indiferencia desaparecía y se sentía uno inclinado a confiar en él.

—Repito que esta noche me siento comunicativo y sociable —siguió—, y por eso he enviado a buscarla, ya que el fuego y los candelabros no me parecieron suficiente compañía; ni tampoco *Piloto*, ya que, como todos sus congéneres, no habla. Adèle está en un plano más elevado, pero no me basta, y Mrs. Fairfax, ídem. En cambio, estoy persuadido de que usted se pondrá a mi altura, si se lo propone. Me dejó usted confundido la primera noche que la invité, luego la olvidé casi del todo. Tenía otras ideas en la cabeza. Esta noche he resuelto estar a mis anchas, despidiendo a los importunos y llamando a los que me complacen. Me agradará saber más cosas de usted. Hable.

En vez de hablar, sonreí, y creo que no de un modo muy complaciente ni sumiso.

—Hable —insistió.

—¿De qué?

—De lo que quiera. Dejo a su elección el tema y la forma de desarrollarlo, siempre que se refiera a usted misma. ¡Vamos!

Yo no dije nada.

—¿Está usted muda, señorita?

Continué callada. Él inclinó la cabeza hacia mí y me miró de un modo singular.

—¿Conque se ha enojado usted? —dijo—. Comprendo. Me he dirigido a usted en una forma absurda y casi insolente. Perdone. Conste, de una vez para siempre, que no quiero tratarla como a un inferior . . ., es decir —corrigió en seguida—, únicamente con la superioridad que me dan veinte años más de edad y cien años más de experiencia. Esto es natural, *tenez*, como diría Adèle. Sólo en virtud de esa superioridad he rogado a usted que tenga la bondad de hablarme un poco, para distraerme de otra clase de pensamientos.

Se había dignado darme una explicación, casi una excusa. No cabía mostrarse insensible a su condescendencia.

—Me agradaría distraerle, si pudiera, señor, pero no sé de qué hablar, porque, ¿cómo adivinar lo que le interesa? Pregúnteme lo que quiera y le contestaré lo mejor que sepa.

—Entonces, hágame el favor de concordar conmigo en que me asiste el derecho de hablarle con cierta autoridad, teniendo en cuenta que por la edad podría ser su padre, además de que poseo una larga experiencia, adquirida viajando por medio mundo y tratando a muchas y diversas gentes, mientras usted ha vivido siempre con las mismas en la misma casa.

—Como usted guste, señor.

—Eso es una desagradable evasiva. Conteste con claridad.

—Pues bien, señor, yo creo que usted no tiene derecho a mandarme porque sea más viejo que yo o porque haya visto más mundo. Esa superioridad que usted se atribuye dependerá del uso que haya hecho de su tiempo y de su experiencia.

—¡Hum! Creo que he hecho un uso indiferente, por no decir malo, de esas dos ventajas a mi favor. Bien: dejemos al margen esa superioridad y pongámonos de acuerdo en que usted no se ofenderá si recibe órdenes mías ahora o en adelante, ¿le parece bien?

Sonreí al pensar en lo curioso de que Mr. Rochester, al hablar de órdenes, olvidase que me pagaba treinta libras al año para tener el derecho de dármelas.

—¡Elocuente sonrisa, señorita!— dijo él, sorprendiéndola y comprendiendo mi pensamiento.

—Estaba pensando, señor, que pocas personas se preocuparían de preguntar a sus asalariados si les ofendían o no las órdenes que les dieran.

—¿Asalariados? ¿Es usted asalariada mía? ¡Ah, sí: me había olvidado del sueldo! Bueno, puestos en ese terreno mercenario, ¿está usted de acuerdo en dejarme adoptar un poquito el aire de hombre superior? ¿Consiente en dispensarme muchas faltas a las formas y a las frases convencionales, sin suponer que la omisión entraña insolencia?

—Estoy segura, señor, de que nunca confundiré la falta de buenas formas con la insolencia. Lo primero me parece bien; a lo segundo, ningún ser humano nacido libre debe someterse, ni siquiera por un sueldo.

—¡Bobadas! La mayoría de los nacidos libres se someten por un sueldo. Refiérase a sí misma y no entre en generalizaciones que usted ignora en absoluto. No obstante, mentalmente coincido con su contestación, a pesar de su inexactitud, tanto por el modo de decirlo como por la idea que entraña. El modo ha sido franco y sincero, cosa poco corriente. Ni tres entre tres mil institutrices hubieran contestado como usted lo ha hecho. Pero no se vanaglorie de ello. Sí es usted diferente a la mayoría, se lo debe a la naturaleza, que la ha hecho así. Y aún creo que voy demasiado lejos en mi criterio, porque acaso no sea usted mejor que las demás y tenga intolerables defectos que compensen sus buenas cualidades.

«Lo mismo puede pasarte a ti», pensé. Él debió de leer en mis ojos aquel pensamiento, porque me contestó como si me lo hubiera oído exponer de palabra:

—Sí —dijo—. Tiene usted razón. Yo estoy cargado de defectos. Lo sé, y no trato de negarlos, se lo aseguro. No puedo ser muy severo con los demás, porque mi propia vida ha sido tal, que con justicia merece las censuras, del prójimo. Yo inicié o, mejor dicho, me hicieron iniciar (a mí, como a todos los equivocados, nos gusta achacar la mitad de nuestra mala suerte a las circunstancias adversas) un camino tortuoso cuando sólo tenía veinte años, y luego no he podido seguir el recto. Pero yo habría podido ser muy diferente, tan bueno como usted, casi tan puro y, desde luego, más sensato. Envidio su tranquilidad mental, su conciencia limpia, su memoria libre de todo recuerdo ominoso. Una conciencia así, joven, es un exquisito tesoro, un manantial inagotable de confortaciones. . .

—¿Cómo era su conciencia a los dieciocho años, señor?

—Como la de usted: limpia y clara, sin que una sola gota de agua turbia la hubiese contaminado aún. Yo era como usted, igual que usted. La naturaleza, señorita, me inclinaba a ser un hombre bueno, y ya ve usted que no lo soy. Está usted pensando que me adulo a mí mismo: lo leo en sus ojos, y yo comprendo enseguida ese lenguaje. . . Pero le doy mi palabra de que digo la verdad, y supongo que no me tendrá usted por un villano. . . Yo he dado, más que por natural inclinación, en virtud de las circunstancias, en ser un pecador como hay muchos, encenagado en todas las miserables disipaciones que envilecen la vida. ¿Le sorprende que le confiese esto? No le extrañe. En el curso de su vida encontrará usted mucha gente que le confía sus secretos, involuntariamente, de un modo instintivo, y ello, porque usted prefiere, a hablar de sí misma, oír hablar de sí mismos a los demás, escuchándoles con una natural simpatía, que es más agradable y anima más porque no es inoportuna en sus manifestaciones.

—¿Cómo lo adivina usted, señor?

—Lo veo con toda evidencia. Y le estoy hablando tan sinceramente como si escribiese mis pensamientos en un diario íntimo. Respecto de mi vida, podría usted decir que yo debiera haber procurado superar las circunstancias, pero la verdad es que no lo hice. En vez de recibir con impasibilidad los golpes del destino, me dejé caer en la depravación. . . Y he aquí que ahora, cuando el ver un degenerado cualquiera excita mi repulsión, no puedo considerarme mejor que él. . . En fin, señorita, cuando uno cae en el error siente luego remordimientos y, créalo, el remordimiento es el veneno de la vida.

—Pero el arrepentimiento es el antídoto de ese veneno, señor.

—No lo es; el cambiar de conducta, sí; y acaso yo cambiara en el caso de. . . Pero ¿a qué hablar de lo que es imposible? Además, puesto que se me niega la felicidad, tengo derecho a gozar de los placeres que pueda encontrar en la vida; y así lo haré, cueste lo que cueste.

—Y se depravará cada vez más, señor.

—Puede ser. O acaso no, porque, ¿y si encuentro en esos placeres algo confortable y dulce, tan confortable y dulce como la miel silvestre que la abeja acumula entre los brezales?

—¡Qué amargo debe de ser eso!

—¿Qué sabe usted? Por muy seria que se ponga y por muy solemnemente que me mire, está usted tan ignorante del asunto como este camafeo lo pueda estar —y tomó uno de la chimenea—. No tiene usted derecho a sermonearme; es usted una neófita que no ha pasado aún bajo el pórtico de la vida y desconoce sus misterios.

—Me limito a recordarle, señor, que, según usted mismo, el error apareja remordimiento y el remordimiento es el veneno de la existencia.

—¿Quién habla de error ahora? ¿Quién puede decir si la idea que acude a la mente es un error o más bien una inspiración? ¡Ahora mismo siento una idea que me tienta! Y le aseguro que no es nada diabólica. Al menos, se presenta engalanada con las vestiduras luminosas de un ángel. ¿Cómo no admitir a un visitante que se introduce en el alma tan radiante de luz?

—No es un ángel verdadero, señor.

—¿Qué sabe usted, repito? ¿En virtud de qué pretende usted distinguir entre un ángel caído y un emisario celestial?

—Lo juzgo por su aspecto, señor. Estoy segura de que será usted muy desgraciado si atiende la sugestión que debe de haber recibido en este momento.

—No lo creo. Al menos, me trae el más agradable mensaje que pueda pedirse. Además, ¿es acaso usted mi directora espiritual? ¡Ea, linda aparición, ven aquí!

Hablaba como si se dirigiese a una visión, no distinguible a otros ojos que los suyos. Abrió los brazos y luego los cerró sobre su pecho, como si abrazase a alguien.

—Ahora —continuó, dirigiéndose a mí—, ya he recibido al bello peregrino, a la deidad disfrazada, como lo es sin duda. Su aparición me ha causado un efecto benéfico: mi corazón, que era un osario hace un momento, es casi un sagrario en este instante.

—A decir verdad, señor, no puedo seguirle en su conversación. No la comprendo; queda fuera de mi alcance. Sólo creo entender una cosa: que no es usted tan bueno como quisiera, y que lamenta su imperfección. Antes me hablaba usted de memoria. Pues bien, yo estoy convencida de que, si usted se lo propusiera, llegaría a corregir sus pensamientos y sus actos hasta que llegase el día en que, al repasar sus recuerdos, los hallase agradables en vez de dolorosos.

—Bien pensando y mejor dicho, señorita. En este momento procuro con todas mis fuerzas adquirir nuevos y buenos propósitos, que habrán de ser tan firmes y duraderos como la misma roca. Desde ahora creo que mis pensamientos y mis deseos van a ser muy distintos a los de antes.

—¿Y mejores?

—Tanto como el oro puro es mejor que el metal dorado. Parece que duda usted, pero yo no dudo de mí mismo. Conozco mi fin y los motivos que tengo para buscarlo, y desde este instante me someto a una ley tan inflexible como la de los persas y los medos.

—No lo conseguirá, señor, si no establece a la vez reglas para aplicarla.

—Pero esas reglas han de ser inusitadas, porque es

una inusitada concurrencia de circunstancias la que las impone.

—Semejante máxima es peligrosa, porque se presta a interpretaciones torcidas.

—¡Qué sentenciosa está usted hoy! Pero le aseguro que no interpretaré torcidamente nada.

—Usted, como hombre, es falible.

—Ya lo sé. También usted lo es. ¿Y qué?

—Que quien es falible no puede arrogarse el poder de seguir una línea de conducta extraordinaria asegurando que es conveniente.

—¡«Que es conveniente»! Ésa es la frase adecuada. Usted lo ha dicho.

Me levanté, comprendiendo lo vano de continuar una conversación de la que no comprendía nada, e intuyendo, además, que el carácter de mi interlocutor era superior a mi penetración. Me sentía indecisa y vacilante, como siempre que se trata de un tema que se ignora.

—¿Adónde va?

—A acostar a Adèle. Ya es hora.

—Me teme usted, porque hablo como la Esfinge.

—Su lenguaje, señor, es enigmático, en efecto, pero no temo nada.

—¡Sí! Su amor propio le hace temer el llegar a decir desatinos.

—Desde luego, reconozco que no deseo hablar de cosas sin sentido común.

—Aunque sea eso lo que diga, lo expresa de un modo tan sereno y doctoral, que parece que dice cosas con sentido. ¿No se ríe usted nunca? No hace falta que conteste. Ya he visto que ríe usted muy poco. Pero puede usted llegar a reír con plena alegría, porque tan austera es usted por naturaleza como yo, por naturaleza, vicioso. Lowood pesa todavía sobre usted, haciéndole dominar sus sentimientos, sus impresiones y hasta sus modales y sus gestos. Teme usted, en presencia de un hombre —padre, persona mayor o lo que sea—, sonreír con excesiva alegría, hablar con demasiada libertad, moverse demasiado vivamente. Pero confío en que usted, conmigo, aprenderá a ser más natural, ya que a mí me resulta imposible ser convencional con usted. Cuando sea más natural, sus ademanes y sus miradas serán más vivos y más espontáneos. Su mirada es la de un pájaro enjaulado. Cuando se halle libre, volará sobre las nubes. . . ¿Qué? ¿Insiste en irse?

—Son más de las nueve, señor.

No importa; espere un minuto. Adèle no tiene ganas de acostarse todavía. La posición en que estoy, de espalda al fuego, me permite observar con facilidad. He mirado de vez en cuando a Adèle, mientras hablábamos, ya que tengo motivos para creer que es un ser digno de estudio, por razones que algún día le explicaré, señorita. . . Pues bien, mirándola, la he visto sacar del fondo de su cajita, hace diez minutos, un vestidito de seda rosa, que la ha entusiasmado y despertado sus instintos de coquetería. Enseguida ha dicho: «*Il faut que je l'essaie et à l'instant même!*», y ha salido del cuarto. Ahora debe de estar con Sophie, entregada a la operación de probarse el vestido, y de aquí a poco la veremos entrar convertida en una miniatura de Céline Varens, que. . ., pero esto no interesa. De todos modos, mis tiernos sentimientos están a punto de experimentar una conmoción. Aguarde, pues, un momento y veremos si mis palabras se confirman.

A poco sentimos el pisar de los piececitos de Adèle en el vestíbulo. Entró transformada como su protector había predicho. Un vestido de color de rosa, muy corto y con mucho vuelo, sustituía al vestido oscuro que llevaba antes; una guirnalda de capullos de rosa ceñía su frente, y calzaba calcetines de seda y unas pequeñas sandalias de raso blanco.

—¿Me sienta bien el vestido? ¿Y los zapatos? ¿Y las

medias? ¡Voy a bailar un poco!

Y sujetando con las manos el vuelo de su vestido, cruzó la habitación hasta llegar ante Mr. Rochester, e inclinándose ante él, a imitación de las artistas, hasta arrodillarse, le dijo:

—Muchas gracias por su bondad, Mr. Rochester.

E incorporándose de nuevo, añadió:

—Mamá haría lo mismo, ¿verdad?

—¡Exactamente! —gruñó él—. ¡Y con qué gracia sacaba mi dinero inglés de mi británico bolsillo! Yo también tuve mi primavera, Miss Eyre, y al disiparse me dejó como recuerdo esta florecilla francesa. . . Un poco artificial, pero a la que me siento obligado, acaso en virtud de ese principio de los católicos que procuran expiar sus pecados haciendo alguna buena obra. Algún día me explicaré mejor. . . ¡Buenas noches!

Capítulo 15

Mr. Rochester se explicó, en efecto. Una tarde nos mandó llamar a Adèle y a mí y, mientras ella jugaba con *Piloto,* él me llevó a pasear y me explicó que aquella Céline Varens había sido una bailarina francesa que fue su gran pasión. Céline le había asegurado corresponderle con más ardor aún. Él creía ser el ídolo de aquella mujer, pensando que, feo y todo, Céline prefería su *taille d'athlète* a la elegancia del Apolo de Belvedere.

—De modo, Miss Eyre, que, *halagado* por aquella preferencia de la sílfide gala hacia el gnomo inglés, la instalé en un hotel, la proporcioné criados, un carruaje y, en resumen, comencé a arruinarme por ella según la costumbre establecida. . . Ni siquiera tuve la inteligencia de elegir un nuevo modo de arruinarme. Seguí el habitual, sin desviarme de él ni una pulgada. Y también me ocurrió, como era justo, lo que ocurre a todos en esos casos. Una noche que Céline no me esperaba, se me ocurrió visitarla, pero había salido. Me senté a aguardarla en su gabinete, feliz al respirar el aire de su aposento, embalsamado por su aliento. . . Pero no, exagero. . . Nunca se me ocurrió pensar que el aire estuviera embalsamado por su aliento, sino por una pastilla aromática que ella solía colocar en la habitación y que expandía perfumes de ámbar y almizcle. . . Aquel fuerte aroma llegó a sofocarme. Abrí el balcón. La noche, iluminada por la luna y por los faroles de gas, era clara, serena. . . En el balcón había una silla o dos. Me senté, encendí un cigarro. . . Por cierto que, con su permiso, voy a encender uno ahora. . .

Se lo llevó a sus labios y el humo del fragante habano se elevó en el aire frío de aquel día sin sol.

—Entonces, señorita, me gustaban mucho los bombones. Y he aquí que, mientras, alternándolos con chupadas al cigarro, estaba *croquant* —¿perdón por el barbarismo!— unos bombones de chocolate y contemplando los elegantes carruajes que se dirigían por la calle hacia la cercana ópera, vi llegar uno, tirado por dos caballos ingleses, en el que reconocí el que regalara a Céline. Mi bella volvía. El corazón me latió con impaciencia. La puerta del hotel se abrió y mi hermosa bajó del coche: la reconocí, a pesar de ir cubierta por un abrigo, innecesario en aquella cálida noche de junio, por sus piececitos que aparecían bajo el vestido. Me incliné sobre la barandilla y ya iba a exclamar: «¡Ángel mío!», cuando me detuve al ver otra figura, también envuelta en un gabán, que descendía del coche después de Céline y que pasaba, con ella, bajo la puerta cochera del hotel.

«¿Nunca ha sentido usted celos, Miss Eyre? Es superfluo preguntarlo. No los ha sentido, puesto que no ha amado aún. Hay sentimientos que no ha experimentado usted todavía. . . Usted imagina que toda la vida fluirá para usted mansamente como hasta ahora. Flota usted en la corriente de la vida con los ojos cerrados y los oídos obstruidos, y no ve las rocas que se encuentran al paso. Pero —no lo olvide— le aseguro que vendrá un día en que llegue usted a un lugar del río en que los remolinos de la corriente la arrastren, la golpeen contra los peñascos, en medio de tumultos y peligros, hasta que una gran ola la impulse hacia una nueva corriente más calmada, como me pasa a mí ahora. . .»

Me complace este día, me complace este cielo plomizo, me gusta este paisaje helado. Me gusta Thornfield, por su antigüedad, por su soledad, por sus árboles y sus espinos, por su fachada parda y sus hileras de oscuras ventanas en cuyos cristales se refleja el cielo plomizo. . . ¿Y a la vez aborrezco hasta el pensamiento de pensar en Thornfield, huyo de él como de una casa apestada! ¡Cuánto lo aborrezco!

Rechinó los dientes y calló. Se detuvo un momento y golpeó violentamente con el pie el suelo endurecido por la escarcha.

Íbamos subiendo por una avenida dominada por el edificio. Rochester contemplaba el almenar con una mirada como no le viera hasta entonces, y en la que se reflejaban el dolor, la vergüenza, la ira, la impaciencia, el disgusto y el odio, todo ello brotando simultáneamente. La ferocidad predominaba en aquella expresión de sus sentimientos, pero al fin otro sentimiento, algo que podría calificarse de duro y cínico, triunfó sobre sus demás pasiones, dominándolas y petrificando su mirada.

—Durante este rato en que he permanecido silencioso, señorita —continuó—, discutía cierto extremo con mi hado, que se me apareció como una de las brujas de Macbeth. «¿Te gusta Thornfield?», me preguntó, mientras trazaba, con sus dedos, jeroglíficas figuras a lo largo de la fachada, desde las ventanas más altas a las más bajas. «¿Te atreves a decir que te gusta?» «Me atrevo», contesté. . . Y mantendré lo dicho, romperé los obstáculos que se opongan a la felicidad y a la bondad. . ., sí, a la bondad. . . Quiero ser un hombre mejor de lo que he sido. . . Y. . .

Adèle apareció en aquel momento. Rochester gritó con rudeza:

—¡No te acerques, niña; vete con Sophie!

Yo traté de conducirle al punto en que había interrumpido su relato.

—¿Se quitó usted del balcón cuando entró aquella señorita?

Esperaba una contestación violenta a una manera tan inoportuna de reanudar la conversación, pero, por el contrario, salió de su abstracción y me miró sin aquella expresión sombría que antes tuvieran sus ojos.

—¡Me había olvidado de Céline! Pues bien, cuando la vi acompañada de un caballero, me pareció escuchar el silbido de un reptil, y la serpiente de los celos, a través de mis carnes, penetró hasta el fondo de mi corazón. ¡Qué raro es —exclamó Mr. Rochester de pronto— que yo la haya elegido a usted por confidente, jovencita! Y más raro aún que usted me escuche con esa serenidad, como si fuera lo más corriente del mundo que un hombre cuente cosas de su querida a una muchacha inexperta. Pero la última singularidad explica la primera, como ya le dije una vez: usted, con su seriedad, su prudencia y su buen juicio, está hecha como a la medida para ser depositaria de confidencias. Además, conozco la clase de espíritu con el que comunico, y estoy seguro de que no le contagiaré ninguna maldad. Es un espíritu especial, acaso único. Las maldades que le cuente no la infestarán y, en cambio, el confesárselas me alivia. . .

Después de aquella disgregación continuó:

—Continué en el balcón, suponiendo que subirían al gabinete y que desde mi puesto podría verles y oírles. Corrí las cortinas del balcón, dejando el resquicio suficiente para ver, y entorné las puertas, a fin de poderles oír. Entonces volví a sentarme. Como esperaba, la pareja subió al gabinete. La doncella de Céline llevó una lámpara, la dejó sobre una mesa y se retiró. Ambos se quitaron los abrigos y Céline apareció deslumbrante de sedas y joyas —regalos míos, por supuesto—. . . Él era un oficial vestido de uniforme, un bellaco de vizconde, un joven disoluto y vacío de mollera, a quien yo conociera en sociedad y en el que nunca pensara sino para despreciarle. Al reconocerle, la serpiente de los celos dejó de morder mi corazón, porque mi amor por Céline se había disipado instantáneamente. Una mujer que me traicionaba con un rival como aquél, no era digna de afecto.

«Comenzaron a hablar: su conversación era tan

vulgar, insípida y estúpida que más bien aburría que animaba a escuchar. En la mesa había una tarjeta mía y ello me convirtió en tema de su charla. Ninguno de ellos poseía bastante capacidad para ofenderme de un modo profundo, pero me insultaron cuanto pudieron a su mezquina manera, sobre todo Céline, que hizo hincapié en mis defectos físicos. ¡Y ante mí se mostraba ferviente admiradora de lo que calificaba mi belleza varonil!... En eso difería diametralmente de usted, que en nuestra segunda entrevista me dijo francamente que le parecía feo. El contraste me chocó tanto que...

Adèle llegó corriendo otra vez.

—John dice que ha llegado el administrador y que desea verle.

—Bien: hay que abreviar. Abrí el balcón, entré en el gabinete, notifiqué a Céline que le retiraba mi protección, y la conminé a abandonar el hotel, ofreciéndola una cantidad para sus necesidades inmediatas. No hice caso alguno de sus histerismos, súplicas, protestas y ademanes trágicos. Me cité con el vizconde para el día siguiente, en el bosque de Boulogne, y tuve el placer de alojarle una bala en uno de sus brazos, más débiles que las alas de un pollito. Pero desgraciadamente, la Varens, a los seis meses, dio a luz esa muchachita, Adèle, asegurando que era hija mía. Acaso sea cierto, aunque no veo en sus rasgos semejanza alguna conmigo. *Piloto* se me parece más. Años después de haber roto yo con su madre, ésta abandonó a la niña y se fue a Italia con un músico o cantante, no sé qué... Adèle no tiene derecho alguno a que yo la proteja, porque no creo ser su padre, pero al saber que la pobrecita estaba abandonada, la recogí del fango de París y la traje aquí, para que creciera en el limpio ambiente del campo inglés. Y ahora que sabe usted que es la hija ilegítima de una bailarina francesa, acaso no le agrade tanto el cargo que ejerce con ella y venga cualquier día a notificarme que ha encontrado usted otro empleo, que me busque otra institutriz, etcétera.

—No. Adèle no es responsable de las faltas de su madre ni de las de usted. Yo tengo un deber respecto a ella y ahora que sé que es, hasta cierto punto, huérfana —ya que su madre la olvida y usted no la reconoce—, me siento más dispuesta a seguir cumpliéndolo. ¿Cómo he de preferir ser institutriz en alguna familia donde constituya un enojo más que otra cosa, que ser la amiga de una huerfanita?

—Si lo ve usted así. . . Vaya, regresemos. Está oscureciendo ya.

Yo me entretuve algunos minutos más con la niña y el perro, y corrí y jugué con ellos. Cuando volvimos a casa y le quité el sombrero y el abrigo, la hice sentar en mis rodillas y durante una hora charlé con ella de las cosas que le complacían y que eran, principalmente, frivolidades sin sustancia, probable herencia de su madre y difíciles de concebir para una mentalidad inglesa. Con todo, la niña tenía algunos méritos y yo estaba dispuesta a reconocerlos. Busqué en sus facciones alguna semejanza con Mr. Rochester, pero no hallé ninguna. Era lamentable, porque de haber podido probarle cierto parecido, él se hubiera preocupado más de la pequeña.

Cuando me retiré a mi habitación, por la noche, pensé en la narración que Mr. Rochester me había hecho.

Como él dijera, nada había de extraordinario en tal historia: los amores de un inglés con una bailarina francesa y la traición de ella eran cosa muy corriente. Pero había algo extraño en la emoción que él experimentara cuando se refirió al viejo palacio. Gradualmente pasé, de meditar en aquel incidente, a pensar en la confianza que el dueño de la casa me manifestaba. Considerándola como un tributo a mi discreción, la acepté en tal sentido. Su comportamiento conmigo durante las últimas semanas era menos desigual que al principio. No mostraba altanería y cuando nos veíamos parecía alegrarse. Siempre reservaba para mí una palabra amable y una sonrisa. Cuando me invitaba a reunirme con él, me acogía con una cordialidad que me llevaba a pensar que realmente debía de poseer la facultad de divertirle y que aquellas conversaciones durante las veladas debían de agradarle a él tanto como a mí.

Aunque yo solía hablar muy poco, le escuchaba con agrado. Él, por naturaleza, era comunicativo y le gustaba abrir ante mi espíritu ignorante del mundo muchos horizontes sobre sus costumbres y escenas. No precisamente escenas de corrupción y costumbres viciosas, sino cosas cuyo interés residía en la novedad que para mí presentaban. Yo experimentaba placer escuchando las ideas que él me sugería, imaginando los cuadros que él me pintaba, y siguiéndole con la imaginación a las nuevas regiones que extendía ante mi mente.

La espontaneidad de sus maneras me libró de la molestia de sentirme cohibida, y la amistosa franqueza, tan correcta como cordial, con que me trataba, me impresionó. Al poco tiempo experimentaba la impresión de que Rochester era más bien un amigo que un amo, aunque a veces me tratara con imperio. Pero no me molestaba, porque comprendía que tal era su costumbre. Sintiéndome más feliz, más interesada en la vida, mejor tratada, me encontraba más a gusto de lo habitual. Los vacíos de mi vida se llenaban y, físicamente, también mejoré: estaba más gruesa y más fuerte.

¿Me parecía feo ahora Mr. Rochester? No, lector, la gratitud, unida a cuanto veía en él, todo bueno y genial, hacían que su rostro se me figurara lo más agradable del mundo. Su presencia en una habitación parecía alegrar y caldear la atmósfera mejor que el más brillante fuego. Ello no significaba que yo olvidase sus defectos, tanto más cuanto que los mostraba con frecuencia. Era orgulloso y sarcástico y, en mi interior, yo reconocía que su mucha amabilidad hacia mí estaba compensada por su mucha severidad hacia los demás. Estaba generalmente malhumorado. Con frecuencia, cuando me enviaba a buscar, le encontraba en la biblioteca, solo, con la cabeza apoyada sobre sus brazos cruzados. Y cuando la levantaba, un gesto melancólico, casi maligno, ensombrecía sus facciones. Pero yo creía que su mal humor, su aspereza y sus anteriores vicios —anteriores, porque ahora parecía haberlos corregido— eran el resultado de alguna injusticia con que el destino le abrumara. Yo entendía que, por naturaleza, Rochester era un hombre de buenas inclinaciones, elevados principios y delicados gestos, que las circunstancias, la educación y el destino habían desviado. Su pena, cualquiera que fuese, me apenaba a mí y hubiera dado cualquier cosa por poder mitigarla.

Aquella noche, en mi lecho, con la luz ya apagada, no conseguía dormir pensando en la mirada que Rochester dirigiera a la casa, y me preguntaba si él no podría llegar a ser feliz en Thornfield.

«¿Por qué no? —me preguntaba—. ¿Qué le separa de este lugar? ¿Por qué lo abandona siempre tan pronto? Mrs. Fairfax dice que nunca pasa aquí más de quince días y ahora lleva, sin embargo, ocho semanas. Sería lamentable que se marchase. ¡Qué tristes días, a pesar del sol radiante y el cielo despejado, me esperan en la primavera, en el verano y el otoño venideros, si él no está!»

Después de este pensamiento, no sé si me dormí o no. Lo cierto es que desperté oyendo un vago murmullo, extraño y lúgubre, que me pareció sonar precisamente encima de mí. Hubiese querido tener encendida la vela, porque la noche era terriblemente oscura. Me sentí deprimida y asustada. Me senté en el lecho y escuché. El murmullo se había apagado.

Traté otra vez de dormirme, pero mi corazón latía tumultuosamente y mi serenidad había desaparecido. El lejano reloj del vestíbulo dio las dos. Creí percibir que unos dedos arañaban la puerta de mi dormitorio, como si buscasen a tientas una salida en la galería. Exclamé:

—¿Quién es?

Nadie contestó. Sentí un escalofrío de temor.

Recordé de pronto que, a veces, *Piloto*, cuando la puerta de la cocina quedaba abierta, salía y buscaba en la oscuridad el cuarto de su amor, en cuyo umbral le había visto durmiendo algunas mañanas. Tal pensamiento me tranquilizó. Me tendí en el lecho y ya comenzaba a dormirme otra vez cuando un nuevo incidente vino a desvelarme.

Esta vez era una risa casi demoniaca: baja, reprimida y que sonaba, según me pareció, a través del agujero de la cerradura de mi puerta. La cabecera de mi cama estaba próxima a la puerta. Al principio pensé que algún duendecillo burlón estaba al lado de mi lecho, o quizá en mi misma almohada. Me levanté y no vi nada. Aún estaba mirando, cuando el sonido se repitió, viniendo del otro lado de la puerta.

Mi primer impulso fue echar el cerrojo. El segundo preguntar otra vez:

—¿Quién es?

Sentí una especie de gruñido. Luego oí pasos en la escalera del tercer piso y el abrir y cerrar de una puerta que recientemente se había colocado al final de aquella escalera.

«¿Será Grace Poole y estará poseída del diablo?», pensé.

Imposible seguir más tiempo sola. Resolví reunirme con Mrs. Fairfax. Me puse un vestido y un chal y con temblorosa mano abrí la puerta. En la estera de la galería alguien había dejado una bujía encendida. Me sorprendió aquella circunstancia, y mi extrañeza creció cuando noté que había un humo sofocante. Mientras miraba a derecha e izquierda buscando el origen de aquella humareda, percibí también un fuerte olor a quemado.

De la puerta entornada del cuarto de Mr. Rochester salían espesas nubes de humo. Ya no pensé más en el ama de llaves, ni en Grace Poole, ni en las extrañas risas. En un instante me hallé dentro de la alcoba. El lecho estaba envuelto en llamas, sus cortinas ardían y bajo ellas, profundamente dormido e inmóvil, reposaba Mr. Rochester.

—¡Despierte! —grité.

Apenas se volvió y sólo murmuró algo ininteligible. El humo le había hecho desvanecerse. No se podía perder ni un segundo. Corrí hacia el lavabo: el jarro y la palangana estaban llenos de agua. Los vacié sobre el lecho y sobre su ocupante, corrí a mi alcoba, cogí mi jarro y mi jofaina, los vertí sobre el lecho y, con la ayuda de Dios, logré extinguir las llamas que lo devoraban.

El baño con que había obsequiado pródigamente a Mr. Rochester le hizo volver en sí. Aunque, al apagarse el fuego la habitación estaba a oscuras, comprendí que se había despertado al oírle fulminar extraordinarias maldiciones contra quien le hiciera nadar en agua.

—¿Qué es esto, una inundación? —rugió.

—No, señor —repuse—, había estallado un incendio. Espere: voy a traer una vela.

—¡Por todos los diablos del infierno, que esa es Jane Eyre! ¿Qué ha hecho usted conmigo, bruja? ¿Quién está con usted en la habitación? ¿Se proponían ahogarme?

—Voy por una luz, señor —insistí—. No sé lo que ha pasado.

—Espere un minuto, a ver si encuentro alguna ropa seca si es que queda. ¡Sí! Ya puede usted traer la vela.

Cogí la luz que estaba en el suelo de la galería. Él la tomó de mis manos, examinó el lecho quemado, las sábanas empapadas, la alfombra llena de agua.

—¿Qué ha ocurrido? —preguntó.

Le relaté brevemente lo que sabía: la extraña risa en

la galería, los pasos en la escalera del tercer piso, el olor a quemado que me condujo hasta su cuarto, el estado en que le había encontrado y cómo le anegara con cuanta agua pude hallar a mano.

Me atendió con más interés que sorpresa y cuando concluí permaneció callado.

—¿Llamo a Mrs. Fairfax? —pregunté.

—¿Para qué diablo va usted a llamarla? No la moleste.

—¿Voy a buscar a Leah, o a John y a su mujer?

—No hace falta. Siéntese en esa butaca y póngase mi abrigo si tiene frío con ese chal que lleva. Ahora coloque los pies en este taburete para no mojárselos. Me voy; vuelvo dentro de unos minutos. Me llevaré la luz. Estése aquí, quietecita como una muerta, hasta que yo vuelva. Tengo que hacer una visita al piso de arriba. No se mueva ni llame a nadie.

Salió. Se deslizó por la galería sin hacer ruido, abrió con sigilo la puerta de la escalera, la cerró tras sí y la luz que llevaba se desvaneció. Quedé en absoluta oscuridad. Puse oído atento, pero no percibí rumor alguno. Pasó mucho tiempo. Yo sentía frío a pesar del abrigo, y ya estaba a punto de desobedecer las órdenes de Mr. Rochester e irme, a riesgo de incurrir en su desagrado, cuando vi reaparecer la luz proyectándose en los muros de la galería y sentí pasos sobre la estera.

«Confiemos en que sea él y no algo peor», pensé.

Rochester entró, pálido y sombrío. Puso la luz sobre el lavabo.

—Ya sé de lo que se trata —murmuró—. Es lo que yo me había figurado.

—¿Qué era, señor?

No contestó. Permaneció con los brazos cruzados, mirando al suelo. Al cabo de algunos instantes me dijo:

—¿Vio usted algo de particular cuando abrió la puerta de su cuarto?

—No, señor. Sólo la bujía en el suelo.

—¿Pero no oyó usted una risa rara? ¿No la había oído antes de ahora?

—Sí, señor, y quien se ríe así es Grace Poole, una mujer muy extraña.

—Exacto, Grace Poole es, como usted dice, muy extraña. Pensaré en el asunto. Me alegro mucho de que sólo usted y yo sepamos los detalles de este incidente. No diga nada de ello a nadie. Yo explicaré esto —añadió señalando el lecho quemado—. Ahora vuélvase a su cuarto. Yo puedo pasar muy bien la noche en el sofá de la biblioteca. Son casi las cuatro y de aquí a dos horas los criados se levantarán.

—Entonces, buenas noches, señor —dije, saliendo.

Pareció sorprenderse, cosa asombrosa, porque él mismo me había dicho que me fuera.

—¿Me deja usted de este modo? —exclamó.

—Usted me lo ha mandado, señor.

—Pero no así; no sin una palabra de agradecimiento hacia usted, que me ha salvado de una muerte horrible . . . Al menos, permítame estrecharle la mano.

Le tendí la mano y él la estrechó primero con una de las suyas y luego con ambas.

—Me ha salvado usted la vida y me satisface tener con usted una deuda tan grande. No puedo decir más. Con cualquier otra persona, semejante deuda representaría para mí una carga intolerable, pero con usted es distinto, Jane. Sus beneficios no se hacen abrumadores.

Calló y me miró. Se notaba que sus labios querían proferir alguna palabra más, pero se contuvo.

—Buenas noches, señor. Y conste que no hay caso de deuda, beneficio, obligación ni peso alguno.

—Experimento la sensación —continuó él— de que usted ejerce algún buen influjo sobre mí. Lo adiviné cuando la vi por vez primera. . . La gente dice que hay simpatías espontáneas; también he oído hablar de buenos genios. . . En esa leyenda hay algunos puntos de verdad. Querida bienhechora mía: buenas noches.

En su voz vibraba una inusitada energía y en sus ojos ardía un insólito fuego.

—Me alegro de haber estado despierta, señor —dije.

Y traté de irme.

—¿Ya se va?

—Tengo frío, señor.

—¿Frío? ¡Claro: estamos en un charco! Bueno, váyase. . .

Pero no soltaba mi mano. Tuve que imaginar un pretexto.

—Me parece haber sentido moverse a Mrs. Fairfax —dije.

—Bien; váyase.

Aflojó sus dedos y me dejó marchar.

Volví a mi alcoba, pero no pude dormir. Mi imaginación flotó hasta la mañana en un mar alegre, pero turbulento, en el que olas de turbación sucedían a otras de grato optimismo. A trechos, más allá de las hirvientes aguas, parecíame divisar una plácida orilla, hacia la que de vez en cuando me impulsaba una fresca brisa. Pero otro viento que soplaba desde tierra me hacía retroceder. La sensatez trataba de oponerse al delirio, el criterio a la pasión. Incapaz de seguir acostada, me levanté en cuanto alboreó el día.

Capítulo 16

Al día siguiente yo temía, y a la vez deseaba, ver a Mr. Rochester. Ansiaba oír su voz de nuevo y me asustaba, sin embargo, presentarme ante él. Rochester, algunas veces, aunque pocas, solía entrar en el cuarto de estudio y permanecer en él, y yo estaba segura de que aquella mañana se presentaría.

Pero la mañana transcurrió sin que nada interrumpiese los estudios de Adèle. Únicamente oí, antes de desayunar, algunas voces cerca del cuarto de Rochester: las del ama de llaves, de Leah, de la cocinera —que era la mujer de John— y el áspero acento del propio John. Se percibían exclamaciones tales como:

«¡Por poco se abrasa el señor en su cama!» «Es peligroso dejar la luz encendida por la noche.» «¿No se habrá enfriado durmiendo en el sofá?», etcétera.

A aquella conversación siguió algún movimiento en el cuarto y cuando pasé ante él para ir a comer, vi a través de la puerta abierta que todo había sido puesto en orden. Únicamente la cama carecía aún de cortinas. Leah estaba limpiando los cristales, empañados por el humo. Iba a hablarla para saber qué explicación se había dado del caso, cuando divisé, sentada en una silla y colocando las anillas de las nuevas cortinas del lecho, a Grace Poole.

Permanecía taciturna como de costumbre, con su vestido oscuro, su delantal ceñido y su cofia. Estaba absorta en su trabajo, al que parecía dedicar todas las energías de su mente. En sus vulgares rasgos no se percibía la palidez ni la desesperación que debían esperarse en una mujer que hacía poco intentara cometer un asesinato y cuya víctima debía, según mis suposiciones, haberle reprochado el crimen que tratara de perpetrar.

Quedé perpleja. Ella me miró sin que su expresión se alterase y me dijo: «Buenos días, señorita», con tanta calma y flema como de costumbre. Luego continuó su labor.

«Es preciso poner a prueba esa indiferencia», pensé.

—Buenos días, Grace —repuse en voz alta—. ¿Ha ocurrido algo? Me ha parecido oír hablar aquí hace un rato. . .

—El señor estuvo leyendo esta noche en la cama, se durmió con la luz encendida y las cortinas se incendiaron. Afortunadamente despertó a tiempo de apagar el fuego con el agua del jarro.

—¡Qué raro! —dije, en voz baja, mirándola fijamente—. ¿No despertó Mr. Rochester a nadie? ¿Ninguno le oyó moverse?

Me contempló de nuevo y ahora su expresión reflejaba un sentimiento distinto. Después de haberme examinado con recelo, contestó:

—Ya sabe usted, señorita, que los criados duermen lejos. Las alcobas más próximas son la de usted y la de Mrs. Fairfax. Ella no ha oído nada. Las personas de cierta edad duermen muy pesadamente.

Se interrumpió, y luego agregó con afectada indiferencia, pero con significativo acento:

—Usted es joven, señorita, y debe tener el sueño ligero. ¿No oyó nada?

—Sí —dije en voz baja, para que Leah no me oyese—. Al principio creí que era *Piloto*. Pero es imposible que un perro ría, y estoy segura de haber oído una risa muy extraña.

Ella reanudó su labor con perfecta calma y me dijo:

—Debía usted de estar soñando, señorita, porque es muy raro que el amo, en un caso así, se riera.

—No soñaba —repuse acaloradamente—. Su fingida frialdad me ofendía.

Me miró otra vez, escudriñadora.

—¿Cómo no abrió usted la puerta y miró? —repuso

sin perder la calma—. Y ¿cómo no ha hablado al amo de esa risa extraña?

—No he tenido ocasión de verle esta mañana. Y en vez de abrir, lo que hice fue echar el cerrojo.

Me pareció que tenía interés en interrogarme. Y como, si notaba que yo desconfiaba de ella, podía volver contra mí sus malignos propósitos, me pareció conveniente precaverme. Por eso le di aquella respuesta.

—¿Así —continuó ella— que no tiene usted la costumbre de cerrar la puerta con cerrojo cuando se acuesta?

«¡La muy bruja quiere conocer mis costumbres para fraguar sus planes!», pensé. Y la indignación, superando mi prudencia, me hizo contestar:

—Con frecuencia he omitido esa precaución, por no creerla necesaria. No pensaba que en Thornfield Hall hubiera peligro de muerte violenta. Pero de aquí en adelante —y recalqué las palabras— tomaré mis precauciones antes de acostarme.

—Será conveniente que lo haga —respondió Grace—, aunque esta región es muy pacífica y yo no he oído nunca hablar de intentos de robo en esta casa. Y eso que se sabe que aquí hay vajilla de plata por valor de varios cientos de libras y que, como el amo es soltero y está muy poco aquí, hay menos criados de los que corresponde a un edificio de esta importancia. De todos modos, me parece que la prudencia no sobra y que siempre es mejor tener echado el cerrojo de la puerta entre uno y cualquier peligro que pueda sobrevenir. Mucha gente confía en Dios, pero yo digo que debe uno ayudarse para que Dios le ayude.

Así concluyó su párrafo, muy largo para lo que ella acostumbraba, y pronunciado con el gazmoño acento de una cuáquera.

Quedé estupefacta ante lo que me parecía un increíble dominio de sí misma y una hipocresía refinada. La cocinera entró en aquel momento.

—Grace —dijo—: ¿baja usted a comer?

—No —repuso ella—; póngame mi jarro de cerveza y un trozo de *pudding* en una bandeja y me lo llevaré arriba.

—¿No quiere carne?

—Un poco. Y también un trozo de queso.

La cocinera se dirigió a mí para decirme que Mrs. Fairfax me esperaba, y salió.

Apenas presté atención al relato que me hizo del incendio, mientras comíamos, el ama de llaves. No pensaba sino en el enigma del carácter y la posición de Grace Poole en la casa, ya que era raro que no la hubieran entregado a las autoridades o, al menos, la hubiesen despedido. Mr. Rochester me había declarado casi abiertamente que ella era la culpable: ¿Cómo, pues, no la acusaba? ¿Por qué me había recomendado el secreto? Era extraño que un propietario, hombre de mal carácter y bastante rencoroso, estuviese en cierto modo a merced de la más insignificante de sus sirvientas, hasta el punto de que pudiera atentar contra su vida sin que la castigase ni la culpase siquiera.

Si Grace hubiese sido joven y hermosa, yo me habría inclinado a pensar que algún dulce sentimiento influía en Rochester más que la prudencia y el temor, pero con una mujer de su edad y aspecto no cabía tal idea.

«Sin embargo —reflexioné—, por su edad ella debe ser contemporánea de su señor, y tal vez en su juventud . . . Mrs. Fairfax me ha dicho que lleva aquí muchos años. No creo que haya sido bonita nunca, pero podría compensar con su carácter y otras cualidades sus defectos físicos. Mr. Rochester ama lo excéntrico, y Grace lo es. ¿Quién sabe si algún antiguo capricho, muy posible en un carácter tan impetuoso y terco como el de Rochester, le tiene a merced de ella y hace que esa mujer influya en su vida?»

Pero en este punto de mis conjeturas, la maciza figura de la Poole acudió a mi mente con tal viveza que no pude por menos de pensar: «Es imposible. Mi suposición no tiene base.»

Mas esa secreta voz que a veces suena en el fondo de nuestras almas, me sugería: «Sin embargo, tú no eres hermosa tampoco y parece que no desagradas a Mr. Rochester. Ya otras veces lo has notado, y sobre todo anoche. . . ¡Recuerda sus palabras, su mirada, su voz!»

Yo lo recordaba todo muy bien. En aquel momento estábamos en el cuarto de estudio. Adèle dibujaba. Me incliné sobre ella para guiarle la mano. Me miró con sobresalto.

—¿Qué tiene usted, señorita? —dijo—. Sus dedos tiemblan y sus mejillas están encarnadas como las cerezas. . .

—Es que al inclinarme estoy en una posición incómoda, Adèle.

Ella continuó dibujando y yo me sumí otra vez en mis pensamientos.

Me apresuré a eliminar de mi mente la desagradable idea que había formado a propósito de Grace Poole. Comparándome con ella, concluí que éramos muy diferentes. Bessie Leaven decía que yo era una señora, y tenía razón: lo era. Y ahora yo estaba mucho mejor que cuando me viera Bessie: más gruesa, con mejor color, más viva, más animada, porque tenía más esperanzas y más satisfacciones.

«Ya está oscureciendo —medité, acercándome a la ventana—, y en todo el día no he visto ni oído a Mr. Rochester. Seguramente le veré antes de la noche. Por la mañana lo temía, pero ahora estoy impaciente por reunirme con él.»

Mi impaciencia se acrecentó cuando se hizo noche cerrada y Adèle se marchó a jugar con Sophie. Yo esperaba oír sonar la campanilla, esperaba que Leah me avisase para que bajara, hasta esperaba que el propio Mr. Rochester llamase a mi puerta. . . Pero la puerta seguía cerrada y nadie entraba, sino la oscuridad de la noche a través de la ventana. Aún no era muy tarde: sólo las seis, y él a veces no enviaba por mí hasta las siete o las ocho. ¡Era imposible que no me mandara a llamar una noche en que tenía tanto de que hablarle! Era preciso preguntarle sobre Grace para ver lo que respondía; era preciso preguntarle francamente si creía que era la culpable del odioso atentado de la noche anterior y, en tal caso, por qué deseaba guardar el secreto.

Al fin se sintió un paso en las escaleras y Leah se presentó, pero sólo para anunciarme que el té estaba servido en el gabinete de Mrs. Fairfax. De todos modos, me alegré de bajar, pensando que ello me acercaba a la presencia de Mr. Rochester.

—Vaya, tome su té —dijo la buena señora cuando me vio—. Hoy ha comido usted muy poco. Temo que no se encuentre usted bien. Parece un poco agitada.

—¡Oh, nunca me he sentido mejor!

—Demuéstremelo con su buen apetito. ¿Quiere servir el té mientras yo arreglo la labor?

Cuando lo hubo hecho, corrió las cortinillas de la ventana, lo que sin duda no había efectuado antes para aprovechar lo más posible la luz del día.

—La noche es clara, aunque no hay estrellas —dijo, mirando a través de los cristales—. Mr. Rochester ha tenido buen tiempo para su viaje.

—Pero ¿se ha marchado Mr. Rochester? No lo sabía.

—Se fue en seguida de desayunar. Ha ido a casa de Mr. Eshton, en Leas, diez millas más allá de Millcote. Creo que se reunirá allí con Lord Ingram, Sir Jorge Lynn, el coronel Dent y otros.

—¿Cree que volverá esta noche?

—No, ni mañana. Pasará fuera una semana o más. Cuando esas gentes distinguidas se reúnen, se divierten tanto y están tan a gusto que no ven nunca la hora de separarse. Según tengo entendido, Mr. Rochester es un hombre encantador en sociedad, y se hace el favorito de todos, sobre todo de las señoras, aunque usted crea que su aspecto no le favorece. Yo supongo que su inteligencia, su riqueza y su nacimiento compensan esos pequeños defectos físicos.

—¿Habrá señoras en Leas?

—Estará Mrs. Eshton y sus hijas, jóvenes muy elegantes, y las honorables Blanche y Mary Ingram, que deben de estar muy guapas. Yo no veo a Blanche desde hace seis o siete años, cuando tenía dieciocho. Vino con motivo de un baile de Navidad que dio Mrs. Rochester. ¡Si hubiera visto usted el comedor ese día! Estaba decorado y alumbrado que no había más que pedir. Asistieron unas cincuenta señoras y caballeros de las mejores familias del condado, y Miss Ingram fue considerada por todos como la más hermosa.

—¿La vio usted, Mrs. Fairfax?

—Sí. La puerta del comedor estaba abierta, porque, en Navidad, los criados se reunían en el vestíbulo para oír a las señoras tocar y cantar. Mr. Rochester me hizo pasar y yo me senté en un rincón apartado y lo vi todo. Nunca he presenciado espectáculo más espléndido. La mayoría de las señoras —por lo menos, de las jóvenes— me parecieron muy hermosas, pero Miss Ingram era verdaderamente la reina entre todas.

—¿Cómo es?

—Alta, muy bien formada, con los hombros muy bien contorneados, el cuello largo y gracioso, la piel morena, las facciones muy delicadas y los ojos negros, grandes y brillantes como joyas. Llevaba muy bien peinado el cabello, que era negro y lustroso, con las trenzas en forma de corona y los rizos más lindos que yo he visto en mi vida. Vestía de blanco, con una banda cruzándole el pecho, y sobre sus cabellos de azabache llevaba una flor.

—La admirarían mucho, ¿no?

—Sí; y no sólo por su belleza, sino por sus habilidades. Cantó muy bien y uno de los caballeros la acompañó al piano. Ella y Mr. Rochester entonaron un dúo.

—No sabía que Mr. Rochester supiera cantar.

—Tiene una excelente voz de bajo y mucho gusto para la música.

—Y ¿qué clase de voz posee Miss Ingram?

—Muy aguda y muy llena. Después de cantar —y era un delicia oírla—, tocó. Yo no entiendo de música, pero Mr. Rochester sí, y dijo que había sido una ejecución admirable.

—Y mujer tan hermosa, ¿no se ha casado aún?

—Parece que no. Ni ella ni su hermana deben de poseer gran fortuna. Las tierras de Lord Ingram están vinculadas y corresponden casi todas al mayorazgo.

—Pero me asombra que no haya habido algún caballero acomodado que se enamore de ella. Mr. Rochester, por ejemplo. Es rico, ¿no?

—¡Claro! Mas existe considerable diferencia de edad. Mr. Rochester cuenta casi cuarenta años y ella sólo veinticinco.

—¿Qué tiene que ver? Enlaces más desiguales se ven todos los días.

—Cierto. La verdad es que no se me había ocurrido que Mr. Rochester pudiese imaginar semejante idea. . . Pero no come usted nada, apenas ha tomado más que el té.

—Tengo sed y poco apetito. ¿Quiere servirme otra taza?

Volví a insistir en la posibilidad de una unión entre Blanche y Mr. Rochester, pero la aparición de Adèle desvió la conversación hacia otros temas.

Cuando me hallé de nuevo sola, pensé en los informes que se me dieran, sondeé mi corazón, examiné mis pensamientos y mis sentimientos y me esforcé en restablecer las cosas en el estado que aconsejaba el sentido común.

Repasé mentalmente las esperanzas y deseos a que

me entregara desde la noche anterior —y que en realidad había comenzado a experimentar hacía quince días— y, apelando a la razón para reducir el ideal a la realidad, llegué a la conclusión siguiente:

Que jamás había existido una loca mayor que Jane Eyre, y que nunca idiota alguno se entregara a más dulces y fantásticos sueños bebiendo el veneno de la quimera como si fuese néctar.

«¿*Tú*, predilecta de Rochester? —pensé—. ¿*Tú*, dotada de la facultad de complacerle? ¿*Tú*, teniendo alguna importancia a sus ojos? ¿Es posible que te hayas dejado llevar por unas pocas muestras de preferencia, propias de un caballero y de un hombre de mundo, hacia ti, que eres una inexperta y además dependes de él? ¿Cómo has pensado en eso, pobre tonta? ¿No te avergüenzas pensando en la escena de esta última noche? Una mujer no debe dejarse galantear por su jefe, que no puede soñar en casarse con ella, y es una locura, por otra parte, que las mujeres experimenten un amor para conservarlo oculto, porque ello agotaría su vida.

»Escucha, pues, Jane Eyre, tu sentencia: colócate mañana ante un espejo y, tan fielmente como puedas, haz tu autorretrato, sin paliar un defecto, sin suavizar ninguna fealdad, y escribe al pie: "Retrato de una institutriz pobre, vulgar y *huérfana.*"

»Después, toma la lámina de marfil pulido que tienes entre tus útiles de dibujo, mezcla tus más puros y delicados colores, elige tus más finos lápices y traza cuidadosamente el rostro más encantador que puedas imaginar, acordándote de la descripción que te han hecho de Blanche Ingram. Acuérdate de los lustrosos rizos, de los orientales ojos, toma como modelo los de Mr. Rochester. . . Pero no; ¡alto! Nada de sentimentalismos. Sólo hace falta buen juicio y decisión. Dibuja las líneas armoniosas y gráciles que te imaginas, el cuello de corte griego, el busto, el brazo redondo y fino, la delicada mano, sin omitir el anillo con un diamante ni la pulsera de oro. Añádele los adornos adecuados y escribe al pie: "Blanche. Retrato de una señorita aristócrata."

»Y en adelante, si te figuras que Mr. Rochester te mira con buenos ojos, coge los dos retratos y compáralos diciendo: "Si Mr. Rochester quiere, puede conseguir el amor de esta aristócrata. ¿Cómo, pues, ha de fijarse en otra insignificante plebeya?"

»"Así lo haré", resolví. Y, una vez adoptada tal determinación, me sentí tranquilizada y pude dormirme.»

Cumplí mi palabra. Un par de horas me bastó para concluir mi autorretrato a lápiz, y en menos de quince días terminé la miniatura de marfil de una imaginaria Blanche Ingram. Cuando comparé aquella encantadora cabeza con mi retrato, el efecto fue tan positivo como mi voluntad de autodominio deseaba. El trabajo resultó doblemente beneficioso, ya que entretuvo mis manos y mis pensamientos y vigorizó las nuevas impresiones que yo deseaba estampar indeleblemente en mi corazón.

A la larga, tuve motivos para felicitarme de aquella disciplina que me impusiera. Gracias a ella pude soportar los inmediatos sucesos con serenidad. Sin aquella preparación los hubiera tolerado más difícilmente, e incluso no hubiera sabido disimular ante los demás mis reacciones.

Capítulo 17

Pasó una semana, pasaron diez días y no llegaban noticias de Mr. Rochester. Mrs. Fairfax aseguraba que no le sorprendería que a lo mejor se marchara con sus amigos a Londres, e incluso al continente, y que no apareciera por Thornfield hasta dentro de un año. Era muy frecuente en él desaparecer de aquel modo brusco e inesperado. Al oírla experimenté un extraño desfallecimiento en el corazón, pero dominando mis sentimientos logré enseguida superar mi momentáneo desvarío, recordando lo absurdo que era que considerase los movimientos de Mr. Rochester como cosa de vital interés para mí. Con esto no me situaba ante mí misma en una situación de inferioridad, sino que, al contrario, razonaba:

«Tú no tienes nada que ver con el dueño de Thornfield, sino para cobrar el sueldo que te paga por enseñar a su protegida y para agradecerle el trato amable que te da, y el cual tienes derecho a esperar mientras cumplas tus deberes a conciencia. Entre él y tú no pueden existir otras relaciones. Prescinde, pues, de consagrarle tus sentimientos, entusiasmos y cosas análogas. Él no es de tu clase; mantente en tu terreno y, por tu propio respeto, no ofrezcas tu amor a quien no te lo pide y acaso te lo despreciara.»

Me ocupé, pues, con calma en mi misión cerca de la niña, pero sin poderlo evitar bullían en mi cerebro ideas y conjeturas sobre la posibilidad de abandonar Thornfield y buscar nuevos horizontes. Pensamientos de tal clase no había por qué reprimirlos; antes bien, podían desarrollarse libremente y fructificar si llegaba el caso.

Mr. Rochester llevaba ausente unos quince días, cuando Mr. Fairfax recibió una carta.

—Es del amo —dijo, mirando la dirección—. Ahora sabremos si vuelve o no.

Mientras abría el escrito, yo comencé a tomar mi café (porque nos hallábamos desayunando) y, como estaba muy caliente, atribuí a tal circunstancia el brusco arrebato que me coloreó de rojo la cara. Lo que ya no pude concretar a qué se debiera fue el temblor de mi mano, que me hizo derramar en el plato la mitad del contenido de mi taza.

—Vaya —dijo Mrs. Fairfax, después de leer la carta—: yo, a veces, me quejo de que aquí estamos demasiado tranquilos, pero me parece que ahora vamos a andar demasiado ocupados, al menos por algún tiempo.

Me permití preguntar:

—¿Es que vuelve pronto Mr. Rochester?

—De aquí a tres días, según dice, y no solo. Yo no sé cuánta gente traerá consigo, pero ordena que se preparen los mejores dormitorios y que se limpien los salones y la biblioteca. Es necesario que yo busque alguna ayudante de cocina y alguna asistenta en la posada de George en Millcote y donde se pueda. Además, las señoras traen sus doncellas y los señores sus criados. Así que vamos a tener la casa llena.

Mrs. Fairfax terminó, pues, su desayuno y se apresuró a preparar todo lo necesario.

Aquellos tres días hubo mucho ajetreo. Yo creía que todos los aposentos de Thornfield estaban arreglados y limpios, pero entonces descubrí que me engañaba. Tres mujeres fueron contratadas para ayudar en las tareas, y hubo fregado, barrido, sacudido de alfombras, limpieza de espejos, preparación de chimeneas y lavado de ropas de cama, como no viera en mi vida. Adèle estaba encantada con los preparativos y con la perspectiva de los invitados que iban a venir. Hizo que Sophie reparase todas sus *toilettes,* según llamaba a los vestidos, para arreglar aquellos que estuvieran *passées.* Por su parte no hizo nada, sino saltar en las alcobas, brincar en las camas, tenderse en los colchones y apilar almohadas ante las chimeneas. Le dimos vacaciones, porque Mrs. Fairfax había requerido mi ayuda y yo pasaba el día en la despensa con ella y con la cocinera, aprendiendo a hacer flanes y natillas, a preparar empanadillas de queso y dulces a la francesa, a mechar carne y a guarnecer platos de postre.

Se esperaba a los invitados la tarde del jueves, y se contaba que cenaran a las seis. Durante todo aquel período no tuve tiempo de imaginar quimeras y estuve más activa y alegre que nadie, excepto Adèle. No obstante, de vez en cuando, a despecho de mí misma, me dejaba arrastrar con el pensamiento a la región que originaba mis dudas, suposiciones y conjeturas sombrías. Esto sucedía cuando veía abrirse la puerta de la escalera del tercer piso y aparecer a Grace Poole, con su cofia almidonada y su delantal blanco, deslizándose por la galería con su paso tranquilo, mirando el interior de los revueltos dormitorios, y diciendo alguna palabra a los asistentes a propósito de la limpieza, del polvo de las chimeneas, del modo de quitar las manchas de las paredes empapeladas. . . Grace bajaba a comer a la cocina una vez al día, fumaba una pipa junto al fogón y se marchaba llevándose a su guarida, para su solaz, una voluminosa jarra de cerveza. Sólo una hora del día pasaba con los demás sirvientes; el resto estaba en su habitación del piso alto, acaso riendo con aquella terrible risa suya, y tan solitaria como un prisionero en su celda.

Lo más raro de todo era que nadie de la casa, excepto yo, parecía reparar en sus costumbres ni asombrarse de ellas. Nadie discutía cuál era su misión ni manifestaba compasión por su soledad. Una vez, sin embargo, sorprendí una conversación entre Leah y una de las asistentas, a propósito de Grace. Leah había dicho algo que no pude oír, y la asistenta contestaba:

—Debe ganar buen sueldo, ¿no?

—Sí —dijo Leah—. No es que yo esté descontenta de lo que gano, porque no es poco, pero ¡ya quisiera tener el sueldo de Grace! El mío no llega ni a la quinta parte del suyo. Cada trimestre va al Banco de Millcote a guardar dinero. No me asombraría que tuviese ya bastante para vivir si deseara dejar de trabajar, pero debe de estar acostumbrada a la casa, y como aún no tiene cuarenta años y está muy fuerte, seguramente piensa que todavía no es tiempo de retirarse. . .

—¡Buenas tragaderas debe de tener! —dijo la sirvienta.

—¡Y usted que lo diga! —replicó Leah, que sin duda entendía lo que la otra quería indicar con aquello—. No quisiera estar en su caso ni por todo lo que gana.

—¡Claro que no! Me asombra que el amo. . .

Leah se volvió en aquel momento y, al verme, hizo un guiño a la asistenta.

—¿Es que no lo sabe? —oí cuchichear a la mujer.

Leah movió la cabeza y la conversación se interrumpió. Cuanto pude sacar en limpio fue que en Thornfield había un misterio y que de él, deliberadamente, se me excluía a mí.

Llegó el jueves. La noche anterior se había concluido todo el trabajo: las alfombras estaban limpias y extendidas, los lechos preparados, dispuestos los tocadores, bruñida la vajilla, las flores colocadas en los jarrones. Alcobas y salones parecían tan flamantes como si fueran nuevos. El vestíbulo relucía. Tanto el reloj como las escaleras y las barandillas había sido encerados y brillaban como espejos. Los aparadores, en el comedor, resplandecían de plata. En el salón y el gabinete se veían por todas partes jarrones exóticos.

Por la tarde, Mrs. Fairfax se puso su mejor vestido de raso negro y su reloj de oro, a fin de recibir a los invitados, llevar a sus cuartos a las señoras, etc. Adèle quiso también que la vistiésemos, aunque yo pensaba que no era probable que la presentasen a los invitados, por lo menos aquel día. Sin embargo, para complacerla, encargué a Sophie que la vistiese con un bonito traje de muselina, muy corto. En cuanto a mí, no era necesario que cambiase de ropa. Nadie iba a ir a reclamarme a mi santuario del cuarto de estudio, que en santuario, en efecto, se había convertido para mí: en un verdadero «agradable refugio en los tiempos calamitosos». . . .

Era uno de esos serenos días de primavera, de fines de marzo o primeros de abril, tan llenos de sol que parecen heraldos del verano. En aquel momento tocaba ya a su fin, pero el atardecer era agradable y tibio. Yo hacía labor al lado de la abierta ventana del cuarto de estudio.

—Es bastante tarde —dijo Mrs. Fairfax, entrando, con gran crujido de faldas, en la habitación—. Me alegro de haber mandado preparar la comida para una hora después de la que Mr. Rochester indicaba, porque son más de las seis. He enviado a John a la verja, a ver si divisa llegar a los señores por el camino.

Se acercó a la ventana.

—¡Ahí está! ¡John! —gritó asomándose—. ¿Qué hay?

—Ya vienen, señora —respondió él—. Estarán aquí dentro de diez minutos.

Adèle se precipitó a la ventana. Yo la seguí, colocándome tras la cortina de modo que pudiese ver sin ser vista.

Los diez minutos que anunciara John me parecieron muy largos, mas al fin se oyó rumor de ruedas y vimos aparecer cuatro jinetes seguidos de dos coches abiertos llenos de plumas y velos flotantes. Dos de los jinetes eran jóvenes y arrogantes; el tercero era Mr. Rochester, montando *Mescour,* su caballo negro. *Piloto* corría a su lado. Rochester iba emparejado con una amazona, y ambos marchaban a la cabeza del grupo. Los vuelos del rojo traje de montar de la señora rozaban casi el suelo y el viento hacía ondear su velo, a cuyo través se transparentaban los brillantes rizos de su cabellera.

—¡Miss Ingam! —exclamó el ama de llaves.

Y se precipitó a su puesto, en el piso bajo.

La cabalgata, siguiendo las sinuosidades del camino, dio la vuelta a la casa. La perdí de vista. Adèle me pidió que le permitiese bajar, pero yo la senté sobre mis rodillas y traté de hacerle comprender que no debía aventurarse a aparecer ante las señoras antes de que Mr. Rochester la mandase a buscar, para no disgustarle. Comenzó a verter lágrimas, como era presumible, pero la miré con severidad y acabó secando su llanto.

En el vestíbulo sonaba ya el alegre bullicio que producían los recién llegados. Las voces profundas de los caballeros y las argentinas de las señoras se confundían armoniosamente. Entre todas, destacaba la sonora del dueño de Thornfield, dando la bienvenida a los invitados que honraban su casa. Luego, ligeros pasos resonaron en la escalera y en la galería y se oyó un abrir y cerrar de puertas, risas, un murmullo confuso . . . Después, los rumores se apagaron.

—Se están cambiando de ropa —dijo Adèle, que había escuchado con atención. Y suspiró al añadir—: En casa de mamá, cuando había visitas, yo la acompañaba a todas partes, en el salón y en las habitaciones, y muchas veces miraba a las doncellas vestir y peinar a las señoras. Es muy divertido, y, además, así se aprende. . .

—¿No tienes apetito, Adèle? —interrumpí.

—Sí, señorita. Hace cinco o seis horas que no hemos comido.

—Bueno, pues mientras las señoras están en sus alcobas, intentaré traerte algo de comer.

Y, saliendo de mi refugio con precaución, bajé la escalera de servicio que conducía a la cocina. Todo en aquella región era fuego y movimiento. La sopa y el pescado estaban a punto de quedar listos y la cocinera se inclinaba sobre los hornillos en un estado de cuerpo y de ánimo que hacía temer que sufriese peligro de combustión personal. En el cuarto de estar de la servidumbre estaban sentados dos cocheros, y otros tres criados alrededor del fuego. Las doncellas, a lo que imaginé, debían de hallarse ocupadas vistiendo a sus señoras. En cuanto a las nuevas sirvientas contratadas en Millcote, andaban de un lado para otro con gran estrépito. Atravesando aquel caos, alcancé la despensa, donde me apoderé de un pollo frío, un trozo de pan, algunos dulces, un par de platos y un cubierto, con todo lo cual me retiré apresuradamente. Ya ganaba la galería y cerraba tras de mí la puerta de servicio, cuando un acelerado rumor me hizo comprender que las señoras salían de sus aposentos. No podía llegar al cuarto de estudio sin pasar ante algunas de las puertas, a riesgo de ser sorprendida en mi menester de avituallamiento. Por fortuna, el cuarto se encontraba al extremo de la galería, la cual, por no tener ventana, estaba generalmente en penumbra y ahora en tinieblas completas porque ya se había puesto el sol y se apagaban las últimas claridades del crepúsculo.

De las alcobas salían sus respectivas ocupantes, una tras otra. Todas iban alegres y animadas. Sus brillantes vestidos se destacaban en la oscuridad. Se reunieron en un grupo, hablando con suave vivacidad, y luego descendieron la escalera con tan poco ruido como una masa de niebla por una colina. La aparición colectiva de aquellas mujeres dejó en mi mente una impresión de distinción y elegancia como nunca experimentara hasta entonces.

Encontré a Adèle mirándolas a través de la puerta del cuarto de estudio, que la niña había abierto a medias.

—¡Qué señoras tan hermosas! —exclamó, en inglés—. ¡Cuánto me gustaría bajar con ellas! ¿Cree usted que Mr. Rochester nos mandará a buscar después de que terminen de cenar?

—No lo creo. Mr. Rochester tiene ahora otras cosas en qué ocuparse. Hoy no es fácil que te presenten a esas señoras. Acaso mañana. . . Ea, aquí está tu cena.

Como la niña tenía verdadero apetito, el pollo y los dulces atrajeron su atención durante un rato. Mi previsión no fue desacertada, porque tanto Adèle como yo y como Sophie, a quien envié parte de las provisiones, corríamos el riesgo de quedarnos sin cenar, en medio del general ajetreo. Los postres no se sirvieron hasta las nueve, y a las diez aún los criados corrían de aquí para allá llevando bandejas y tazas de café. Acosté a Adèle mucho más tarde que de costumbre, porque me aseguró que no podría dormirse mientras oyera aquel continuo abrir y cerrar de puertas. Además, añadió, podía llegar un aviso de Mr. Rochester cuando ella estuviera ya acostada, «y sería lamentable. . .»

La relaté cuantos cuentos quiso escucharme y luego, por cambiar un poco de ambiente, me la llevé a la galería. La gran lámpara del vestíbulo estaba encendida y a la niña la divertía asomarse a la barandilla y ver pasar los sirvientes. Y avanzada la noche, oímos sonar el piano en el salón. Adèle se sentó en el último peldaño de la escalera para escuchar. Una dulce voz femenina comenzó una canción. Al solo siguió un dúo. En los intervalos percibíase el murmullo de alegres conversaciones. Yo escuché también, y de pronto reparé que estaba intentando distinguir entre el rumor de la charla el acento peculiar de Mr. Rochester.

El reloj dio las once. La cabeza de Adèle se apoyaba en mi hombro y sus ojos se cerraban ya. La cogí en brazos y la llevé al lecho. Debía de ser sobre la una cuando los invitados se retiraron a sus habitaciones.

Al día siguiente también hizo buen tiempo. La reunión lo aprovechó para hacer una excursión a no sé qué lugar de las cercanías. Salieron temprano de mañana; unos a pie y otros en coches. Miss Ingram era la única amazona y Mr. Rochester cabalgaba a su lado, un poco separados ambos del resto de los excursionistas. Se lo hice notar a Mrs. Fairfax, que estaba sentada a mi lado, junto a la ventana.

—Aunque usted decía. . . ¡Observe cómo Mr. Rochester corteja a esa señorita entre todas! —comenté.

—Tiene usted razón: se ve que la admira.

—Y ella a él —continué—. Mire cómo inclina la cabeza para hablarle confidencialmente. Me gustaría verla la cara. Hasta ahora no lo he conseguido.

—La verá esta noche —repuso el ama de llaves—. He hablado a Mr. Rochester del interés que tenía Adèle en ser presentada a las señoras, y me ha dicho que fuera usted con ella al salón esta noche, después de cenar.

—Le aseguro que no me hace ninguna gracia ir.

—Ya le indiqué que usted está poco acostumbrada a la sociedad y que no se divertirá en una reunión de desconocidos, pero me contestó que, si usted se oponía, la dijese que él tenía particular interés, agregando que, si aun así se negaba usted, vendría en persona a buscarla.

—No tiene por qué molestarse tanto —dije—. Iré yo, aunque preferiría no hacerlo. ¿Estará usted también?

—No. Le rogué que me excusara y consintió. Voy a decirle lo que debe hacer para evitar una entrada aparatosa en el salón, que es la parte más desagradable de esas cosas. Usted entra cuando el salón esté vacío, es decir, mientras los invitados se hallen aún a la mesa, y elige un asiento en un rincón. Tampoco es preciso que esté mucho tiempo después de que entren los señores, a no ser que la agrade. Puede salir enseguida y nadie se dará cuenta.

—¿Cree que estarán mucho tiempo en Thornfield los invitados?

—No creo que más de dos o tres semanas. Después de las vacaciones de Pascua, Sir George Lynn, que ha sido elegido representante de Millcote, tendrá que ir a la ciudad a ocupar su cargo y no me extrañaría que el señor le acompañase. Lo que me parece raro es que pase tanto tiempo en Thornfield.

No sin emoción vi aproximarse la hora de mi entrada en el salón. Adèle, desde que oyera que iba a ser presentada a las señoras, se había sumido en éxtasis. Una vez que Sophie la hubo vestido con todo cuidado, arreglado sus cabellos en lindos rizos y puesto el trajecito de seda rosa, adoptó un aire tan grave como el de un juez, se sentó con precaución en su sillita, procurando que el vestido no rozase, y esperó que yo estuviera preparada, lo que sucedió pronto. Me puse mi mejor vestido (el gris que me hiciera para la boda de Miss Temple y que no había vuelto a usar más), me peiné rápidamente y me coloqué el prendedor, única joya que poseía. Luego bajamos.

Afortunadamente el salón tenía otra entrada, además de la del comedor, en el que estaba congregada la concurrencia. La estancia se hallaba aún vacía. Un gran fuego ardía silenciosamente en la chimenea y muchas bujías de cera, dispuestas entre las exquisitas flores con que estaban adornadas las mesas, iluminaban la soledad. El cortinón carmesí pendía ante el arco de acceso al comedor y, por ligera que fuese la separación, bastaba para que de las conversaciones no llegase más que un apagado murmullo.

Adèle, que estaba muy impresionada, se sentó, sin decir palabra, en el taburete que la indiqué. Yo me coloqué en un asiento próximo a una ventana, cogí un libro de una mesa y empecé a leer. Adèle acercó su escabel a mí y me tocó una rodilla.

—¿Qué quieres, Adèle?

—¿Puedo coger una de esas magníficas flores, señorita? Así completaré mi tocado. . .

—Piensas demasiado en tu tocado, Adèle. . . Pero, en fin, coge una flor. . .

Tomó una rosa, se la puso en la cintura y exhaló un

suspiro de profunda satisfacción, como si la copa de su felicidad estuviese ahora colmada. Volví el rostro para ocultar una sonrisa que no pude contener. Había algo tan doloroso como ridículo en la innata devoción de aquella minúscula parisiense a cuanto se refiriese a adornos y vestidos.

Corrieron la cortina de la arcada y apareció el comedor, esplendoroso con los servicios de postre, de plata y cristal. Un grupo de señoras entró en el salón y la cortina cayó otra vez tras ellas.

Aunque sólo fuesen ocho, la magnificencia de su aspecto daba la impresión de que eran muchas más. Algunas eran muy altas, varias vestían de blanco, y la esplendidez de los adornos de todas las embellecía como una neblina embellece la luna. Me levanté cortésmente. Unas pocas correspondieron inclinando la cabeza; otras se limitaron a mirarme.

Se esparcieron por el salón. La gracia y ligereza de sus movimientos las asemejaba a una bandada de pájaros blancos. Algunas se acomodaron en lánguidas posturas en los sofás y otomanas, y otras se inclinaron sobre las mesas para examinar los libros y las flores. Las demás se agruparon en torno al fuego y comenzaron a hablar en el tono de voz bajo y claro que parecía serles habitual. Oyéndolas, me enteré de sus nombres.

Mrs. Eshton había sido sin duda hermosa y aún estaba muy bien conservada. La mayor de sus hijas, Amy, era menuda, infantil de rostro y modales y de sugestivas formas. La menor, Louisa era más alta y más elegante de tipo. Tenía una cara bonita, de esas que los franceses llaman *minois chiffonné*. Las dos hermanas eran blancas como lirios.

Lady Lynn era alta y gruesa. Representaba unos cuarenta años, erguida y altanera. Vestía un magnífico traje de raso, y su negro cabello estaba adornado con una pluma azul celeste y con una diadema incrustada de joyas.

La esposa del coronel Dent era menos brillante, pero me pareció más señorial. Su rostro era agradable y pálido y tenía el cabello rubio. Su sobrio vestido de raso negro, con adornos de perlas, me agradó más que la opulencia de la anterior señora.

Pero las más distinguidas entre todas —tal vez porque eran las más altas— resultaban la viuda Lady Ingram y sus hijas Blanche y Mary. Para ser mujeres, tenían muy aventajada estatura. La viuda debía de contar de cuarenta a cincuenta años. Sus formas se mantenían aún proporcionadas, su cabello todavía negro (al menos a la luz de las bujías) y sus dientes perfectos. La mayoría de los hombres hubiesen dicho de ella que era una espléndida mujer madura y, físicamente hablando, sin duda habrían acertado, pero emanaba de su aspecto una altivez casi insoportable. Tenía las facciones de una matrona romana. Una amplia sotabarba se unía a una garganta robusta como una columna. Sus facciones rebosaban orgullo y su barbilla adoptaba una posición exageradamente erecta. Sus ojos, orgullosos y duros, me recordaban los de mi tía Reed. Hablaba doctoralmente, con un tono de superioridad inaguantable. Un vestido de terciopelo carmesí y un turbante-chal de manufactura india la investía (según imagino que ella se figuraba) de una dignidad casi imperial.

Blanche y Mary eran de la misma estatura: altas y erguidas como álamos. Mary era demasiado delgada para su altura, pero Blanche, en cambio, tenía los perfectos contornos de una Diana. La miré con especial interés. Deseaba ver si su aspecto respondía a la descripción de Mrs. Fairfax, si se asemejaba a la miniatura mía y si respondería al gusto que yo me imaginaba que debía ser el de Mr. Rochester.

Su tipo respondía, en efecto, a la descripción del ama de llaves y a mi retrato: torso delicado, hombros bien contorneados, cuello gracioso, negros ojos y negros rizos. Pero su rostro era como el de su madre: idéntico ceño, idénticas facciones altaneras, idéntico orgullo, si bien no era un orgullo tan sombrío. Por el contrario, reía continuamente, con una risa desdeñosa que parecía constituir la expresión habitual de sus labios arqueados y altivos.

Se asegura que el genio es orgulloso y consciente de sí mismo. Yo no puedo asegurar si Miss Ingram era un genio, pero sí que estaba muy consciente y muy orgullosa de sí misma. Inició una discusión sobre botánica con la gentil señora Dent. Ésta parecía no haber estudiado semejante ciencia, limitándose a asegurar que le gustaban las flores, «y sobre todo las silvestres». En cambio, Miss Ingram entendía la materia y arrollaba a su interlocutora, gozándose en su ignorancia. Blanche podría ser inteligente, pero no era bondadosa. Tocaba bien, tenía buena voz, hablaba francés en apartes con su madre, y lo hablaba excelentemente, con mucha naturalidad y apropiado acento.

Mary parecía ser más amable y sencilla que Blanche, así como era más suave de facciones y más blanca de tez (su hermana era morena como una española). Pero su rostro carecía de expresión y sus ojos de brillo. Apenas hablaba nada. Una vez sentada, permanecía inmóvil como una estatua en su pedestal. Las dos hermanas vestían ropas blancas como la nieve.

¿Gustaría Blanche a Mr. Rochester? Yo no conocía su opinión en materia de belleza femenina. Si le agradaba lo majestuoso, necesariamente debía de agradarle Miss Ingram. La mayoría de los hombres debían de admirar a Blanche, y de que él la admiraba también parecíame tener evidentes pruebas. Para disipar la última sombra de duda me faltaba verles juntos.

Ya habrás supuesto, lector, que Adèle no permaneció quieta ni muda. En cuanto entraron las señoras, avanzó hacia ellas, hizo una solemne reverencia y dijo con gravedad:

—Buenas noches, señoras.

Miss Ingram la miró burlonamente y exclamó:

—¡Uy, qué muñequita!

Lady Lynn observó:

—Debe de ser la niña que tiene a su cargo Mr. Rochester. Nos ha hablado antes de ella. Es una francesita. . .

Mrs. Dent tomó a Adèle por la mano y la dio un beso. Amy y Louisa Eshton gritaron a la vez:

—¡Qué encanto de niña!

Y la llevaron a un sofá, donde la pequeña se sentó, charlando alternadamente en francés y en inglés chapurreado y atrayendo no sólo la atención de las jóvenes, sino también la de Lady Lynn y Mrs. Eshton.

Fue servido el café y se llamó a los hombres. Me senté a la relativa sombra de las cortinas de las ventanas, que me ocultaban a medias. La aparición en grupo de los caballeros fue tan imponente como la de las señoras. Todos vestían de negro. La mayoría eran altos, y algunos muy jóvenes. Henry y Frederick Lynn eran dos muchachos elegantes, y el coronel Dent un hombre de aspecto marcial. Mr. Eshton, magistrado del distrito, tenía un aspecto muy señorial. Sus cabellos, completamente blancos, y sus cejas y patillas, negras aún, le daban la apariencia de un *père noble de théâtre*. Lord Ingram, como sus hermanas, era muy alto y, como ellas, muy arrogante, mas parecía tener algo de la apatía de su hermana Mary, denotando más vigor muscular que ardor de sangre o vivacidad de mente.

Mr. Rochester entró el último. Yo procuré concentrar mi atención en la labor de que me había provisto. Al distinguir la figura de aquel hombre, recordé el momento en que le viera por última vez, cuando le acababa de prestar un inestimable servicio. Entonces él, cogiendo mi mano y mirándome, había revelado una tumultuosa emoción, de la que yo había participado. ¡Qué próximo a él me había sentido en aquel momento! Ahora, en cambio, ¡qué lejanos estábamos el uno del otro! Tanto, que ni siquiera esperaba que viniese a hablarme. No me asombró, pues, que sin mirarme, se sentara al otro extremo del salón y comenzase a conversar con algunas señoras.

Al observar que su atención estaba dedicada a ellas y que podía, por tanto, mirarle sin ser vista, le contemplé, experimentando un agudo y a la vez doloroso placer en hacerlo: el placer que pueda experimentar quien, sintiéndose envenenado, bebe, a sabiendas, el dulce veneno que le lleva a la tumba.

¡Qué verdadero es el aforismo de que «la belleza está en los ojos del que mira»! El moreno y cuadrado rostro de Rochester, sus espesas cejas, sus penetrantes ojos, sus rudas facciones, su boca voluntariosa, no eran bellos, según los cánones de la estética, pero para mí eran más que bellos: eran interesantes y estaban llenos de una sugestión que me dominaba. Yo deseaba no amarle —el lector sabe el esfuerzo que realicé para extirpar mi amor— y, sin embargo, ahora que le veía, la pasión desbordaba, impetuosa y fuerte. Aun sin mirarme, me obligaba a que le amase.

Le comparé con sus invitados. ¿Qué valían la gallarda gracia de los Lynn, la lánguida elegancia de Lord Ingram, la marcial distinción del coronel Dent, ante la energía innata que emanaba de Rochester? En el aspecto de aquéllos no veía nada sugestivo para mí, aun reconociendo que la mayoría de las gentes les hubieran considerado atractivos, elegantes y distinguidos, mientras que de Mr. Rochester hubiesen dicho que estaba mal formado y que tenía un aire sombrío. Pero yo, viendo sonreír y reír a los otros, pensaba que sus sonrisas no eran más brillantes que la llama de una bujía, ni sus risas más sonoras que el ruido de una campanilla. En cambio, cuando Rochester sonreía, sus duras facciones se suavizaban y sus ojos brillaban con destellos a la vez acerados y dulces. En aquel momento hablaba a Louisa y Amy Eshton, y a mí me maravillaba ver la ecuanimidad con que ellas oían lo que a mí me parecía tan interesante. Me alegré al ver que no entornaban los ojos ni se ruborizaban escuchándole.

«No es para ellas lo que para mí —pensé—. Él no es del corte de ellas, sino del mío. Estoy segura. Yo comprendo la elocuencia de sus movimientos y de su rostro. Aunque otras causas nos separen, en mi cerebro y en mi corazón, en mi sangre y en mis nervios hay alguna cosa que me hace semejante a él. ¿Cómo he podido imaginar, hace pocos días, que nada teníamos que ver los dos, sino a efectos de salario, y que no podía considerarle desde otro punto de vista que el de ser mi patrón? ¡Qué blasfemia contra la naturaleza! Cuanto hay de bueno, de sincero y de vigoroso en mí, gira impulsivamente en torno de él. Reconozco que debo ocultar mis sentimientos y que él no se preocupa de mí para nada. Cuando digo que soy como él, no quiero decir que posea su poder de sugestión, ni su atractivo, sino sólo que tengo sentimientos e inclinaciones iguales a las suyas. Sé que hemos de vivir siempre distantes y, sin embargo, mientras yo sienta y aliente, le amaré.»

Se tomó el café. Las mujeres, desde que entraron los caballeros, se habían vuelto repentinamente animadas y vivas como alondras. La conversación era alegre. Dent y Eshton hablaban de política, y sus mujeres les escuchaban. Sir George —a quien he omitido describir y que era un robusto y corpulento caballero campesino— se colocó ante el sofá de aquéllos con su taza de café en la mano, y de vez en cuando intercalaba alguna palabra. Frederick Lynn se había sentado junto a Mary Ingram y le enseñaba los grabados de un magnífico libro. Ella miraba y sonreía, pero apenas decía nada. El alto y flemático Lord Ingram había apoyado los brazos en el respaldo de la silla de la menuda y vivaracha Amy Eshton, que le miraba gorjeando como un pájaro. Sin duda le gustaba más que Rochester. Henry Lynn había tomado posesión de una otomana junto a Louisa, Adèle estaba a su lado y él trataba de conversar en francés con la niña, mientras Louisa se burlaba de los disparates que decía. En cuanto a Blanche Ingram, se había sentado, sola, a una mesa, y permanecía graciosamente inclinada sobre un álbum. Parecía esperar que alguien le hiciese compañía, y no esperó largo rato, porque ella misma eligió un compañero.

Mr. Rochester, dejando a las Eshton, se sentó ante el fuego, donde quedó por unos instantes tan solitario como la Ingram ante la mesa. Blanche lo notó y se acercó a él, colocándose también junto a la chimenea.

—Yo creía, Mr. Rochester, que no le gustaban los niños.

—Y no me gustan.

—Entonces, ¿por qué se ha encargado de esa muñequita? —dijo, señalando a Adèle—. ¿De dónde la ha sacado usted?

—No la saqué de sitio alguno: me la confiaron.

—Debía usted enviarla al colegio.

—Los colegios son caros.

—Bien, pero usted tiene una institutriz para la niña, según he visto. . . ¿Se ha ido ya? No; está allí, junto a la ventana. Usted tiene que pagarla y eso le resulta más caro aún, porque, además de pagar a esa mujer, necesita mantenerla.

Yo temía —mejor sería decir esperaba— que la alusión motivase que Mr. Rochester me dirigiera una mirada, pero no lo hizo.

—No me he parado a pensarlo —dijo él con indiferencia.

—Ustedes, los hombres, nunca tienen en cuenta la economía ni el sentido común. Debía usted oír a mamá hablar de nuestras institutrices. Mary y yo hemos tenido lo menos una docena durante nuestra vida. La mitad eran odiosas y la otra mitad ridículas, y todas resultaban muy gravosas. ¿Verdad, mamá?

—¿Qué me decías?

La joven explicó con detalle su pregunta.

—Querida: ¡no me hables de institutrices! Sólo oír esa palabra me pone nerviosa. He sido mártir de su incapacidad y de sus caprichos. ¡Gracias a Dios que ya no tengo que tratar con ellas!

Mrs. Dent se acercó a la viuda y le habló al oído. Supongo, juzgando por la respuesta, que se trataba de una indicación de que un miembro de aquella aborrecida raza se hallaba presente.

—*Tant pis!* —exclamó la viuda—. Confío en que ello contribuya a hacerla mejor que las otras —y agregó, más bajo, aunque lo bastante alto para que yo la oyese—: Ya lo había notado. Soy muy buena fisonomista, y reconozco en ella todos los defectos de las de su clase.

—¿Qué defectos son esos? —inquirió Rochester.

—Se lo diré a solas —repuso la señora, moviendo significativamente su turbante.

—Pero entonces mi despierta curiosidad quizá se haya dormido. . .

—Pregunte a Blanche, que está más cerca de usted que yo.

—Podías dejarme tranquila, mamá. Sólo una palabra tengo que decir respecto a esa tribu: que son unas fastidiosas. No es que yo las haya tolerado mucho. ¡La de burlas que hemos hecho Theodore y yo a nuestra Miss Wilson, y a nuestra Mrs. Greys, y a nuestra Madame Joubert! Mary no solía estar lo bastante animada para colaborar en nuestras tretas. Las mejores fueron las que gastamos a Madame Joubert, porque Miss Wilson era una infeliz apocada, siempre llorosa, que no merecía ni el trabajo de burlarse de ella, y Mrs. Greys era tan insensible que ningún golpe la afectaba.

¡Pero a la pobre Madame Joubert! Aún me parece verla, enfurecida cuando derramábamos el té, manoseábamos el pan, tirábamos los libros y armábamos una charanga golpeando la regla sobre el pupitre y la badila, en el cierre de la chimenea. . . ¿Recuerdas aquellos felices días, Theodore?

—¡Ya lo creo! —repuso Lord Ingram—. La pobre vieja gritaba: «¡Niños malos!», y nos sermoneaba creyendo impresionarnos a nosotros, que éramos unos muchachos inteligentes, mientras que ella era una ignorante.

—¿Y te acuerdas, Theodore, de cuando yo te ayudaba a mortificar a tu preceptor, Mr. Vining, a quien solíamos poner apodos tan grotescos? Él y Miss Wilson se permitieron enamorarse, o al menos Theodore y yo nos lo figuramos. Les sorprendimos miradas tiernas y suspiros, que interpretábamos como muestras de una *belle passion,* y yo te aseguré que en breve la noticia sería del dominio público. ¡Y lo utilizamos como palanca para echar aquel desagradable peso fuera de casa! Mamá, en cuanto se informó del asunto, encontró que era una inmoralidad. ¿No es cierto, madrecita?

—Sí, querida. Y lo pensaba con razón. Existen muchos motivos para que no pueda tolerarse una relación amorosa entre una institutriz y un preceptor en una casa bien organizada; en primer lugar, porque. . .

—¡Por Dios, mamá, ahórranos la exposición de los motivos! *Au reste,* todos los conocemos: peligro de dar malos ejemplos a los inocentes niños, distracción y negligencia en el desempeño de los cargos, alianza tácita entre ambos profesores y, como consecuencia, actitudes insolentes y subversivas. . . ¿Tengo razón o no, señora baronesa de Ingram?

—Tienes razón como siempre, florecita mía.

—Entonces no hay más que hablar. Cambiemos de conversación.

Amy Eshton no oyó esta última frase, e insistió en el tema, diciendo con su dulce tono infantil:

—Louisa y yo solíamos burlarnos de nuestra institutriz, pero era tan buena que no se ofendía nunca. ¿Verdad que no, Louisa?

—No. Nos dejaba hacer lo que queríamos: registrar su pupitre, revolver su cesto de labor y sus cajones... Era muy condescendiente y nos concedía cuanto le pedíamos.

—Creo —dijo Miss Ingram, plegando los labios irónicamente— que hemos tratado ya bastante ese tema, y que deberíamos pasar a uno nuevo. ¿Apoya usted mi proposición, Mr. Rochester?

—Coincido con usted en eso y en todo.

—Entonces, yo me encargaré de elegir otra distracción. ¿Está usted en voz esta noche, Mr. Edouard?

—Lo estaré si usted lo manda, *donna Bianca*.

—Entonces, mi soberano deseo es que usted ponga sus órganos vocales a mi real servicio.

Miss Ingram se sentó al piano con altanera gracia, ahuecó su níveo vestido hasta darle una majestuosa amplitud, y comenzó un brillante preludio. Aquella noche parecía estar en su mejor forma, y tanto sus palabras como su aspecto suscitaban no sólo la admiración, sino incluso el éxtasis de los que la oían. Mientras tocaba, hablaba de esta suerte:

—Estoy harta de los jóvenes de hoy día. Parecen niños: no pueden salir del jardín sin permiso de papá, de mamá y del aya. No piensan más que en cuidar sus bonitos rostros, sus blancas manos y sus pequeños pies ... ¡Como si el hombre tuviese que preocuparse de la belleza! ¡Como si la hermosura no fuese cosa exclusiva de la mujer! Yo opino que una mujer fea es una mácula de la creación, pero un caballero no debe pensar sino en parecer fuerte y valeroso. Su lema debe ser: cazar, esgrimir y luchar. El resto no merece la pena. Así opinaría yo si fuera hombre.

Hizo una pausa, que todos respetaron, y continuó:

—Yo aspiro a casarme no con un rival, sino con un rendido. Yo no sufriría un competidor; exigiría de mi marido un homenaje exclusivo, no una devoción compartida entre mi persona y la imagen que él viera en su espejo. . . Vamos, Mr. Rochester: cante, y yo le acompañaré al piano.

—Estoy dispuesto a obedecer.

—Aquí hay una canción pirata. ¡Me muero por los piratas! Cante, pues, *con spirito*.

—Las órdenes de sus labios infundirían espíritu hasta a un vaso de leche aguada.

—Bien. Pero ándese con cuidado. Si no canta como debe, le humillaré mostrándole cómo hay que entonar esta canción.

—Eso es ofrecer un premio a la incapacidad. Ahora procuraré hacerlo mal adrede. . .

—*Gardez-vous en bien!* Si usted lo hace mal a propósito, le castigaré.

—Debe usted ser piadosa, ya que tiene en su mano aplicar un castigo mayor del que un mortal pueda soportar.

—Explíquese —dijo ella.

—Es superflua la explicación. Usted sabe muy bien que un simple enojo suyo es más doloroso que el mayor de los castigos.

—Vamos, cante. . . —repuso ella.

Y comenzó a acompañarle al piano, tocando con exquisito gusto.

«Éste es el momento de irme», pensé.

Pero las notas de la canción me emocionaron tanto, que no me decidí. Mrs. Fairfax había dicho que Mr. Rochester tenía una bella voz, y era cierto. Poseía una potente voz de bajo, a la que comunicaba todo su sentimiento, toda su energía personal. Su acento penetraba hasta lo último. Esperé a que la última nota de aquella canción expirase, y luego inicié mi retirada hacia la puerta de escape, que afortunadamente estaba próxima. Un estrecho pasillo conducía desde ella al vestíbulo.

Al atravesarlo, reparé que había perdido una de mis sandalias y, para buscarla, me arrodillé al pie de la escalera. Oí abrir la puerta del comedor. Me apresuré a incorporarme y me hallé cara a cara con Mr. Rochester.

—¿Cómo está usted? —me preguntó.

—Muy bien, señor.

—¿Por qué no me ha dirigido la palabra en el salón?

Yo pensaba que lo mismo podía preguntarse a él, pero no me tomé tal liberad y repuse:

—No deseaba molestarle viéndole entretenido, señor.

—¿Qué ha hecho usted durante mi ausencia?

—Nada de particular: enseñar a Adèle como siempre.

—Y palidecer mucho, de paso. Está tan pálida como la primera vez que la vi. ¿Qué le ocurre?

—Nada, señor.

—¿Acaso se acatarró usted la noche que estuvo a punto de ahogarme?

—Nada de eso.

—Vuelva al salón. Es muy pronto.

—Estoy cansada, señor.

Me miró un instante.

—Sí, ya lo veo. Y también un poco deprimida. ¿Qué le sucede?

—Nada, señor, nada. No estoy deprimida.

—Lo está usted hasta el punto de que si hablásemos algunas palabras más, rompería usted a llorar. . . En fin, por esta noche la dispenso, pero es mi deseo que todas las noches acuda al salón. Retírese y envíe a Sophie a buscar a Adèle. Buenas noches, queri. . .

Se interrumpió, apretó los labios y se fue bruscamente.

Capítulo 18

Los días en Thornfield Hall transcurrían bulliciosos y alegres. ¡Qué diferentes eran de los primeros tres meses de soledad y monotonía que yo pasara bajo aquel techo! Todas las impresiones tristes parecían haber huido de la casa, todas las ideas sombrías parecían haberse olvidado. Era imposible atravesar la galería, antes siempre desierta, sin encontrar la elegante doncella de una de las señoras o el presumido criado de uno de los caballeros.

La cocina, la despensa, el cuarto de estar de los criados, el vestíbulo, se hallaban siempre animados, y los aposentos no quedaban vacíos más que cuando el cielo azul y el sol brillante invitaban a pasear a los huéspedes de la casa. Cuando el tiempo cambió y se sucedieron días de continua lluvia, la jovialidad general no disminuyó por eso. Los entretenimientos de puertas adentro se intensificaron al disiparse la posibilidad de divertise fuera.

Yo ignoraba el significado de la frase «jugar a las adivinanzas» que oí sugerir una tarde a alguien que deseaba cambiar las distracciones habituales. Se llamó a los criados, se separaron las mesas del comedor, las luces se colocaron de otra forma y las sillas se situaron en semicírculo. Mientras Mr. Rochester y los demás caballeros dirigían estos arreglos, las damas corrían de un lado a otro llamando a sus doncellas. Se avisó a Mrs. Fairfax y se la interrogó sobre las existencias de chales, vestidos o telas de cualquier clase que se hallasen en la casa. Se registró el tercer piso y las doncellas bajaron con brazadas de viejos brocados, faldas, lazos y toda clase de antiguas telas. Se hizo una selección de todo, y lo que pareció útil se llevó a la sala.

Entretanto, Mr. Rochester reunió a las señoras a su alrededor y eligió cierto número de ellas y de caballeros.

—Miss Ingram me pertenece, desde luego —dijo.

Después nombró a las señoritas Eshton y a Mrs. Dent. También me miró a mí. Yo estaba cerca de él, ayudando a Mrs. Dent a sujetar un broche que se le había soltado.

—¿Quiere usted jugar? —me preguntó Rochester.

Denegué con la cabeza y él no insistió. Satisfecha de haber obrado con acierto, volví tranquilamente a mi rincón.

Rochester y sus auxiliares se retiraron más allá de la cortina. Mr. Dent y los suyos se acomodaron en el grupo de sillas colocadas en forma de media luna. Uno de los caballeros, Mr. Eshton, cuchicheó al oído de los demás. Debía proponer que se me invitara a unirme a ellos, porque oí decir instantáneamente a Lady Ingram:

—No. Me parece que es lo bastante estúpida para no saber jugar a nada.

Sonó una campanilla y se corrió la cortina. Bajo la arcada apareció la corpulenta figura de Sir George Lynn envuelto en una sábana blanca. Ante él, en una mesa, había un libro grande, abierto, y a su lado se vía a Amy Eshton, vestida con un abrigo de Mr. Rochester y con otro libro en la mano. Alguien a quien no veíamos tocó otra vez la campanilla, y Adèle, que había insistido en ayudar a su protector, apareció esparciendo en su torno el contenido de una cesta de flores que llevaba al brazo. En seguida surgió la majestuosa figura de Miss Ingram, vestida de blanco, con un largo velo y una guirnalda de rosas en torno a la frente. Mr. Rochester iba a su lado. Ambos avanzaron hasta la mesa y se arrodillaron, mientras Mrs. Dent y Louisa Eshton, también vestidas de blanco, les flanqueaban. Siguió una pantomima muda, en la que era fácil reconocer un simulacro de matrimonio. Cuando concluyó, el coronel Dent consultó a los que estaban con él, y tras un breve cuchicheo exclamó:

—¡Matrimonio!

Mr. Rochester se inclinó, asintiendo, y la cortina cayó.

Transcurrió un largo intervalo. Al alzarse el cortinaje, reveló una escena mejor preparada que la anterior. Se veía en primer término un gran pilón de mármol, que reconocí como perteneciente al invernadero, donde solía hallarse rodeado de plantas exóticas y conteniendo algunos pececillos dorados. Sin duda debía de haber costado trabajo transportarlo, atendidos su volumen y peso.

Sentado en la alfombra junto a aquel pilón estaba Mr. Rochester, vestido con chales y tocado con un turbante. Sus ojos negros y su piel morena concordaban a maravilla con aquel atuendo. Parecía un emir oriental. En seguida sobrevino Blanche Ingram. Vestía también a estilo asiático, con una faja carmesí a la cintura y un pañuelo bordado en torno a las sienes. Sus hermosos brazos estaban desnudos, y uno de ellos sostenía con mucha gracia un cantarillo sobre la cabeza. Su aspecto y sus atavíos sugerían la idea de una princesa israelita de los tiempos patriarcales, y tal era, sin duda, el papel que trataba de representar.

Se aproximó al pilón, se inclinó sobre él como para llenar el cantarillo y volvió a colocar éste sobre su cabeza. El personaje masculino le hizo entonces una petición:

—¡Eh, apresurada! Dame el cantarillo y déjame beber.

Y sacando de sus vestiduras un estuche, mostró en él magníficas pulseras y pendientes. Blanche parecía sorprendida y admirada. El, arrodillándose, colocó el tesoro a los pies de la mujer, que expresaba en sus gestos y ademanes el placer y la incredulidad que sentía. Entonces Rochester colocó las pulseras en las muñecas de la joven y los pendientes en sus orejas. Era, evidentemente, una reproducción de la escena de Eliezer y Rebecca. No faltaban más que los camellos.

Los que debían adivinar el significado del cuadro cuchichearon un rato. Al parecer, no se ponían de acuerdo en lo que la escena representaba. Al fin el coronel Dent, su portavoz, dio la respuesta oportuna y volvió a caer la cortina.

Al levantarse por tercera vez, sólo era visible una parte del salón, quedando lo demás oculto tras un biombo del que colgaban lienzos oscuros y groseros. El pilón de mármol había desaparecido. En su lugar había una mesa y una silla de cocina iluminadas por la opaca luz de una linterna.

En aquel sórdido escenario estaba sentado un hombre, con las manos atadas y la vista fija en el suelo. Pese a sus ropas en desorden y a su ennegrecida faz, reconocí en él a Mr. Rochester. Vestía una burda chaqueta, una de cuyas mangas, desgarrada, pendía de su hombro, dando al protagonista el aspecto de haber sostenido una reciente refriega. Tales detalles, unidos a su desgreñado cabello, le disfrazaban muy bien. Al hacer un movimiento se oyó ruido de cadenas y vimos que llevaba grilletes en los tobillos.

—¡Prisión! —exclamó el coronel Dent, resolviendo el acertijo.

Pasado el tiempo necesario para que los actores se vistieran como de costumbre, volvieron al comedor. Blanche felicitaba a Mr. Rochester.

—¿Sabe —le decía— que de sus tres caracterizaciones me gusta la última más que ninguna? ¡Oh! Si hubiera usted vivido hace algunos años, ¡qué magnífico salteador de carreteras habría hecho usted!

—¿No me queda nada de hollín en la cara? —preguntó Rochester, volviéndose hacia ella.

—Nada, desgraciadamente. ¡Qué bien le sienta el disfraz de bandido!

—¿Le gustan esos héroes del camino real?

—Creo que un salteador inglés debe de ser la cosa más parecida.

—Bien. En todo caso, recuerde que somos mujer y marido, de lo que son testigos cuantos se hallan presentes. ¡No hace aún una hora que nos hemos casado!

Ella rió y se ruborizó.

—Ahora le toca a usted, Dent —dijo Mr. Rochester.

Y, mientras el otro bando se retiraba, él, con el suyo, ocupó los asientos que quedaban vacantes. Miss Ingram se colocó al lado de Rochester. Los demás, en sillas inmediatas, a ambos lados de ellos. Yo dejé de mirar a los actores; había perdido todo interés por los acertijos y, en cambio, mis ojos se sentían irresistiblemente atraídos por el círculo de espectadores. Ya no me interesaban las adivinanzas que propusiera el coronel Dent, sino las contestaciones que le fueran dadas. Vi a Mr. Rochester inclinarse hacia Blanche para consultarla y a ella acercarse a él hasta que los rizos de la joven casi tocaban los hombros y las mejillas de su compañero. Yo escuchaba sus cuchicheos y notaba las miradas que cambiaban entre sí.

Ya te he dicho, lector, que había comenzado a amar a Mr. Rochester. Y no podía dejar ahora de amarle, porque no reparase en mí; porque transcurrieran horas sin que sus ojos buscaran los míos; porque sus miradas estuvieran dedicadas exclusivamente a otra mujer; porque, si se fijaba casualmente en mí, se apresuraba a apartar la vista. No me era posible dejar de amarle aunque comprendiera que había de casarse en breve con Blanche Ingram, como lo indicaba la orgullosa seguridad que ella parecía mostrar respecto a sus intenciones. Yo, a pesar de todo, hubiera deseado que Rochester me dedicase aquellas amabilidades que, aunque negligentes e indiferentes, encerraban para mí un cautivador e irresistible interés.

Mi amor no se disipaba, no. Cabe suponer que se levantaran en mí una inmensa desesperación y furiosos celos, si es que una mujer de mi posición podía sentir celos de Blanche Ingram. Sin embargo, yo, en realidad, no era celosa y el sentimiento que experimentaba no se expresa bien con tal palabra. Blanche era demasiado inferior para excitar mis celos. Perdóneseme la paradoja, porque sé lo que digo. Blanche deslumbraba, pero no era sincera; era muy brillante, pero muy pobre de mentalidad. Tenía el corazón mezquino por naturaleza, como una tierra en la que nada fructificara espontáneamente. No era benévola, no era original, repetía frases leídas en los libros, no emitía nunca una opinión propia. Desconocía toda sensación de simpatía y piedad, y carecía de naturalidad y de ternura. Con frecuencia se traicionaba, como cuando exteriorizó la antipatía que sintiera ante la pequeña Adèle. Si ésta se aproximaba a ella alguna vez, la rechazaba con algún epíteto despectivo, ordenándola incluso salir de la habitación, y demostrando siempre hacia la niña sequedad y acrimonia. Otros ojos —no sólo los míos— apreciaban estas manifestaciones: su futuro prometido, Rochester, la observaba sin cesar. Y era lo bastante sagaz para, sin duda, saber percibir sus defectos.

Dada su evidente falta de pasión por ella, dada su notoria comprensión de las malas cualidades de Miss Ingram, yo adivinaba que iba a desposarla por razones familiares y acaso prácticas, pero no por amor. Aquél era el punto neurálgico de la cuestión: no era posible que una mujer así le agradase. Si ella hubiese conquistado a Rochester, si él sinceramente hubiese puesto su corazón a sus pies, yo habría —simbólicamente— muerto para ellos. Si Blanche hubiera sido una mujer buena, amable, sensible, apasionada, yo habría debido mantener una lucha a muerte con dos tigres: la desesperación y los celos, que hubiesen devorado mi corazón. Y, después, reconociendo la superioridad de Blanche, la hubiese admirado durante el resto de mis días, con tanta más admiración cuanto mayor fuera su superioridad. Pero la realidad era que los esfuerzos de la señorita Ingram para seducir a Mr. Rochester fallaban, aunque ella misma no lo notase, y que, si insistía en sus propósitos, lo hacía estimulada por su orgullo y por su amor propio.

Yo presentía que si tales flechas lanzadas sobre Rochester hubieran sido arrojadas por mano más segura, habrían alcanzado su corazón, hecho asomar el amor a sus ojos, la dulzura a su sarcástico semblante y, en todo caso, aun sin estas manifestaciones externas, habrían ganado una batalla silenciosa pero segura.

«¿Por qué no habría yo de poder influirle más, estando moralmente más cerca de él? —me pregunté—. Bien seguro es que ella no le ama o, al menos, le ama sin afecto profundo. De ser así, no precisaría dar tan artificiales muestras de interés. A mi juicio, sobran tantas manifestaciones externas; podría estar más tranquila: hablar y gesticular menos. Si ahora precisa esas malas artes para atraerle, ¿a qué apelará cuando estén casados? No creo que ella le haga feliz y, sin embargo, él podría serlo y sabría hacer a su esposa la más dichosa mujer del mundo.»

No formulaba censura alguna contra Mr. Rochester al considerar aquel probable matrimonio por interés. Al principio me extrañó suponer en él tal intención, ya que le creía un hombre ajeno a los prejuicios vulgares respecto a la elección de mujer, pero cuanto más consideraba la posición, educación, etc., de los interesados, menos censurable me parecía que realizasen un acto acorde con los principios que les fueran imbuidos desde la infancia y comunes a todos los de su clase, aunque yo no pudiera comprenderlos. Me parecía que, si yo hubiese sido un hombre en el caso de Rochester, sólo me hubiera casado con una mujer a quien amase, pero a la vez admitía que las evidentes ventajas que en pro de la felicidad matrimonial debía ofrecer una determinación así podían estar contrapesadas por razones que yo ignoraba en absoluto, aun cuando hubiera deseado que todo el mundo obrase como yo pensaba.

En estas reflexiones prescindía de los aspectos malos del carácter de Rochester. Su desagradable sarcasmo, su dureza, me parecían picantes condimentos de un excelente manjar. Y si su presencia era en algún sentido ingrata, su ausencia hacia la vida insípida para mí. Consideraba dichosa a Miss Ingram, porque iba a poder asomarse a los abismos del carácter de aquel hombre y sondearlos.

Mientras yo no tenía ojos más que para Rochester y su futura esposa, el resto de los invitados se ocupaban en sí mismos. Las señoras Lynn e Ingram mantenían un grave debate. De vez en cuando movían sus turbantes, agitaban sus cuatro manos en análogos ademanes de asombro, secreto u horror, sin duda relativos al tema que trataban. Parecían dos magníficas muñecas. La amable señora Dent hablaba con la bondadosa Mrs. Eshton, y a veces una y otra me dirigían una palabra o una sonrisa afectuosa. Sir George Lynn, el coronel Dent y Mr. Eshton discutían de política, de asuntos del condado o de temas judiciales. Lord Ingram cortejaba a Amy Eshton. Louisa cantaba y tocaba con uno de los Lynn, y Mary Ingram escuchaba con languidez la galante conversación del otro. De vez en vez, todos suspendían unánimemente su charla para escuchar y observar a los principales actores: Rochester y Blanche Ingram, que eran, en efecto, el cuerpo y alma de la reunión. Si él faltaba un rato del salón, su ausencia parecía producir cierto decaimiento en los ánimos de sus invitados, y tan pronto como entraba se reanimaba la vivacidad de la conversación.

La necesidad de aquella estimulante influencia suya se puso de relieve un día que hubo de ir a Millcote a arreglar unos asuntos y no volvió hasta muy tarde. La tarde estuvo lluviosa, motivo que hizo suspender una proyectada visita a un campamento de gitanos que se habían establecido cerca de Hay. Algunos de los caballeros fueron a las cuadras, mientras los jóvenes de ambos sexos jugaban al billar. Las viudas Ingram y Lynn se entregaban a una plácida partida de naipes. Blanche Ingram, tras repeler con orgullosa taciturnidad algunos intentos de las Eshton y Dent para entablar conversación, había tocado primero algunas romanzas sentimentales en el piano, y luego tomando una novela de la biblioteca, se había hundido en un sofá y se disponía a matar con la lectura las tediosas horas de ausencia. El salón y toda la casa estaban silenciosos. No se oía más que el choque de las bolas de billar.

Oscurecía. Se acercaba la hora de vestirse para cenar, cuando la pequeña Adèle, que se hallaba arrodillada en el hueco de una ventana del salón, exclamó:

—¡Ya vuelve Mr. Rochester!

Yo me volví. Blanche Ingram se levantó del sofá y los demás abandonaron sus ocupaciones, al tiempo que se sentía sonar un ruido de ruedas y de cascos de caballos sobre la arena húmeda. Una silla de posta se aproximaba.

—¡Qué raro es que vuelva a casa de este modo! —dijo Blanche—. Se fue montado en *Mesrour* y acompañado de *Piloto*. ¿Qué habrá sido de esos animales?

Mientras hablaba, aproximaba a la ventana de tal modo su alta figura, que tuve que echarme hacia atrás para dejarle sitio, a riesgo de romperme la espina dorsal.

Entretanto, la silla de posta se detuvo y el viajero se apeó y tocó la campanilla. Era un hombre desconocido, alto, elegante, en traje de viaje. Pero no se trataba de Mr. Rochester.

—¡Es indignante! —exclamó Miss Ingram. Y apostrofó a Adèle—: Y tú, monicaca, ¿qué haces ahí, en la ventana, dedicándote a dar noticias tontas?

Y lanzó sobre mí una mirada agria, como si yo hubiese cometido algún delito.

Se oyó hablar en el vestíbulo y en breve apareció el recién llegado. Se inclinó ante Lady Ingram, considerándola, sin duda, la de más edad de las presentes.

—Creo que llego con inoportunidad, señora —dijo—, ya que mi amigo Rochester está fuera, pero soy lo bastante íntimo suyo para poder permitirme instalarme aquí en espera de su regreso.

Sus modales eran corteses y su voz me impresionó porque, sin tener precisamente acento extranjero, hablaba de un modo no corriente en Inglaterra. Su edad podía ser la de Rochester: entre treinta y cuarenta años. Tenía el rostro muy pálido, pero por lo demás era un hombre de buena apariencia. Examinándole mejor, creí encontrar en su rostro algo desagradable o, más bien, no agradable. Sus rasgos eran correctos, sus facciones suaves y sus ojos, aunque grandes y de bella forma, carecían de vida, o al menos me lo pareció.

El sonido de la campana que indicaba la hora de vestirse para comer dispersó la reunión. No volví a ver a aquel hombre hasta después de comer, y me pareció que se hallaba en su centro. Pero su fisonomía me agradó menos aún que antes; por un lado me impresionaba y por otro me parecía inanimada. Sus ojos erraban de un lado a otro, sin expresión alguna, lo que le daba un curioso aspecto, tal como yo no viera nunca. A pesar de ser un hombre apuesto, me repelía extraordinariamente. En aquel rostro ovalado de fino cutis no se apreciaba energía viril, ni masculina firmeza en su nariz aquilina. Su boca era pequeña y tras su frente no parecía caber pensamiento alguno, así como sus oscuros ojos apagados parecían carecer de todo poder de sugestión.

Mientras le contemplaba desde mi rincón de costumbre, a la luz de la chimenea —ya que estaba sentado en una butaca muy próxima al fuego, como si sintiera frío—, le comparaba con Rochester. Pensaba que no hubiera habido mayor diferencia entre ambos que entre un pato y un fiero halcón, entre un dulce cordero y el mastín de ardientes ojos que le guarda.

Había hablado de Mr. Rochester como de un antiguo amigo. ¡Curiosa amistad, me confirmaba el proverbio de que «los extremos se tocan»! Junto a él estaban sentados otros dos o tres señores, y de vez en cuando podía oír fragmentos de su conversación. Al principio no les comprendí bien, porque la charla de Louisa Eshton y Mary Ingram, sentadas muy cerca de mí, me hacían confundir las aisladas frases que les escuchaba. Les oía decir: «Es un hombre hermoso.» «Un encanto de muchacho», decía Louisa, agregando que «le gustaba con locura». Mary indicó su boca y su bella nariz como el ideal de la belleza.

—¡Qué frente tan lisa tiene, sin ninguna de esas protuberancias tan desagradables! —exclamó Louisa—. ¡Y qué sonrisa tan dulce!

Con gran satisfacción mía, Henry Lynn las llevó a otro extremo de la sala para acordar no sé qué respecto a la aplazada excursión.

Pude así concentrar mi atención en el grupo cercano al fuego, y entonces me informé de que el recién llegado se llamaba Mason, que acababa de desembarcar en Inglaterra y que venía de los países tropicales. Aquélla era, sin duda, la causa de que estuviese tan amarillo, de que se sentase junto a la chimenea y de que llevase un abrigo en casa. Las palabras *Jamaica, Kingston, Puerto España,* indicaban que debía tener su residencia en las Antillas. No sin sorpresa supe que fue allí donde contrajo amistad con Mr. Rochester. Mencionó lo que disgustaban a su amigo el ardiente calor, los huracanes y las épocas lluviosas de aquellos países. Yo no ignoraba que Rochester había viajado mucho —me lo había dicho Mrs. Fairfax—, pero siempre había creído que sus viajes se limitaban al continente europeo, no habiendo oído relatar sus visitas a más lejanas regiones.

Reflexionaba en estas cosas, cuando un inesperado incidente vino a distraerme de mis pensamientos. Mr. Mason, que tiritaba cada vez que alguien abría la puerta, había pedido más leña para el fuego, aunque las cenizas estaban aún calientes y rojas. El criado que llevó la leña se detuvo un instante junto a la silla de Mr. Eshton y le dijo unas palabras en voz baja, de las que sólo oí: *Vieja y muy desagradable.*

—Dígale que la encerraremos en el calabozo si no se va —replicó el magistrado.

—¡No! —interrumpió el coronel Dent—. No lo hagamos sin consultar a las señoras —y añadió—: Señoras, ¿no hablaban ustedes de visitar el campamento de los gitanos? Sam acaba de decir que en el cuarto de la servidumbre se halla una vieja gibosa que se empeña en decirnos la buenaventura.

—¡Vamos, coronel! —exclamó Mrs. Ingram—. ¿Cree que nos interesa una de esas impostoras? Mándenla irse en seguida.

—No logramos convencerla de que se vaya, señora —dijo el criado—. ¡Ni yo ni ninguno! Mrs. Fairfax ha tratado de persuadirla, pero ella se ha sentado en un rincón junto a la chimenea y asegura que no se irá mientras no la permitan entrar aquí.

—¿Qué quiere? —preguntó Mrs. Eshton.

—Decir la buenaventura; jura que es necesario hacerlo y que lo hará.

—¿Qué aspecto tiene?

—Es una vieja feísima y más negra que una sartén, señora.

—¡Una verdadera hechicera! —gritó Frederick—. ¡Tráigala, tráigala!

—¡Naturalmente! —agregó su hermano—. Sería muy lamentable perder tal oportunidad.

—¿Qué locura estáis pensando, muchachos? —exclamó Mrs. Lynn.

—Verdaderamente, una locura es —asintió la viuda Ingram.

—Nada de eso, mamá —replicó Blanche, girando sobre el taburete del piano, donde se hallaba sentada en silencio, examinando partituras, al parecer—. Quiero que me predigan mi suerte. Mándela entrar, Sam.

—¡Pero, querida Blanche!... ¡Comprende que...!

—Yo comprendo todo lo que tú dices, pero quiero hacer lo que te digo. ¡Pronto, Sam!

—¡Sí, sí, sí! —gritaron todos los jóvenes de ambos sexos—. Tráigala: nos divertiremos.

—Tiene una traza que... —indicó el criado, vacilando aún.

—¡Tráigala! —conminó Blanche.

La reunión estaba muy excitada y se cruzaban risas y chanzas entre todos. Sam volvió a aparecer.

—Ahora no quiere venir —afirmó—. Dice (son sus propias palabras) que no es su misión aparecer ante el vulgo, sino que debe ser llevada a un cuarto y dejada. Entonces sola recibirá allí, pero únicamente uno a uno, a quienes quieran consultarla.

—Ya lo ves, reina mía... —comenzó Lady Ingram—. ¿Te das cuenta, ángel mío, de que...?

—Llévela a la biblioteca —atajó el ángel—. Mi misión no es tampoco escuchar a esa mujer ante el vulgo. Deseo verla a solas. ¿Hay fuego en la biblioteca?

—Sí, señora. Pero esa mujer parece un...

—¡Basta de charla! Haga lo que le digo, y no sea cabezota.

Sam desapareció de nuevo y la expectación y la curiosidad aumentaron.

—Ya está allí —dijo el criado al volver— y desea saber quién será el primero que la consulte.

—Creo que será mejor que vaya yo antes que las señoras —indicó el coronel Dent.

—Dígala que va a ir un caballero, Sam.

Sam se fue y volvió.

—Dice, señor, que no quiere ver a ningún caballero, que no desea que éstos se tomen la molestia de ir a verla, ni —añadió, reprimiendo la risa— tampoco las señoras, sino sólo las jovencitas y una a una.

—¡Por Júpiter, que tiene buen gusto! —exclamó Henry Lynn.

Blanche Ingram se levantó solemnemente y dijo, con el acento que hubiera empleado el jefe de un ejército lanzándose a la vanguardia de sus hombres cuando todo parecía estar perdido:

—Yo iré.

—¿Oh, cariño mío, espera, reflexiona. . .! —gritó su madre. Pero en vano, ya que su hija pasó ante ella en orgulloso silencio, cruzó la puerta que Dent abrió y la sentimos entrar en la biblioteca.

Siguió un relativo silencio. Mrs. Ingram se creyó obligada a retorcerse las manos con desesperación. Mary declaró que ella no osaría aventurarse a tal cosa. Amy y Louisa Eshton reían por lo bajo y parecían un tanto asustadas.

Los minutos pasaban lentamente: quince transcurrieron antes de que la puerta de la biblioteca tornara a abrirse. Blanche volvió al salón.

¿Se reiría? ¿Consideraría aquello como un juego? Los ojos convergieron en ella con curiosidad y ella correspondió con una mirada fría. No parecía contenta. Se dirigió a su asiento y lo ocupó otra vez, sin decir nada.

—¿Y qué, Blanche? —preguntó Lord Ingram.

—¿Qué te ha dicho, hermana? —preguntó Mary.

—¿Qué piensa usted? ¿Qué le ha parecido? ¿Es una verdadera adivina? —inquirió Mrs. Eshton.

—¡Voy, voy! —repuso Blanche—. ¡No me metan tanta prisa! Veo que sus instintos de credulidad y asombro se excitan fácilmente. Por la importancia que ustedes parecen dar a eso, se diría que tenemos en casa una auténtica bruja en combinación con el viejo señor del castillo. No he visto más que a una gitana vagabunda, que me ha examinado la palma de la mano y que me ha dicho lo que tales gentes suelen decir siempre. Y ahora que mi capricho ha sido satisfecho plenamente, creo que Mr. Eshton hará bien en meter en el calabozo a esa mujer mañana, como antes dijo.

Cogió un libro, se recostó en su silla y renunció a toda conversación. La examiné durante media hora. En todo el tiempo no volvió ni una página y su rostro se puso gradualmente más sombrío, más desabrido, más disgustado. Era notorio que no había oído predicciones satisfactorias. Me pareció que, a pesar de su aparente indiferencia, daba a las revelaciones que escuchara una importancia que no merecían.

Entretanto, Mary Ingram, Amy Eshton y su hermana Louisa declararon que no se atrevían a ir solas a ver a la adivina, aunque no les faltaban deseos. Se entablaron negociaciones, con Sam como mediador, y tras muchas idas y venidas, la sibila, no sin dificultades, autorizó la entrada de tres muchachas en un solo grupo.

La visita no transcurrió tan silenciosa como la de Blanche. Oíamos grititos y risas histéricas procedentes de la biblioteca, hasta que, al cabo de veinte minutos, las muchachas aparecieron corriendo en el vestíbulo, como si huyeran de la adivina.

—¡Debe de ser un ente del otro mundo! —gritaban todas—. ¡Qué cosas nos ha dicho! ¡Sabe todos nuestros secretos!

Y cayeron, como abrumadas, en los asientos que los caballeros galantemente les ofrecían.

Incitadas a explicarse, dijeron que aquella vieja les había contado cosas que ellas habían dicho y hecho siendo niñas; descrito libros y adornos que tenían en sus gabinetes; recordado los amigos que conocían. Afirmaron también que había adivinado sus pensamientos y cuchicheado al oído de cada una el nombre de la persona a quien más quería en el mundo.

Los caballeros solicitaron mayores aclaraciones sobre este último extremo, pero sólo obtuvieron rubores, exclamaciones y risas contenidas. Las matronas ofrecieron a las chicas sus frascos de sales, reprendiéndolas por no haber atendido sus consejos. Los caballeros de edad rieron y los jóvenes ofrecieron su ayuda a las conmovidas beldades.

En medio de aquel tumulto, Sam, parándose ante mí, me habló:

—Perdón, señorita: la gitana dice que hay una joven más en este salón y que no se irá hasta que la haya visto. Debe de ser usted, ya que no hay otra. ¿Qué le digo?

—Iré —dije, satisfecha de hallar ocasión de satisfacer mi excitada curiosidad.

Me deslicé fuera de la estancia sin ser notada —ya que la atención general estaba atraída por el tembloroso trío que acababa de regresar— y cerré la puerta tras de mí.

—Si lo desea, señorita —dijo Sam—, esperaré en el vestíbulo y así, si la vieja le asusta, me llama usted y entro en seguida.

—No, Sam: vuélvase a la cocina. No tengo temor alguno.

Y no mentía. Lo que sentía en realidad era mucho interés y excitación.

Capítulo 19

Reinaba profunda tranquilidad en la biblioteca. La sibila —si tal era— estaba cómodamente sentada en un magnífico sillón junto a la chimenea. Llevaba un vestido rojo y un gorro negro —más bien un deshilachado sombrero de gitana y un pañuelo anudado bajo la barbilla. Había sobre la mesa una bujía apagada y la vieja parecía leer, a la luz de la lumbre, un tomito negro, parecido a un devocionario. Leía en voz alta, como la mayoría de las viejas. Cuando entré no suspendió su lectura. Al parecer, quería terminar un párrafo.

Me senté en la alfombra y me calenté las manos, que se me habían quedado ateridas. Me sentía tranquila como nunca. En el aspecto de la gitana no había nada de inquietante. Cerró el libro y me miró. Su pañuelo y las alas de su sombrero cubrían en gran parte su extraño rostro. Era oscuro y moreno; los bucles de su cabello colgaban sobre sus mejillas. Me examinó con escudriñadora mirada.

—¿Quiere que le diga la buenaventura? —preguntó con voz tan penetrante como sus ojos y tan dura como sus facciones.

—No me interesa nada, abuela: si usted quiere. . . Pero le confieso que no creo en ninguna de esas cosas.

—Esperaba que tuviese usted ese descaro: lo he comprendido por el ruido de sus pies al cruzar el umbral.

—¿Sí? Tiene usted buen oído.

—Y buen ojo y buena cabeza.

—Bastante falta le harán para su trato.

—Especialmente cuando encuentro clientes como usted. ¿Cómo no se estremece?

—Porque no tengo frío.

—¿Cómo no palidece?

—Porque no estoy mal.

—¿Cómo no quería consultar mi ciencia?

—Porque no soy una necia.

La vieja emitió una carcajada cavernosa. Luego sacó una corta pipa y empezó a fumar. Después de haberse entregado a este placer, irguió su encorvado cuerpo, se quitó la pipa de los labios y, mirando fijamente el fuego, dijo subrayando las palabras:

—Usted tiene frío, usted está enferma y usted es una necia.

—Pruébemelo —dije.

—Lo haré en pocas palabras. Tiene usted frío porque está muy sola; está mal, porque le falta el mejor de los sentimientos, el mayor y más dulce que puede experimentar el hombre, y es usted necia porque, sufriendo como sufre, no da una muestra ni inicia un paso para reunirse con el que la espera.

Volvió a aplicarse la pipa a los labios y fumó con renovada energía.

—Eso es fácil de aplicar a cualquiera que esté como yo empleada en una gran casa y no tenga familia.

—Me sería fácil aplicarlo a casi todos los que dice, pero ¿con verdad?

—Para quienes estén en mis circunstancias, sí.

—Señáleme alguien que se encuentre precisamente en las circunstancias de usted.

—Los hay a millares.

—Difícilmente encontraríamos uno. No sé si sabe usted lo especialmente que se encuentra situada en la vida. Tiene la felicidad al alcance de su mano. Los elementos de ella están preparados; sólo es preciso un movimiento que los combine. Usted procura apartar las posibilidades. Déles una ocasión de florecer y fructificarán.

—No sé adivinar enigmas. En mi vida no he acertado a descifrar ni un jeroglífico.

—Si quiere que le hable más claramente, muéstreme la palma de su mano.

—Supongo que tendré que darle una moneda de plata, ¿no?

—Por supuesto.

La entregué un chelín. Lo colocó en una media que sacó de la faltriquera y enrolló en torno a la moneda y me dijo que le enseñase la mano. Examinó la palma sin tocarla.

—Es demasiado lisa —dijo—. Nada se puede leer en una mano como ésta. Casi no tiene líneas. Además, el destino no está escrito aquí.

—Lo creo —dije.

—No; está escrito en el rostro; en la frente, en torno a los ojos, en los ojos mismos, en las líneas de la boca. Arrodíllese y déjeme examinar su cara.

—Ahora se aproxima usted a la realidad. Empiezo a confiar en usted.

Me arrodillé a media vara de ella. Atizó el fuego hasta que la claridad que brotó de la leña removida iluminó mi rostro. Ella procuraba esquivar el suyo.

—Me extrañan los sentimientos que experimenta usted —dijo, mientras me examinaba—. Me maravillan las impresiones que ha sentido su corazón durante las horas que ha estado sentada en aquel cuarto, ante gentes que desfilaban frente a usted como siluetas proyectadas por una linterna mágica. Entre ellos y usted había tan poca simpatía como si ellos fueran meras sombras de formas humanas y no seres reales.

—Me siento aburrida entre esas personas, y alguna vez hasta me da sueño, pero rara vez me encuentro a disgusto con ellas.

—¿Confía usted en llegar a librarse en el porvenir de la vida que lleva?

—Lo que más espero es llegar a ahorrar algún dinero para montar con él una escuela en alguna casa alquilada. . .

—¿De modo que es en eso en lo que sueña cuando se sienta en su rincón junto a la ventana. . .? Ya ve que conozco sus costumbres.

—Se habrá enterado de ellas por los criados.

—Piensa usted con mucha penetración. . . Acaso haya acertado usted. A decir verdad, conozco a una sirviente de aquí: a Grace Poole.

Di un salto al oír aquel nombre.

—¿Usted, usted. . .? —dije—. ¡Aquí hay alguna trama diabólica!

—No se alarme —repuso—. Esa Poole es muy discreta y se puede confiar en ella. . . Pues como le iba diciendo, cuando se sienta usted en su rincón, ¿no piensa más que en su futura escuela? ¿No siente algún interés por los que están en el salón? ¿No suele usted contemplar el rostro de ninguno? ¿No hay ni siquiera una figura cuyos movimientos siga usted, si no con otro interés, por curiosidad?

—Miro todos los rostros; miro a todos los concurrentes.

—Pero ¿a ninguno —o acaso a dos— con mayor interés?

—Sí; lo hago. Cuando las miradas o los ademanes de cierta pareja parece que me narran un cuento, me divierte mirarlos.

—¿Y qué cuento le narran?

—No hay duda sobre el caso. El cuento se limita a un cortejo y el catastrófico desenlace que es de suponer: un matrimonio. . .

—¿Y ello le parece aburrido?

—Realmente, no tiene interés para mí.

—¿De verdad? Cuando una señorita, llena de vida y salud, encantadora, adornada con todas las dotes del nacimiento elevado y de la riqueza, se sienta y sonríe a un caballero a quien usted. . .

—Yo, ¿qué?

—A quien usted conoce y quizá aprecia.

—Yo no conozco apenas a los caballeros que están aquí. Casi no he cambiado ni una sílaba con ninguno. En cuanto a apreciarlos. . . A unos les considero demasiado graves y respetables y a otros demasiado guapos y jóvenes. Y todos están en condiciones de recibir cuantas sonrisas les plazcan, sin que tengan por qué ocuparse de mí.

—¿De modo que usted no conoce a los caballeros que hay en esta casa? ¿No ha cambiado ni una palabra con ninguno de ellos? ¿Dirá usted lo mismo del dueño de la casa?

—No está ahora aquí.

—¡Profunda e ingeniosa observación! Cierto que se ha ido esta mañana a Millcote y que no volverá hasta entrada la noche o hasta mañana por la mañana, pero ¿acaso tal circunstancia se excluye de la lista de los conocidos de usted? ¿Acaso deja de existir por eso?

—No. Pero no comprendo qué tiene que ver Mr. Rochester con el tema que usted menciona.

—Yo hablaba de las señoras que sonríen a los caballeros, y tantas sonrisas femeninas ha recibido Mr. Rochester, que creo que podría llenar un almacén con ellas. . . ¿No se había dado usted cuenta?

—Mr. Rochester tiene perfecto derecho a disfrutar del trato de sus invitados.

—Nadie discute tal derecho, pero ¿ha reparado en que cuanto se ha hablado aquí a propósito de matrimonios concierne principalmente a Mr. Rochester?

—El interés del que escucha estimula la lengua del que habla —dije, más que para la gitana, para mí misma.

La extraña voz de aquella mujer y sus modales me habían sumergido en una especie de extraño sueño. Inesperadas palabras brotaban de sus labios una tras otra, envolviéndome en un manto de cosas desconocidas y misteriosas.

—¡El interés del que escucha! —dijo la vieja—. Sí; Mr. Rochester se ha sentado a veces con el oído atento a los fascinadores labios que con tanto interés le hablan. Y Mr. Rochester está agradecido al entretenimiento que le han proporcionado. . . ¿No lo ha notado usted?

—¿Agradecido? No es precisamente gratitud lo que he creído ver en su rostro.

—¿Así que le ha estado observando? ¿Y qué ha creído ver, si no gratitud?

No contesté.

—Ha visto usted amor, ¿no es eso? Y luego ha creído ya verle casado y feliz en su matrimonio. . .

—¡Hum! No es eso precisamente.

—Entonces, ¿qué demonios ha visto usted?

—No interesa. Yo vengo a saber, no a confesar. ¿Se casará Mr. Rochester?

—Sí: con la hermosa Miss Ingram.

—¿Pronto?

—Las apariencias conducen a esa conclusión. Y (pese a la represible audacia con que usted juzga estas cosas) probablemente será un matrimonio feliz. Él debe de amar necesariamente a una señora tan bella, noble y cumplida, y ella probablemente le ama a él, y si no a su persona, al menos su bolsa. . . Estoy segura de que considera muy digno de ser su esposo a Mr. Rochester, aunque (¡Dios me perdone!) yo la he dicho hace una hora algo que hizo ponerse seria su mirada y plegarse su boca. . . La predije que si apareciese otro pretendiente más rico, ella despreciaría a Rochester.

—Bien, abuela, pero yo no he venido a saber la buenaventura de Mr. Rochester, sino la mía. Y usted no me ha dicho nada sobre ella.

—Su suerte está aún muy dudosa: algunos de los rasgos de su rostro contradicen los demás. El destino le ofrece una posibilidad de dicha; eso es evidente. Yo lo sabía antes de venir aquí esta noche. La suerte ha reservado un rinconcito para usted. De usted depende coger con la mano la fortuna que le ofrecen. Que lo haga o no, es discutible. Arrodíllese otra vez en la alfombra.

—Procure que no sea por mucho tiempo. Me molesta el fuego.

Volví a arrodillarme. No se inclinó hacia mí. Se limitó a mirarme, echándose hacia atrás en su silla, y comenzó a murmurar:

—La llama, al reflejarse en sus ojos, los hace brillar como el rocío. Son dulces y están llenos de ternura. En sus claras pupilas, las impresiones se suceden a las impresiones. Cuando dejan de sonreír, se entristecen y pesa sobre ellos una inconsciente laxitud, hija de la melancolía derivada de su soledad. Ahora se separan de mí, incapaces de tolerar más escrutinios y parecen negar, con una mirada de burla, la verdad de los descubrimientos que yo acabo de hacer respeto a su sensibilidad y a su tristeza. Pero su orgullo y su reserva no hacen más que confirmarse en mi opinión.

»En cuanto a la boca, le gusta a veces reír, para hacer sentir a los demás lo que su alma experimenta, aunque me parece muy reservada cuando se trata de ciertos sentimientos del corazón.»

No veo obstáculos a que goce de una suerte feliz, sino en ese entrecejo, un entrecejo orgulloso, que parece querer decir: "Yo puedo vivir sola, si el respeto de mí misma y las circunstancias me obligaran a ello. No necesito vender mi alma a un comprador de felicidad. Poseo un escondido e innato tesoro que me bastará para vivir si he de prescindir de todo placer ajeno a mí misma, en el caso de que hubiese de pagar por la dicha un precio demasiado caro." En la frente se lee: "Mi razón es sólida y no permitirá a los sentimientos entregarse a sus desordenadas pasiones. Podrán las pasiones bramar y los deseos imaginar toda clase de cosas vanas, pero la sensatez dirá siempre la última palabra sobre el asunto y emitirá el voto decisivo en todas las determinaciones. Podrán producirse violentos huracanes, impetuosos temblores de tierra, ardorosas llamas, pero yo seguiré siempre los dictados de esa voz interior que interpreta los dictados de la conciencia."

»Bien pensado. Lo que se lee en su frente es digno de todo respeto. En cuanto a mí, he formado mis planes y los desarrollaré según los dictados de la conciencia y los consejos de la razón. Sé lo pronto que pasa la juventud y desaparece la lozanía cuando la vergüenza o el remordimiento los amargan. Deseo consolar y no brillar, conseguir la gratitud de los demás y no crear lágrimas de sangre. No deseo poner hiel en las cosas, sino infundirlas dulzura, sonrisas, encanto. . . Y lo haré. Me parece vivir un sueño inefable. Quisiera prolongar este momento *ad infinitum*, pero no es posible. Y ahora, Miss Eyre, levántese y váyase. El juego ha terminado.

¿Dónde me encontraba? ¿Soñaba o estaba despierta? La voz de la vieja había cambiado y sus ademanes y su voz me eran tan familiares como mi propia imagen en un espejo, como el sonido de mi propia voz. Me incorporé, pero no me fui. La miré. Ella se quitaba el gorro y el pañuelo y me ordenaba de nuevo que marchase. La llama iluminaba su mano y reconocí aquella mano, y hasta vi en su dedo meñique el anillo y la piedra preciosa que viera un centenar de veces. Volví a mirar aquel rostro, que ya no se esquivaba. Al contrario, libre ya de sombrero y pañuelo, se inclinaba hacia el mío.

—¿Me conoce ahora, Jane? —preguntó la voz familiar.

—Si se quita el vestido encarnado, señor. . .

—Está muy fuerte el cordón. Ayúdeme a soltarlo.

—Rómpalo.

—¡Ea, ya está! —Y Mr. Rochester se libró de su disfraz.

—¡Qué idea tan original ha tenido usted, señor!

—Y creo que la he realizado felizmente, ¿no?

—Con las señoras me parece que sí.

—¿Y con usted?

—No procedió conmigo como una gitana.

—Pues ¿cómo procedí?

—Usted ha hablado cosas absurdas para hacerme hablar a mí del mismo modo. Eso no está bien, señor.

—¿Me perdona, Jane?

—Primero tengo que pensarlo. Si pensándolo deduzco que no he cometido grandes absurdos, le perdonaré. Pero no está bien, señor, lo repito.

—¡Bah! Usted ha procedido muy correctamente, con mucha cautela, con mucha sensatez.

Reflexioné en efecto. Desde el principio había permanecido en guardia, sospechando alguna broma en todo aquello. Sabía que las gitanas y las adivinas no se expresan en los términos que lo hiciera la supuesta vieja. Había notado, además, la voz fingida, el afán de ocultar las facciones. Y pensé en Grace Poole, aquel enigma viviente, aquel misterio de misterios, según yo la consideraba. Mas no se me había ocurrido pensar en Mr. Rochester.

—Bien —dijo él—. ¿Qué opina usted? ¿Qué significa esa sonrisa?

—Asombro y satisfacción de mí misma, señor. ¿Puedo retirarme?

—No: quédese un momento y dígame lo que estaban haciendo en el salón los invitados.

—Hablando de la gitana.

—Siéntese y cuénteme lo que decían.

—Ya es tarde; son cerca de las once. ¿No sabe, Mr. Rochester, que ha venido un forastero?

—¿Un forastero? ¿Quién puede ser? No espero a ninguno. ¿Se fue?

—No. Indicó que le conocía a usted hace tiempo y que podía tomarse la libertad de esperar en esta casa hasta que volviera.

—¿Dijo su nombre?

—Se llama Mason, señor, y creo que viene de Puerto España.

Mr. Rochester había tomado mi mano como para conducirme a una silla. Al oírme, me la apretó convulsivamente, la sonrisa desapareció de sus labios y un estremecimiento recorrió su cuerpo.

—¡Mason, el indiano! —dijo, en el tono con que un autómata pronunciaría las únicas palabras que fuera capaz de decir—. ¡Mason, el indiano! —repitió. Se había puesto pálido como la ceniza, y reiteró hasta tres veces la misma frase, como sin darse cuenta de lo que decía.

—¿Se siente mal, señor? —pregunté.

—Estoy anonadado, Jane. Me tambaleo.

—Apóyese en mí, señor.

—Es la segunda vez que me ofrece su brazo. Permítame.

—Sí, sí, señor.

Se sentó y me hizo sentar. Cogió mi mano entre las suyas y me contempló con turbados ojos.

—Amiguita mía —dijo—, quisiera estar solo con usted en una isla desierta, lejos de turbaciones, peligros y odiosos recuerdos.

—¿Puedo servirle en algo, señor? Daría mi vida por ayudarle.

—Si necesito su ayuda, Jane, la solicitaré. Se lo prometo.

—Gracias, señor. Dígame lo que debo hacer.

—En este momento, Jane, tráigame del comedor un vaso de vino. Deben de estar comiendo ya. Dígame si Mason está con ellos y lo que hace.

Encontré a todos en el comedor, en efecto. La cena estaba colocada en el aparador y cada uno había tomado lo que se le antojara, colocándose aquí y allá en grupos, y sosteniendo en las manos platos y vasos. Reían alegremente y las conversaciones era muy animadas. Mr. Mason estaba junto al fuego, hablando con Mr. y Mrs. Dent, y parecía tan alegre como los demás. Llené un vaso de vino. Blanche Ingram me contemplaba como si pensase que me tomaba una libertad increíble. Volví a la biblioteca.

La palidez de Mr. Rochester había desaparecido y se mostraba otra vez firme y tranquilo. Tomó el vaso.

—¡A la salud de usted, amable amiga! —dijo vaciando el vaso y devolviéndomelo—. ¿Qué están haciendo, Jane?

—Riendo y hablando, señor.

—¿No tienen un aspecto grave y misterioso, como si hubiesen oído algo extraño?

—No: están muy alegres.

—¿Y Mason?

—Tan alegre como los demás.

—Si todas esas gentes me atacaran en masa, ¿qué haría usted?

—Arrojarlos de aquí, señor, si me era posible.

—Y si yo fuera a su encuentro, y todos me acogieran con frialdad y luego, uno a uno, despreciativamente, se alejaran de mí, ¿les seguiría usted? —interrogó, con una ligera sonrisa.

—Al contrario, señor: entonces me sería más grato quedarme con usted.

—¿Para consolarme?

—Sí, si estaba a mi alcance.

—¿Y si la vituperaran por quedarse conmigo?

—Seguramente no me enteraría de sus vituperios, y de enterarme me tendría sin cuidado.

—¿Así que arrostraría usted por mí incluso que la criticasen?

—Creo que lo haría por cualquier amigo a quien apreciara, como creo que usted lo haría también.

—Bien. Vaya al comedor y diga a Mason en un aparte que el señor Rochester ha vuelto y desea hablarle. Tráigale aquí y márchese luego.

—Sí, señor.

Hice lo que deseaba. Al pasar entre ellos, todos me miraron. Transmití el mensaje a Mr. Mason, le precedí hasta la biblioteca y luego subí las escaleras.

Una hora más tarde, cuando ya llevaba rato en el lecho, sentí a los invitados entrar en sus habitaciones. Oí la voz de Rochester diciendo:

—Por aquí, Mason: ésta es su alcoba.

La voz era alegre y despreocupada. Sentí el corazón aliviado y me dormí en seguida.

Capítulo 20

Había olvidado correr las cortinillas y cerrar las contraventanas. La consecuencia fue que cuando la Luna, llena y brillante en la noche serena, alcanzó determinada altura en el cielo, su espléndida luz, pasando a través de los cristales, me despertó. El disco plateado y cristalino de la Luna era muy bello, pero me producía un efecto en exceso solemne. Me incorporé y alargué el brazo para correr las cortinillas.

¡Dios mío, qué grito oí en aquel instante! Un sonido agudo, salvaje, estremecedor, que rompió la calma de la noche, recorriendo de extremo a extremo Thornfield Hall.

Mi pulso, mi corazón y mi brazo se paralizaron. El grito se apagó y no se repitió.

Procedía sin duda del tercer piso. Encima de mí se sentía ahora rumor de lucha. Una voz medio sofocada gritó tres veces:

—¡Socorro!

Oí nuevos ruidos sobre el techo y una voz clamó:

—¡Rochester: ven, por amor de Dios!

Se abrió una puerta, alguien corrió por la galería. Sentí nuevas pisadas en el piso alto y luego una caída. El silencio se restableció.

Acerté a ponerme alguna ropa, a pesar de que el horror paralizaba mis miembros. Salí de mi dormitorio. Todos los invitados habían despertado. Se sentían exclamaciones y murmullos de horror en todos los cuartos, las puertas se abrían una tras otra y la galería se llenaba de gente. Se oía decir: «¿Qué es?», «¿Qué pasa?», «Enciendan luz», «¿Hay fuego?», «¿Son ladrones?» Salvo la luz de la Luna, que entraba por las ventanas, la oscuridad era completa. Todos corrían de un lado para otro, tropezándose, pisándose. Reinaba una confusión indescriptible.

—¿Dónde diablo está Rochester? —gritó el coronel Dent—. No le encuentro en su alcoba.

—Aquí, aquí —se oyó contestar—. Tranquilícense; ya vuelvo.

La puerta del final de la galería se abrió y el dueño de la casa apareció llevando una bujía. Venía del piso alto. Miss Ingram corrió hacia él y le asió de un brazo.

—¿Qué ha ocurrido? Díganoslo en seguida, sea lo que fuere.

—¡Pero no me estrangulen! —repuso Rochester, viendo que las Eshton caían también sobre él y que las dos viudas, vestidas con sus amplias batas de noche, se dirigían también a su encuentro, como buques navegando a toda vela.

—No pasa nada, no pasa nada —agregó—. Mucho ruido y pocas nueces. Sepárense, señoras: las voy a poner perdidas de cera.

Ofrecía un aspecto terrible: sus ojos centelleaban. Dominándose con visible esfuerzo continuó:

—Una criada ha tenido una pesadilla. Eso es todo. Se trata de una persona irritable y nerviosa. Ha soñado con una aparición y el miedo le ha producido un ataque. Les ruego que vuelvan todos a sus cuartos. Caballeros: den ejemplo a las señoras. Miss Ingram: estoy seguro que usted sabrá dominar ese inmotivado terror. Amy y Louisa: vuélvanse a sus nidos, como dos dóciles palomitas que son. Y ustedes, señoras —dijo, dirigiéndose a las viudas—, se acatarrarán si siguen más tiempo así en esta galería helada.

Alternando las órdenes y las palabras amables, logró que todos volviesen a sus lechos. Yo me retiré al mío tan silenciosamente como lo había abandonado.

Pero no me acosté: antes bien, me vestí por completo para prepararme a toda contingencia. Los ruidos y exclamaciones que yo oyera acaso no los hubiesen sentido los demás, ya que procedían del cuarto situado sobre el mío. Así, yo estaba segura de que lo de la pesadilla de una criada había sido mera invención para tranquilizar a los invitados. Una vez vestida, permanecí junto a la ventana, mirando los campos silenciosos iluminados por la luna, en espera no sabía de qué. Suponía que seguiría algún acontecimiento al grito, la lucha y la petición de socorro.

La tranquilidad renació. Cesaron gradualmente movimientos y murmullos y Thornfield Hall quedó silencioso como un desierto. Dijérase que el sueño y la noche habían restablecido un imperio. Como estar sentada en la oscuridad y con el frío que hacía era poco agradable, resolví tenderme, vestida, sobre el lecho. Me aparté de la ventana y me deslicé sin ruido sobre la alfombra. Cuando estaba descalzándome, una mano golpeó suavemente la puerta.

—¿Me necesitan? —pregunté.

—¿Está usted levantada y vestida? —preguntó la voz de Rochester.

—Sí, señor.

—Entonces salga sin hacer ruido.

Obedecí. Mr. Rochester estaba en la galería, llevando una luz.

—La necesito —dijo—. Sígame sin que nos sientan.

Gracias a mis zapatillas, pude recorrer la galería tan silenciosamente como un gato. Subimos las escaleras y nos detuvimos en el oscuro corredor del aciago tercer piso. Rochester me precedía.

—¿Tiene usted sales? —cuchicheó—. ¿Y una esponja?

—Sí, señor.

—Tráigalos.

Bajé a mi cuarto, cogí la esponja y las sales y volví sobre mis pasos. Él me esperaba. Llevaba una llave en la mano. La introdujo en la cerradura de una de las puertecillas negras del pasillo, se detuvo un instante y me preguntó:

—¿No le asusta la sangre?

—Creo que no. Hasta ahora, nunca. . .

Me estremecí al contestarle, pero no era de frío ni por debilidad.

—Deme la mano —dijo—. Hay que prevenir un mareo. . .

Puse mis dedos en los suyos. Él murmuró «¡Ánimo!» y abrió la puerta.

Era un cuarto que yo recordaba haber visto antes: el día en que Mrs. Fairfax me mostró la casa. Entonces tenía las paredes tapizadas, pero ahora habían desaparecido los tapices, permitiendo distinguir una puerta antes disimulada debajo de ellos. La puerta estaba abierta y de ella salía luz. Oí un sonido semejante al quejido de un perro. Mr. Rochester, dejando la bujía, me dijo: «Espere un minuto», y entró en el cuarto interior. Una carcajada le acogió al entrar, terminando en el característico «¡Ja, ja!», de Grace Poole. Ella estaba, pues, allí. Rochester no habló, pero debió de dar algunas órdenes silenciosas. Oí una voz reprimida que le interpelaba. Luego salió y cerró la puerta tras de sí.

—Venga aquí, Jane —dijo. Y me condujo junto a un lecho cubierto con cortinas oscuras. Al lado de la cabecera había una butaca y en ella sentado estaba un hombre sin chaqueta. Tenía los ojos cerrados y recostaba la cabeza en el respaldo del asiento. A la luz de la bujía de Rochester reconocí en aquella pálida faz la de Mason, el forastero. Uno de sus brazos y su camisa estaban empapados en sangre.

—Tome la vela —dijo Rochester.

Le obedecí. Él cogió el jarro de agua del lavabo. Humedeció la esponja y frotó con ella la cadavérica faz de Mr. Mason; luego me pidió el frasco de sales y lo aplicó a las narices del desvanecido. Mason abrió los ojos y se quejó. Rochester desabotonó la camisa del herido, cuyo brazo y hombro estaban vendados. Con la esponja comenzó a restañar la sangre.

—¿Es de peligro? —preguntó Mason.

—¡Bah! Un simple rasguño. Ten ánimo. Ahora voy a

buscar un médico y confío que mañana estarás en estado de que te traslademos de aquí. Jane. . .

—¿Señor?

—Voy a dejarla sola, durante una hora o dos, con este señor. Usted le restañará la sangre si vuelve a tener hemorragia. Si se desmaya, le aplica agua a los labios y le da a oler las sales. No le hable bajo pretexto alguno. En cuanto a ti, Ricardo, no respondo de tu vida si abres los labios, si te mueves. . .

El pobre hombre volvió a quejarse, pero no se movió. Al parecer, el temor a la muerte o a lo que fuera le paralizaba. Rochester me entregó la esponja ensangrentada y yo comencé a usarla como le había visto hacer a él. Me miró por un instante y diciéndome: «Acuérdese: nada de conversación», salió del cuarto. Experimenté una sensación extraña cuando la llave giró en la cerradura y el rumor de sus pasos se apagó en la escalera.

Me hallaba en aquel fantástico tercer piso, encerrada en una de sus celdas en plena noche, sola con un hombre pálido y ensangrentado, y separada de una asesina, sólo por una puerta. Si lo demás era hasta cierto punto soportable, me estremecía al pensar en la posibilidad de que Grace Poole abriese y cayera sobre mí.

Sin embargo, no podía moverme. Debía cuidar de aquel hombre, cuyos labios estaban condenados al silencio, cuyos ojos se abrían y cerraban alternativamente, y ora erraban, temerosos, por la habitación, ora se fijaban en mí. De vez en cuando, humedecía la esponja para seguir restañando la sangre. A la luz de la vacilante bujía, veía las oscuras sombras de las tapicerías que me rodeaban, las más oscuras aún de las cortinas del vasto lecho antiguo y las puertas de un gran gabinete contiguo, divididas en doce paneles, en cada uno de los cuales estaba representada la cabeza de uno de los doce Apóstoles, coronándolos un crucifijo de ébano con un Cristo expirante.

La combinación de luces y sombras que producía la temblorosa llama de la vela me permitía ver, a intervalos, el barbado rostro de Lucas, la larga cabellera flotante de San Juan y hasta la diabólica faz de Judas el traidor, que parecía salirse de su marco y reproducir las formas mismas del propio Satán.

Yo escuchaba, tratando de percibir los movimientos de la fiera o demonio que se hallaba en la habitación interior. Pero desde que se fuera Mr. Rochester sólo oí, con grandes intervalos, tres sonidos: una pisada, una breve repetición de aquella especie de gruñido canino que a veces sintiera y un quejido humano.

¿Qué clase de criminal —pensaba yo— era aquella que vivía en una casa cuyo propietario no podía expulsarla ni someterla? ¿Qué misterio, ora suelto en llamas, ora en sangre, acontecía en aquellas noches oscuras? ¿Qué clase de ser era aquél?

¿Y por qué aquel hombre, aquel extranjero de tan insignificante aspecto que se hallaba ante mí, había sido envuelto en la ola de horror? ¿Por qué la Furia había caído sobre él? ¿Qué hacía a deshora en tal lugar inusitado de la casa, cuando debía encontrarse en su alcoba? ¿Qué le había traído hasta aquí? ¿Y por qué se resignaba a la violencia de que fuera víctima? ¿Por qué se sometía a la ocultación a que Rochester le forzaba? ¿Por qué Rochester toleraba aquello? Su huésped había sido agredido, su propia vida había corrido peligro una vez y, sin embargo, guardaba en secreto ambos atentados. Yo había visto a Mason aceptar la voluntad de Rochester: las pocas palabras cruzadas entre ellos me lo demostraban. Era evidente que en las anteriores relaciones de ambos la pasiva disposición de ánimo de uno de ellos debía haber sido influida por la energía del otro. ¿Por qué, pues, aquel abatimiento de Rochester cuando supo la llegada de Mason? ¿Por qué la noticia de la llegada de aquel a quien dominaba como a un niño había caído sobre él como un rayo sobre un roble?

Imposible olvidar su mirada y su palidez al murmurar: «Estoy anonadado, Jane», ni el temblor de su brazo al apoyarse, entonces, en el mío. Es imposible también esclarecer lo que podía impresionar de tal modo el resuelto ánimo y la energía de Fairfax Rochester.

«¿Cuándo vendrá, cuándo vendrá?», me preguntaba, impaciente, a lo largo de aquella interminable noche, mientras mi ensangrentado compañero sangraba más y más, suspiraba y desfallecía. Pero no llegaba el día ni nadie venía en nuestro socorro. Cada vez con más frecuencia había de aplicar agua a los exangües labios de Mason y hacerle oler las sales. Pero mis esfuerzos parecían estériles. Fuese la pérdida de sangre, el sufrimiento físico, el mental, o todo reunido, el caso era que aquel hombre estaba muy postrado. Se quejaba de un modo tal, parecía tan agotado y débil, que yo le suponía moribundo. ¡Y, sin embargo, no podía hablarle!

La bujía se apagó. A través de las cortinas de la ventana distinguí una claridad gris: el alba se aproximaba. Oí ladrar a *Piloto* y mi esperanza renació. Cinco minutos más tarde, la llave rechinó en la cerradura, y me sentí aliviada. La espera no debía de haber durado más de dos horas, pero muchas semanas de mi vida me parecieron más cortas que aquella noche.

Mr. Rochester entró y, con él, el médico que había ido a buscar.

—Escuche, Carter: sólo le doy media hora —dijo Mr. Rochester a su acompañante— para curar la herida, vendarla y poner a este hombre en condiciones de marcharse.

—¿Y si se desmaya al moverse?

—No se trata de nada serio. Es que es un hombre muy nervioso y. . .

Rochester descorrió las cortinas de la ventana. La luz del alba penetró y quedé extrañada y complacida al ver que la mañana estaba ya bastante avanzada. Por Oriente comenzaba a brillar una claridad rosada. Rochester se aproximó a Mason.

—¿Cómo te encuentras? —preguntó.

—Temo que muy mal —fue la desmayada respuesta.

—¡Ánimo, hombre! No es nada. De aquí a quince días no te queda ni la señal. Has perdido algo de sangre y eso es todo. Carter: asegúrele que no hay peligro.

—Puedo hacerlo en conciencia, porque es verdad —dijo el médico—, pero es lástima que no me haya llamado antes. ¿Qué es esto? ¡La carne del hombro ha sido arrancada!

—Me mordió —murmuró Mason—. Se tiró a mí como una fiera cuando Rochester le quitó el cuchillo.

—No debiste condescender en quedarte —dijo Rochester—. Debiste irte enseguida.

—Pero en circunstancias así, ¿qué iba a hacer? —repuso Mason—. Además, fue inesperado. . . ¡Estaba tan tranquila al principio!

—Ya te advertí que tuvieras cuidado cuando te acercases a ella —contestó su amigo—. Además, debiste esperar hasta hoy a visitarla conmigo. Fue una verdadera locura realizar esa entrevista por la noche y solo.

—Creía acertar.

—¡Creía, creía! Me impacienta oírte y ver que sufres por no haberme hecho caso. ¡De prisa, Carter, de prisa! El sol va a salir ya y tenemos que llevarnos a este hombre.

—Enseguida. El hombro está vendado ya. Ahora veamos la dentellada que tiene en el brazo.

—¡Ella bebía mi sangre y decía que deseaba devorar mi corazón! —murmuró Mason.

Rochester se estremeció. Una expresión de disgusto y horror contrajo su rostro. Pero no dijo más que:

—Calla, Richard; no recuerdes aquellas palabras. No las repitas. . .

—No desearía más que olvidarlas —contestó el herido.

—Cuando te halles fuera de Inglaterra, en Puerto

España, no pienses más en ella. Figúrate que está muerta y enterrada. Y mejor será aún que no te figures nada.

—Me será imposible olvidar esta noche.

—No te será imposible. Ten energía. También hace dos horas pensabas que ibas a morir y ya ves que vives. Ahora que Carter termina, tenemos que vestirte. Jane —dijo, volviéndose hacia mí por primera vez desde que entrara—: tome esta llave, vaya a mi cuarto, saque del guardarropa una camisa limpia y una bufanda y tráigalas, pero pronto.

Fui, hice lo que se me indicaba y volví con lo ordenado.

—Ahora —me dijo— retírese al otro lado de la cama mientras le arreglo, pero no se vaya. Quizá la necesitemos otra vez. ¿Ha habido alguna novedad mientras he estado fuera? —agregó.

—Ninguna.

—Conviene que nos vayamos cuanto antes, Dick —dijo Rochester—, tanto por ti como por esa pobre. . . Hasta ahora he logrado evitar el escándalo y no deseo echarlo a perder. Carter: ayúdeme a ponerle el chaleco. ¿Dónde te has dejado el abrigo de piel? No podrás andar ni una milla, dado el frío de este condenado clima, si no lo llevas. ¿En tu alcoba? Jane: vaya al cuarto de Mr. Mason, que es el inmediato al mío, y traiga un abrigo que encontrará en él.

De nuevo corrí, y de nuevo regresé, llevando un enorme abrigo guarnecido de piel.

—Aún tengo algo más que ordenarle, Jane —dijo él—. ¡Es magnífico que lleve usted esas zapatillas de terciopelo! No hubiéramos podido encontrar emisario más a propósito en esta ocasión. Abra el cajón de mi tocador y coja un frasquito y un vaso que verá.

Fui y volví trayendo lo solicitado.

—Muy bien. Ahora, doctor, voy a tomarme la libertad de administrar al paciente una dosis de este preparado, bajo mi responsabilidad. Es un cordial que adquirí en

Roma a un charlatán italiano, un tipo a quien usted hubiese dado de puntapiés con gusto. . . No es cosa que pueda usarse a grandes dosis, pero es bueno en ciertas ocasiones, como ahora. Un poco de agua, Jane.

Llené el vaso hasta la mitad con agua de la botella del lavabo. Rochester vertió en el vaso una docena de gotas de un líquido rojo y lo ofreció a Mason.

—Bebe, Richard. Esto te dará el ánimo que te falta, al menos por una hora.

—¿No me perjudicará?

—¡Bebe, hombre, bebe!

Mason bebió, considerando, sin duda, que era inútil toda resistencia. Ya estaba vestido, y no quedaba rastro de su desaliño ni de su ensangrentado aspecto de poco antes, aunque estaba muy pálido aún. Rochester le permitió permanecer sentado tres minutos más y después tomó su brazo.

—Ahora estoy seguro de que puedes sostenerte en pie —dijo.

El paciente se levantó.

—Cójalo por el otro brazo, Carter. Ea, Richard, vamos. ¡Eso es!

—Me siento mejor —observó Mason.

—¡Ya lo sabía yo! Ahora, Jane, haga el favor de adelantarse, salga por la puerta trasera y diga al cochero de la silla de posta que verá usted en el patio —o mejor dicho fuera, porque le he indicado que no entre— que esté preparado. Nosotros vamos andando. Si ve usted a alguien cuando baje, vuélvase al pie de la escalera, y tosa.

Eran las cinco y media y el sol iba a salir. La cocina estaba aún oscura y silenciosa. Abrí la puerta trasera de la casa con el menor ruido posible. El patio estaba silencioso. Las verjas se hallaban abiertas y junto a ellas había una silla de posta, con el cochero encaramado en el pescante. Me acerqué, le dije que los señores iban a bajar ya, asintió y yo miré en torno mío y escuché. Aún dormía todo en la naciente mañana. Las ventanas de los cuartos de la servidumbre estaban cerradas todavía. Algunos pajarillos gorjeaban en los árboles del huerto, cuyas ramas asomaban sobre uno de los muros del patio. De vez en cuando se sentían ruidos de caballos en las cuadras. Por lo demás, reinaba un silencio absoluto.

Los tres caballeros se presentaron. Mason, ayudado por Rochester y el médico, parecía andar con bastante facilidad. Le colocaron en la silla. Carter le siguió.

—Cuídele —dijo Rochester al último— y téngale en su casa hasta que esté bien del todo. Iré dentro de uno o dos días a ver cómo se encuentran. ¿Cómo te sientes, Richard?

—El aire fresco me reanima, Fairfax.

—Deje abierta la ventanilla, Carter. No hace viento. Buenos días, Dick.

—Fairfax. . .

—¿Qué quieres?

—Cuídala bien y trátala todo lo mejor que puedas. Procura que. . .

Se interrumpió y rompió en lágrimas.

—Lo haré todo lo mejor posible, en efecto, como siempre lo he hecho y lo continuaré haciendo.

Cerró la puerta del coche y éste se puso en camino.

—¡Hasta que Dios quiera poner fin a esto! —añadió Rochester, mientras cerraba las pesadas verjas. Y luego comenzó a andar con lento paso y abstraído aspecto hacia una puerta que se abría en el muro del huerto. Yo me preparaba a volver a la casa, cuando le oí decir:

—¡Jane!

Había abierto la puerta y estaba parado, esperándome.

—Vamos a respirar un poco el aire puro —dijo—. Esa casa no es más que un calabozo. ¿No le parece?

—A mí me parece magnífica.

—Su inexperiencia la ciega —repuso— y todo lo ve usted a través de un falso aspecto encantador. No comprende usted que el oro es barro y las sedas telarañas; el mármol, grosera pizarra, y las maderas barnizadas, despreciable leña. . . En cambio, aquí —y señalaba el lugar en que habíamos entrado— todo es real, bello y puro.

Avanzó por un sendero circundado de boj. De un lado, lo sombreaban manzanos, perales y cerezos. Al otro había un pensil de flores: belloritas, trinitarias, escaramujos de olor, abrótano y hierbas aromáticas, todo ello fresco y lozano en la radiante mañana de primavera. El sol apuntaba por Oriente y sus rayos besaban los árboles frutales y brillaban en los quietos muros.

—¿Quiere una flor, Jane?

Cortó una rosa y me la ofreció.

—Gracias, señor.

—¿Le gusta ver nacer el sol, Jane? ¿Este cielo donde flotan lejanas y brillantes nubes que se disiparán a medida que avance el día, esta atmósfera plácida y perfumada?

—Sí, me gusta mucho.

—Ha pasado usted una noche muy mala, ¿no?

—Sí, señor.

—Está usted muy pálida. ¿Tuvo miedo cuando la dejé sola con Mason?

—Temía que saliese alguien del cuarto interior.

—Ya había cerrado yo la puerta con llave. ¿Iba a dejar a mi oveja —a mi oveja favorita— al alcance del lobo? Estaba usted bien segura.

—¿Cree que lo estaré mientras Grace Poole viva en la casa?

—No se asuste de Grace. No piense en ella siquiera, por favor.

—Me parece que ni la vida de usted está segura mientras ella continúe aquí.

—No tema. Ya me preocupo de mí también.

—¿Se ha alejado el peligro que temía anoche, señor?

—No respondo de ello mientras Mason no esté fuera de Inglaterra. . . y entonces tampoco. La vida para mí,

Jane, consiste en permanecer sobre el cráter de un volcán dormido que puede cualquier día entrar en erupción.

—Pero Mason me parece una persona dócil. Usted influye mucho sobre él y no creo que le dañe o le perjudique en nada.

—¡Oh, no desconfío de Mason! El peligro está en que, sin querer, pronuncie alguna palabra que me costara, si no la vida, al menos la felicidad.

—Dígale que sea precavido, hágale comprender los temores que usted siente y adviértale del peligro.

Él rió sarcásticamente, tomó mi mano y la apretó contra su pecho.

—Si eso fuera posible, bobita, ¿dónde estaría el peligro? Desaparecería instantáneamente. A Mason, desde que le conozco, me basta decirle «Haz esto», para que lo haga en el acto. Pero en este caso, no cabe hacer nada. Parece usted confundida y se confundirá más aún si. . . Usted es amiga mía, ¿no?

—Deseo serle útil y servirle en todo lo que sea razonable, señor.

—Ya lo he visto. Me parece apreciar verdadera satisfacción en todo su aspecto cuando usted me ayuda en algo, trabaja para mí y me complace en cuanto, como usted dice, «es razonable». Estoy seguro de que si la pidiera algo que no fuese razonable, mi amiga no huiría de mí, ni sentiría alegría, ni se pondría encarnada y le brillarían los ojos. No; mi amiga, en un caso así, se volvería hacia mí, serena y pálida, y me diría: «No, señor, porque no es razonable». Y permanecería tan inmutable como una estrella fija. . . En fin: usted puede influir en mí y hasta herirme aunque no la mostrara mi lado vulnerable.

—Si no tuviese usted que temer a Mr. Mason más que a mí, bien seguro estaría usted, señor.

—¡Ojalá fuera así! Vamos a sentarnos en ese banco, Jane.

Adosado a la tapia había un banco bajo un dosel de

hiedra. Se sentó y me hizo sitio. Pero yo permanecí en pie.

—Siéntese —dijo—. El banco es suficiente para los dos. ¿Acaso teme sentarse a mi lado? ¿Se trata de una cosa irrazonable?

Mi contestación fue sentarme. Comprendí que no había motivo para la negativa.

—Ahora, amiguita mía, mientras el sol bebe el rocío, mientras se abren las flores de este viejo jardín, mientras los pájaros levantan el vuelo a fin de buscar comida para sus crías, voy a exponer a usted un caso que. . ., pero antes míreme y dígame si encuentra mal que la retenga o no le agrada permanecer aquí.

—No, señor. Estoy satisfecha.

—Entonces, Jane, llame en su ayuda a su imaginación y suponga que no es usted una muchacha bien educada y disciplinada, sino una niña caprichosa y mimada desde la niñez. Imagínese viviendo en un lejano país extranjero y dé por hecho que hubiera cometido un gravísimo error, no importa de qué clase o por qué motivos, pero cuyas consecuencias la persiguen a lo largo de toda su vida y amargan toda su existencia. Note que no hablo de un crimen, esto es, de verter sangre u otra cosa análoga que pongan al que lo comete bajo la acción de la ley. No; me refiero a un error. Los resultados de lo que usted ha hecho acaban convirtiéndose en insoportables y usted adopta medidas para aliviarlos, medidas inusitadas, pero no ilegales. Usted sigue sintiéndose desgraciada; la esperanza la abandona, el sol y la luna de su vida se eclipsan. Amargos y humillantes recuerdos son el único alimento de su memoria, y usted vagabundea de un sitio a otro buscando olvido en el destierro y felicidad en el placer, significando con esto el mero placer sensual. Con el corazón cansado y el alma marchita, vuelve usted a su casa tras años de voluntario destierro y halla usted a alguien —quién y cómo no hace al caso— en quien halla las cualidades que en vano ha buscado usted durante veinte años; cualidades en plena lozanía, no acompañadas por corrupción de clase alguna. Su trato le hace revivir, le regenera, experimenta mejores sentimientos y deseos más puros. Desea usted volver a empezar su vida y terminarla de un modo más digno de un ser humano. Para alcanzar este fin, ¿encontraría usted justificado saltar sobre un obstáculo, un impedimento meramente convencional, que ni la conciencia santifica ni la razón aprueba?

Calló, esperando mi contestación. ¿Qué podía yo decir? En vano deseé que algún genio amigo me sugiriese una respuesta satisfactoria y sensata. El viento Oeste agitaba la hiedra, pero ningún amable Ariel le hacía servir de vehículo de sus consejos.

Los pájaros cantaban en las ramas, pero su canto, aunque dulce, no me decía nada.

Mr. Rochester insistió:

—Si el vagabundo pecador, ahora quieto y arrepentido, desafiando la opinión del mundo, uniese a su vida la de la amable, bondadosa y gentil mujer a quien ama, ¿aseguraría la paz de su alma y la regeneración de su vida?

—Señor —repuse—: creo que el reposo de un errabundo y la reforma de un pecador no dependen de otro ser humano. El hombre puede corregirse por sí mismo, si reconoce que yerra.

—Pero se necesita un instrumento. Dios, que impone el trabajo, da la herramienta. Yo, se lo digo sin ambages, he sido un hombre disoluto, un vagabundo, un... Creo haber hallado ahora el instrumento para mi salvación y...

Se detuvo. Los pájaros cantaban y las hojas de los árboles se balanceaban impulsadas por el viento. Me sorprendió que unos y otras no suspendieran sus cantos y sus movimientos para escuchar la interrumpida revelación. Pero hubieran tenido que esperar mucho, tanto como aquel silencio se prolongó... Cuando, al fin, osé mirar a mi interlocutor, él a su vez estaba mirándome a mí.

—Amiguita mía —dijo, con tono totalmente distinto, ya sin dulzura ni gravedad algunas, sino con sarcasmo y dureza—: ¿ha notado usted la tierna inclinación que experimento hacia Blanche Ingram? ¿Cree que si me caso con ella me regenerará?

Se levantó de pronto, se alejó hasta el extremo del sendero y volvió tarareando un cantar.

—Jane —dijo—: está usted palidísima. ¿No abomina de mí, que la he hecho pasar la noche en vela?

—No, señor.

—Confírmelo con un apretón de manos. ¡Qué frías las tiene! Estaban mucho más cálidas esta noche, a la puerta de la habitación misteriosa. ¿Cuándo volverá a velar conmigo otra vez?

—Cuando pueda serle útil, señor.

—Por ejemplo, la noche antes de mi boda. Estoy seguro de que esa noche no podré dormir. ¿Me promete usted sentarse entonces a mi lado haciéndome compañía? A usted puedo hablarle de mi amada, puesto que la conoce.

—Sí, señor.

—Blanche es admirable, ¿verdad?

—Sí, señor.

—Robusta, alta, morena, con un cabello como debían tenerlo las mujeres de Cartago. . . ¡Caramba! Dent y Lynn están ya en las cuadras.

Se fue por un lado, yo me fui por otro y a poco le oí hablar diciendo tranquilamente:

—Mason se ha ido hoy antes de salir el sol. Me levanté a las cuatro para despedirle.

Capítulo 21

¡Qué cosa tan extraña son los presentimientos! Ellos, como las simpatías espontáneas y los signos que se hallan en todas las cosas, constituyen un misterio del que la humanidad no ha encontrado la clave. Nunca me burlaré de los presentimientos, porque yo misma los he experimentado muchas veces. La simpatía espontánea existe también, como ocurre entre parientes que no se han visto jamás, y que simpatizan, no obstante, como demostración de su origen común. En cuanto a los signos reveladores, quizá sean muestra de la simpatía de la naturaleza hacia el hombre.

Teniendo apenas seis años, oí una noche comentar a Bessie Leaven y Martha Abbot que la primera había soñado con un niño pequeño y que soñar con niños es signo seguro de desgracia, o para uno mismo o para otros. A la mañana siguiente Bessie tuvo que ir a su casa, porque su hermana menor había muerto.

Ahora yo llevaba una semana soñando constantemente con un niño a quien tenía en brazos o sobre las rodillas, o cuyos juegos vigilaba en un prado. Unas veces era un niño triste y otras riente; ora se refugiaba en mi regazo; ora huía de mi lado. De un modo u otro, la aparición se me repitió durante siete noches.

El pensar en la reiteración de este sueño me ponía nerviosa en cuanto llegaba la hora de acostarme. Cuando el grito de aquella noche me despertó, soñaba estar en la fantástica compañía de aquel niño. La tarde del día siguiente me dijeron que en el gabinete de Mrs. Fairfax había una persona que deseaba verme. Me dirigí hacia allí y encontré a un hombre de aspecto de criado. Vestía de negro, con un crespón en el sombrero que tenía en la mano.

—Me parece que no me conoce usted, señorita —dijo—. Pero yo a usted, sí. Me llamo Leaven y era cochero en casa de Mrs. Reed cuando usted vivía allí hace ocho o nueve años.

—¡Oh, Robert! ¿Cómo está usted? Le recuerdo muy bien. Solía usted montarme en la jaquita de Georgiana. ¿Y Bessie? Porque es usted marido de Bessie, ¿verdad?

—Sí, señorita. Bessie está bien, gracias a Dios. Hace dos meses ha tenido otro pequeño. Ya son tres con éste. Todos están bien.

—¿Y mis parientes, Robert? ¿Cómo se encuentran?

—Siento decirle que mal. Sufren una gran desgracia.

—Confío que no haya muerto ninguno —dije, dirigiendo una mirada al vestido negro del cochero.

—Mr. John ha muerto en Londres hace una semana.

—¡John!

—Sí.

—¿Y cómo está su madre?

—¡Figúrese! Mr. John hacía una vida muy extraña y su muerte lo ha sido más aún.

—Bessie me dijo que no se comportaba bien.

—¡Quia! Hacía una vida pésima, derrochando su dinero y su salud entre las peores gentes que podía encontrar. Dos veces ha estado preso por deudas. Su madre le ayudó a salir, pero en cuanto se halló libre volvió a sus vicios y a sus malas compañías. Creo que no estaba bien de la cabeza y las gentes con quienes trataba le acabaron de echar a perder. Hace tres meses fue a casa y pidió a la señora que le diera todo cuanto poseía. La señora se negó, porque sus bienes han mermado mucho como consecuencia de las locuras de su hijo. Él se fue y ahora hemos sabido su muerte. ¡Y qué muerte! Dicen que se ha suicidado. . .

Yo estaba anonadada. Robert Leaven continuó.

—La señora, a pesar de ser robusta, hace tiempo que no está bien de salud. Las pérdidas de dinero y el temor a la pobreza la han empeorado. Y la brusca noticia del suicidio del señorito le produjo un ataque. Durante tres días estuvo sin habla. El martes pasado parecía encontrarse mejor. Hacía señas a mi mujer, como si quisiera decirle algo. Pero sólo ayer por la mañana pudo Bessie entender lo que le decía: «Tráigame a Jane, tengo que hablarla.» Aunque Bessie no tenía certeza de que la señora supiese lo que decía, habló a las señoritas, aconsejándolas que enviasen a buscarle a usted. Las jóvenes se indignaron, pero su madre repitió: «Jane, Jane», tantas veces, que acabaron consintiendo. Salí de Gateshead ayer y quisiera llevarla mañana por la mañana.

—Iré, Robert. Creo que debo hacerlo.

—También yo lo creo, señorita. Bessie decía que estaba segura de que usted no se negaría a ir. Tendrá que pedir permiso, ¿no?

—Sí; ahora mismo voy a solicitarlo.

Y dejando a Leaven al cuidado de John y de su mujer, fui en busca de Mr. Rochester.

No le hallé ni en el salón, ni en el patio, ni en las cuadras. Pregunté por él a Mrs. Fairfax y me dijo que debía de estar jugando al billar con Blanche Ingram. Llegué al cuarto de billar. Oí las voces de Rochester, Blanche, las Eshton y sus admiradores, que estaban jugando. Aunque me disgustaba interrumpirles, no tuve más remedio que abordar al dueño de la casa, porque mi viaje no se podía diferir. Blanche me miró como preguntándose: «¿Qué querrá esta sabandija?», y cuando me acerqué a él y le dije en voz baja: «Mr. Rochester. . . », ella inició un movimiento como para mandarme salir. Recuerdo muy bien su aspecto de entonces. Vestía un vestido de crespón azul celeste y ceñía el cabello con una cinta de seda del mismo color.

—¿Qué quiere esta mujer? —preguntó a Mr. Rochester mientras éste se volvía para ver lo que yo deseaba.

Él hizo una de sus muecas características y me siguió fuera del cuarto.

—Y bien, Jane, ¿qué desea?

—Si no tiene inconveniente, señor, un permiso de una o dos semanas.

—¿Para que? ¿Adónde va?

—A visitar a una señora enferma, que ha enviado a buscarme.

—¿Quién es? ¿Dónde vive?

—En Gateshead, en el condado de. . .

—¿A cien millas de aquí? ¿Para qué pueden querer que las visite gentes que viven a tanta distancia?

—Se llama Mrs. Reed y. . .

—¿Reed de Gasteshead? Recuerdo un tal Reed de Gateshead, un magistrado.

—Es su viuda, señor.

—¿Y qué tiene usted que ver con ella? ¿De qué la conoce?

—Es tía mía. Mr. Reed era hermano de mi madre.

—¡Demonio! ¿Por qué no me lo ha dicho antes? Siempre me ha manifestado usted que no tenía parientes.

—Realmente no los tengo. Mi verdadero tío era Mr. Reed y, después de morir él, mi tía me envió fuera de su casa.

—¿Por qué?

—Porque yo era pobre y la desagradaba.

—Pero Reed creo que dejó hijos, primos de usted, por tanto. . . Sir Jorge Lynn me habló ayer de un Reed de Gateshead que es, por lo visto, uno de los mayores bribones de Londres, y de una Georgina Reed que causó mucha sensación en la capital hace una o dos temporadas.

—John Reed ha muerto después de arruinarse y arruinar a su familia, y se supone que se ha suicidado. La noticia ha producido a su madre un ataque de apoplejía.

—¿Y de qué va usted a servirla? Me parece un absurdo, Jane, que haga usted un viaje de cien millas para ver a una mujer que quizá haya muerto cuando usted llegue y que, para colmo, la echó a usted de su casa.

—Sí, señor, pero eso ocurrió hace mucho y las circunstancias han variado. Mi deber ahora es complacerla.

—¿Cuánto tiempo estará fuera?

—Lo menos posible, señor.

—¿Me promete no estar más de una semana?

—Preferiría no darle palabra para no tener que incumplirla quizá.

—En todo caso, ¿volverá usted y no se dejará inducir para quedarse allí?

—No. Volveré de todos modos.

—Y ¿cómo nos arreglamos? ¡No va usted a hacer sola un viaje de cien millas!

—Ha venido el cochero de mi tía para llevarme con él, señor.

—¿Es persona de confianza?

—Sí. Lleva diez años en la casa.

—¿Cuándo quiere irse? —dijo Mr. Rochester, después de meditar un momento.

—Mañana por la mañana.

—Supongo que necesitará usted dinero, porque presumo que no tendrá mucho y yo no le he pagado aún su salario. ¿Cuánto tiene para toda la vida, Jane? —me preguntó, sonriendo.

—Cinco chelines, señor —repuse, mostrándole mi flaca bolsa.

Vació el contenido en la palma de la mano y lo agitó, alegremente, como si fuera cosa que le agradase. Luego sacó su billetero y me ofreció un billete.

Eran cincuenta libras y no me debía más que quince. Le dije que no tenía cambio.

—No necesito cambio. Ya lo sabe usted. Es su sueldo.

Rehusé, manifestando que aquello era más de lo que me debía. Pareció pensar de pronto en algo, y dijo:

—Bueno, bueno. Quizá sea mejor. De lo contrario, tal vez esté usted tres meses allí. Tome entonces diez libras. ¿Basta?

—Sí. Ahora me debe usted cinco.

—Así volverá por ellas. Soy su banquero. Tiene usted conmigo cuenta corriente por cuarenta libras.

—Mr. Rochester, quisiera de paso hablarle de negocios.

—¿De negocios? Me muero de curiosidad. Hable.

—Usted ha tenido la amabilidad de informarme de que piensa casarse en breve.

—Sí; ¿y qué?

—En tal caso, Adèle debe ir a un colegio. Estoy segura de que usted lo considerará necesario.

—Desde luego, tendré que ponerla fuera del alcance de mi esposa que, si no, quizá se comportase demasiado altivamente con ella. La sugerencia es razonable, sin duda. Como usted dice bien, Adèle tendrá que ir a un colegio. Y usted, ¿adónde irá? ¿Al diablo?

—Espero que no, señor, pero tendré que pensar en buscar otro empleo.

—Por supuesto —exclamó, contrayendo las facciones y con un extraño tono de chanza. Luego, agregó—: Supongo que pedirá usted a la vieja Reed y a sus primos que le busquen un puesto, ¿no?

—No, señor. No estoy con mis parientes en tan buenas relaciones como para pedirles que me proporcionen empleo.

—¡Veo que va usted a irse a parar lo menos a las pirámides de Egipto! Ha hecho usted mal en advertirme. En vista de eso, sólo le doy un soberano. Devuélvame nueve libras, Jane. Las tengo destinadas a. . .

—También yo, señor —dije poniendo las manos sobre mi bolsillo—. No puedo ceder dinero en concepto alguno.

—¡Qué avarienta! ¡Negarme una petición de dinero! Deme cinco libras siquiera, Jane.

—Ni cinco chelines, señor. Ni cinco peniques.

—¡Jane!

—¿Señor?

—Prométame una cosa. Que cuando necesite esa nueva colocación me la pida. Yo se la encontraré.

—Lo haré con gusto, si a su vez me promete que Adèle y yo saldremos de esta casa antes de que entre en ella su esposa.

—Bueno, bueno. Le doy palabra. . . ¿Se va mañana, pues?

—Sí; muy temprano.

—¿Bajará hoy al comedor después de cenar?

—No, señor. Tengo que preparar mi equipaje.

—Entonces, ¿debemos despedirnos por algún tiempo?

—Supongo que sí, señor.

—Y ¿cómo se verifica esa ceremonia de la despedida, Jane? No estoy muy al corriente. Infórmeme.

—Pues diciéndose adiós, u otra fórmula semejante, a elección.

—¿Por ejemplo?

—Hasta la vista. . .

—Y yo, por mi parte, ¿qué debo decir?

—Lo mismo, si usted gusta.

—Bien. Adiós, Miss Eyre, hasta la vista. ¿Nada más?

—Nada más.

—A mí me parece esto muy frío y poco afectuoso. Convendría añadir algún detalle a ese ritual. Un apretón de manos, por ejemplo. . . Pero eso sería lo mismo. ¿Así que se limita usted a decirme adiós?

—Es suficiente, señor. Tanto se puede decir con una palabra como con muchas.

—Pero esto es tan seco, tan glacial. . . «Adiós. . .»

—Tengo que hacer mi equipaje. . . —empecé a decir.

Pero en aquel momento sonó la campana de la cena y él, sin añadir una sola sílaba más, se alejó. No le vi en todo el día y partí al día siguiente antes de que se levantara.

Llegué a Gateshead a las cinco de aquella tarde de principios de mayo. Me detuve en la portería antes de seguir a la casa. Todo estaba aseadísimo y cuidado. Las ventanas ostentaban blancas cortinillas. El suelo se hallaba escrupulosamente limpio. Los dorados brillaban y en la chimenea ardía un excelente fuego. Bessie estaba junto a la lumbre amamantando a su pequeño y Robert y su hermana jugaban tranquilamente en un rincón.

—¡Bendito sea Dios! Ya sabía yo que vendría —dijo Bessie al verme entrar.

—Sí, Bessie —dije, besándola—. He venido en cuanto me ha sido posible. ¿Y mi tía? Confío en que vivirá aún.

—Vive, y hasta está más lúcida. El doctor cree que resistirá aún una o dos semanas, pero dudo mucho que se restablezca.

—¿Ha vuelto a mencionarme?

—Esta mañana. Ahora —por lo menos hace diez minutos— está durmiendo. Suele pasar aletargada toda la tarde y despertar a las seis o las siete. ¿Quiere quedarse aquí una hora? Luego subiría yo con usted. . .

Entró Robert, y Bessie, dejando al niño en la cuna, fue a recibirle. Después insistió en que yo me quitase el sombrero y tomase el té, porque le parecía verme pálida y fatigada. Acepté con satisfacción su hospitalidad y dejé que me quitase la ropa de viaje como cuando era niña y ella me desvestía.

Recordé los viejos tiempos al verla preparar el té, cortar pan con manteca, tostar los bollos y, entretanto, dar algún empujón o un cachete a Robert y Jane, como a mí cuando era niña. Bessie había conservado su genio vivo como conservaba su agilidad y su buen aspecto.

Una vez preparado el té, me dispuse a sentarme a la mesa, pero ella, con el tono autoritario de los años antiguos, me conminó a instalarme junto a la lumbre y colocó ante mí una mesita redonda en la que puso el servicio, exactamente como en mi infancia. Y, como en mi infancia también, la obedecí, sonriendo.

Me preguntó si estaba contenta en Thornfield Hall y cómo era la señora. Contesté que no era señora, sino señor, y por cierto todo un caballero, que me trataba amablemente, y que estaba muy satisfecha. Luego le describí la clase de visitantes que había en la casa y Bessie me atendió con interés, porque tales detalles eran los que le encantaban.

Hablando, se nos fue una hora. Bessie volvió a ponerme el sombrero y demás adminísculos y nos dirigimos a la casa. También fui acompañada por ella como bajara yo, nueve años atrás, la escalera que ahora subía, en aquella oscura y brumosa mañana de enero en que abandoné una mansión hostil con el corazón amargado y desesperado, para buscar el frío refugio de Lowood, entonces lugar desconocido e inexplorado para mí. El mismo techo hostil me acogía de nuevo y también ahora me parecía ser una peregrina errante a través de la tierra, pero me sentía más segura de mí misma y me asutaban menos las injusticias que pudieran cometer conmigo los demás. La herida de los agravios recibidos hacía tiempo estaba curada y la llama de los rencores, extinguida.

—Entre primero en el cuarto de desayunar —dijo Bessie—. Están allí las señoritas.

Entré. Todo estaba igual que la mañana en que me presentaran a Mr. Brocklehurst. La alfombra era la misma, idéntica la biblioteca y hasta en su tercer estante pude distinguir *Los viajes de Gulliver, Las mil y una noches* y los demás libros que leía en mi niñez. Los objetos inanimados no habían cambiado, pero los vivientes habían experimentado variación.

Ante mí se hallaban dos jóvenes: una muy alta, casi tanto como Blanche Ingram, muy delgada, de faz severa y cetrina. Todo en su aspecto era ascético. Aumentaba esta impresión la extrema sencillez de su vestido negro con un cuello blanco almidonado, su cabello liso y el monjil adorno de un rosario y un crucifijo. Tuve la certeza de que era Eliza aunque se parecía muy poco a la Eliza de mis recuerdos.

La otra era Georgiana pero no la Georgiana de once años, la linda y delgada muchachita que yo evocaba. La actual era una opulenta joven, de amplias líneas, blanca como la cera, de hermosas y correctas facciones, lánguidos ojos azules y dorados rizos. Su vestido era negro también, pero absolutamente distinto del de su hermana. Una especie de luto estilizado.

Ambas se levantaron al entrar yo y me saludaron llamándome «Miss Eyre». Eliza me dio la bienvenida con brusca, breve y cortada voz y sin una sonrisa, y luego dirigió la mirada al fuego y pareció olvidarse de mí. Georgiana añadió un «¿cómo está usted?», varios tópicos acerca de mi viaje y el tiempo que hacía y una mirada con la que me examinó de pies a cabeza, deteniéndose en mi pelliza, de merino de color pardo. Ambas muchachas tenían una curiosa manera de hacerle comprender a una que era una infeliz sin que una sola de sus palabras o actos lo exteriorizasen.

Pero el desprecio, encubierto o no, ejercía poca influencia entonces sobre mí. Hasta a mí me maravilló la naturalidad con que me senté entre mis dos primas, con absoluta indiferencia hacia el desprecio de la una y las irónicas amabilidades de la otra. Yo tenía otras cosas en qué pensar, placeres y dolores mucho mayores que experimentar y sufrir —sobre todo desde los últimos meses— y ellas no podían producirme ninguna impresión semejante, cualesquiera que fuesen sus propósitos en bien o en mal.

—¿Cómo está Mrs. Reed? —pregunté a Georgiana.

—¿Mrs. . .? ¿Ah, quiere usted decir mamá! Muy mal. Dudo mucho de que pueda usted verla esta noche.

—Si tiene usted la atención de manifestarla que he venido, se lo agradeceré mucho —dije.

Georgiana me miró con asombro.

—Sé —proseguí— que tenía un particular interés en verme y no quiero aplazar el cumplimiento de su deseo más del tiempo imprescindible.

—A mamá no le agradará que la molesten por la noche —intervino Eliza.

—Me levanté, cogí el sombrero y los guantes y dije que iba a preguntar a Bessie si Mrs. Reed estaba dispuesta o no a recibirme aquella noche. La despaché, pues, a averiguarlo y me preparé a adoptar ulteriores medidas. Si un año antes me hubiesen hecho una recepción de aquella clase en Gateshead, hubiera partido a la mañana siguiente. Pero ahora comprendía que ello, en esta ocasión, hubiese sido desacertado. Había hecho un viaje de cien millas para ver a mi tía y no debía separarme de su lado hasta que mejorase o muriera, sin preocuparme del orgullo y la insensatez de sus hijas. Me dirigí, pues, al ama de llaves y le pedí que me preparase un cuarto, advirtiéndola que quizá permaneciese allí una semana o dos. Llevaron mi equipaje a mi cuarto. Bessie apareció.

—La señora está despierta —dijo—. La he dicho que ha venido usted. Venga y veremos si la reconoce.

No me era necesario guía para llegar al bien conocido cuarto a que tantas veces me llamaran en los viejos tiempos para propinarme castigos o reprimendas. Precedí a Bessie y abrí la puerta con suavidad. Sobre la mesa había una bujía y a su luz vi el gran lecho con las mismas cortinas de antes, el tocador, la butaca y el taburete en que cien veces fui condenada a arrodillarme para pedir perdón de faltas que no había cometido. Incluso miré a cierto rincón esperando ver la varilla con que solían golpearme la palma de la mano. Luego me acerqué al lecho y corrí las cortinillas que colgaban entre sus columnas.

Recordando muy bien el rostro de mi tía. El tiempo tiene la virtud de disipar los afanes de venganza y extinguir los impulsos de aversión. Yo me había separado de aquella mujer odiándola y ahora no experimentaba, sin embargo, más que conmiseración hacia sus grandes sufrimientos y un vivo deseo de perdonar y olvidar sus injurias y reconciliarme con ella.

Distinguí su rostro duro e inflexible, su entrecejo imperioso, despótico, sus inconfundibles ojos. . . ¡Cuántas veces me habían contemplado con odio y amenazadores, y cuántas tristezas y terrores de la niñez me recordaban! No obstante, me incliné y besé aquel rostro. Ella me miró.

—¿Eres Jane Eyre? —dijo.

—Sí, lo soy. ¿Cómo está usted, querida tía?

Aunque yo jurara una vez no volver a llamarla tía jamás, no consideré pecado quebrantar ahora este juramento. Mis dedos buscaron su mano. Si ella la hubiese oprimido amistosamente, yo habría encontrado en ello verdadero placer. Pero las naturalezas insesibles no se ablandan con facilidad y las antipatías espontáneas no se desarraigan en un momento. Ella separó su mano y, volviendo la cara, comentó que la noche era calurosa. Cuando volvió a mirarme, con igual frialdad que siempre, comprendí que sus sentimientos respecto a mí no habían cambiado ni podían cambiar. Adiviné por sus duros ojos, impenetrables a la ternura, incapaces de lágrimas, que ella había resuelto considerarme mala hasta el fin, ya que creerme buena, en vez de producirla un generoso placer, le habría originado una mortificación.

Sentí pena y enojo, contuve mis lágrimas, a punto ya de brotar, como en la infancia, tomé una silla y me senté a la cabecera del lecho.

—Me ha enviado usted a buscar —dije— y he venido. No pienso irme antes de que me diga lo que deseaba.

—Por supuesto. ¿Has visto a mis hijas?

—Sí.

—Pues puedes decirlas que quiero que estés aquí hasta que pueda explicarte ciertas cosas que tengo en la cabeza. Ahora es demasiado tarde y no me es fácil recordar. . . Pero deseaba decirte. . . espera.

Su errante mirada y su alterado rostro demostraban que su antigua energía había desaparecido. Trató de envolverse en las ropas de la cama. Mi codo, apoyado en la colcha, se lo dificultaba y se irritó.

—No me molestes sujetando las ropas —dijo—. ¿Eres Jane Eyre?

—Sí.

—Esa niña me ha dado más disgustos que lo que nadie puede imaginar. ¡Cuántas complicaciones me produjo, cada día y cada hora, con su incomprensible carácter y con su brusquedad! ¡Y qué modo tenía de contemplarle a una! Una vez me habló como lo hubiera hecho un demonio. Ningún niño habría dicho lo que ella. Me alegré cuando salió de casa. ¡Y luego, cuando se declaró la epidemia en Lowood y murieron tantas discípulas, ella no murió, a pesar de lo mucho que yo deseaba que muriese!

—¡Extraño deseo! ¿Por qué la odiaba así?

—Su madre me era muy antipática. Era la única hermana de mi marido y él la quería mucho. Cuando se casó y murió al poco tiempo, mi esposo lloró como un tonto. Se empeñó en recoger a su hija, aunque yo le aconsejaba enviarla con una nodriza y pagar los gastos. Odié a aquella pequeña desde que la vi, tan enfermiza, tan llorona. . . No se durmió en su cuna como los demás niños, sino que pasó la noche lloriqueando. Reed se compadecía de ella y no hacía más que informarse de su salud, como si fuera hija suya, o más aún, porque de sus hijos, a esa edad, casi no se preocupaba. Se empeñaba en que mis niños tratasen bien a aquella mendiga y les reprendía si se negaban. Cuando enfermó mortalmente, no hacía más que llamar a la pequeña a su lado y me encargó antes de morir que la conservase bajo mi custodia. ¡Encargarme de una hospiciana! Reed era débil, muy débil. John no se parece a su padre, gracias a Dios: es como mis hermanas y como yo. ¡El vivo retrato de mi hermana Gibson! ¡Sólo quisiera que dejase de atormentarme pidiéndome dinero! Ya no tengo nada que darle; estamos casi arruinados. Voy a tener que despedir a la mitad de la servidumbre y cerrar parte de la casa. Dos tercios de las rentas se gastan en pagar los intereses de las hipotecas. John juega mucho y siempre pierde, el pobre. . . Vive rodeado de fulleros. Y tiene un aspecto horroroso. Me avergüenza verle como le veo. . .

—Será mejor que salgamos —murmuré viendo tan excitada a mi tía.

—Puede ser. . . Suele hablar así durante las noches. Por las mañanas está más tranquila —dijo Bessie, que estaba sentada al otro lado del lecho.

Me levanté.

—Esperad —exclamó la Reed—; tengo algo más que decir. John me amenaza siempre con matarse o matarme. Muchas veces sueño que le veo tendido, con una enorme herida en la garganta o con el rostro negro, como los ahogados. . . ¡Oh, qué situación la mía! ¿Qué haré? ¿De dónde sacaré dinero?

Bessie comenzó a persuadirla de que tomase un sedante y lo logró sin gran trabajo. A poco, mi tía se tranquilizó y cayó en una especie de letargo. Entonces me fui.

Pasaron más de diez días antes de que pudiese reanudar mi conversación con ella. Estaba continuamente o delirando o amodorrada, y el médico prohibió hacer nada que pudiese impresionarla. Entretanto me entendí lo mejor que pude con Georgiana y Eliza. Ellas continuaban tan frías como al principio. Eliza estaba sentada casi todo el día, cosiendo, escribiendo o leyendo, y no nos dirigía la palabra ni a su hermana ni a mí. Georgiana pasaba horas y horas diciendo tonterías a su canario y no me hacía caso alguno. Pero yo no perdía mi tiempo. Había traído mis útiles de trabajo y los utilizaba.

Con mi caja de lápices y unas hojas de papel, me sentaba aparte de ellas, junto a la ventana, y me divertía en hacer los dibujos que se me ocurrían, las escenas que desfilaban por el quimérico calidoscopio de mi imaginación. Un trozo de mar entre las rocas, la luna elevándose sobre el mar y un navío cruzando ante su disco, la cabeza de una náyade coronada de flores de loto surgiendo entre olas, un enano sentado en un nido. . .

Una mañana comencé a dibujar un rostro, sin preocuparme de lo que pudiera resultar. Tomé un lápiz blando, de punta ancha, y comencé a trabajar. A poco, había trazado una frente amplia y saliente, y el contorno de una cara cuadrada. El principio me agradó y comencé a completar las facciones. Bajo aquella frente se imponían unas cejas horizontales reciamente marcadas, a las que habían de seguir, naturalmente, una nariz enérgica, de amplias ventanas, una boca flexible y una firme barbilla con un bien definido hoyo en el centro. El conjunto necesitaba, evidentemente, patillas negras y cabello negro, formando dos tufos en las sienes y ondeado por arriba. Los ojos habían quedado para lo último, por requerir un trabajo más esmerado. Los hice grandes, muy sombreados, con largas pestañas y pupila ancha y brillante. Mirándolo, pensé: «Está bien, pero no produce un efecto completo. Necesita más fuerza, más alma.» Un par de toques, que dieron a las sombras más oscuridad y a las luces más brillo, completaron felizmente el trabajo. Tenía el rostro de un amigo ante mis ojos. Por tanto, ¿qué importaba que aquellas dos jóvenes me volviesen la espalda? Me sentí absorta y contenta y sonreí contemplando el dibujo.

—¿Es el retrato de algún conocido suyo? —preguntó Eliza que se había acercado a mí sin que yo me diera cuenta.

Respondí que era un dibujo caprichoso y lo coloqué

entre los demás que tenía. Yo sabía, desde luego, que era una representación muy exacta de Mr. Rochester, mas ¿qué le interesaba eso a nadie, sino a mí misma?

Georgiana se acercó también para mirar. Los demás dibujos le gustaron mucho, pero aquél, según ella, era «un hombre muy feo». Las dos parecieron sorprendidas de mi habilidad. Entonces les ofrecí hacer sus retratos. Ambas se sentaron, ante mí, una después de otra, y obtuve de cada una un apunte de lápiz. Georgiana entonces sacó su álbum y le ofrecí contribuir a enriquecerlo con un dibujo a la aguada. Esto acabó por ponerla de buen humor. Propuso dar un paseo por los alrededores y antes de dos horas estábamos entregadas a una conversación confidencial. Me describió la brillante temporada que había pasado en Londres dos años antes, la admiración que le produjera, las atenciones de que la hicieron objeto y aun la conquista que había realizado de un joven aristócrata. En el curso de la tarde y de la noche, las confidencias se profundizaron, me fueron relatados varios dulces coloquios y algunas escenas sentimentales. En resumen, Georgiana improvisó en obsequio mío una verdadera novela sentimental. Sus expansiones aumentaron de día en día, versando todas sobre el mismo tema: su amor y sus pesares. Era curioso que, en aquel sombrío momento de la vida de su familia, con su hermano muerto y su madre enferma, no pensara nunca en ello, limitándose a recrearse en el recuerdo de las pasadas alegrías y en imaginar las venturas que podría reservarle el porvenir. Pasaba diariamente cinco minutos en el cuarto de su madre, y no aparecía más por allí.

Eliza hablaba poco, sin duda por falta de tiempo. Jamás he visto persona más atareada de lo que ella parecía estar. Lo difícil era descubrir los resultados prácticos de su actividad. No sé lo que hacía antes de desayunar, pero desde ese momento, todas sus horas estaban reguladas y dedicadas a una tarea diferente. Tres veces al día estudiaba un pequeño libro que, según averigüé mediante la oportuna inspección, era un devocionario corriente. Tres horas al día trabajaba bordando en oro una tela cuadrada que, por su tamaño, parecía una alfombra. Preguntándole sobre su objeto, me dijo que estaba destinada a cubrir el altar de una iglesia recientemente erigida en las cercanías de Gateshead. Dedicaba otras dos horas a escribir su diario, una a trabajar en el huerto y otra a hacer sus cuentas. Al parecer, no necesitaba compañía ni conversación. Creo que era feliz a su modo y que aquella rutina la bastaba. Nada le disgustaba tanto como cualquier incidente que rompiese la monotonía de su vida regulada por el reloj.

Una noche en que se sentía más comunicativa que de costumbre, me dijo que la conducta de John y la ruina que amenazaba a su familia la habían afligido mucho, pero que al fin se había tranquilizado y adoptado su resolución. Habiendo tenido la precaución de salvar de la ruina sus propios bienes, cuando su madre muriera, ya que —según decía con toda tranquilidad— no era probable que curase ni que resistiese mucho, se proponía ejecutar un proyecto largo tiempo acariciado: retirarse a un lugar donde las costumbres rutinarias pudiesen asegurarse contra toda turbación exterior, y donde le fuese fácil establecer barreras entre ella y el frívolo mundo. Le pregunté si Georgiana pensaba acompañarla.

—Desde luego, no. Georgiana y yo no nos parecemos en nada ni nos hemos parecido nunca. Georgiana seguirá su camino y yo el mío.

Georgiana, cuando no empleaba el tiempo en abrirme su corazón, pasaba el día tumbada en el sofá, esperando con ansia el momento en que su tía Gibson le enviase una invitación para ir una temporada a la ciudad.

—Sería mejor —solía decir— que me marchara

durante uno o dos meses, hasta que todo pasara.

Aquel «todo pasara» supongo, aunque nunca se lo pregunté, que quería decir hasta que su madre hubiera muerto y se efectuaran los funerales y demás solemnidades lúgubres. Eliza, generalmente, no solía hacer caso alguno de su hermana ni de sus quejas, pero un día, después de apartar su libro de cuentas y sus bordados, le habló de este modo:

—Georgiana; nunca ha existido en el mundo un ser más inútil y absurdo que tú. No tienes derecho a la vida, porque no sabes vivir. En vez de existir por ti y para ti, como debe hacer toda persona sensata, te es imposible prescindir de transmitir tus debilidades a otras personas de más energía que tú. Si no las encuentras, comienzas a lamentarte de que eres desgraciada, de que te tratan mal, de que no te hacen caso. Para ti, el mundo es una prisión si no hay en él continuos cambios y novedades, si no te admiran, te adulan y te cortejan. No sabes pasar sin el baile, la música, la compañía y por eso te aburres mortalmente. ¿Quieres que te diga cómo puedes existir de un modo independiente, por ti misma, sin ayuda ajena? Divide tu día en partes y a cada una asígnale una tarea, sin dejar un cuarto de hora, diez minutos, ni cinco siquiera, sin algo que hacer. Cuando sea así, observarás que no necesitas compañía, conversación ni simpatía de nadie. Y lograrás vivir con la independencia a que todo ser humano debe aspirar. Sigue mi consejo, primero y último que te doy, y verás cómo no necesitas de mí ni de nadie, suceda lo que quiera. Si no lo atiendes, sufrirás los resultados de tu sandez, por malos que sean. Te lo digo francamente. Escúchame bien, porque no volveré a hablarte así, sino que me limitaré a obrar. En cuanto mamá muera, yo me lavo las manos respecto a ti. El mismo día que la saquen de Gateshead, tú y yo nos separaremos para no volvernos a ver. No imagines que porque hayamos nacido de los mismos padres voy a estar tolerando siempre tus quejas y tus lamentaciones. Te digo más: si toda la raza humana fuera borrada del mapa y quedásemos tú y yo solas, te abandonaría en el Viejo Mundo y me marcharía al Nuevo.

—Podías haberte ahorrado el sermón —dijo Georgiana cuando su hermana dejó de hablar—. Nadie ignora que eres el ser más egoísta y de menos corazón que existe en el mundo, y a mí me constan tu odio y tu envidia hacia mí. Ya me lo demostraste lo suficiente con el papel que te diste prisa a desempeñar en mis relaciones con Lord Edwin Vere. Te era insoportable que me elevase sobre ti, que obtuviera un título, que me recibiera en ambiente donde tú no te atreverías ni a asomar la cara. Por eso actuaste como espía y destruiste para siempre mis esperanzas.

Y Georgiana sacando su pañuelo, lo aplicó a su rostro y así permaneció más de una hora. Eliza se sentó, fría y hermética, y se dedicó a su labor.

El día era lluvioso y soplaba un fuerte viento. Georgiana se durmió sobre el sofá, con una novela entre las manos. Eliza había ido a la iglesia. Practicaba con rigidez sus deberes religiosos, acudiendo a la iglesia tres veces cada domingo y los demás días de entre semana, si se celebraban plegarias, hiciera el tiempo que hiciese.

Subí a la alcoba de la moribunda, sospechando que acaso se hallase desatendida, lo que ocurría con frecuencia, ya que los criados sólo le dedicaban una relativa atención. La enfermera se marchaba del cuarto en cuanto podía, y Bessie, aunque muy fiel, tenía bastante quehacer con su propia familia y rara vez podía dirigirse a la casa. Como esperaba, hallé solitario el dormitorio de la enferma. La paciente parecía estar amodorrada, con la lívida faz sobre el almohadón; el fuego de la chimenea se estaba apagando. Eché más leña, arreglé las ropas del lecho, contemplé a mi tía y me acerqué a la ventana.

La lluvia batía violentamente los cristales y el viento aullaba con rabia. «¿Dónde irá —pensaba yo— el alma de esta mujer cuando abandone su cuerpo moribundo?»

Mientras meditaba en tan gran misterio, recordaba a Helen Burns, sus últimas palabras, su fe, su creencia en la vida del más allá. Y me parecía escuchar su plácido tono, contemplar su rostro pálido y espiritual y su mirada sublime, verla luego tendida en su tranquilo lecho mortuorio. . . De pronto, una débil voz murmuró:

—¿Quién está ahí?

—Soy yo, tía.

—¿Quién? —repuso con sorpresa y alarma—. No la conozco. ¿Dónde está Bessie?

—Está en la portería, tía.

—¡Tía! ¿Por qué me llama tía? Usted no es ninguna de las Gibson, y aunque la creo reconocer. . . Sí; esa cara, esos ojos y esa frente me recuerdan algo. Es usted como. . . como Jane Eyre.

No dije nada, temiendo producirla una impresión muy fuerte si la descubría mi identidad.

—Sin embargo —siguió—, debo de estar equivocada. Me engaña el corazón. Quisiera ver a Jane Eyre y la imaginación me hace ver lo que no existe. En ocho años debe de haber cambiado mucho.

Entonces le aseguré con amabilidad que yo era la persona que ella suponía y a quien deseaba ver. Notando que me comprendía y que estaba en sus cabales sentidos, le expliqué que el marido de Bessie había ido a buscarme a Thornfield.

—Estoy muy enferma, lo sé —dijo ella—. Hace poco he querido volverme y he notado que no puedo ni mover los músculos. Menos mal que recobro mi sentido antes de morir, porque cuando uno está sano piensa poco en lo que sucede en estos momentos. . . ¿Está la enfermera ahí o estás tú sola?

Afirmé que estaba sola.

—Bueno. . . En dos ocasiones me he portado mal contigo. La primera, quebrantando la promesa que hice a mi marido de que te trataría como a mis propios hijos . . . La otra. . . —y se interrumpió—. Después de todo, acaso no tenga gran importancia —dijo como para sí— y podría prescindir de humillarme. . .

Trató de cambiar de postura y no pudo. La expresión de su faz se alteró. Parecía experimentar una sensación extraña: acaso la precursora del fin.

—Haré mejor en hablar. Estoy al borde de la eternidad. Vete al cajón de mi armario y saca una carta que hallarás allí. —Y cuando hube obedecido, ordenó—: Léela.

La carta, muy breve, decía:

«Señora: ¿Tendrá usted la bondad de enviarme la dirección de mi sobrina Jane Eyre y decirme cómo está? Me propongo escribirla y traerla conmigo a Madera. La Providencia ha favorecido mi trabajo y, como soy soltero y sin hijos, me propongo adoptar a mi sobrina y cederla a mi muerte cuanto poseo.

«De usted, atto. etc. —Jane Eyre, Madera.»

La carta estaba fechada tres años antes.

—¿Cómo no se me informó de eso? —pregunté.

—Porque yo no deseaba mover una sola mano en favor tuyo. Yo no podía olvidar tu comportamiento conmigo, Jane, la furia con que una vez te revolviste contra mí, el tono con que declaraste que me odiabas más que a nadie en el mundo, que todos mis pensamientos hacia ti eran de aversión y que te trataba con horrible crueldad. No podía olvidar tampoco lo que experimentaba cuando te volvías contra mí y comenzabas a increparme. Era como si un animal a quien hubiese golpeado me mirara con ojos humanos y me hablase para recriminarme. ¡Tráeme agua! Apresúrate.

—Querida tía —dije, al llevarle lo que pedía—, no piense más en eso. Perdone mi violento lenguaje. Yo era entonces una niña. Han pasado ocho o nueve años desde entonces.

No hizo caso de lo que decía. Después de beber y respirar profundamente, continuó:

—Te dije que no te perdonaría aquello y, en efecto, tomé mi desquite, porque la idea de que fueras adoptada por tu tío y vivieras bien era insoportable para mí. Le escribí diciéndole que sentía comunicárselo, pero que habías muerto de tifus en Lowood. Ahora haz lo que quieras. Escribe desmintiéndome, si te parece. Creo que has nacido para ser mi tormento; hasta en mi última hora he de ser torturada por el recuerdo de un mal que no debía cometer ni aun tratándose de ti.

—Quisiera que no pensase más en ello, tía, y que me mirase con afecto.

—Tienes muy malos instintos —repuso—, y aún hoy no comprendo cómo has sido capaz de permanecer nueve años en el colegio sin rebelarte.

—Mis instintos no son tan malos como usted piensa. Soy vehemente, pero no vengativa. Durante mucho tiempo, mientras fui niña, hubiera deseado quererla mucho, si usted me lo hubiera permitido, y ahora deseo reconciliarme con usted. Béseme, tía.

Aproximé mis mejillas a sus labios, pero no me tocó. Dijo que la ahogaba inclinándome así sobre la cama, y me pidió más agua. La incorporé para que bebiese y, al volverla a acostar, coloqué mis manos sobre las suyas, heladas, que se retiraron de mi contacto, mientras su apagada mirada esquivaba la mía.

—Quiérame u ódieme, como desee —dije, al fin—. En uno u otro caso, la perdono de corazón. ¡Dios la perdone también!

¡Pobre mujer! Era demasiado tarde para que cambiase de carácter. Me había odiado en vida y era, al parecer, inevitable que me odiara en su agonía.

Entró la enfermera, seguida de Bessie. Permanecí en la estancia media hora más, esperando que mi tía diese algún indicio de alivio, pero no dio ninguno. Permaneció sumida en el habitual sopor y a medianoche falleció. Ni sus hijas ni yo estuvimos presentes para cerrar sus ojos. A la mañana siguiente nos dijeron que todo había terminado. Eliza entró a ver a su madre por última vez. Georgiana que estaba deshecha en llanto, dijo que no se atrevía. La antes robusta y enérgica Sarah Reed yacía rígida e inmóvil, con los párpados cerrados. En su entrecejo y sus duras facciones estaba impreso aún el sello de la inflexibilidad de su alma. Aquel cadáver me produjo un efecto extraño y solemne. Le miré con espanto y tristeza. Nada había en él que sugiriese imágenes suaves, de piedad o de esperanza.

Eliza miró a su madre con serenidad. Después de algunos minutos de silencio, comentó:

—Tenía una constitución muy robusta y hubiera vivido mucho más a no haber abreviado su existencia los disgustos.

Su boca se contrajo por un momento. Luego salió del cuarto y yo la seguí. Ninguna de las dos habíamos vertido una sola lágrima.

Capítulo 22

Mr. Rochester me había concedido una semana de permiso, pero pasó un mes antes de que yo abandonase Gateshead. Pretendí irme en seguida de los funerales, mas Georgiana me obligó a estar con ella hasta su marcha a Londres, donde al fin había sido invitada por su tía Gibson, que acudió para arreglar los asuntos familiares. Georgiana afirmaba que temía quedar sola con Eliza porque no podía contar para nada con su simpatía ni su ayuda. Soporté lo mejor que pude sus quejas egoístas y la auxilié con todas mis fuerzas a hacer su equipaje. Mientras yo trabajaba, ella permanecía inactiva, y yo pensaba para mí: «Si nosotras hubiéramos de vivir juntas, primita, las cosas se organizarían sobre una base diferente. Ya me encargaría yo de marcarte tu tarea y te obligaría a cumplirla. También te persuadiría de que guardases parte de tus lamentaciones en el fondo de tu alma. Si tengo tanta paciencia y soy tan complaciente contigo, se debe a la triste ocasión en que te hallas y a que se trata de una cosa pasajera.»

Al fin Georgiana partió, pero entonces fue Eliza quien me pidió que me quedase otra semana. Sus proyectos absorbían todo su tiempo y su atención y, antes de partir para su desconocido destino, se pasaba el día cerrando baúles, vaciando cajones, quemando papeles, todo ello dentro de su cuarto y con el cerrojo echado. Me necesitaba, pues, para que yo atendiese la casa, recibiese pésames y contestase cartas.

Al fin, una mañana me dijo que me dejaba en libertad, y añadió:

—Le agradezco mucho su discreción y sus valiosos servicios. ¡Qué diferencia entre vivir con una persona como usted o con una como Georgiana! Usted sabe llenar su misión en la vida. Mañana —continuó— parto para el continente. Me instalaré en una residencia de religiosas, cerca de Lisle, una especie de monasterio donde viviré tranquila y aislada. Quiero dedicar mi tiempo al examen de los dogmas catolicorromanos, y si, como casi supongo, encuentro que son los que mejor permiten hacer las cosas bien y ordenadamente, abrazaré la fe romana y probablemente me haré monja.

No manifesté sorpresa por tal resolución ni intenté disuadirla de ella. Al despedirme, me dijo:

—Adiós, prima Jane Eyre. Le deseo buena suerte. Es usted sensata.

—También usted, prima Eliza —repuse. Y con estas palabras nos despedimos.

Como no habrá ocasión de referirme de nuevo a ninguna de mis primas, me limitaré a mencionar que Georgiana hizo un buen matrimonio con un hombre rico y distinguido y que Eliza profesó como monja después de un año de noviciado y es actualmente superiora de su convento.

Mi viaje fue aburrido, muy aburrido. Una jornada de cincuenta millas, una noche en una posada y cincuenta millas más al día siguiente. Durante las primeras horas del viaje pensé en los últimos momentos de mi tía: creía ver su desfigurada faz y escuchar su alterada voz. Recordaba el sepelio: el ataúd, el carruaje fúnebre, la comitiva de criados y colonos —parientes había muy pocos—, la cripta, la silente iglesia, el solemne oficio. . . Pensé en Georgiana y en Eliza, figurándome a la una brillando en un salón de baile, y a la otra habitando una celda conventual, y analicé y comparé sus respectivos caracteres. La noche pasada en la gran ciudad de. . . desvaneció estos pensamientos. Acostada en mi cama de viajera, sustituí los recuerdos por cábalas sobre el porvenir.

Volvía a Thornfield, pero ¿cuánto tiempo pasaría

allí? Seguramente no mucho. Mrs. Fairfax me escribió a Gateshead diciendo que los invitados se habían ido ya y que Mr. Rochester se había ido a Londres hacía tres semanas y se le esperaba dentro de quince días. Mrs. Fairfax suponía que iba a arreglar asuntos relativos a su matrimonio, puesto que él habló de adquirir un coche nuevo. A la anciana le resultaba muy rara la idea de que su señor se casase con Blanche Ingram, pero según oyera a todos, la boda no debía dilatarse mucho. «¡Muy incrédula eres! —comenté mentalmente—. ¡Yo no experimento duda alguna!»

La cuestión inmediata a estudiar era adónde iría yo. Soñé por la noche con Blanche, que me cerraba las puertas de Thornfield y me señalaba el camino. Mr. Rochester nos miraba a las dos, cruzado de brazos, sonriendo sarcásticamente.

No avisé a Mrs. Fairfax el día de mi regreso, porque no quería que enviasen coche alguno a buscarme a Millcote. Me proponía recorrer la distancia dando un paseo, y así, después de dejar mi equipaje al cuidado del dueño de la posada, a las seis de una tarde de junio eché a andar por el antiguo camino de Thornfield, que se deslizaba a través de los prados y era muy poco frecuentado entonces.

A medida que iba caminando me sentía más contenta, hasta el punto de que más de una vez me detuve para preguntarme el motivo de tal alegría, ya que, en realidad, no me dirigía a mi casa ni a un lugar donde me aguardasen con impaciencia amigos cariñosos. «Mrs. Fairfax me acogerá con una tranquila sonrisa y Adèle me tomará las manos y comenzará a saltar cuando me vea —pensé—, pero la verdad es que ellas piensan en cosas distintas de mí, como yo pienso en cosas distintas de ellas.»

En las praderas de Thornfield los labradores comenzaban a abandonar el trabajo y volvían a sus casas con las herramientas al hombro. Sólo me faltaba atravesar un par de prados antes de llegar a las verjas. Los setos de los bordes estaban llenos de rosas. Pero no me detuve a tomar ninguna, tanta era la prisa que sentía por llegar a la casa. Pasé bajo un alto zarzal que abovedaba el sendero con sus ramas de blancas florecillas, distinguí el estrecho portillo con escalones de piedra y vi. . . a Mr. Rochester sentado en ellos, con un libro y un lápiz en la mano. Estaba escribiendo.

No era ciertamente un fantasma, y, sin embargo, sentí un estremecimiento nervioso y estuve a punto de perder el dominio de mí misma. ¿Qué hacer? Nunca había pensado que pudiera temblar de aquel modo ante su presencia, que perdiera así la voz y hasta el movimiento al verle. Me urgía retroceder, para no mostrarme ante él temblorosa como una tonta. Conocía otro camino para ir a la casa. Pero aunque hubiese conocido veinte, todo era inútil, porque él me vio antes de que pudiera retirarme.

—¡Caramba! —exclamó—. ¿Conque está usted aquí? ¡Venga, venga!

Supongo que debí ir, en efecto, aunque no sé cómo, pues me hallaba inconsciente de mis movimientos y sólo me ocupaba en fingir tranquilidad y en dominar los músculos de mi rostro que, insolentemente rebeldes a mi voluntad, se obstinaban en revelar lo que debía permanecer oculto. Pude, sin embargo, presentarme con la mayor compostura posible.

—Conque Jane Eyre, ¿eh? De Millcote y a pie. . . Es una de las peculiaridades de usted: no pedir un carruaje para venir por la carretera como una persona corriente, sino aparecer junto a su casa a la caída de la tarde, como una aparición. . . ¿Qué diablos ha estado haciendo todo este mes?

—Estaba con mi tía, que ha muerto, señor.

—¡Una contestación muy de Jane Eyre! ¡Los ángeles, me ayuden! ¡Lo primero que me dice al encontrarnos es que viene de estar con muertos, en el otro mundo! Si me atreviera, la tocaría, a ver si es de carne y hueso, o bien una visión, que se disipara a mi contacto, como un fuego fatuo en los pantanos. . . ¡Pícara! —añadió, después de un momento de silencio—. ¡Un mes ausente y olvidada de mí por completo, estoy seguro!

Sentía verdadero placer en reunirme con Mr. Rochester, aunque acibarado por el pensamiento de que en breve dejaría de verle y de que, además, nada había de común entre él y yo. Pero de sus palabras emanaba una sensación que me placía en extremo. Parecían indicar que le interesaba saber si yo me acordaba de él o no. Y había hablado de Thornfield como de mi casa. . .

Le pregunté si había estado en Londres.

—Sí. Y supongo que lo sabe usted gracias a su doble vista.

—Me lo escribió Mrs. Fairfax.

—¿Y le informó de lo que fui a hacer?

—Sí, señor. Todos lo saben.

—Tiene usted que ver el coche, Jane, y decirme si cree que es apropiado o no para Mrs. Rochester y si viajando en él parecerá una reina apoyada en sus rojos cojines. Por cierto que sería mucho mejor que ella y yo hiciéramos mejor pareja, físicamente hablando. Usted, que es un hada, puede proporcionarme un filtro, realizar algún conjuro o cosa parecida, para convertirme en un hombre guapo.

—Eso no entra en las posibilidades de la magia, señor —respondí mientras pensaba: «Todo el conjuro que se necesita son los ojos de una enamorada. Para ella sería usted lo más hermoso que se pudiera desear.»

Mr. Rochester había leído a menudo mis pensamientos. Aquella vez no pareció atender mucho mis palabras. Me sonrió de un modo peculiar, que rara vez empleaba, quizá porque aquella sonrisa, a la que asomaba toda su alma, no le pareciese conveniente para ser aplicada a las situaciones vulgares de la vida.

—Pase, Jane —dijo, separándose a un lado del

portillo—, pase y descanse sus piececitos fatigados en la casa de un amigo.

Obedecí sin decirle nada; sobraba para mí todo diálogo ulterior. No obstante, un impulso interior me hizo detenerme, una fuerza desconocida me hizo girar sobre mí misma y decirle, no sé si yo o algo que me hacía hablar a pesar mío:

—Gracias por su mucha amabilidad, Mr. Rochester. Estoy muy satisfecha de volver a verle, y considero que dondequiera que usted esté está mi casa, mi única casa.

Y me alejé tan de prisa, que difícilmente hubiera podido él alcanzarme aunque se lo hubiera propuesto. Adèle se volvió casi loca de alegría al verme. Mrs. Fairfax me acogió con su acostumbrada afabilidad. Aquello me resultó muy agradable. Nada complace más que sentirse amado por los que le rodean a uno y apreciar que la propia presencia aumenta su satisfacción.

Cerré, pues, mis ojos al porvenir y taponé mis oídos contra la voz que me aconsejaba ponerme en guardia previniendo la próxima separación. Cuando tomamos el té y Mrs. Fairfax inició su labor, mientras yo me sentaba en una silla junto a ella y Adèle se arrodillaba en la alfombra, una sensación de mutuo afecto pareció envolvernos a todos como un círculo de áurea paz. Murmuré una plegaria sin palabras pidiendo a Dios que no nos separásemos nunca, y cuando Mr. Rochester entró sin anunciarse y nos miró, complacido ante el espectáculo de aquel grupo tan amistoso, cuando dijo que suponía que la anciana estaría satisfecha al ver que su hija adoptiva regresaba y añadió que Adèle le parecía *prête à croquer sa petite maman anglaise,* casi comencé a alimentar la esperanza de que él, aun después de casarse, nos conservaría bajo su protección y no nos privaría en absoluto de su presencia.

A mi vuelta a Thornfield Hall sucedió una quincena

de tranquilidad absoluta. No se hablaba nada del casamiento del dueño, ni yo veía preparativo alguno. Casi a diario preguntaba a Mrs. Fairfax si sabía que hubiera algo decidido y siempre recibía la misma negativa. Según dijo, sólo una vez preguntó sobre el asunto a Mr. Rochester, pero éste respondió con una broma y ella no pudo sacar nada en limpio.

Una cosa que me sorprendía mucho era que Rochester no visitaba Ingram Park. Si bien este lugar estaba sito a veinte millas, en los límites de otro condado, ¿qué era esa distancia para un enamorado ardiente? Un jinete tan experto e infatigable como Rochester la recorrería en una mañana de cabalgar. Comencé a acariciar esperanzas que no tenía motivo alguno para concebir: que el enlace se hubiese roto, que el rumor hubiera sido infundado, que una de las dos partes hubiera rectificado su opinión. Trataba de adivinar si en el rostro de Rochester se apreciaba alguna cosa desagradable o violenta, pero jamás me había parecido su cara tan límpida y exenta de malas inclinaciones. Nunca me llamó a su presencia tan frecuentemente como entonces, nunca había sido más amable para conmigo y nunca, ¡ay!, le había amado yo más a él. . .

Capítulo 23

Hacía un tiempo espléndido, como de mediados de verano, con un cielo tan puro y un sol tan radiante, que se diría que una bandada de días italianos, a la manera de magníficos pájaros, hubiese venido desde el Sur hasta Inglaterra. El heno había sido segado por completo. Los campos circundantes estaban verdes, los árboles en flor, los bosques pomposos y los setos magníficos de frutos y florecillas.

Una tarde de aquel verano, Adèle, que se había fatigado mucho cogiendo fresas silvestres por la tarde en el camino de Hay, se acostó en cuanto se puso el sol, y yo, después de asegurarme de que la niña dormía, bajé al jardín.

Era la hora más grata de las veinticuatro del día. Por Occidente, donde el sol acababa de desaparecer, se extendía ahora una espléndida mancha de púrpura, ardiente como el rubí o como la llama, surgiendo tras lo alto de una colina, y extendiéndose más tenue a medida que se elevaba, hasta la mitad del cielo. Por Oriente, el cielo ostentaba un suave azul y brillaba en él una estrella como una joya. En breve saldría la luna, pero ahora no asomaba todavía en el horizonte.

Primero paseé ante la casa, mas un bien conocido olor de cigarro que salía por la abierta ventana de la biblioteca me hizo comprender que podían verme, y entonces me interné en el huerto. Imposible encontrar un sitio más paradisiaco. Estaba lleno de árboles y flores, un alto muro lo separaba del patio y una avenida de hayas conducía al prado de frente al edificio. Un seto aislaba el huerto de los solitarios campos, y un caminito bordeado de laureles y que terminaba en un gigantesco castaño rodeado de un asiento circular conducía al extremo del seto. El silencio era absoluto, la sombra grata. Mas apenas había caminado algunos pasos me detuve al percibir cierta cálida fragancia en el ambiente. No procedía de los rosales silvestres, ni de los abrótanos, jazmines, claveles y rosas que colmaban el jardín. No: aquel nuevo aroma era el del cigarro de Mr. Rochester.

Miré a mi alrededor y escuché. Vi árboles cargados de fruta y oí trinar a un ruiseñor, pero no distinguí ninguna forma humana ni sentí paso alguno. Sin embargo, el aroma se hacía más intenso. Debía marcharme. Me dirigí a un portillo que daba al campo y en aquel momento divisé a Mr. Rochester. Me detuve, procurando pasar disimulada bajo la hiedra que cubría el muro. Mr. Rochester seguramente no estaría mucho tiempo allí y, si yo me quedaba donde estaba, podía pasar inadvertida.

Pero aquel antiguo jardín era tan agradable para él como para mí. Lo recorría lentamente, parándose de vez en cuando, ora para contemplar las parras cargadas de uvas grandes como ciruelas, ora para coger una cereza o para contemplar una flor. Una enorme libélula voló a mi lado, se detuvo en una planta a los pies de Rochester y éste se inclinó a fin de examinarla.

«Ahora está de espaldas a mí —pensé—; acaso, si me deslizo en silencio, pueda irme sin que me oiga.»

Avancé sobre la hierba, queriendo evitar que mis pasos sobre la arena me traicionaran. Cuando pasé a una vara o dos de él, que parecía absorto en contemplar la libélula, dijo, sin volverse:

—Venga a ver esto, Jane.

No había hecho ruido, él no me dirigía la mirada. ¿Cómo sabía que yo me hallaba allí? Me detuve y al fin me acerqué a él.

—Mire qué alas tiene —dijo—. Parece un insecto de las Antillas. Nunca he visto ninguno tan grande y hermoso en Inglaterra. ¡Ah, ya vuela!

La libélula se había ido. Yo inicié también la retirada, pero Rochester me siguió. Al llegar al portillo dijo:

—Quedémonos. Es lamentable permanecer en casa en una noche tan hermosa como ésta. ¿A quién puede complacerle acostarse a esta hora? Vea: mientras la última claridad del crepúsculo brilla a lo lejos, por el otro extremo del horizonte nace la luna.

Uno de mis defectos es que, aunque habitualmente tengo la lengua pronta para cualquier respuesta, en ocasiones no sé encontrar palabras adecuadas con que negarme a algo, y ello coincide siempre con los momentos en que más precisaría un pretexto plausible. No me agradaba pasear a solas a aquellas horas con Mr. Rochester por el huerto, pero no supe cómo excusarme. Le seguí con lentos pasos, pensando en el modo de librarme de aquella complicación. Pero él parecía tan sereno y grave, que me avergoncé de mis temores.

—Jane —comenzó cuando íbamos por el sendero entre laureles hacia el castaño rodeado de un banco—, ¿verdad que Thornfield es un sitio muy agradable en verano?

—Sí, señor.

—Usted debe de sentir cierto cariño a la casa, porque tiene usted muy desarrollada su capacidad afectiva y sabe apreciar lo bello.

—En efecto, experimento afecto hacia Thornfield.

—Y hasta me parece que, no sé cómo, ha tomado usted cariño a esa tontita de Adèle y a esa pobre Mrs. Fairfax.

—Sí, señor: las aprecio, a cada una en un sentido.

—¿Le disgustaría separarse de ellas?

—Sí.

—Es lástima —se interrumpió y suspiró. Luego siguió diciendo—: Siempre sucede en la vida que, cuando uno encuentra un sitio donde se halla a gusto, se ve en la precisión de abandonarlo...

—¿Es necesario que me vaya de Thornfield? —pregunte.

—Lo siento, Jane, pero creo que sí.

Me sentí anonadada, mas lo disimulé.

—Bien, señor. Me preparé para cuando usted me dé la orden de irme.

—Esta misma noche.

—¿Es que va a casarse?

—E-xac-ta-men-te —silabeó—. Se muestra usted tan sagaz como de costumbre.

—¿Pronto señor?

—Tan pronto que. . . Miss Eyre: usted recordará que cuando yo, o la voz pública, le informaron de mi intención de ofrecer mi cerviz de soltero al sagrado yugo del matrimonio, de acoger en mi amante pecho a Miss Ingram. . . Pero escúcheme, Jane, y no vuelva la cabeza para mirar las mariposas. . . Usted recordará que fue la primera en decirme, con toda discreción y respeto, como conviene a su posición, que en caso de que yo me casara con Miss Ingram, era preferible que usted y Adèle se fueran de la casa. Prescindo de la calumniosa mancha que esa sugerencia arroja sobre el angelical carácter de mi adorada y me limito, mi dulce Jane, a apreciar lo que en su indicación hay de prudente y a convertirla en mi línea de conducta. Adèle será enviada al colegio y usted, Miss Eyre, no tiene más salida que buscar otro empleo.

—Sí señor. Yo fui la primera en indicárselo, más suponía. . .

Iba a concluir: «que podría continuar aquí hasta que hallase otro puesto», pero callé.

No me atrevía a hablar mucho, temiendo que mi voz delatara lo que sentía.

—La boda se celebrará de aquí a un mes —siguió Rochester—, y he buscado ya otro empleo para usted.

—Gracias, señor: siento que. . .

—No, no; nada de gracias. Entiendo que cuando un

empleado cumple su deber tan bien como usted lo ha cumplido, tiene derecho a que su patrón le ayude. Mi futura suegra me ha hablado de una plaza que seguramente le convendrá: se trata de encargarse de la educación de las cinco hijas de Mr. Dionysius O'Gall, de Bitternutt Lodge, en Connaught. Es en Irlanda. Le gustará Irlanda. Según dicen, los irlandeses son muy afectuosos.

—Está muy lejos, señor.

—¿Qué importa? A una muchacha como usted no creo que le asuste un viaje largo.

—No es el viaje, sino la distancia y el mar, que es una barrera que me separaría de. . .

—¿De qué?

—De Inglaterra, y de Thornfield, y de. . .

—¿De. . .?

—De usted, señor. . .

Lo dije casi involuntariamente, mientras lágrimas silenciosas bañaban mi rostro. La mención del señor O'Gall, de Bitternutt Lodge, había dejado frío mi corazón, y más aún el pensamiento del mar, del mar inmenso, revuelto y espumoso, que había de interponerse entre mi persona y aquel hombre a cuyo lado paseaba y a quien amaba de un modo espontáneo, superior a mi voluntad.

—Es muy lejos —repetí.

—Desde luego. Y cuando usted esté en Bitternutt Lodge, no volveremos a vernos más. Me parece indudable. No creo ir nunca a Irlanda; no es un país que me atraiga en exceso. . . Hemos sido buenos amigos, ¿verdad, Jane?

—Sí.

—Bien. Pues cuando dos buenos amigos se separan, emplean el corto tiempo que les queda de estar juntos en hablar un poco de sí mismos. Ea, hablemos tranquilamente durante media hora, mientras las estrellas brillan en el cielo que nos cubre. . . Sentémonos en este banco del castaño, ya que nuestro destino es no volver a sentarnos juntos más.

Cuando nos hubimos acomodado, continuó:

—En efecto, Jane: el viaje a Irlanda es largo y la travesía incómoda y siento que mi amiguita haya de verse obligada a. . . Pero ¿cómo ayudarla si no? ¿Experimenta usted algún sentimiento respecto a mí, Jane?

No pude contestar. Mi corazón desbordaba.

—Porque yo lo experimento por usted —continuó—, sobre todo cuando estamos juntos, como ahora. Es como si en el lado izquierdo de mi pecho tuviese una cuerda que vibrara al mismo ritmo que otra que usted tuviese en análogo lugar y se uniera de un modo invisible a la mía. Y si ese endiablado canal y doscientas millas de tierra van a separarnos, temo que ese lazo que nos une se rompa. Por lo que a mí concierne, estoy seguro de que la rotura va a producirme una incontenible hemorragia. Y usted. . .

—Yo nunca, señor, usted sabe. . .

No pude continuar.

—¿Oye cómo canta ese ruiseñor, Jane? Escuche.

Escuché y de pronto rompí a llorar convulsivamente, estremeciéndome de pies a cabeza. Imposible soportar más lo que sufría. Cuando pude hablar, fue para expresar con vehemencia el deseo de no haber nacido nunca o no haber ido jamás a Thornfield.

—¿Cómo? ¿Le disgusta tanto irse de aquí?

—Me disgusta irme de Thornfield. Amo este lugar, y lo amo porque en él he vivido una vida agradable y plena, momentáneamente al menos, porque no he sido rebajada a vivir entre seres inferiores ni excluida de toda relación con cuanto es superior y dinámico. He podido hablar con alguien a quien admiro, en cuyo trato me complazco. . . Un cerebro poderoso, amplio, original. . . En una palabra, le he conocido a usted, Mr. Rochester, y me asusta pensar en irme de su lado.

Reconozco que debo marchar, pero lo reconozco como podría reconocer la necesidad de morir.

—¿Y qué necesidad tiene de irse? —preguntó de pronto.

—Usted mismo me lo ha dicho, señor.

—¿A propósito de qué?

—De Miss Ingram, su noble y bella prometida. . .

—¿Qué prometida? Yo no tengo prometida.

—Pero se propone tenerla. . .

—Sí, me lo propongo. . . —masculló.

—De modo que debo irme. Usted lo ha dicho.

—No: usted se quedará. Se lo juro y cumpliré el juramento.

—¡Y yo le digo que me iré! —exclamé con vehemencia—. ¿Piensa que me es posible vivir a su lado sin ser nada para usted? ¿Cree que soy una autómata, una máquina sin sentimientos humanos? ¿Piensa que porque soy pobre y oscura carezco de alma y de corazón? ¡Se equivoca! ¡Tengo tanto corazón y tanta alma como usted! Y si Dios me hubiese dado belleza y riquezas, le sería a usted tan amargo separarse de mí como lo es a mí separarme de usted. Le hablo prescindiendo de convencionalismos, como si estuviésemos más allá de la tumba, ante Dios, y nos hallásemos en un plano de igualdad, ya que en espíritu lo somos.

—¡Lo somos! —repitió Rochester. Y tomándome en sus brazos me oprimió contra su pecho y unió sus labios a los míos—. ¡Sí, Jane!

—O tal vez no —repuse, tratando de soltarme—, porque usted va a casarse con una mujer con quien no simpatiza, a quien no puedo creer que ame. Yo rechazaría una unión así. Luego yo soy mejor que usted. ¡Déjeme marchar!

—¿Adónde, Jane? ¡A Irlanda!

—Sí, a Irlanda. Lo he pensado bien y ahora creo que debo irme.

—Quédese, Jane. No luche consigo misma como un ave que, en su desesperación, despedaza su propio plumaje.

—No soy un ave, sino un ser humano con voluntad personal, que ejercitaré alejándome de usted.

Haciendo un esfuerzo, logré soltarme y permanecí en pie ante él.

—También su voluntad va a decidir de su destino —repuso—. Le ofrezco mi mano, mi corazón y cuanto poseo.

—Se burla usted, pero yo me río de su oferta.

—La pido que viva siempre a mi lado, que sea mi mujer.

—Respecto a eso, ya tiene usted hecha su elección.

—Espere un poco, Jane. Está usted muy excitada.

Una ráfaga de viento recorrió el sendero bordeado de laureles, agitó las ramas del castaño y se extinguió a lo lejos. No se percibía otro ruido que el canto del ruiseñor. Al oírlo, volví a llorar. Rochester, sentado, me contemplaba en silencio, con serenidad, grave y amablemente. Cuando habló al fin, dijo:

—Siéntese a mi lado, Jane, y expliquémonos.

—No volveré más a su lado.

—Jane, ¿no oye que deseo hacerla mi mujer? Es con usted con quien quiero casarme.

Callé, suponiendo que se burlaba.

—Venga, Jane.

—No. Su novia nos separa.

Se puso en pie y me alcanzó de un salto.

—Mi novia está aquí —dijo, atrayéndome hacia sí—: es mi igual y me gusta. ¿Quiere casarse conmigo, Jane?

No le contesté; luchaba para librarme de él. No le creía.

—¿Duda de mí, Jane?

—En absoluto.

—¿No tiene fe en mí?

—Ni una gota.

—Entonces, ¿me considera usted un bellaco? —dijo con vehemencia—. Usted se convencerá, incrédula. ¿Acaso amo a Blanche Ingram? No, y usted lo sabe. ¿Acaso me ama ella a mí? No, y me he preocupado de comprobarlo. He hecho llegar hasta ella el rumor de que mi fortuna no era ni la tercera parte de lo que se suponía, y luego me he presentado a Blanche y a su madre. Las dos me han acogido con frialdad. No puedo, ni debo, casarme con Blanche Ingram. A usted, tan rara, tan insignificante, tan vulgar, es a quien quiero como a mi propia carne, y a quien ruego que me acepte por esposo.

—¿A mí? —exclamé, empezando a creerle, en vista de su apasionamiento y, sobre todo, de su ruda franqueza—. ¡A mí, que no tengo en el mundo otro amigo que usted, si es que usted se considera amigo mío, y que no poseo un chelín, no siendo los que usted me paga!

—A usted, Jane. Quiero que sea mía, únicamente mía. ¿Acepta? ¡Diga inmediatamente que sí!

—Mr. Rochester, déjeme mirarle la cara. Vuélvase de modo que le ilumine la luna.

—¿Para qué?

—Porque quiero leer en su rostro.

—Bien; ya está. Creo que mi rostro no le va a parecer más legible que una hoja tachada, pero en fin, lea lo que quiera, con tal de que sea pronto.

Su faz estaba muy agitada. Tenía las facciones contraídas y una extraña luz brillaba en sus ojos.

—¡Me tortura usted, Jane! —exclamó—. Por muy franca y bondadosa que sea su mirada, me escudriña de un modo. . .

—¿Cómo voy a torturarle? Si dice usted la verdad y su oferta es sincera, mis sentimientos no pueden ser otros que los de una gratitud infinita. ¿Cómo voy a torturarle con ella?

—¿Gratitud? Jane —ordenó, perentoriamente—, dígame así: «Edward, quiero casarme contigo.»

—¿Es posible que me quiera usted de verdad? ¿Qué se propone hacerme su mujer?

—Sí; se lo juro, si lo desea.

—Entonces, señor, sí quiero casarme con usted.

—Señor, no. Di Edward, mujercita mía.

—¡Oh, querido Edward!

—Ven, ven conmigo —y rozando mis mejillas con las suyas y hablándome al oído, murmuró—: Hazme feliz y yo te haré feliz a ti.

De haberle amado menos, hubiese pensado que su aspecto y su mirada mostraban una alegría casi salvaje, pero libre de la pesadilla de la marcha, abriéndose ante mí el paraíso de la dicha que se me ofrecía, sólo pensaba en beber hasta la última gota de aquel néctar. Una y otra vez, Rochester me preguntaba: «¿Te sientes feliz, Jane?» Y una y otra vez le respondía: «Sí.» Le oí murmurar para sí:

—Sé que Dios no deja de aprobar lo que hago. La opinión del mundo me es indiferente, y desafío la crítica de los hombres.

La luna ya no brillaba, estábamos en sombras y yo no podía ver apenas el rostro de Rochester, a pesar de lo cerca que me hallaba de él. El viento soplaba entre los laureles y movía, con sordo rumor, las ramas del castaño.

—Tenemos que entrar —dijo Rochester—: el tiempo cambia. Quisiera estar contigo hasta mañana, Jane.

«Y yo contigo», pensé. Y quizá lo hubiese dicho si en aquel momento un relámpago no me hubiera dejado deslumbrada, obligándome a ocultar mis ofuscados ojos contra el hombro de Rochester.

Comenzó a llover con furia. Él me arrastró velozmente por el sendero hacia la casa, pero antes de que cruzásemos el umbral estábamos empapados. Mientras Rochester me quitaba el chal y alisaba mi cabello despeinado por el agua, Mrs. Fairfax salió de su cuarto. Ni él ni yo reparamos en ella. La lámpara estaba encendida. El reloj daba en aquellos momentos las doce.

—Quítate en seguida la ropa. ¡Estás calada! Buenas noches, queridita —dijo Rochester.

Me besó repetidas veces. Al separarme de él distinguí a la viuda, mirándonos, grave, pálida y asombrada. La sonreí y corrí escaleras arriba. «Dejemos la explicación para otra vez», pensé. No obstante, ya en mi cuarto me turbó algo la idea de suponer lo que ella podría pensar de lo que había visto, pero mi alegría borró pronto los demás sentimientos y pese a la violencia con que soplaba el viento, a la frecuencia y fragor con que sonaba el trueno, a los lívidos relámpagos y a la lluvia que cayó a torrentes durante dos horas, no sentía ni el más pequeño temor. Mientras persistió la tormenta, Rochester llamó tres veces a mi puerta para preguntarme si necesitaba algo.

A la mañana siguiente, antes de levantarme, Adèle vino corriendo a decirme que por la noche había caído un rayo en el castaño del huerto y lo había medio destruido.

Capítulo 24

Una vez levantada y vestida, pensé en lo sucedido y me pareció un sueño. No estaba segura de su realidad hasta que viese a Rochester y le oyese renovar sus promesas y sus frases de amor.

Mientras me peinaba, me miré al espejo y mi rostro no me pareció feo. Brillaban en él una expresión de esperanza y un vivido color. Mis ojos parecían haberse bañado en la fuente de la dicha y adquirido en ella un esplendor inusitado. Con frecuencia había temido que Rochester se sintiera desagradado por mi aspecto, pero ahora me sentía segura de que mi semblante, tal como estaba hoy, no enfriaría su afecto. Saqué del cajón un sencillo y limpio vestido de verano y me lo puse. Me pareció que nunca me había sentado tan bien.

No me sorprendió al bajar al vestíbulo que una bella mañana de verano hubiera sucedido a la tempestad. Aspiré la brisa, fresca y fragante. Una mendiga con un niño avanzada por el camino y corrí a darles cuanto llevaba: tres o cuatro chelines. Quería que todos y todo participaran de mi júbilo, de un modo u otro. Graznaban las cornejas y cantaban los pájaros, pero nada me era tan grato como la alegría de mi corazón.

Mrs. Fairfax se asomó a la ventana y con grave acento me dijo:

—Miss Eyre, ¿viene a desayunar?

Mientras desayunábamos, se mantuvo fría y silenciosa. Pero yo no podía explicarme con ella aún. Necesitaba que Rochester me repitiese lo que me dijera la noche antes. Desayuné todo lo de prisa que pude, subí y encontré a Adèle que salía del cuarto de estudio.

—¿Adónde vas? Es hora de dar la lección.

—Mr. Rochester me ha dicho que vaya a jugar.

—¿Dónde está?

—Allí —contestó señalando el cuarto del que salía. Entré y le hallé, en efecto.

—Saludémonos —me dijo.

Avancé hacia él, que me acogió no con una simple palabra o con un apretón de manos, sino con un abrazo y un beso. Me parecía natural y admirable que me quisiera y me acariciara tanto.

—Jane —me dijo—: esta mañana estás agradable, sonriente, bonita. . . No pareces el duendecillo de otras veces. ¿Es posible que sea la misma esa muchachita de radiante rostro, rosadas mejillas, rojos labios, sedosa cabellera y brillantes ojos castaños?

Yo tenía ojos verdes, lector; pero debes perdonar el error: supongo que para él mostraban un nuevo reflejo.

—Soy la misma Jane Eyre.

—Pronto serás Jane Rochester. De aquí a cuatro semanas. ¡Ni un día más! ¿Lo oyes?

Lo oía sí, pero apenas lo comprendía. Aquella noticia me causaba una sensación tal, que más que alegría rayaba en estupefacción, casi en miedo.

—Te has puesto pálida, Jane. ¿Qué te pasa?

—Me da usted un nombre que me resulta tan extraño. . .

—Mrs. Rochester —contestó—, la joven Mrs. Rochester; la esposa de Fairfax Rochester.

—Me parece imposible. Semejante felicidad se me figura un sueño, un cuento de hadas.

—Que yo convertiré en realidad. Hoy he escrito a mi banquero para que envíe ciertas joyas que tiene en custodia: las joyas de la familia. Espero poder dártelas dentro de un par de días. Quiero que disfrutes de todas las atenciones, de todas las delicadezas que merecería la hija de un par si me casara con ella.

—No hablemos de joyas. ¡Joyas para Jane Eyre! Vale más no tenerlas.

—Yo mismo te pondré al cuello el collar de diamantes y la diadema en esa frente que tiene por naturaleza un aspecto tan noble. Yo mismo ceñiré con pulseras tus finas muñecas y con anillos tus deditos de hada.

—Pensemos y hablemos de otras cosas, no de esas que me resultan extrañas. No se dirija a mí como si fuera una belleza. No soy más que una vulgar institutriz.

—A mis ojos eres una belleza tal como me gusta: vaporosa, delicada. . .

—Quiere usted decir mezquina e insignificante. O sueña usted o se burla de mí. . . ¡No se chancee, por Dios!

—Yo haré que todo el mundo reconozca tu belleza —dijo. Yo me sentía realmente contrariada de la actitud que había adoptado, porque comprendía que él trataba de ilusionarme o de ilusionarse—. Cubriré a mi Jane de rasos y blondas, pondré flores en sus cabellos, adornaré la cabeza que amo. . .

—Y no me conocerá usted entonces ni seré su Jane Eyre, sino un arlequín, un grajo con plumas de pavo real. Prefería que no se empeñase en considerarme como una bella dama. Así como yo no le llamo hermoso, a pesar de lo mucho que le amo, para no adularle, tampoco debe usted adularme a mí.

Pero él continuó hablando sin hacer caso alguno de mi opinión.

—Voy a llevarte en coche a Millcote hoy mismo para que elijas los vestidos que gustes. Te digo que nos casaremos dentro de cuatro semanas. Celebraremos la boda en la intimidad, en esa iglesita cercana, y luego iremos a Londres. Estaremos allí unos días y luego conduciré a mi tesoro a países más soleados: Francia, con sus viñedos; Italia, con sus llanuras. Y mi tesorito conocerá cuanto hay digno de verse: los recuerdos de la Antigüedad, las cosas modernas. . . Se acostumbrará a vivir en las ciudades y aprenderá a estimarse en lo que merece comparándose con las demás.

—¿Viajaré con usted?

—Iremos a París, a Roma, a Nápoles, a Florencia, a Venecia y a Viena. Recorreré contigo todos los países que he recorrido solo y tu pie pisará donde antes he pisado yo. Desde hace diez años he recorrido Europa medio loco, con el odio, la furia y el disgusto reinando en mi corazón. Ahora la recorreré sereno y purificado, acompañado de un ángel que me consolará. . .

Reí y le dije:

—No soy un ángel ni lo seré hasta que muera. Seré como soy, Mr. Rochester. No espere usted de mí nada celestial, porque no lo encontrará. Además, presumo que usted. . .

—¿Qué presumes?

—Presumo que durante algún tiempo quizá siga usted como ahora, pero luego se enfriará, se hará malhumorado y antojadizo y yo tendré que esforzarme mucho para agradarle. Creo, no obstante, que cuando esté bien acostumbrado a mí me apreciará. Fíjese que no digo que me ame. Supongo que la vehemencia de su amor durará seis meses o quizá menos. Es el plazo que en los libros se asigna al amor del más ardoroso marido. Ahora bien, como compañera y amiga, espero no resultar desagradable a mi querido dueño.

—¿Desagradable? ¿Volver a apreciarte? ¡No te dejaré de apreciar nunca! No sólo te apreciaré, sino que he de amarte con sinceridad, fervor y constancia.

—¿No es usted caprichoso?

—Con las mujeres que sólo me gustan por su aspecto, soy un verdadero demonio cuando descubro que no tienen alma ni corazón, cuando abren ante mí las perspectivas de su mal carácter, su vulgaridad y su estupidez. Pero para una mujer de límpidos ojos, de lengua elocuente, de alma ardorosa, de carácter flexible y firme, dócil y enérgico a la vez, seré siempre fiel y afectuoso.

—¿Ha conocido usted a alguien así? ¿Ha amado a

alguien que fuera de tal modo?

—Amo ahora a una persona así.

—Pero, antes que a mí, ¿no ha amado a nadie que encarnara un tipo tan difícil de encontrar?

—Jane: nunca he hallado a nadie como tú. Nadie me ha sometido, nadie ha influido tan dulcemente como tú lo has hecho. Esta influencia que ejerces sobre mí es mucho más encantadora de cuanto se pueda expresar. Pero ¿por qué sonríes, Jane?

—Estaba pensando (y perdóneme, porque la idea ha acudido involuntariamente a mi mente) en Hércules y Sansón y en sus respectivas amadas.

—¿Y en qué más, duendecillo mío?

—Pensaba que si aquellos caballeros se hubiesen casado, su severidad como maridos hubiera superado en mucho a su dulzura de enamorados. Y sospecho que a usted le pasará igual. Me agradaría saber cómo contestará cuando de aquí a un año le pida cualquier favor que usted no juzgue oportuno concederme.

—Pídemelo ahora, Jane. ¿Qué más da?

—Lo haré así.

—Habla. Pero si me miras y sonríes de ese modo, te prometeré hacer lo que me solicites antes de saber lo que es, y quizá con ello haga una tontería.

—No lo creo. Sólo quiero que no haga traer las joyas y que no me corone de rosas. Sería tan ilógico como si mandara bordar en oro ese sencillo pañuelo que lleva usted.

—Más bien querrás decir que sería como dorar el oro. . . Bien: se te concede por ahora lo que pides. Rectificaré la orden que he enviado a mi banquero. Pero esto no es pedir, sino obtener que se te deje de hacer un don. Pídeme otra cosa, pues.

—Entonces, señor, le ruego que satisfaga mi curiosidad sobre cierto extremo.

—¿Cómo? —dijo, con alguna turbación—. Las peticiones que hace la curiosidad son arriesgadas.

Celebro no haber prometido complacerte en todo.

—Ningún riesgo puede haber en satisfacer esa curiosidad.

—¿Tú qué sabes, Jane? Acaso, a hacerme preguntas sobre algo que convenga mantener en secreto, prefiriera que me pidieses la mitad de mis bienes.

—¿Y para qué necesito la mitad de sus bienes? ¿Acaso se figura que soy un judío usurero? Prefiero conseguir las confidencias de usted. ¿Va usted a excluirme de sus confidencias cuando me acepta en su corazón?

—No te rehusaré ninguna confidencia confesable, Jane; pero, por amor de Dios, no te obstines en que te haga confidencias inútiles.

—¿Por qué no obstinarme? Usted mismo me ha dicho que lo que le place de mí es mi fuerza de persuasión. En resumen, ¿por qué se empeña usted en hacerme sufrir dándome a entender que iba a casarse con Blanche Ingram?

—¿No es más que eso? ¡Menos mal! —y sonrió, desarrugó el entrecejo y pasó la mano por mi cabellera, con la satisfecha expresión de quien ha visto alejarse el peligro—. He fingido cortejar a Blanche Ingram porque deseaba que te enamoraras tan locamente de mí como yo lo estaba de ti. Sabía que los celos eran el mejor modo de conseguir lo que me proponía.

—¡Admirable! Es usted más pequeñito que la punta de mi meñique. ¿No le daba vergüenza? ¿Cómo jugaba así con los sentimientos de Blanche?

—Todos sus sentimientos se reducen a uno: el orgullo. Y conviene humillarlo. ¿Estabas celosa, Jane?

—Eso no le interesa. ¿Cree que Blanche Ingram no sufrirá con el proceder de usted? ¿No piensa que se considerará abandonada y desairada?

—Ya te he dicho que es ella quien me ha abandonado a mí. El pensar en mi insolvencia enfrió o, mejor dicho, extinguió su ardor instantáneamente.

—Es usted original, Mr. Rochester. Tiene usted

principios muy extraños.

—Si hubiesen sido encauzados cuando empezaban a desarrollarse, mis principios no serían como son.

—En serio: ¿cree que puedo gozar de esta gran alegría sin amargármela con el pensamiento de que otra mujer sufre lo que yo sufría antes?

—Puedes, chiquita mía. No hay nadie en el mundo que me quiera como tú. Ya ves, Jane, que tengo el consuelo de creer que me quieres.

Puse mis labios sobre su mano, que estaba apoyada en mi hombro. Le amaba mucho, en efecto, más de lo que yo pudiera decir, más de cuanto las palabras pueden expresar.

—Pídeme algo más —dijo—. Mi mayor placer es complacerte.

—Entonces manifieste usted sus propósitos a Mrs. Fairfax antes de que yo la vea. Ayer nos sorprendió en el vestíbulo y se extrañó. Me disgusta que una mujer tan bondadosa como ella me juzgue mal.

—Vete a tu cuarto y ponte el sombrero —dijo—. Tienes que acompañarme a Millcote. Entretanto, yo hablaré a la buena señora.

Me vestí rápidamente y, cuando sentí a Mr. Rochester salir del gabinete de Mrs. Fairfax, me dirigí allí. La anciana había estado leyendo la Biblia; el tomo se hallaba abierto y tenía las gafas puestas sobre él. Parecía haber olvidado su ocupación, interrumpida por la noticia que Rochester le diera, y sus ojos, fijos en la blanca pared, expresaban la sorpresa propia de un cerebro sensato que asiste al desarrollo de cosas insólitas. Al verme se levantó, hizo un esfuerzo para sonreír y me dijo algunas palabras de felicitación. Pero su sonrisa expiró y hasta acabó interrumpiendo su enhorabuena. Cerró la Biblia, apartó las gafas y retiró su silla un poco hacia atrás.

—Estoy asombrada —confesó—. Casi no sé qué decirla. ¿No habré estado soñando? A veces me adormezco cuando estoy sentada a solas, imagino cosas que no han ocurrido jamás. Una vez me pareció que mi difunto marido, muerto hace quince años, se sentaba a mi lado y me llamaba por mi nombre, Alice, como acostumbraba. Dígame: ¿es cierto que el señor le ha pedido relaciones? No se ría de mí. Pero me ha parecido que él ha estado aquí hace cinco minutos y me ha dicho que dentro de un mes será usted su esposa.

—Lo mismo me ha dicho a mí —repliqué.

—¿Y le cree usted? ¿Ha aceptado?

—Sí.

Me miró, turbada.

—¡Nunca se me hubiera ocurrido semejante cosa! Él, que es un hombre orgulloso, como todos los Rochester . . . ¿Es posible que quiera casarse con usted?

—Así me lo ha dicho.

Me miró de pies a cabeza, y leí en sus ojos que no veía en mí hechizos tales que justificaran aquel misterio.

—Me parece increíble —dijo, al fin—, pero no lo dudo, puesto que usted lo dice. Cómo resultará todo, no me atrevo a predecirlo. Es muy aconsejable en estos casos que la fortuna y la edad sean análogos, y él le lleva veinte años. Podría casi ser su padre.

—Nada de eso, Mrs. Fairfax —protesté—. Nadie que nos viera juntos diría que puede ser mi padre. Mr. Rochester parece y es tan joven como un hombre de veinticinco años.

—¿Se casa con usted por amor, en realidad? —preguntó.

Me sentí tan herida por su frío escepticismo, que las lágrimas acudieron a mis ojos.

—Siento haberla disgustado —dijo la viuda—, pero usted es muy joven, no está acostumbrada a tratar con los hombres y quisiera ponerla en guardia. Ya sabe que no es oro todo lo que reluce. En este caso, temo que todo termine de un modo que ni usted ni yo desearíamos.

—¿Acaso soy un mostruo? —pregunté—. ¿Es

imposible que Mr. Rochester sienta algún afecto por mí?

—No. Es usted agradable y mejorará con el tiempo, y reconozco que Mr. Rochester parece apreciarla. Vengo observando hace tiempo su predilección por usted. Ha habido ocasiones en que he estado a punto de advertirla que se pusiera en guardia contra esa excesiva preferencia, pero temía ofenderla, porque es usted tan modesta, tan discreta y tan prudente, que pensaba que sabría guardarse por sí misma. No puede usted imaginar lo que sufrí anoche cuando la busqué por toda la casa sin encontrarla y cuando la vi volver con él tan tarde. . .

—Todo eso no importa —interrumpí, con impaciencia—. Ya ve que todo va bien.

—Espero que vaya bien hasta el fin, mas, créame, toda precaución es poca. Procure mantenerse a cierta distancia del señor. No confíe en él ni en usted misma. Caballeros de la clase de Mr. Rochester no suelen casarse con institutrices.

Mi irritación crecía. Afortunadamente, Adèle apareció en aquel momento.

—¡Lléveme a Millcote! —exclamó—. En el coche hay bastante sitio. Pida a Mr. Rochester que me lleve. Él dice que no. . .

—Se lo diré, Adèle —repuse—. Y la saqué de la habitación, sintiéndome satisfecha de separarme de la anciana. El coche estaba listo y Rochester paseaba ante la fachada de la casa, seguido de *Piloto*.

—¿No quiere que nos acompañe Adèle? —pregunté.

—Ya le he dicho a ella que no. No quiero llevar chiquillos.

—Llevémosla, Mr. Rochester. Es mejor. . .

—No: que se quede.

Su acento y su mirada eran tan autoritarios que, sin poderlo evitar, los consejos de Mrs. Fairfax acudieron a mi cerebro y la dudas que ella experimentaba se me comunicaron, empañando mis esperanzas con una sombra de incertidumbre. Le obedecí maquinalmente sin replicar. Al ayudarme a subir al coche me miró.

—¿Qué pasa? —preguntó—. Toda tu alegría se ha desvanecido. ¿Quieres realmente llevar a la pequeña?

—Lo preferiría.

—Entonces corre a buscar tu sombrero y vuelve como un relámpago —ordenó a Adèle.

Ella obedeció tan deprisa como pudo.

—Después de todo —dijo él—, no es mucho sufrir una interrupción de una mañana cuando de aquí a poco voy a poder reclamarte íntegramente tus pensamientos, tu compañía y tu conversación para toda la vida.

Adèle, al subir al coche, comenzó a besarme en muestra de gratitud, pero él la hizo inmediatamente sentarse en un ángulo del asiento, en el lado opuesto al mío. Adèle me miraba a hurtadillas, ya que su vecino de asiento se mostraba tan poco agradable para ella que no se atrevía a decirle ni preguntarle nada.

—Déjala venir a mi lado —dije—. Ahí quizá le moleste y aquí sobra sitio.

La cogió como si hubiera sido un perrito faldero y la cambió de lugar mientras decía, aunque ahora sonriendo:

—Acabaré mandándola al colegio.

Adèle que le oyó, se apresuró a preguntar si iba a ir al colegio *sans mademoiselle*.

—Sí —contestó él—, *sans mademoiselle*. Me la voy a llevar a la Luna. La meteré en una cueva, en uno de los blancos valles que se extienden entre las cumbres de los volcanes, y allí vivirá conmigo, sólo conmigo.

—Pero no tendrá nada que comer y se morirá —observó Adèle.

—Yo recogeré maná para ella dos veces al día. Las llanuras y montes de la Luna están llenos de maná.

—Tendrá que calentarse. ¿Cómo encenderá fuego?

—Las montañas de la Luna arrojan fuego por los

cráteres de sus volcanes. Cuando Jane tenga frío la colocaré en uno de ellos.

—*Oh, qu'elle y sera mal. . . peu confortable!* Y cuando se le estropee la ropa, ¿dónde comprará otra nueva?

Rochester estaba empeñado en maravillarla.

—Para eso están las nubes, mujer. ¿No crees que de una nube blanca o rosada se puede cortar un buen vestido? Y con el arco iris puede muy bien hacerse un lindo chal.

—*Mademoiselle* está mejor como ahora —dijo Adèle, agregando—: Además se aburriría de vivir sola con usted en la Luna. Si yo fuera ella, no consentiría en irme allí con usted.

—Pues ella me ha dado su palabra de acompañarme.

—No sé cómo va a llevarla. A la Luna no hay caminos, no siendo el aire, y ni usted ni ella saben volar.

—Mira ese prado, Adèle. ¿Lo ves? Pues en él, hace dos semanas, estaba yo sentado en un portillo, con un lápiz y un libro, cuando de pronto, noté que una figura llegaba por el sendero y se detenía a dos pasos de mí. Miré y vi una cosa pequeñita, con un velo de telarañas en la cabeza. Se acercó y se sentó en mis rodillas. No nos dijimos nada, pero yo leía en sus ojos y ella en los míos y nuestras miradas mantuvieron un coloquio. Me dijo que era un hada que venía del país de la Fantasía a fin de hacerme dichoso, asegurándome que para ello era necesario abandonar la Tierra y buscar un sitio solitario, como por ejemplo, la Luna. Me indicó que en ella había un valle de plata y una cueva de alabastro donde yo podría estar muy contento. Le dije que me gustaría ir, pero que no tenía alas para volar. «Eso no ofrece dificultad —contestó el hada—. Toma este anillo de oro. Es un talismán. Ponlo en el anular de mi mano izquierda y tú te convertirás en mío y yo en tuya. Entonces podremos abandonar la Tierra y volar al cielo.» Llevo el anillo en el bolsillo, Adèle. Ahora tiene la forma de una moneda, pero pienso convertirlo muy pronto en anillo.

—¿Qué tiene que ver *Mademoiselle* con todo eso? Usted ha dicho que iba a llevar a *Mademoiselle* a la Luna. . .

—*Mademoiselle* es un hada —cuchicheó al oído de la niña.

Yo la dije que no le creyese. Ella, con su escepticismo francés, no le creyó, en efecto. Trató a Rochester de *un vrai menteur* y le aseguró que ella no creía en sus *contes de fées, que du reste, il n'y avait pas de fées, et quand même il y en avait,* no se aparecerían a él ni le darían anillos ni se ofrecerían a vivir con él en la Luna.

La hora que pasamos en Millcote fue muy embarazosa para mí. Rochester me obligó a entrar en un almacén donde me ordenó que eligiera media docena de vestidos. Yo aborrecía el ir de compras y le rogué que lo aplazase, pero no lo conseguí. Logré, mediante enérgicos cuchicheos, que la media docena se redujese a dos, pero puso la condición de elegirlos él mismo. Sus miradas se detuvieron sobre una rica seda color amatista y un soberbio raso color de rosa. A través de una nueva serie de cuchicheos le dije que lo mismo podía haber elegido un vestido de oro y una corona de plata y, con grandes dificultades, porque se empeñaba en ser duro como el granito, logré convencerle de que optase por un satén negro y una seda color gris perla más modestos. Convino, al fin, en ello, advirtiéndome que sólo cedía por aquella vez, pero que en lo sucesivo quería verme vestida con más colores que un pensil florido.

Salí con la satisfacción del almacén, si bien para entrar en la joyería. Cuantas más cosas compraba, más me ruborizaba yo, sintiéndome humillada y a disgusto. Volví al coche contrariadísima. Entonces me acordé de la carta de mi tío John Eyre, olvidada en el torbellino de los sucesos de aquellos días, en la que anunciaba su propósito de adoptarme. «Sería mucho peor —medité— que yo tuviese cierta independencia. Me sería insoportable verme vestida siempre por Mr. Rochester como una muñeca, vivir como una segunda Dánae, bajo una lluvia de oro. En cuanto vuelva a casa escribiré a mi tío John diciéndole que voy a casarme y con quién. Si tengo la esperanza de proporcionar algún día a Rochester algún aumento de sus bienes, sobrellevaré mejor estas cosas.» Algo tranquilizada por mi propósito —que, no obstante, no debía aquel día llevar a la práctica—, miré a mi señor y enamorado. Le vi sonreír y me pareció que aquella sonrisa era la de un sultán en el agradable momento de cubrir de joyas y oro a una de sus esclavas. Cogí su mano, y mientras él estrechaba con fuerza la mía, le dije:

—No me mire de ese modo. De lo contrario, no llevaré en lo sucesivo otras ropas que las que usaba en Lowood. Me casaré con este mismo vestidillo que llevo y usted podrá emplear para hacerse chalecos la tela que ha comprado.

—¡Qué gracia me hace verte y oírte! —exclamó él—. ¡Qué original eres! ¡No cambiaría esta inglesita por todo el serrallo del Gran Turco, con sus ojos de gacela, sus formas de hurí y demás encantos!

Esta alusión oriental me hirió de nuevo. Dije:

—No hablemos de serrallos. Si usted me considerase como equivalente de una de esas hermosas de los harenes y me tomara en tal sentido, haría mejor en ir a adquirir esclavas en los bazares de Estambul.

—¿Y qué harías tú mientras tanto?

—Me prepararía para ser misionera e iría a predicar la abolición de la esclavitud, incluyendo la de las esclavas de su harén. Me introduciría en él y las amotinaría. Caería usted en nuestras manos y, por muy vigoroso que usted sea, no saldría de ellas hasta que hubiera devuelto a sus mujeres su albedrío, otorgándoles una constitución tan liberal como jamás déspota alguno haya concedido.

—Me confiaría entonces a tu clemencia, Jane.

—Yo no tendría clemencia para usted si me miraba como me mira ahora, porque estaría segura de que su primer acto sería violar las cláusulas de la Constitución que nos concediese, tan pronto como le dejásemos en libertad.

Entretanto, habíamos llegado a Thornfield. Rochester me ayudó a apearme y, mientras bajaba a Adèle yo me apresuré a subir las escaleras.

Cuando me invitó a reunirme con él aquella noche, yo había resuelto que se ocupase en algo, porque no estaba dispuesta a pasar todo el tiempo en una conversación íntima *tête-à-tête*. Recordaba la buena voz de Rochester y sabía que le gustaba cantar como a casi todos los que tienen una hermosa voz. En cuanto a mí, aunque no fuese buena cantante —ni, según él, buena música—, me deleitaba oír cantar bien. Así, tan pronto como el anochecer comenzó a desplegar su azul y estrellada bandera más allá de las ventanas, abrí el piano y rogué a Rochester que cantara en obsequio mío.

—¿Te gusta mi voz? —preguntó.

—Mucho —repuse.

No deseaba halagar su vanidad, pero por una vez y dado el caso de que se trataba, me pareció oportuno hacerlo.

—Entonces, Jane, tendrás que acompañarme al piano.

—Con mucho gusto.

Comencé, si bien casi en seguida fui arrojada del taburete sin ceremonias y calificada de *chapucerilla*. Él se sentó en mi lugar y comenzó a acompañar su melodía con la música. Tocaba tan bien como cantaba. Yo me senté junto a una ventana y, mientras miraba los árboles y el campo oscuro, le oí cantar la siguiente tonada:

El más verdadero amor
que nadie ha jamás sentido
inflama mi corazón
y acelera sus latidos.

Soy feliz cuando la veo
e infeliz cuando ha partido.
Si tarda en llegar, inquieto,
se hiela en mi sangre el ritmo.

Por la indecible ventura
de verme correspondido,
yo haría lo que no haría
ningún otro ser nacido.

Por ese amor cruzaré
los infinitos abismos
que nos separan; del mar
los hirvientes remolinos;

como un salteador,
yo me arrojaré al camino
y atropellaré por todo
lo que pueda desunirnos;

obstáculos venceré;
desafiaré peligros;
con razón o sin razón,
sin miedo a premio o castigo.

Pese a la saña y al odio
de todos mis enemigos,
alcanzaré el arco iris
detrás del que peregrino.

Combatiré contra todo,
sin que humanos ni divinos
logren oponer barreras
al triunfo de mis designios.

Hasta que de mi adorada
los delicados deditos
enlacen mi ruda mano
con eslabones de lirios,

mientras con un beso selle
el juramento ofrecido
de acompañarme si muero
y acompañarme si vivo.

Se levantó y avanzó hacia mí. Vi en su rostro pintada tal
emoción y en sus ojos relampaguear tan ardiente llama, que
me sentí desasosegada por un momento. Pero reaccioné.
Eran de temer peligrosas escenas de ternura y debía
precaverme contra ellas. Así, al acercarse, le pregunté con
aspereza que con quién pensaba casarse ahora.

—¡Vaya una pregunta que me haces, Jane!

—Nada de eso. Es muy natural. ¿No ha hablado de
que su futura esposa le acompañe si muere? No tengo
propósito alguno de llevar a la práctica esa idea pagana
de morir con usted.

—Desde luego: me basta con que me acompañes en
la vida. La muerte no se ha hecho para un ser como tú.

—Sí se ha hecho, pero cuando llegue mi hora y no
antes.

—Bien: ¿me perdonas ese egoísta pensamiento y me
demuestras tu perdón besándome?

—Prefiero no hacerlo.

Me apostrofó, acusándome de ser más dura que una
piedra y afirmó que «cualquier otra mujer se hubiera
emocionado profundamente escuchando aquellos
versos entonados en alabanza suya.»

Le aseguré que mi carácter era duro como el pedernal y que estaba dispuesta a mostrarle todos los aspectos malos de mi modo de ser durante las próximas cuatro semanas, a fin de que supiese qué clase de compromiso iba a contraer mientras estuviese aún a tiempo de rescindirlo.

—¿Quieres callarte o hablar con sentido común?

—Me callaré, si quiere, pero en cuanto a hablar con sentido común, perdone que le diga que eso es lo que estaba haciendo ahora.

Se irritó, bramó y pateó, pero yo me mantuve inflexible. «Haz lo que te parezca —pensaba—, porque estoy segura de que este sistema es el mejor que puedo seguir contigo. Te quiero más de lo que te imaginas, pero no deseo caer en las complicaciones que produce no refrenar el sentimiento. Cuanto mayor distancia exista ahora entre tú y yo, mejor será después para ambos.»

Cada vez más irritado, Rochester se retiró a un rincón del cuarto. Yo entonces me levanté tranquilamente, dije con la expresión respetuosa habitual en mí: «Buenas noches, señor», y salí.

Perseveré durante todo el tiempo que faltaba en la actitud adoptada, con excelentes resultados. Porque, si bien mi sistema contrariaba el despotismo y los arranques de Rochester, por otro lado concordaba con su razón, su sentido común y, en el fondo, creo que hasta con sus gustos.

En presencia de extraños yo me manifestaba, como antes, deferente e impasible, y sólo en nuestras veladas a solas me permitía contrariarle y zaherirle. Cada tarde, a las siete en punto, enviaba a por mí y, cuando yo me presentaba, las dulces frases de «amor mío», «querida» y otras análogas estaban ausentes de sus labios. Las mejores que me dedicaba eran «muñeca deslenguada», «espíritu maligno», «bruja», «veleta», etc. En vez de caricias, me hacía muecas; en vez de apretarme la mano, me daba pellizcos; en vez de besarme, me aplicaba severos tirones de orejas. Pero yo prefería estas muestras de afecto a otras más íntimas. Noté que Mrs. Fairfax aprobaba mi actitud y que sus temores se desvanecían. Rochester afirmaba que yo le estaba quemando la sangre y me amenazaba con fieras venganzas en lo futuro. Pero me reía de sus amenazas, creía obrar con acierto y pensaba que después sabría obrar lo mismo, ya que si el procedimiento de ahora no resultaba adecuado después, otro se encontraría.

Mi tarea, sin embargo, no era fácil. Muchas veces hubiese preferido complacer a Rochester en vez de atormentarle. Mi futuro esposo se había convertido para mí en la única cosa importante de este mundo, y creo que aun del otro. Él se había interpuesto entre mis sentimientos religiosos y yo como un eclipse se interpone entre el Sol y la Tierra. En aquella época, el hombre de quien había hecho un ídolo me impedía ver otra cosa que no fuera él.

Capítulo 25

Los últimos momentos del mes estipulado estaban a punto de expirar. Todos los preparativos para el día de la boda se hallaban completos, al menos por mi parte. Mis equipajes estaban listos, atados, dispuestos para ser enviados a Londres al siguiente día. También entonces debía salir yo, o mejor dicho, Jane Rochester, una persona a quien no conocía aún. El propio Edward había escrito las etiquetas de mis equipajes. «Mrs. Rochester, Hotel. . . Londres.» No me resolvía a pegarlas aún. ¡Mrs. Rochester! Semejante ser no comenzaría a existir hasta la mañana siguiente, poco después de las ocho, y me parecía mejor esperar a que naciese para asignarle con entera propiedad aquellos objetos. Entretanto, no podía concebir que me perteneciesen las prendas que sustituirían mi negro vestido y mi sombrero lowoodianos: el traje de boda, el vestido color perla, el vaporoso velo que se hallaban colocados en el guardarropa que había en mi dormitorio.

«Os dejo solos», murmuré al cerrar el guardarropa para evitar la extraña apariencia, casi fantasmal, que a aquella hora, nueve de la noche, ofrecían los ropajes blancos entre las sombras de la habitación. Tenía fiebre; fuera soplaba el viento y quería aspirar el aire puro.

No eran sólo el ajetreo de los preparativos ni la espera del gran cambio que iba a producirse en mi vida lo que me hacía sentirme febril. Existía para ello una tercera causa que nadie sino yo conocía, y que había sucedido la noche antes.

Mr. Rochester se hallaba en unas propiedades situadas a una distancia de treinta millas, donde fue a arreglar ciertos asuntos antes de su viaje. Y yo, al presente, esperaba su regreso, confiando encontrar en él la solución del enigma que me inquietaba.

Bajé al huerto. Todo el día había soplado viento del Sur, trayendo, de vez en cuando, algunos ramalazos de lluvia. Las nubes cubrían el cielo en masas compactas, sin que un solo trocito de cielo azul hubiese brillado durante todo aquel día de julio.

Experimenté cierto violento placer sintiendo el azote del aire que refrescaba mi turbada mente. Por el camino bordeado de laureles, llegué hasta el gran castaño medio destrozado por el rayo. En aquel momento, una luna color de sangre apareció momentáneamente entre las nubes para volver a ocultarse tras ellas después. Por un segundo, el viento pareció quedar inmóvil en torno a Thornfield. Luego volvió a soplar con fuerza.

Anduve de un lado a otro del huerto. La hierba, en torno a los manzanos, estaba cubierta de manzanas caídas. Comencé a recogerlas, separando las verdes de las maduras. Llevé éstas a la casa y las coloqué en la despensa, de donde fui a la biblioteca para asegurarme de que el fuego estaba encendido. Aunque era verano, sabía que, dado lo sombrío del tiempo, a Rochester le agradaría encontrar una buena lumbre. Acerqué su sillón a la chimenea y la mesa al sillón y coloqué en ella las bujías. Una vez hechos aquellos preparativos, no sabía si salir o quedarme en casa, porque me sentía muy inquieta. Un pequeño reloj que había en el aposento y el viejo reloj del vestíbulo dieron simultáneamente las diez.

«¡Qué tarde es! —pensé—. Voy a acercarme hasta las verjas. La Luna sale a ratos y puedo otear el camino. Si me reúno con Edward en cuanto lo vea, evitaré algunos minutos de espera.»

El viento agitaba con violencia los altos árboles que sombreaban la entrada de la propiedad. El camino, a izquierda y derecha, en cuanto alcanzaba la vista, estaba solitario. Sólo se veían sobre él, a intervalos, las pálidas sombras de las nubes cuando, por unos segundos, brillaba la luna.

Una lágrima pueril, lágrima de impaciencia y disgusto, acudió a mis ojos. La luna parecía haberse encerrado herméticamente en su celeste estancia, porque no había vuelto a aparecer. La noche se hacía cada vez más oscura y la lluvia iba en aumento.

«¡Quiero que venga, quiero que venga!», deseé con un ansia casi histérica. Le esperaba antes del té y era ya noche cerrada. ¿Le había sucedido algún accidente? Recordé el suceso de la noche anterior y lo interpreté como un presagio de desventura. Presentía que mis esperanzas eran demasiado hermosas para que se realizasen y hasta pensé que había sido tan dichosa últimamente que mi fortuna, después de llegar a su cenit, debía comenzar indefectiblemente a declinar.

«No puedo volver a casa —reflexioné— y estar al lado del fuego, mientras él soporta fuera la inclemencia de la noche. Prefiero tener los miembros fatigados antes que el corazón oprimido. Avanzaré por el camino hasta que encuentre a Edward.»

Y avancé. No había recorrido aún un cuarto de milla cuando sentí ruido de cascos. Un caballo, seguido por un perro, llegaba a todo galope. ¡Enhoramala todos los presentimientos! Allí estaba él, montado en *Mesrour* y acompañado por *Piloto*. Me vio a la luz de la luna que había salido otra vez, se quitó el sombrero y lo agitó en torno a su cabeza. Corrí a reunirme con él.

—¡Está visto que no puedes vivir sin mí! —exclamó—. Pon el pie sobre mi bota, dame las manos y ¡arriba!

Obedecí. La alegría me prestaba agilidad. Monté en la delantera del arzón. Un ardiente beso fue el saludo que cambiamos. Él preguntó en seguida:

—¿Qué pasa, Jane, para que hayas venido a buscarme a estas horas?

—Creí que no llegaba usted nunca. Me era insoportable esperarle en casa con esta lluvia y este huracán.

—Estás mojada como una sirena. Cúbrete con mi abrigo. Pero creo que tienes fiebre, Jane. Te arden las manos y las mejillas. Si ha pasado algo, dímelo.

—Ahora no me pasa nada. No tengo temor ni me siento infeliz.

—Entonces, ¿lo has sentido antes?

—Luego le explicaré. Seguramente se reirá de mí. . .

—Mañana reiré todo lo que quieras. Antes no: no tengo aún segura mi presa. . . Me refiero a ti, que durante este mes último has sido para mí tan escurridiza como una anguila y más espinosa que una rosa silvestre. No podía tocarte ni con un dedo sin que me pincharas. ¡Y ahora en cambio te tengo en mis brazos como una mansa cordera! ¿Cómo es que has salido del redil para venir a buscar a tu pastor, Jane?

—Deseaba verle. Pero no cante victoria. . . Ya estamos en Thornfield. Ayúdeme a apearme.

Me puso en tierra. John se llevó el caballo y él me siguió a la casa. Me indicó que fuese a cambiarme de ropa, lo que hice a toda prisa. Cinco minutos después, volvía y le hallaba cenando.

—Siéntate y come conmigo, Jane. Es la última vez que comerás en Thornfield durante mucho tiempo.

Me senté junto a él, pero no comí.

—¿Acaso el pensamiento del largo viaje que hemos de hacer a Londres te quita el apetito?

—Hoy veo todas las cosas confusas y casi no sé ni lo que tengo en el cerebro. Todo lo que me rodea me parece fantástico.

—Menos yo. Yo soy absolutamente real. Tócame y lo verás.

—Usted me parece lo más fantástico de todo, casi una cosa soñada. . .

Alargó su brazo musculoso, recio, lo puso ante mis ojos y dijo, riendo:

—¿Es esto un sueño acaso?

—Aunque sea tangible, es un sueño —dije—. ¿Ha terminado usted?

—Sí, Jane.

Toqué la campanilla y mandé quitar el servicio. Cuando quedamos solos, aticé el fuego y luego me senté ante Rochester en un asiento bajo.

—Es casi medianoche —dije.

—Sí, Jane, pero recuerda que me prometiste velar conmigo la noche antes de mi boda.

—Y lo cumpliré, al menos por una hora o dos. No tengo ganas de acostarme.

—¿Tienes todas las cosas arregladas?

—Todas.

—Por mi parte también —repuso él— y nos iremos de Thornfield mañana mismo, media hora después de volver de la iglesia.

—Bueno. . .

—¡De qué modo tan raro lo has dicho! ¡Cómo brillan tus mejillas y tus ojos! ¿Te encuentras bien, Jane?

—Creo que sí.

—¡Crees! Vamos, dime qué te pasa.

—No sabría explicarme. Quisiera que nunca se acabaran estos momentos. ¿Quién sabe lo que nos reserva el destino?

—Todo eso son nervios, Jane. Estás sobreexcitada o acaso muy fatigada.

—¿Y usted se siente tranquilo y feliz?

—Feliz, sí; tranquilo, no.

Le miré, tratando de descubrir en su rostro la expresión de su dicha. Estaba arrebatado.

—Vamos, confía en mí, Jane —continuó—. Alivia tu pecho confiándome el peso que lo oprime. ¿Qué temes? ¿Sospechas que no voy a ser un buen esposo?

—Nada más lejos de mis pensamientos.

—¿Te asustan los nuevos ambientes en que vas a vivir, la nueva existencia que vas a llevar?

—No.

—Me asombras, Jane. Tu aspecto y tu acento me dejan perplejo y me entristecen. Explícate.

—Entonces, escuche. Usted no estuvo en casa la noche de ayer. . .

—Ya, ya sé que no estuve. . . Y adivino que ha sucedido algo en mi ausencia, y que me lo ocultas. Algo que te ha disgustado, aunque seguramente no tendrá importancia. ¿Te ha dicho algo Mrs. Fairfax? ¿Te ha ofendido alguno de los criados?

—No —repuse. Era medianoche. Esperé a que el argentino timbre del relojito del aposento y la pesada campana del gran reloj del vestíbulo hubiesen terminado de dar la hora, y continué—: Todo el día de ayer estuve muy ocupada arreglando mis cosas y sintiéndome feliz con esa ocupación, porque no estoy, como usted se figura, asustada de vivir en un nuevo ambiente, etcétera. Lo que pienso es en lo magnífico que ha de serme vivir con usted, porque le amo. Ayer yo creía en la Providencia y esperaba que todo se desenlazaría en bien de usted y mío. Hacía un día excelente y por ello no sentía inquietud alguna respecto a su viaje. Después de tomar el té, salí a pasear un poco ante la casa, y con tal intensidad pensaba en usted, que casi me parecía tenerle presente. Me asombraba de que los moralistas llamen a este mundo un valle de lágrimas, porque a mí me parecía un jardín de rosas. Al oscurecer, el aire refrescó y el cielo se cubrió de nubes. Entré. Sophie me llamó para que examinara mi vestido de boda, que acababa de traer en aquel momento. Encontré el velo que usted me regala y que, en su principesca extravagancia, ha hecho que me traigan de Londres, sin duda con objeto de chasquearme en mi propósito de no aceptar objetos costosos, como hice cuando me negué a aceptar las joyas. Sonreí al apreciar el empeño de usted en enmascarar a su humilde prometida con el disfraz de una gran señora. Estaba meditando sobre el modo de presentarle el retazo de blonda sin bordar que había preparado para cubrir mi humilde cabeza el día de la boda, y proyectaba decirle que era bastante para una mujer que no le aporta ni fortuna, ni belleza, ni una alianza ilustre. Imaginaba mentalmente las democráticas contestaciones de usted, y su perversa insistencia en afirmar que no necesitaba ni aumento de riqueza ni unirse a nadie que le dé el brillo de sus blasones. . .

—¡Cómo adivinas mis pensamientos, brujilla! —interrumpió Rochester—. Pero ¿qué has hallado en ese velo, aparte de sus bordados? ¿Un puñal, un veneno? Porque, a juzgar por tu modo de. . .

—No, no, no hallé más que su riqueza y su delicada manufactura. Pero entretanto oscurecía, arreciaba el viento y yo hubiera deseado que usted estuviese en casa. Vine a esta habitación y me impresionó el espectáculo de este sillón vacío y esta chimenea apagada. Me acosté en seguida. No podía dormir. Me sentía desasosegada y nerviosa. Creí oír de pronto, no sabía si dentro o fuera de la casa, un extraño sonido, algo triste y lúgubre, al parecer lejano. Cesó, al fin, con mucha satisfacción mía. Al dormirme soñé que era de noche, una noche oscura, y que yo deseaba estar con usted, pero que entre ambos surgía una barrera que, no sé cómo, nos separaba. Durante este primer sueño yo seguía un camino desconocido rodeada de una oscuridad absoluta. La lluvia me calaba y yo iba cargada con un niñito, demasiado pequeño para andar solo y cuyo llanto sonaba de un modo lastimero en mis oídos. Usted seguía aquel camino, muy lejos de mí, y yo me esforzaba en alcanzarle y en hacerle pararse a esperar tratando de pronunciar su nombre tan alto como podía. Pero mis movimientos y mi voz estaban como paralizados y experimentaba la impresión de que usted se alejaba más cada vez.

—¿De modo que era eso lo que tenías cuando te he encontrado? ¿Un mero sueño? ¡Qué nerviosilla eres! Déjate de visiones y piensa en la felicidad real que nos aguarda. Vamos; dime que me quieres, Jane. Esas palabras me suenan tan dulces como la música. . . ¿Me amas, Jane?

—Sí; con todo mi corazón.

—Bien —dijo él, tras unos minutos de silencio—. Es raro, pero tus palabras me han producido una sensación casi dolorosa. ¿Por qué será? Acaso por la afectuosa energía con que las has pronunciado, por la mirada de fe, de lealtad y de confianza que las acompañaba. Me ha parecido que había un espíritu junto a mí. . . Mientras me mires como me miras ahora, Jane, mientras sonrías como sabes sonreírme, aunque me digas que me odias, aunque me injuries y me atormentes, no podré renegar de ti, te amaré y. . .

—Temo disgustarle al final de mi relato. Escúcheme.

—Creí que ya me lo habías dicho todo. Pensaba que la causa de tu tristeza estaba en ese sueño.

Moví la cabeza.

—¿Cómo? ¿Hay algo más? Espero que no sea nada importante. Sigue.

La inquietud de su aspecto, cierta impaciencia de sus ademanes, me extrañaron. Continué:

—Aún soñé otra cosa: que Thornfield estaba en ruinas y era guarida de búhos y murciélagos. De toda la fachada sólo quedaba en pie un frágil lienzo de pared. Yo erraba, a la luz de la luna, entre las ruinas en las que crecía la hierba, tropezando, ora con un trozo de mármol, ora con un caído fragmento de cornisa. Seguía llevando al niñito desconocido, envuelto en un chal. Me era imposible ponerle en el suelo, y por mucho que su peso me fatigase, había de continuar llevándole. A lo lejos, en el camino, oía las pisadas de un caballo y estaba segura de que era el de usted, que partía para un lejano país, donde permanecería muchos años. Traté de escalar el muro a toda prisa, para poder verle desde arriba. Las piedras se desmoronaban bajo mis pies, la hiedra a que trataba de asirme cedía; el niño, abrazado a mi cuello y aterrorizado, casi me estrangulaba. Pero al fin llegué. Usted era ya un punto en la distancia y se alejaba por momentos. Soplaba un viento tan fuerte que no me podía sostener. Me senté en el estrecho borde del muro, colocando al niño sobre mi regazo. Usted dobló una curva del camino y, cuando yo le dirigía una última mirada, la pared se derrumbó, el niño cayó de mis rodillas, perdí el equilibrio y me desperté.

—¿Eso es todo, Jane?

—Todo el prólogo. Ahora falta el relato. Al despertarme, una luz hirió mis ojos. Pensé que ya era de día. Pero no era más que el resplandor de una vela. Supuse que Sophie estaba en la alcoba. Alguien había dejado una bujía en la mesa, y el cuartito guardarropa, donde yo colocara mi velo y mi vestido de boda, se hallaba abierto. «¿Qué hace usted, Sophie?», pregunté. Nadie contestó, pero una figura surgió del ropero, cogió la vela y empezó a examinar los vestidos. «¡Sophie!», volví a exclamar. La figura seguía en silencio. Me incorporé en la cama, me incliné hacia delante y sentí que se me helaba la sangre en las venas. Porque aquella mujer no era ninguna de las que en esta casa conozco; no era Sophie, ni Leah, ni Mrs. Fairfax, ni siquiera —estoy segura de ello— Grace Poole.

—Forzosamente había de ser una de ellas —interrumpió Rochester.

—No; le juro que no. La mujer que yo tenía ante mí no ha cruzado jamás sus miradas con las mías desde que vivo en Thornfield. Todo en su aspecto era nuevo para mí.

—Descríbemela, Jane.

—Me pareció alta y corpulenta, con una negra

cabellera cayéndole sobre la espalda. No me fijé en cómo iba vestida; sólo sé que llevaba un traje blanco.

—¿Le viste la cara?

—Primero no. Pero luego cogió el velo, lo examinó largamente, se lo puso y se miró el espejo. Entonces distinguí su rostro en el cristal.

—¿Cómo era?

—Me pareció horrible. Nunca he visto cara como aquella: una cara descolorida, espantosa. Quisiera poder olvidar aquel desorbitado movimiento de sus ojos inyectados en sangre, y sus facciones hinchadas como si fuesen a estallar.

—Los fantasmas son pálidos, por regla general.

—Pues éste no lo era. Tenía los labios protuberantes y amoratados, arrugado el entrecejo, los párpados muy abiertos sobre sus ojos enrojecidos. ¿Sabe lo que me recordaba?

—¿El qué?

—La aparición de las leyendas germanas: el vampiro. . .

—¡Ah! ¿Y qué hizo?

—Se quitó el velo de la cabeza, lo rasgó en dos, lo tiró al suelo y lo pisoteó.

—¿Y luego?

—Descorrió las cortinas de la ventana y miró hacia fuera. En seguida cogió la vela y se dirigió a la puerta. Se paró junto a mi lecho, apagó la bujía y se inclinó sobre mí. Tuve la sensación de que su rostro tocaba casi el mío y perdí el conocimiento. Es la segunda vez en mi vida —sólo la segunda— en que el terror me ha hecho desmayarme.

—¿Y había alguien contigo cuando te recobraste?

—Nadie. Era de día ya. Sumergí la cabeza en agua, bebí, comprobé que, aunque débil, no me encontraba enferma y determiné no comunicar a nadie aquella visión. Ahora dígame: ¿quién es esa mujer?

—Una creación de tu mente. Tienes que cuidarte. Eres demasiado nerviosa.

—No fue cosa de mis nervios. Todo lo que digo ocurrió en realidad.

—¿También los sueños anteriores? ¿Acaso Thornfield Hall es una ruina? ¿Estoy separado de ti por insuperables obstáculos? ¿Te he abandonado sin una lágrima, sin un beso, sin una palabra?

—Aún no.

—¿Y parezco inclinado a hacerlo? Porque ya estamos en el día en que nos uniremos con un lazo indisoluble. Y una vez unidos, no se repetirán esas terroríficas alucinaciones, te lo aseguro. . .

—¡Alucinaciones! ¡Qué más quisiera yo que lo fuesen! Y lo desearía ahora más que nunca, en vista de que usted no puede aclararme la personalidad de esa para mí extraña visitante.

—Puesto que no puedo decírtelo, es que no ha existido, esto es seguro.

—Cuando me he levantado esta mañana y he ido al ropero para asegurarme de que todo estaba en orden, he encontrado la prueba de que no había soñado: el velo, tirado en el suelo y partido en dos. . .

Rochester se estremeció. Me abrazó por la cintura, exclamando:

—¡Gracias a Dios que ese velo ha sido lo único que ha sufrido daño! ¡Oh, cuando pienso en lo que pudo haber sucedido!

Me apretó con tal fuerza contra su pecho, que casi no me dejaba respirar. Continuó, tras una pausa:

—Te lo explicaré todo, Jane. Ha sido medio sueño y medio realidad. Sin duda una mujer entró en tu cuarto. Y no fue —no pudo ser— otra que Grace Poole. Te parece un ser extraño, y no te falta razón, si consideramos lo que nos hizo a Mason y a mí. Sin duda encontrándote medio dormida y algo febril, la viste entrar y le atribuiste una forma fantástica distinta a la que tiene en realidad: el largo cabello desmelenado, la faz oscura e hinchada, la exagerada estatura. Todo ello son ficciones de pesadilla. El episodio del velo es real, y muy apropiado al modo de ser de esa mujer. Ya veo que deseas preguntarme por qué conservo en mi casa a una persona así. . . Pues bien, te lo diré cuando llevemos casados un año y un día, pero no ahora ¿Estas satisfecha, Jane? ¿Aceptas esta solución del misterio?

Reflexioné. Tal solución, en efecto, parecía la única verdadera. No me sentía satisfecha, pero por complacerle traté de parecerlo. Le correspondí, pues, con una sonrisa de aquiescencia. Y como era bastante más de la una, me dispuse a dejarle.

—¿No duerme Sophie con Adèle? —me preguntó cuando cogí mi bujía.

—Sí.

—En el cuarto de Adèle hay sitio suficiente para ti. Debes dormir allí esta noche, Jane. No me extraña que el incidente que me has relatado te haya puesto nerviosa, y si pasas la noche sola no podrás dormir. Prométeme acostarte en la alcoba de Adèle.

—Lo haré con gusto.

—Y cierra la puerta por dentro. Despierta a Sophie cuando entres, con el pretexto de que te llame mañana temprano, para vestirte y desayunarte antes de las ocho. Y ahora basta de pensamientos sombríos. Olvida tus preocupaciones, Jane. ¿Oyes en qué suave brisa se ha convertido el viento de antes? Tampoco la lluvia bate ya los cristales. Mira qué noche tan hermosa —concluyó, corriendo el visillo para que yo mirara.

Era cierto. La mitad del cielo estaba azul y límpido. Las nubes, impulsadas por el viento, desaparecían, formando grandes y argentadas masas, en el horizonte. La luna brillaba, serena.

—¿Cómo se siente ahora mi Jane? —preguntó mirándome a los ojos.

—La noche es serena y yo también lo estoy.

—Nada de soñar esta noche con terrores y pesadillas, sino con dulces sueños de amor y de felicidad.

Su deseo se cumplió a medias, porque no tuve ni pesadillas ni sueños agradables, ya que no dormí nada. Con Adèle entre los brazos velé su sueño —el sueño tranquilo, despreocupado y puro de la infancia— y así esperé que alborease el día. En cuanto el sol salió, me levanté. Recuerdo cuando me separé de Adèle abrazada a mí, cómo separé sus bracitos de mi cuello y cómo lloré, mirándola, con emoción reprimida, para que mis sollozos no turbaran su sueño. Ella simbolizaba para mí la vida pasada, como mi prometido, al que iba ahora a reunirme, simbolizaba mi ignorado porvenir, temido, pero adorado.

Capítulo 26

Sophie vino a las siete a vestirme, en lo que tardó bastante, hasta el punto de que Rochester, impaciente, sin duda, por mi tardanza, envió a preguntar el motivo de que yo no acudiera. En aquel momento ella estaba colocando sobre mi cabeza el velo —que al fin había tenido que ser mi liso velo de blonda— y sujetándolo con un broche. Me escapé de entre sus manos en cuanto pude.

—¡Espere! —exclamó ella, en francés—. ¡No se ha mirado aún al espejo!

Me volví desde la puerta y vi en el cristal una figura tan distinta, con su velo y sus ropas, de la mía, que casi me pareció otra persona.

—¡Jane! —gritó una voz.

Bajé apresuradamente. Rochester me recibió al pie de la escaleras.

—Vamos —dijo—. Estoy ardiendo de impaciencia; ¡hay que ver lo que tardabas!

Me condujo al comedor, me examinó y dijo que yo era «tan bonita como un lirio, y no sólo el orgullo de su vida, sino el encanto de sus ojos». Luego agregó que me concedía diez minutos para desayunar y tocó la campanilla.

—¿Ha enganchado John el coche?

—Sí, señor.

—¿Y el equipaje?

—Están sacándolo.

—Vaya a la iglesia, vea si está el Padre Wood y el sacristán y vuelva a decírmelo.

Como no ignora el lector, la iglesia estaba muy cerca. El criado, pues, regresó enseguida.

—El Padre Wood, señor, estaba poniéndose la sobrepelliz.

—¿Y el coche?

—Ya está.

—No iremos en él a la iglesia, pero necesitamos que esté listo para cuando regresemos, con el equipaje colocado y el cochero en el pescante.

—Bien, señor.

—¿Estás ya, Jane?

Me levanté. Sólo Mrs. Fairfax estaba en el vestíbulo cuando pasamos. Hubiera querido hablarla, pero una mano de hierro asió mi brazo y me vi obligada a caminar a un paso que apenas me era posible mantener. Una mirada al rostro de Rochester me indicó que él no quería perder ni un segundo.

No sé si el día era bueno o malo, porque, mientras nos dirigíamos a la iglesia, yo no miraba ni la tierra ni el cielo. Mi corazón estaba todo en mis ojos, y éstos contemplaban, estáticos, a Rochester, buscando en su apariencia la exteriorización de los sentimientos que parecía reprimir con dificultad.

Se paró ante la puerta del cementerio al notar que yo no podía ya ni respirar, y me dijo:

—Mi amor es un poco cruel. . . Descansa un momento, Jane.

Y entonces pude distinguir la parda y antigua casa de Dios alzándose ante mí. Una corneja volaba en torno al campanario bajo el cielo carmesí de la mañana. Entre los verdes montículos de las tumbas vi las figuras de dos forasteros que se detenían entre ellas para leer los epitafios de sus lápidas. Noté que, al atisbarnos, desaparecieron detrás de la iglesia y no dudé de que iban a asistir a la ceremonia. Pero Rochester no les observó, porque su mirada se concentraba en mi rostro, del que me parece que habían huido todos los colores. Yo tenía la frente húmeda y los labios fríos. Cuando hube descansado, él me condujo lentamente hasta el pórtico.

Entramos en el silencioso y humilde templo. El sacerdote, revestido con su blanca sobrepelliz, estaba ante el altar y el sacristán a su lado. No había nadie más, excepto dos sombras que se agitaban en un remoto rincón. Mi suposición había sido acertada. Los dos desconocidos, entrando antes que nosotros, se hallaban dentro inclinados ahora sobre la cripta que guardaba los restos de los Rochester, y contemplando las tumbas de mármol en las que un ángel arrodillado custodiaba los restos de Damer de Rochester, muerto en Marston Moor durante las guerras civiles, y de Elizabeth, su mujer.

Nos arrodillamos ante la barandilla donde los fieles se posternaban para comulgar. Oí un paso cauteloso a mis espaldas y, volviendo un poco el rostro, vi a uno de los dos forasteros, un caballero por las apariencias, que se aproximaba al presbiterio. Comenzó el servicio. Se hizo primero la manifestación de nuestro propósito de contraer matrimonio y después el sacerdote avanzó hacia nosotros y dijo:

—Os pido que ambos declaréis (como si contestarais cuando, el Día del Juicio, los secretos de todos los corazones sean declarados íntegramente) si cualquiera de vosotros tiene o cree tener impedimentos de cualquier clase que os impidan uniros en matrimonio legal, porque, de existir, aunque os unierais, vuestro matrimonio no sería válido ante Dios ni, por tanto, legal.

Calló, según costumbre. ¿Hay acaso alguna ocasión en que ese silencio formulario sea roto? Quizá no suceda ni una vez en cien años. El sacerdote, que no había separado los ojos de su libro, y que sólo se había interrumpido por un momento, iba a continuar. Ya su mano se dirigía a Rochester y sus labios se abrían para preguntarle si me tomaba por legítima esposa, cuando una voz clara y muy próxima dijo:

—Ese matrimonio no puede efectuarse. Afirmo que existe un impedimento.

El sacerdote miró al que hablaba y permaneció mudo. El sacristán hizo lo mismo. Rochester dio un salto, como si hubiera sentido temblar la tierra bajo sus pies. En seguida recuperó su serenidad y, sin volver la cabeza, dijo:

—Continúe.

A su palabra, pronunciada en voz baja y clara, siguió un profundo silencio. El padre Wood repuso:

—No puedo continuar antes de que se investigue la certeza o falsedad de lo que acaba de asegurarse.

—No debe celebrarse la ceremonia —repitió la voz de antes—. Puedo probar que existe un insuperable impedimento.

Rochester oyó, pero no movió la cabeza. Permanecía obstinado y rígido. Su mano asía la mía, y aquella mano ardiente parecía de hierro. En cambio, su rostro cuadrado, su frente enérgica, estaban pálidos como el mármol. Sus ojos brillaban, atentos, inmóviles y, sin embargo, con una expresión casi feroz.

—¿De qué clase es ese impedimento? —preguntó el turbado padre Wood—. Acaso sea hacedero eliminarlo . . .

—Difícilmente —dijo la voz de antes—. He dicho que era insuperable y he hablado sabiendo lo que decía.

El desconocido se acercó a la barandilla y siguió, con energía y claridad, pero sin alzar la voz:

—El impedimento consiste en que Mr. Rochester está casado y su mujer vive aún.

Aquellas palabras, pronunciadas en voz baja, hicieron vibrar mis nervios cual si hubieran sonado fuertes como el trueno. Mi sangre sintió una impresión tal como el fuego o el hielo no hubieran sido capaces de producir. Miré a Rochester y él me miró: sus ojos permanecían fijos y duros, en actitud de desafiar al mundo entero. Sin hablar, sin sonreír, sin indicio alguno de que me considerase como un ser viviente, ciñó mi talle con la mano y me atrajo hacia sí.

—¿Quién es usted? —preguntó al intruso.

—Me llamo Briggs, procurador de Londres.

—¿Y asegura usted que soy casado?

—Puedo asegurar la existencia de su mujer. La ley lo reconocerá, si usted lo niega.

—Hágame el favor de decirme su nombre, quiénes eran sus padres, dónde nació. . .

—Con mucho gusto.

El señor Briggs sacó un papel de su bolsillo y leyó con una voz nasal, protocolaria:

—«Afirmo y puedo probar que el 20 de octubre de . . . (una fecha de quince años antes), Edward Fairfax Rochester, de Thornfield Hall, en el condado de. . . y de Ferndean Manor, en. . . (Inglaterra), casó con mi hermana Bertha Antoinette en Puerto España (Jamaica), en la iglesia de. . . Poseo una copia del certificado de su partida de casamiento. Firmado: Richard Mason.»

—Aun suponiendo que se tratara de un documento auténtico eso probaría que he estado casado, pero no que mi mujer viva aún.

—Vivía hace tres meses —replicó el procurador.

—¿Cómo lo sabe?

—Tengo un testigo del hecho.

—Preséntelo o váyase al infierno, si no. . .

—Prefiero presentarlo. Está aquí Mr. Mason: tenga la bondad.

Rochester, al oír tal nombre, rechinó los dientes y experimentó un estremecimiento convulsivo. El otro forastero, que hasta entonces permaneciera retirado, avanzó y la pálida faz de Mason en persona apareció sobre el hombro del procurador. Rochester se volvió y le miró. Una sombría luz brilló en sus ojos, la sangre afluyó a sus morenas mejillas y su fuerte brazo se distendió. Hubiera podido aplastar a Mason, de un golpe, sin duda. Pero Mason dio un salto hacia atrás, gritando: «¡Dios mío!», y la furia de Rochester se desvaneció. Limitóse a preguntarle:

—¿Qué tienes que decir?

De los pálidos labios de Mason escapó una réplica inaudible.

—El diablo te lleve si no contestas con más claridad. ¿Qué tienes que decir, repito?

—Señor —interrumpió el sacerdote—, no olvide que está usted en un sitio sagrado —y dirigiéndose a Mason le preguntó con amabilidad—: ¿Le consta a usted que la esposa de este caballero vive realmente?

—¡Ánimo! —intervino el procurador—. Hable.

—Vive en Thornfield Hall —dijo Mason, más claramente—. La vi en abril pasado. Soy su hermano.

—¡En Thornfield Hall! —exclamó el sacerdote—. Es imposible. Hace mucho que habito en la vecindad y jamás he oído hablar de ninguna Mrs. Rochester en esa casa.

Una horrible sonrisa contrajo la boca de Rochester al contestar:

—Ya me preocupé bastante de que nadie supiera nada de ella, al menos como mi mujer.

Calló, reflexionó durante unos minutos y, al fin, como si hubiese adoptado una resolución, habló:

—Basta, acabemos de una vez. Wood, cierre el libro y quítese la sobrepelliz. Usted, John Green —se dirigía al sacristán—, puede irse. Por hoy no se celebra la boda.

El hombre obedeció. Rochester siguió diciendo:

—Ciertamente, la palabra bigamia suena muy mal. Sin embargo, yo iba a convertirme en bígamo, de no habérmelo impedido el destino o la Providencia. Quizá esta última... Reconozco que he obrado diabólicament ... Señores: mi plan ha fracasado. Lo que este procurador y su cliente aseguran es verdad. Estoy casado y mi mujer vive aún. Es verdad que usted no ha oído hablar de mi mujer, Wood, pero sí le habrán mencionado una loca que albergo en mi casa. Algunos le dirían que se trata de una hermana bastarda, otros le afirmarán que es una antigua amante. Pero declaro ahora que es mi mujer, con la que me casé hace quince años. Se llama Bertha Mason y es hermana de este atrevido personaje, que con su temblor y su palidez les demuestra lo que un bravo corazón masculino es capaz de afrontar. Tranquilízate, Dick, no temas; no te pegaré. ¡Casi sería capaz de pegar a una mujer antes que a ti! Bertha Mason está loca y desciende de una familia cuyos miembros han sido locos o maniáticos a lo largo de tres generaciones. La madre de mi mujer estaba loca y alcohólica. Lo supe después de casado, porque, desde luego, me ocultaron antes tales secretos de familia. Bertha, como buena hija, imitaba a su genitora en ambos aspectos. Tuve una encantadora compañera. ¡No pueden imaginarse lo admirable que era y lo feliz que fui yo con aquella mujer *pura, prudente y modesta. . .*! ¡Oh, qué escenas hubo entre nosotros! ¡Una cosa celestial! Pero sobra entrar en más explicaciones. Briggs, Wood, Mason: les invito a venir a mi casa a conocer a la paciente de Grace Poole y esposa mía. Así verán ustedes con qué clase de ser me casé y si tengo o no derecho a romper el pacto matrimonial y buscar consuelo en un ser que ni siquiera pueda llamarse humano. Esta muchacha, Wood —agregó, mirándome—, no conocía el secreto más que usted mismo, y creía que todo era limpio y legal. Jamás pudo ocurrírsele que iba a unirse a un hombre ligado a una compañera malvada, loca y embrutecida. ¡Ea, óiganme!

Salió de la iglesia arrastrándome consigo. Los tres hombres nos seguían. Ante la casa encontramos el coche.

—Llévelo a la cochera, John —dijo fríamente Rochester—. Hoy no nos hace falta.

Al entrar, Mr. Fairfax, Adèle, Sophie y Leah avanzaron a nuestro encuentro.

—¡Alto! —gritó Rochester—. Nada de felicitaciones. ¿Para qué las quiero? ¡Llegan con quince años de retraso!

Subió las escaleras, siempre llevándome tomada del brazo y siempre seguidos los dos de los hombres. Cruzamos la galería y ascendimos al tercer piso. La llave maestra que llevaba Rochester nos abrió paso al cuarto tapizado, con su enorme lecho y su gabinete de puertas pintadas.

—Tú ya conoces el sitio —dijo Rochester a Mason—. Aquí es donde ella te mordió.

Corrió las tapicerías que cubrían la pared, descubriendo otra puerta, que abrió seguidamente. Nos hallamos en una habitación sin ventanas, en la que ardía una lumbre protegida por un alto y fuerte guardafuegos. Del techo pendía una lámpara sostenida por una cadena. Grace Poole, inclinada sobre el fuego, parecía cocinar algo en una cacerola. En el fondo del cuarto se veía una figura que se movía de un lado para otro. No era fácil, a primera vista, percibir si se trataba de un ser humano o no, ya que en aquel momento se arrastraba en cuatro pies y gruñía como un animal feroz, pero iba vestida y una oscura cabellera cubría su cabeza y su rostro.

—Buenos días, Grace —dijo Rochester—. ¿Cómo está usted? ¿Y la persona que tiene a su cargo?

—No vamos mal, señor —replicó Grace, dejando cuidadosamente la cazuela a un lado de la lumbre—. Está algo arisca, pero no furiosa.

En aquel momento, un grito penetrante pareció desmentir aquella aserción. La hiena vestida se puso en pie, mostrándose en toda su elevada estatura.

—¡Les ha visto, señor! —exclamó Grace—. Vale más que se vayan.

—Sólo estaremos unos momentos, Grace. Tráigala.

—Tenga cuidado, señor. ¡Por amor de Dios, tenga cuidado!

La loca avanzó, separó de su rostro el cabello que lo cubría y miró con fiereza a sus visitantes. Reconocí bien aquel rostro encendido, aquellas facciones hinchadas.

Grace se adelantó.

—Sepárense —dijo Rochester, apartándola—. Ya estoy prevenido. Supongo que ahora no tendrá un cuchillo, ¿eh?

—Nunca se sabe lo que puede tener, señor. Es tan astuta, que con ella no hay precaución que valga.

—Valdrá más que nos vayamos —murmuró Mason.

—¡Vete al diablo! —contestó su cuñado.

—¡Cuidado! —gritó Grace.

Los tres visitantes retrocedieron a la vez. Rochester se puso delante de mí. La loca cayó sobre él y asió rabiosamente su garganta, mientras trataba de morderle el rostro. Ambos forcejearon. Ella era alta y corpulenta, tanto como su marido, y estaba dotada de una fuerza tremenda. Varias veces estuvo a punto de derribar a Rochester, a pesar de lo vigoroso que éste era. Cierto que él hubiera podido inmovilizarla, descargándole un golpe violento, pero no intentaba más que sujetarla. Al fin logró tomarla por los brazos. Grace Poole le tendió una cuerda y Rochester ató a la espalda las muñecas de la loca, lo que realizó a despecho de las sacudidas y empellones que ella daba. Entonces, Rochester se volvió a los espectadores y les contempló con una sonrisa triste y amarga.

—¡Esta es mi mujer! —exclamó—. Tales son las únicas relaciones que puedo mantener con ella. ¡Y ésta —añadió, poniendo su mano en mi hombro—, esta muchacha es la que yo deseaba tener, ésta que veis, grave y silenciosa en la misma boca del Infierno, contemplando sin perder la serenidad las gesticulaciones de ese demonio! ¡Aprecien la diferencia, Wood y Briggs! Comparen estos ojos límpidos con esos ojos inyectados en sangre, este rostro con esa máscara, y júzguenme, usted, sacerdote de Dios, y usted, hombre de leyes. Júzguenme y recuerden que como juzguen serán juzgados. Y ahora vámonos.

Todos nos retiramos. Rochester se detuvo unos

momentos más, dando órdenes a Grace. El procurador me habló cuando bajábamos la escalera.

—Su tío, señorita —dijo—, celebrará saber que la hemos evitado un grave disgusto, si vive aún cuando Mr. Mason pase por Madera.

—¿Mi tío? ¿Lo conoce usted?

—Le conoce Mr. Mason. Mr. Eyre ha sido su corresponsal en Funchal durante varios años. Cuando su tío recibió la carta de usted notificándole su próxima boda con Mr. Rochester, Mr. Mason se hallaba en Madera para mejorar su salud antes de continuar a Jamaica. Mr. Eyre le habló del asunto, porque sabía que mi cliente era pariente de una persona llamada Rochester. Mr. Mason, tan asombrado y disgustado como usted puede suponer, le reveló cuál era el verdadero estado de cosas. Siento decirla que su tío padece ahora una enfermedad que, desgraciadamente, deja pocas esperanzas de curación. No podía, pues, venir a Inglaterra para impedir que usted cayese en la trampa que se le tendía, pero rogó a Mr. Mason que volviese y evitara el ilegal matrimonio. Mr. Mason consultó conmigo, que he puesto en el asunto todo interés. Celebro haber llegado a tiempo. Si no tuviera la certeza íntima de que su tío habrá fallecido antes de que usted pudiera llegar a Madera, la aconsejaría que fuese allí con Mr. Mason, pero en el estado actual de cosas, creo que vale más que se quede en Inglaterra hasta que reciba noticias acerca de su tío. —Y preguntó a Mason—: ¿Tenemos algo más que hacer aquí?

—No, no, vámonos —contestó Mason apresuradamente.

Sin despedirse de Rochester, ganaron la puerta de la casa. El sacerdote se detuvo algo más para dirigir algunas palabras, de reproche o reprimenda, a su perverso feligrés, y cumplido tal deber, se marchó.

Le sentí bajar a través de la entornada puerta de mi habitación, a la que me había retirado. Corrí el cerrojo y procedí —sin lágrimas ni lamentos— a substituir en mis maletas las ropas de boda por mis antiguos vestidos. Una vez hecho esto, me senté. Sentíame febril y fatigada. Apoyé los brazos en la mesa y descansé la cabeza sobre mis brazos. Ahora comenzaba a sentir. Hasta entonces había visto, oído y actuado, pero ahora sentía y pensaba.

La mañana había transcurrido con bastante tranquilidad —a excepción de la escena con la loca—, ya que la conversación de la iglesia no había tenido el carácter de altercado. No hubo amenazas, desafíos, lágrimas ni sollozos. Alguien alegó serenamente un impedimento al matrimonio, se cambiaron breves preguntas y respuestas, mi prometido reconoció la verdad, se vio la prueba viviente de ella, los intrusos se fueron y todo quedaba en paz.

Yo me hallaba en mi cuarto, como de costumbre, sin que nada hubiese cambiado en mí. Sin embargo, ¿qué era de la Jane Eyre de la víspera? ¿Qué de sus perspectivas y esperanzas?

Jane Eyre, que era el día anterior una mujer llena de dulces anhelos, una casi desposada, se había convertido otra vez en una muchacha desamparada y sola, con una vida gris, llena de desoladas perspectivas ante ella. La nieve de diciembre había caído en medio del verano, el hielo helaba las manzanas maduras, un viento invernal arrancaba de sus tallos las rosas. Los bosques, que doce horas antes mostrábanse fragantes y espléndidos como tropicales árboles, eran ahora inmensos, solitarios, glaciales como los bosques de pinos en el invierno de Noruega. . . Mis esperanzas habían muerto de repente; mis deseos, el día anterior rebosantes de vida, estaban convertidos en lívidos cadáveres. Y mi amor, aquel sentimiento que Rochester había despertado en mí, yacía, angustiado, en mi corazón, como un niño en una cuna fría. Ya no podía buscar el brazo de Rochester ni encontrar calor en su pecho. Mi fe y mi confianza quedaban destruidas. Rochester no volvería a ser para mí lo que fue, porque resultaba distinto a como yo le había imaginado. No deseaba increparle ni quería reprocharle su traición, pero se me aparecía privado de la sinceridad que yo le atribuyese. Debía marchar de su lado. Cuándo y cómo, no lo sabía, pero adivinaba que él mismo me aconsejaría partir de Thornfield. Era imposible, a mi juicio, que hubiese sentido hacia mí verdadero afecto; sólo fue, sin duda, un capricho momentáneo. Debía procurar no cruzarme en su camino, porque ahora mi presencia había de resultarle odiosa, sin duda. ¡Oh, qué ciega había estado! ¡Qué débil había sido!

Cerré los ojos. La oscuridad me rodeó. Sentí una inmensa lasitud y parecióme yacer en el lecho de un río seco, sintiendo retumbar entre las lejanas montañas el rumor del torrente que se aproximaba por el cauce. Pero no deseaba incorporarme ni tenía fuerzas para huir de la riada. Al contrario: ansiaba la muerte. En aquel momento pensé en Dios, y mentalmente le dirigí una plegaria: «Ayúdame, ya que nadie me ayudará, en la turbación que me amenaza.»

Y la turbación cayó sobre mí. Todo el peso de aquel torrente que oía avanzar, gravitó sobre mi corazón. La conciencia de mi vida rota, de mi amor perdido, de mi esperanza deshecha, me abrumó como una inmensa masa. Imposible describir la amargura de aquel momento. Bien puede decirse que «las olas inundaron mi alma, me sentí hundir en el légamo, en el seno de las aguas profundas, y las ondas pasaron sobre mi cabeza».

Capítulo 27

Varias veces durante la tarde, mientras el sol declinaba, me pregunté: «¿Qué haré?»

Pero la respuesta que me daba la razón: «Vete en seguida de Thornfield», me era tan dura de oír, que procuraba tapar los oídos a tal consejo, y me decía: «Lo peor no es que haya dejado de ser la prometida de Edward Rochester. Este brusco despertar del más bello sueño, este hallar que cuanto imaginara era falso y vano, puedo soportarlo por horroroso que sea. Pero la idea de abandonarle es, resuelta, indudable y enteramente imposible. No puedo hacerlo.»

Una voz interior me objetaba que sí podía y debía hacerlo. La conciencia, inexorable, asió la pasión por el cuello, la vituperó, la pisoteó bajo sus pies.

«Déjame buscar la ayuda de alguien», gemí.

«No; tú sola debes ayudarte; tú debes arrancar, si es necesario, tu ojo derecho y cortar tu propia mano. Sólo tu corazón debe ser la víctima de tu error.»

Me incorporé, aterrorizada de aquella soledad en la que oía pronunciar tan despiadado juicio y del silencio que llenaba aquella inexorable voz. Al ponerme en pie sentí que se me iba la cabeza. No sólo estaba agotada por la excitación, sino extenuada, ya que no había comido ni bebido nada en todo el día. Y entonces reparé en que nadie había venido a verme, ni preguntado por mí. Ni Adèle había llamado a mi puerta, ni Mrs. Fairfax me había avisado para comer. «Los amigos siempre olvidan a quienes olvida la fortuna», pensé. Descorrí el cerrojo y salí. Tropecé con un obstáculo y estuve a punto de caer. Me sentía débil y mareada. Un brazo vigoroso me sujetó. Rochester, sentado en una silla, se hallaba ante el umbral de mi habitación.

—Al fin sales —dijo—. Hace mucho que espero y escucho. Ni un movimiento, ni un solo sollozo he sentido. ¡Cinco minutos más de esta espera intolerable y habría forzado la puerta, como un ladrón! ¡Oh, preferiría que me apostrofases de vehemencia, que tus lágrimas manaran sobre mi pecho! Pero me he equivocado. ¡No lloras! Tu rostro está pálido y tus ojos marchitos, pero en ellos no hay huellas de lágrimas. Temo que sea tu corazón el que haya vertido lágrimas de sangre. . . Dime algo, Jane. ¿No me reprochas? ¿No se te ocurre nada ofensivo que decirme? Te veo inmóvil, pasiva, mirándome con serenidad. . . No me propuse herirte, Jane. Estoy en la situación del pastor que tuviera una oveja, a la que quisiera como si fuera su hija, con quien compartiera su pan y su agua, y a la que un día degollara por error. Sí, ése es mi estado de alma . . . ¿No me perdonarás nunca?

¡Le perdoné en aquel mismo momento, lector! ¡Había tan profundo remordimiento en sus ojos, tan sincera compasión en su acento y, sobre todo, tan inalterable amor en él y en mí! Sí; le perdoné con todo mi corazón, aunque no lo expresase con palabras.

—¿Sabes que soy un canalla, Jane? —me preguntó, tras un largo silencio, atribuyendo, sin duda, mi silencio y mi calma más al abatimiento que a mi propia voluntad.

—Sí.

—Dímelo, pues, con franqueza, con dureza. No calles nada.

—No puedo. Me siento muy enferma y cansada. Tengo sed. . .

Emitió un profundo suspiro y, tomándome en sus brazos, me hizo bajar las escaleras. No me di cuenta al principio de adónde me llevaba. Luego sentí el estimulante calor del fuego. A pesar de estar en verano, me sentía fría como el hielo. Me ofreció una copa de vino y me sentí revivir. Comí algo que me dio y recuperé totalmente mis energías. Me encontré en la biblioteca, sentada en el sillón donde él solía sentarse. Rochester estaba a mi lado. Pensé que me valdría más morir en aquel momento. Sabía que debía abandonarle, y, sin embargo, no quería, no podía hacerlo.

—¿Cómo estás ahora, Jane?

—Mucho mejor.

—Toma más vino.

Le obedecí. Dejé el vaso en la mesa y me miró con detenimiento. Se volvió de repente, lanzando una vehemente exclamación, comenzó a pasear por el cuarto y al fin se inclinó hacia mí como para besarme. Recordando que ahora las caricias estaban prohibidas entre nosotros, aparté el rostro.

—¡Cómo! —exclamó Rochester. Y agregó amargamente—: Ya: no quieres besar al marido de Bertha Mason. Supongo que consideras que con las caricias de ella tengo bastante. Me tienes sin duda por un odioso intrigante que me preparaba a hacerte perder el honor y el decoro. Si no lo dices es: primero porque te faltan las fuerzas, segundo porque no te acostumbras a la idea de acusarme e increparme y, en fin, porque las puertas de tus lágrimas están abiertas y si hablases mucho romperías en llanto. Sé que no quieres llorar, explicarte, hacer una escena, sino que te propones, en vez de hablar, actuar. Lo sé. Estoy preparado a ello.

—No deseo proceder contra usted —dije con entrecortada voz.

—En el sentido que tú das a las palabras, no; pero en el que yo le doy, sí. Te aprestas a aniquilarme. Piensas que, puesto que soy un hombre casado, debes apartarte de mi camino. Por eso ahora no has querido besarme. Te propones convertirte para mí en una extraña, vivir bajo mi mismo techo exclusivamente como institutriz de Adèle, rechazando mis palabras y mis aproximaciones como si fueras de piedra y de hielo.

—Señor —repuse—: todo ha cambiado para mí de tal forma que, para evitar enojosos recuerdos e ideas tristes, es preciso que busque usted una nueva institutriz para Adèle.

—Adèle irá a un colegio. No deseo atormentarte reteniéndote en Thornfield Hall. Y ahora debo decirte que, si al principio oculté la existencia de una perturbada aquí, era porque temía que ninguna institutriz hubiera querido residir en una casa en esas condiciones. Cierto que yo podía haber llevado a la loca a otro sitio aún más escondido que poseo: Ferndean Manor, cuya insalubre situación en el corazón de un bosque tal vez me hubiera librado tan pronto de esa carga que arrastro. Pero por perversas que sean mis inclinaciones, la de acometer un asesinato indirecto no figura entre ellas. Ocultarte la existencia de esa loca era inútil, lo reconozco. . . Toda la casa, toda la vecindad, está emponzoñada con su presencia. Pago doscientas libras al año a Grace Poole para que custodie a esa bruja infernal que tú llamas mi mujer. Y dentro de poco, su hijo, que es celador en el asilo de Grimsby, vendrá a ayudarle en su tarea de vigilar a mi mujer cuando sufre esos paroxismos en cuyo curso incendia camas, muerde y. . .

—Es usted implacable con esa desventurada señora —interrumpí—. La menciona usted con aversión y odio, como si ella tuviese la culpa de su locura.

—Jane, queridita (y perdona que te llame así, porque para mí lo eres), me juzgas mal. ¿Crees que yo te odiaría si tú estuvieses loca?

—Sin duda.

—Te engañas. Ignoras cómo soy, la clase de amor que soy capaz de experimentar. Te quiero más que a mí mismo, y si sufrieses, te querría más aún. Tu inteligencia es mi tesoro y si se perturbase me serías todavía más amada. Aunque enloquecieses, aunque te lanzases sobre mí como esa mujer esta mañana, te recibiría con un abrazo. No me apartaría de ti con horror, como de ella, y nadie te cuidaría más que yo mismo. Y no sería menos tierno para ti aunque no me dedicases una sonrisa ni me reconocieran tus ojos. Pero no sigamos hablando de eso. Yo me refería a hacerte partir de Thornfield. Todo está preparado para tu marcha. Mañana puedes irte. Sólo te pido que pases una noche más bajo este techo y luego ¡adiós miserias y terrores! No faltará un lugar que sea como un santuario donde refugiarse y olvidar los resultados odiosos. . .

—Quédese con Adèle —interrumpí—: será una compañera para usted.

—Ya te he dicho que la enviaré a un colegio. ¿Para qué me sirve la compañía de una niña? ¡Y ni siquiera mi propia hija, sino la bastarda de una bailarina francesa! ¿Por qué me importunas aconsejándome que la conserve en mi compañía?

—Porque hablaba usted de retirarse, y la soledad y el retiro no serán beneficiosos para usted.

—¡Soledad! —repitió él, con irritación—. Es preciso que nos expliquemos. No sé lo que significa la expresión enigmática de tu rostro, pero lo que yo me propongo, sí lo sé. Tú compartirás mi soledad.

Moví negativamente la cabeza. Hacía falta cierto valor para manifestar aquella oposición, dado lo excitado que él se encontraba. Interrumpió sus paseos, se detuvo ante mí y me miró. Separé mis ojos de los suyos y los fijé en el fuego, esforzándome en adoptar un aspecto sereno y recogido.

—Ya hemos tropezado con una dificultad de tu temperamento —dijo con más calma de la que cabía esperar de su aspecto—. Hasta ahora tu carácter iba devanándose suavemente como un carrete de seda, pero yo sabía que alguna vez habríamos de encontrar un nudo. . . ¡Y ya lo tenemos aquí!

Volvió a pasear, se paró en seguida y me habló

acercando su boca a mi oído.

—Jane, ¿quieres oír la voz de la razón? ¡Porque, si no, emplearé la violencia!

Su voz, su aspecto, eran los de un hombre que ha llegado al límite de lo que puede soportar y está dispuesto a entregarse a cualquier exceso. En otro momento, no hubiera estado en mi mano dominarle. Ahora comprendí que un movimiento cualquiera, fuese de temor, de repulsión, o de huida, hubiese producido consecuencias irreparables. Yo no le temía. Me sentía fortalecida por una fuerza misteriosa. La situación era expuesta, pero no dejaba de tener cierto atractivo, análogo a la emoción que deben experimentar los indios cuando remontan una torrentera en sus frágiles canoas. Cogí la mano de Rochester, y le dije, suavemente:

—Siéntese, hable lo que quiera y diga cuanto le plazca, sea razonable o no.

Se sentó, mas no habló immediatamente. Hasta entonces yo había reprimido mis lágrimas, temiendo que le disgustasen, pero ahora no tenía por qué contenerlas. Si le desagradaban, tanto mejor.

Oí su voz diciéndome que no sollozara. Repuse que no me era posible dejar de llorar mientras le viera en aquel estado.

—No estoy furioso contra ti, Jane. Como te quiero mucho no he podido soportar la expresión resuelta y helada de tu rostro. Vamos, sécate las lágrimas.

La aumentada dulzura de su voz me hizo comprender que se había tranquilizado. Me tranquilicé, pues, a mi vez. Él trató de apoyar su cabeza sobre mi hombro, pero no se lo permití. Trató de atraerme hacia sí. Me negué.

—Jane, Jane —dijo con tan amarga tristeza que me hizo estremecer hasta el fondo de mi alma—, no me quieres ¿verdad? No deseabas ser mi mujer sino por las ventajas que te traía, ¿eh? Ahora que me consideras imposible como marido, te repugna mi contacto como el de un sapo o un mono.

Aquellas palabras me hirieron. ¿Qué podía contestarle? Problemente lo mejor hubiera sido no decir ni hacer nada, pero no pude contener el deseo de calmar su dolor:

—Le quiero —dije— más que nunca. Se lo digo por última vez, porque no puedo permitirme ese sentimiento.

—¡Por última vez, Jane! ¿Es posible que pienses vivir a mi lado, verme a diario y mantenerte siempre fría y distante de mí?

—No, eso no sería posible. Sólo cabe una solución, pero temo enfurecerle si la menciono.

—¡Menciónala! Tú sabes calmar mis exaltaciones.

—Mr. Rochester, es preciso que me separe de usted.

—¿Por cuánto tiempo? Supongo que por el preciso para peinarte, porque estás desmelenada, y para lavarte, porque tienes la cara ardiendo.

—Tengo que irme de Thornfield, separarme de usted para siempre, y empezar una nueva vida en otro ambiente y entre otras personas.

—Lo mismo creo, prescindiendo a la locura de alejarte de mí. Iremos a sitios donde no nos conozcan y serás, de hecho y ante el mundo, mi mujer. Te tendré a mi lado y no me separaré de ti mientras viva. Iremos a algún sitio del sur de Francia; viviremos en una villa blanca, frente al Mediterráneo. Y allí llevaremos una vida honorable, segura y feliz. No veas egoísmo en mí, no creas que trato de hacerte mi amante. ¿Por qué mueves la cabeza, Jane? Debes ser razonable. De lo contrario, volveré a ponerme frenético.

Temblaban su voz y sus dedos, las aletas de su nariz se dilataban, sus ojos despedían lumbre. Sin embargo, me atrevía a contestar:

—Su mujer existe, como usted mismo ha reconocido, y si yo viviese con usted en la forma que se indica, no sería más que su amante.

—Jane: no soy un hombre de buen carácter; no soy capaz de soportar mucho; no soy desapasionado y frío. Toca mi pulso.

Me presentó la muñeca. La sangre había huido de sus mejillas y sus labios, lívidos a la sazón, y parecía afluir en tumulto a sus manos. Hacerle sufrir con una negativa implacable era cruel, tratar de tranquilizarle era imposible, y complacerle, más aún. Hice, pues, lo que todos los seres humanos en tales extremos. Las palabras «¡Dios me ayude!» brotaron, casi voluntariamente, de mis labios.

—¡Qué necio soy! —exclamó Rochester súbitamente—. No te he explicado aún las circunstancias en que me uní a esa infernal mujer ni su carácter. Cuando lo sepas todo, Jane, estoy seguro de que concordarás conmigo. Pon tu mano en la mía para sentirme seguro de tu proximidad y en pocas palabras te lo explicaré todo. ¿Me escucharás?

—Le escucharé cuanto quiera, aunque sea varias horas.

—Bastan unos minutos. ¿Has oído decir, Jane, que yo no era el primogénito de mi familia, sino que tenía un hermano mayor?

—Mrs. Fairfax me lo dijo una vez.

—¿Y sabes también que mi padre era un hombre avaro, sórdido?

—Algo de eso he oído.

—Bien: entonces no te extrañará saber que no quería distribuir sus propiedades dándome una parte a mí. Como, por otro lado, tampoco querría que un hijo suyo fuese un pordiosero, arregló para mí un matrimonio con una mujer rica. Tenía en las Antillas un antiguo amigo: Mason, un plantador de Jamaica. Mi padre sabía que sus posesiones eran muy importantes. Mason tenía un hijo y una hija y dotaba a ésta con treinta mil libras. A mi padre le pareció bastante. Cuando salí del colegio me enviaron a Jamaica. Mi padre no me había hablado de la fortuna de mi futura mujer, pero me había dicho que era la beldad más cortejada de la isla, y en eso no mentía. A mí me pareció una bella mujer, alta, morena, majestuosa, por el estilo de Blanche Ingram. Su familia deseaba asegurarme, porque yo pertenecía a una casta ilustre, y lo consiguieron. Me invitaban, me hacían ver a Bertha Mason en reuniones en las que descollaba por sus espléndidos atavíos. Raras veces hablábamos a solas. Bertha me lisonjeaba todo lo que podía. Cuantos hombres giraban en torno suyo la admiraban a ella y me envidiaban a mí. Excitado por su atractivo, inexperto como era entonces, pensé estar enamorado de ella. Las estúpidas rivalidades juveniles, la ceguera de la poca edad, son lo que más influye en estos casos. Su familia me alentaba, los competidores que tenía aguijoneaban mi amor propio, y, en resumen, me casé con ella sin conocerla casi. ¡Cuánto me desprecio a mí mismo al pensarlo! Yo no la amaba, ignoraba si era virtuosa o no, no había apreciado en su carácter ni bondad, ni modestia, ni candor, ni delicadeza. . . ¡y, sin embargo, me casé! ¡Oh, qué estúpido fui!

»No había visto nunca a la madre de mi novia, y la creía muerta. Cuando transcurrió la luna de miel, comprendí mi error: mi suegra estaba loca, en un manicomio. Mi mujer tenía un hermano menor completamente idiota. El mayor es el que conoces, y a quien no puedo odiar, aunque abomine de toda su casta, porque en su débil cerebro hay algunos elementos afectuosos, que prueba con su cariño a su hermana y con la adhesión, casi de perro leal, que siente hacia mí. No obstante, probablemente acabará perdiendo la razón por completo. Mi padre y mi hermano Rowland conocían todo esto, pero no pensaron más que en las treinta mil libras y se pusieron de acuerdo para hacerme contraer aquel matrimonio.

»Aun descubiertas estas cosas, yo, pese a la

ocultación que representaban, no había reprochado nada a mi mujer. Pero su carácter era absolutamente opuesto al mío, sus gustos discrepantes de los que yo tenía. Su mentalidad baja, vulgar, mezquina, era incapaz de comprender nada grande. Pronto encontré imposible pasar una velada, ni siquiera una hora, a su lado y sentirme a gusto. Entre nosotros no cabía una conversación agradable. A cuanto yo hablaba respondía con contestaciones groseras y chabacanas, perversas y estúpidas. Ningún criado paraba en la casa, porque no podían soportar los arrebatos de mal carácter de mi mujer, sus abusos ni sus órdenes absurdas y contradictorias. Con todo, yo devoraba mi disgusto, procurando ocultar la antipatía que ella me inspiraba.

»No quiero disgustarte con detalles odiosos, Jane; vale más resumir. Viví con esa mujer más de cuatro años y en tal lapso su perverso carácter y sus malas inclinaciones se desarrollaron con increíble rapidez. Bertha Mason, digna hija de una madre degenerada, me hizo sufrir todas las torturas, todas las agonías que cabía esperar de su temperamento inmoderado y vicioso.

»Mi hermano había muerto entre tanto y, al final de aquellos cuatro años, mi padre murió también. Yo era rico, aunque espiritualmente pobre, puesto que sufría la odiosa miseria de soportar la compañía del ser más degradado y abominable que conociera jamás, y que era mi esposa ante la ley. Ni siquiera podía librarme de ella por procedimientos legales, porque los médicos acababan de descubrir que estaba loca. Sus excesos habían acelerado su insania. . . Pero veo, Jane, que mi narración te deprime. ¿Prefieres que la terminemos otro día?

—No, terminemos ahora. Me da usted much lástima.

—Algunas personas, Jane, consideran ofensivo que les tengan lástima, porque cierta clase de compasión —

la que experimentan los corazones endurecidos y egoístas— es una híbrida mezcla de disgusto por lo que les disgusta y de satisfacción por el mal ajeno. Pero tu piedad no es de esa especie: lo siento en la expresión de tus ojos, en el temblor de tus manos, en los latidos de tu corazón. Tu compasión hacia mí, querida, es hija de tu amor y la acepto con los brazos abiertos.

—Continúe. ¿Qué hizo usted cuando supo que su mujer estaba loca?

—Me hallaba al borde de la desesperación. A los ojos del mundo yo estaba evidentemente cubierto de deshonor, pero resolví absolverme ante mí mismo rompiendo todo lazo con ella. La sociedad unía mi nombre al suyo, yo la veía a diario, respiraba el aire que su aliento contaminaba y, además, era su esposo —lo que me resultaba más odioso que nada— y sabía que mientras viviera, no podría unirme a una mujer mejor que ella. Tenía cinco años más que yo —su familia me había ocultado ese detalle—, pero físicamente estaba tan robusta como mentalmente enferma. De modo que, a los veintiséis años de edad, yo era un hombre desesperado.

»Una noche me despertaron sus aullidos. (Desde que fuera declarada loca la teníamos encerrada, naturalmente.) Era una bochornosa noche antillana, y se sentía en el ambiente caliginoso la proximidad de un huracán. No pudiendo dormir, me levanté y abrí la ventana. El aire tormentoso olía a azufre. Infinitos mosquitos invadieron mi cuarto. Se oía el rumor del mar como un terremoto, negras nubes cubrían el cielo y la luna, roja y enorme como una ardiente bala de cañón, se reflejaba en las olas. El ambiente y la atmósfera pesada influían en mi ánimo. En mis oídos sonaban los gritos de la perturbada. Súbitamente la oí pronunciar mi nombre con demoniaco acento de odio y percibí su abominable lenguaje. Aunque dormía dos cuartos más allá del mío, el estilo de construcción de las casas de aquel país no permitía ahogar sus aullidos de loba.

»Pensé que aquella vida era un infierno y aquellos gritos los lamentos terroríficos de los condenados. "Tengo derecho a librarme de esto, si puedo —reflexioné—. Y sin duda me libraré si abandono mi carne mortal. No temo a los castigos del más allá, porque no pueden ser más horribles que los que sufro aquí. ¡Rompamos la cadena y entreguémonos en manos de Dios!"

»Y pensando así, abrí un baúl que contenía un par de pistolas con el propósito de suicidarme. Pero mi intención sólo duró un momento, porque la crisis de desesperación que la había originado se disipó al cabo de un segundo.

»Entretanto un fresco aire que soplaba de Occidente agitó el mar. Estalló la tormenta, tronó y relampagueó copiosamente y después el cielo quedó despejado. Paseé bajo los naranjos del humedecido jardín, entre los ananás y los granados. El alba refulgente de los trópicos apuntaba ya cuando en mi cerebro surgía la resolución acertada, acertada sin duda porque me la dictaba la suprema sabiduría.

»El dulce viento de Europa soplaba aún sobre las hojas frescas por la lluvia y el Atlántico tronaba en la playa. Mi corazón se expandió, mi alma se sintió renacer. Veía revivir mi esperanza y creía posible la regeneración. Desde un arco florido del jardín, miré al mar, más azul aún que el cielo. Más allá estaba el Viejo Mundo y en él se me abrían las perspectivas más claras. . .

»"Vete a vivir a Europa —dijo mi esperanza—. Allí nadie conoce la carga ominosa que pesa sobre ti. Puedes llevar contigo a la loca y confinarla en Thornfield con las debidas precauciones. Y tú viajarás como y por donde quieras, viviendo según te plazca. Esa mujer que ha empañado tu nombre, ultrajado tu honor, marchitado tu juventud, no es ya tu esposa, ni tú su marido. Haz que la cuiden como su estado lo aconseja y habrás cumplido cuanto Dios y los hombres te pueden exigir. Olvida su identidad y su relación contigo."

»Seguí esa sugestión. Mi padre y mi hermano no habían hablado de mi casamiento, porque yo se lo había pedido así en mi primera carta después de casarme, cuando comencé a comprender las consecuencias de aquella unión y a adivinar el abominable porvenir que se me presentaba. Informado de la infame conducta de su nuera, mi padre se apresuró a ocultar cuidadosamente mi matrimonio.

»La traje, pues, a Inglaterra. El viaje, con tal monstruo en el buque, fue lo horrible que puedes suponer. Me sentí satisfecho cuando la vi instalada en ese cuarto interior del tercer piso, que ella, de diez años a esta parte, ha convertido en el cubil de una fiera, en la guarida de un demonio. Me fue difícil encontrar quien la atendiese, asegurándome a la vez de su silencio, porque la loca tiene intervalos de lucidez, que dedica a difamarme. Al fin encontré a Grace Poole, empleada en el asilo de Grimsby. Ella y el médico Carter, el que curó a Mason la noche en que a éste le mordió su hermana, son los únicos que conocen mi secreto. Mrs. Fairfax debe de haber sospechado algo, pero no ha podido averiguar los hechos concretamente. Grace ha probado ser una buena guardiana, aunque en ocasiones ha tenido descuidos, como el que produjo el incendio de mi cuarto. La loca es a la vez maligna y astuta y jamás deja de aprovechar los descuidos de su celadora. Una vez logró esconder el cuchillo con que agredió a su hermano y por dos veces consiguió coger la llave de su celda. La primera quemó mi cama, la segunda entró como un fantasma en tu alcoba. Doy gracias a la Providencia, que hizo que la demente descargase su furia en tu velo de boda, porque Dios sabe lo que pudo haber ocurrido. Cuando pienso en cómo saltó sobre mí esta mañana y me acuerdo de que estuvo en tu habitación, se me hiela la sangre.

—¿Y qué hizo usted una vez que la hubo dejado aquí?

—Me convertí en una especie de judío errante. Recorrí todo el continente. Mi propósito era encontrar una mujer inteligente y buena a la que pudiese amar, algo muy distinto de la furia de Thornfield.

—Pero no podía casarse con ella.

—Estaba convencido de que podia y debía. Mi intención primitiva no era ocultar la situación, como te la he ocultado a ti. Me proponía contar francamente mi historia, pues me parecía palmario que tenía derecho a amar y a ser amado. Estaba seguro de que no dejaría de encontrar una mujer capaz de comprender mi situación y aceptarla, a pesar de la carga que pesaba sobre mí.

—¿Y entonces?

—Cuando te pones inquisitiva, Jane, me haces sonreír. Abres los ojos como un pájaro anhelante y realizas de vez en cuando algún pequeño movimiento, como si no te satisficiera lo que oyes. Antes de continuar, dime lo que quieres indicar con tus: «¿Y entonces?» Es una muletilla muy frecuente en ti.

—Quiero decir: «¿Qué más?» «¿Qué ocurrió después?»

—Ya. ¿Y qué quieres saber?

—Si encontró una mujer que le gustase, si le propuso casarse y si aceptó.

—Durante diez años erré de una capital a otra. Estuve en San Petesburgo, más frecuentemente en París, alguna vez en Roma, Nápoles y Florencia. Poseía dinero, ostentaba un nombre distinguido y ningún círculo se me cerraba. Busqué mi ideal femenino entre las damas inglesas, las condesas francesas, las *signoras* italianas y las alemanas *Gräfinen*. Nunca hallé lo que buscaba. Alguna vez creía encontrarlo a través de una mirada, de un ademán, de un acento apasionado, pero pronto caía en la decepción No imagines que buscaba un ideal perfecto de cuerpo y de alma. No buscaba sino una mujer que fuese la antípoda de Bertha Mason. Entre cuantas conocí no hallé ninguna que me decidiera a pedirla en matrimonio. Desilusionado, me entregué a la disipación, aunque no al libertinaje, porque esto lo odiaba y lo odio. ¡Y además era el tributo característico de mi Mesalina antillana! Bastaba que fuese así para que lo aborreciese.

»No pudiendo vivir solo, me busqué amantes. La primera fue Céline Varens. Ya sabes lo que sucedió con ella. La siguieron otras dos: Giacinta, que era italiana, y Clara, alemana, ambas consideradas como beldades. ¿De qué me sirvió su belleza? Giacinta era ineducada y violenta y me hartó a los tres meses. Clara era honrada y tranquila, pero de corta inteligencia y escasa sensibilidad. No congeniábamos. Así que preferí darle una cantidad que le permitiera vivir honorablemente y me libré de ella. Veo por tu cara, Jane, que no formas buena opinión de mí. Me consideras un hombre sin principios ni sentimientos, ¿no?

—Desde luego, le juzgo peor de lo que antes solía juzgarle. ¿No le parece indigno vivir así, unas veces con una amante y otras con otra? Usted habla de ello como de una cosa sin importancia.

—No me agradaba aquella vida. Tener una amante es lo más parecido a tener una esclava: ambas, por naturaleza, son seres inferiores, y vivir íntimamente con inferiores es degradante. Ahora recuerdo con disgusto el tiempo que pasé con Céline, Giacinta y Clara.

Comprendí que las palabras de Rochester eran sinceras, pero con todo, no podía sustraerme a la sensación de que, deseando él en cierto sentido hacerme sucesora de aquellas muchachas, podía llegar a experimentar por mí el mismo sentimiento de disgusto que ahora manifestaba hacia ellas. Guardé esto en mi corazón, porque podía serme útil en el momento crítico.

—¿Cómo no dices ahora «¿Y entonces?», Jane? Veo que me repruebas. Pero vamos al final. En enero pasado, libre de mi última amante, con el corazón amargado y endurecido como consecuencia de una vida estéril y solitaria, muy mal dispuesto contra todos los hombres, y comenzando a considerar la posibilidad de hallar una mujer inteligente, fiel y cariñosa como una fantasía, volvía a Inglaterra, adonde me llamaban mis asuntos.

»En una helada tarde de invierno avisté Thornfield Hall, el aborrecido lugar en que no esperaba hallar satisfacción ni placer algunos. En el camino de Hay vi una figurilla sentada. No presentí que iba a convertirse en árbitro de mi vida, para bien o para mal. No, no lo sabía cuando, al caer *Mesrour*, ella, gravemente, me ofreció su ayuda. ¡Qué infantilidad! Me pareció como si un jilguero hubiese aparecido a mis pies ofreciéndome llevarme en sus débiles alas. Sin embargo, aquella criatura insistió en su ofrecimiento, hablando con una especie de autoridad. Sin duda estaba escrito que yo recibiese ayuda de aquella mano, y la recibí.

»Cuando me hube apoyado en su frágil hombro sentí una insólita impresión de alivio. Me agradó saber que aquel duendecillo no iba a desvanecerse bajo mi mano, sino que iría a mi propria casa. Te sentí volver aquella noche, aunque tú ignorases que pensaba en ti y espiaba tu regreso. Al día siguiente te estuve observando durante media hora mientras jugabas con Adèle en la galería. Recuerdo que hacía mal tiempo y no podíais salir al aire libre. Yo estaba en mi habitación con la puerta entornada, y te veía y oía. Noté, pequeña Jane, lo paciente y bondadosa que eras con Adèle. Cuando la niña se fue, quedaste en la galería y te vi contemplar por las ventanas la nieve que caía y escuchar el fragor del viento. Tenías una expresión soñadora, tus ojos brillaban y de todo tu aspecto trascendía una dulce excitación. Todo en ti revelaba que sentías cantar en tu interior las músicas de la juventud y de la esperanza. . . La voz de Mrs. Fairfax llamando a un criado te arrancó de tu meditación y ¡de qué modo sonreíste! Tu sonrisa parecía decir: "Mis sueños son muy bellos, pero es necesario que recuerde que no son reales. En mi alma hay un cielo corrido y un florido Edén, pero sé bien que en la realidad debo pisar un duro suelo y soportar el embate de las tempestades que me asaltan." Bajaste las escaleras y pediste a Mrs. Fairfax que te diera algo que hacer: las cuentas de la casa, o cosa parecida. Me disgusté que desaparecieras de ante mi vista.

»Esperé con impaciencia que llegara la noche para mandar que fueras a mi presencia. Me parecía que tu carácter era distinto al corriente y para comprobarlo deseaba conocerlo mejor. Entraste en el salón con un aire a la vez modesto y seguro. Ibas humildemente vestida, como ahora. . . Encontré tu conversación original y llena de contrastes. Tus modales eran algo cohibidos, parecías desconfiada, mostrabas un temperamento exquisito por naturaleza, pero no acostumbrado a la convivencia social. Estabas como temerosa de cometer algún descuido, pero tu mirada era penetrante y enérgica, y tus respuestas fáciles y prontas. Noté que te acostumbrabas en seguida a mí, y que existía una simpatía entre tú y tu malhumorado patrón. No mostrabas enojo ni sorpresa por mis salidas de tono y me contemplabas sonriendo de cuando en cuando con una gracia a la vez profunda y sencilla que no acierto a describir. Me sentí contento y animado y decidí seguir tratándote. Sin embargo, durante mucho tiempo me mantuve distante de ti y te vi pocas veces. Como un epicúreo deseaba experimentar el placer de tu trato con más intensidad haciéndolo poco frecuente. Tenía, además, el temor de que, si manoseaba demasiado la flor, sus pétalos se ajaran, su dulce lozanía se desvaneciera. Ignoraba que no se trataba de una lozanía momentánea, como la de una flor, sino de un brillo permanente, como el de una piedra preciosa. Además, deseaba ver si, no buscándote, procurabas buscarme tú. Pero no: cuando pasabas a mi lado me demostrabas tan poco interés como era compatible con el respeto. Tu expresión habitual en aquellos días era pensativa. No te hallabas abatida, porque no estabas enferma; ni optimista, porque tenías muy pocas esperanzas y ninguna satisfacción. Yo quería saber lo que pensabas de mí —y ante todo si pensabas en mí— y pronto averigüé que no me engañaba por la alegría de tu mirada y hasta por tus modales cuando conversabas conmigo. Me concedí el placer de ser estimado por ti, y en breve aprecié que a la estimación seguía tu emoción en mi presencia. Tu rostro se suavizaba, se dulcificaba tu acento; mi nombre, pronunciado por tus labios, tomaba sonidos agradables. Me mirabas dudosa, sin saber la causa de que desempeñara ante ti el papel de amigo afectuoso. Cada vez que te tendía la mano, tal rubor y tal expresión de felicidad acudían a tus juveniles facciones que había de hacer verdaderos esfuerzos para no estrecharte contra mi corazón.

—¡No me hable de aquellos días! —interrumpí, enjugando algunas furtivas lágrimas.

Sus palabras me atormentaban. Yo sabía lo que había de hacer sin pérdida de tiempo, y tales recuerdos servían sólo para convertir en más difícil lo que era inevitable realizar.

—Cierto —contestó él—. ¿Para qué evocar el pasado cuando el presente es mucho más seguro y el porvenir mucho más luminoso?

Me estremecí al oír aquella frase.

—¿Comprendes mi caso ahora? —continuó—. Tras una juventud y una madurez pasadas, mitad en una infinita miseria y mitad en una soledad infinita, daba, por primera vez, con alguien digno de mi amor, te encontraba a ti. Te consideré mi ángel bueno y un amor ferviente y profundo brotó de mi corazón. Resolví consagrarte mi vida y hacerte arder en la propia y pura llama que me devoraba a mí.

»Por eso quise casarme contigo. Decirme que ya tengo una esposa es gastarme una burla cruel, porque lo que tengo, en realidad, es un abominable demonio. Hice mal tratando de ocultarte su existencia, pero lo hice porque conocía tus prejuicios y deseaba tenerte segura antes de aventurarme a tales confidencias. Reconozco que fui cobarde, porque debí haber apelado desde el principio a tu magnanimidad y a tu comprensión como lo hago ahora, describirte las torturas de mi vida, communicarte, no mi resolución, porque ésta no es la palabra adecuada, sino mi inclinación a quererte fiel y honradamente, esperando ser correspondido por ti del mismo modo. Sólo después de hablarte francamente debía haberte prometido mi fidelidad y pedido la tuya. Pues que lo hago ahora, prométeme tú ahora serme fiel, Jane.

Calló. Luego dijo:

—¿Por qué no hablas?

La prueba que yo sufría era terrible. Una mano de hierro desgarraba mi alma. ¡Oh, qué tremendo momento, qué esfuerzo, qué lucha conmigo misma! Ninguna mujer había sido más amada que yo lo era, yo idolatraba a quien me amaba así, y era preciso renunciar al amor de mi ídolo. . . Porque mi deber, mi insoportable deber estaba bien claro: debía partir.

—¿Has entendido lo que deseo de ti, Jane? Sólo esta promesa: «Seré tuya, Edward».

—No seré suya, Mr. Rochester.

Siguió otro largo silencio.

—Jane —comenzó él, en un tono que me intimidó, porque recordaba el rugido de un león—, ¿quieres decir que te propones seguir un camino distinto al mío?

—Sí.

—¿Y ahora, Jane? —dijo, inclinándose hacia mí y abrazándome.

—También.

—¿Y ahora? —dijo, besando dulcemente mi frente y mis mejillas.

—También —repuse, librándome de sus brazos.

—¡Oh, Jane, esto es doloroso, es inicuo!

—No hay más remedio.

Bajo sus cejas brilló una terrible mirada. Se incorporó, pero logró dominarse. Me apoyé en una silla para no caer. Estaba espantada, temblorosa, pero no por ello menos decidida.

—Un instante, Jane. Piensa en lo que será mi horrible vida cuando te hayas ido. Contigo se irá toda mi felicidad. ¿Qué me quedará? ¿Esa loca de ahí arriba! ¡Como si me quedara un cadáver en el cementerio! ¿Qué haré? ¿Dónde hallaré compañía y consuelo?

—Donde yo. En Dios y en usted mismo. Confíe en que volveremos a encontrarnos en el cielo.

—¿No quieres ayudarme?

—No.

—¿Me condenas a vivir miserablemente y a morir maldito? —exclamó, alzando la voz.

—Le aconsejo que viva librándose de pecar y le deseo que muera en paz.

—¿Me privas del amor puro? ¿Me obligas a que caiga en la pasión y en el vicio?

—No hago con usted más que lo que hago conmigo misma. Todos hemos nacido para sufrir; soportemos el sufrimiento. Antes me olvidará usted a mí que yo a usted.

—Veo que me consideras un embustero. Te digo que me será imposible cambiar y tú me dices que cambiaré muy pronto. ¡Qué error en tus juicios y cuánta perversidad en tus ideas acredita tu conducta! Para ti vale más sumir en la desesperación a un ser humano que transgredir una ley meramente convencional sin perjudicar a nadie. ¡Porque no tienes amigos ni parientes que puedan juzgarte mal si vives conmigo!

Esto era cierto, y al oírle mi conciencia y mi razón se rebelaron contra mí, calificando de crimen mi resistencia a escucharle. El sentimiento murmuraba en mi interior: «Piensa en su miseria, piensa en los riesgos a que le expones abandonándole, piensa en su desesperación. Sálvale, pues, ámale y dile que le amas. ¿Quién se preocupa de ti en el mundo? ¿Quién te pedirá cuenta de tus acciones?»

La réplica fue inmediata: «Yo me preocupo de mí. Cuanto más sola, con menos amigos y más abandonada me encuentre, más debo cuidar de mi decoro. Respetaré la ley dada por Dios y sancionada por los hombres. Seguiré los principios que me fueron inculcados cuando estaba en mi plena razón y no loca, como ahora me siento. Las leyes y los principios no son para observarlos cuando no se presenta la ocasión de romperlos, sino para acordarse de ellos en los momentos de prueba, cuando el cuerpo y el alma se sublevan contra sus rigores. La ley y los principios tienen un valor, como siempre he creído, excepto ahora, que estoy perturbada (lo estoy puesto que por mis venas corre fuego y mi corazón late de un modo tal, que no puedo contener sus latidos). No debo moverme en otro terreno, sino en el seguro de los conceptos admitidos como buenos, en el de las determinaciones previstas para casos como éste. Desenvolvámonos, pues, en él.»

Y lo hice. Rochester lo leyó en mi rostro y su furia desbordó. Asió mi brazo, me cogió por la cintura y me contempló con centelleantes ojos. Desde el punto de vista físico, me sentía impotente, pero me quedaba el alma y ésta tiene, muchas veces, sin darse cuenta, un intérprete en la mirada. Le miré, pues, a la enfurecida faz e involuntariamente suspiré.

—Nunca he visto —rugió él, rechinando los dientes— nada a la vez tan frágil y tan indómito. En mis manos es como una caña que puedo romper con los dedos. Pero ¿qué gano con quebrarla, con aniquilarla? Ahí está su mirada, su mirada resuelta, libre, feroz, triunfante. Con su envoltura carnal puedo hacer lo que quiera, pero lo que habita en ella escapará siempre a mi voluntad. Y es su alma, su alma enérgica y pura, lo que yo deseo de ella, no sólo su cuerpo. Y esa alma puede venir a mí, apretarse contra mi pecho, emanar de ella como un aroma. . . ¡Ven, Jane, ven!

Y hablando así, me soltó y se limitó a mirarme. Yo había triunfado de su furor; bien podía, pues, triunfar de su tristeza. Me dirigí a la puerta.

—¿Te vas, Jane?

—Me voy.

—¿Me abondanas?

—Sí.

—¿No volverás más a consolarme? Mi amor, mi dolor, mi frenético ruego, ¿no son nada para ti?

¡Qué infinito sentimiento había en su voz! ¡Y qué amargo era tener que repetirle firmemente!:

—Me voy.

—¡Jane!

—Mr. Rochester.

—Vete, vete si quieres, pero recuerda la angustia en que me dejas. Vete a tu cuarto, medita en cuanto te he dicho, piensa en lo que sufro, piensa en mí, Jane.

Y se dejó caer sobre un sofá, con el rostro entre las manos.

—¡Oh, Jane, mi esperanza, mi amor, mi vida! —gimió desoladamente, dejando escapar un profundo sollozo.

Yo estaba casi en la puerta, pero me volví tan decidida como antes me había alejado. Me arrodillé junto a él, volví su rostro hacia mí, le besé en la mejilla y acaricié su cabello.

—Dios le bendiga —dije—. Dios le libre de mal, Dios le pague todo lo bueno que ha sido conmigo.

—El amor de mi Jane era mi última esperanza —dijo— y sin ella mi corazón se destrozará. Pero Jane me dará aún su amor, su amor noble y generoso.

La sangre afluyó a su rostro, sus ojos volvieron a centellear. Se incorporó y trató de abrazarme. Pero pude eludirle y salí de la estancia.

—¡Adiós! —gimió desesperadamente mi corazón al abandonarle—. ¡Adiós para siempre!

No creía poder dormir aquella noche, pero apenas me acosté me acometió una pesadilla. Me sentí transportada a la niñez y soñé en el cuarto rojo de Gateshead. Era una noche oscura y mi mente sentía extraños terrores. La luz que, vista tantos años atrás, me asustara hasta el punto de hacerme desmayar, reaparecía en mi sueño, escalaba los muros y se detenía, temblorosa, en el centro del oscuro artesonado del techo. Alcé la cabeza para mirarla y el techo se convirtió en un mar de altas y sombrías nubes. Luego entre ellas apareció la luna. Yo la contemplaba como si en su disco hubiese de aparecer grabada alguna sentencia que me concerniese. La luna penetró a través de las nubes, descendiendo más cada vez, mientras una mano misteriosa parecía apartar los sombríos vapores. Después ya no era la luna, sino una blanca faz humana la que me miraba. Aquella faz me habló, habló a mi alma, y aunque su voz sonaba inconmensurablemente remota, yo la sentía cuchichear en mi corazón.

—Hija mía, huye de la tentación.

—Lo haré, madre.

Tal fue la respuesta que di al despertar de mi sueño. Era de noche aún, pero las noches de julio son cortas. No mucho más tarde de medianoche comenzó a alborear. «Es hora de comenzar lo que debo hacer», pensé. Me levanté. Me había acostado vestida, sin quitarme más que los zapatos. Busqué en los cajones alguna ropa blanca. Hallé un collarcito de perlas que Rochester me había obligado a aceptar días antes. Dejé aparte aquel recuerdo de mis fantásticas bodas: no era mío. Con lo demás hice un paquete, guardé en el bolsillo los únicos veinte chelines que poseía, me coloqué mi gorrito y mi chal, cogí el paquete y las zapatillas para andar por la casa sin ruido, y salí cautelosamente del cuarto.

—Adiós, amable Mrs. Fairfax —murmuré cuando pasaba ante la puerta de su cuarto—. ¡Adiós, querida Adèle! —añadí lanzando una mirada a su alcobita.

Era imposible pensar en entrar y abrazarla. Me proponía pasar ante el cuarto de Rochester sin pararme, pero mi corazón detuvo allí sus latidos y mis pies hubieron de detenerse también. Rochester no dormía. Le sentí pasear por su alcoba, suspirando de vez en cuando. ¡Y pensar que en aquella habitación se encerraba el cielo para mí! Yo podía haber entrado y decirle: «Edward: te amo y quiero vivir contigo para siempre.» ¡Qué bello hubiera sido!

Aquel hombre insomne esperaba sin duda con impaciencia la mañana. Cuando me enviase a buscar, no me encontraría. Se sentiría despreciado, rechazado su amor, sufriría, se desesperaría quizá. . . Mi mano avanzó hacia el picaporte. Pero me contuve y descendí apresuradamente las escaleras.

Busqué en la cocina la llave de la puerta trasera, y la engrasé con aceite. Comí pan y bebí agua, porque acaso necesitaría caminar largo tiempo. Lo hice todo sin ruido alguno. Abrí y volví a cerrar suavemente. Sobre el patio se extendía la opaca claridad del todavía lejano amanecer. Las verjas estaban cerradas, pero tenían un postigo cerrado simplemente con un picaporte. Pasé el postigo y me hallé fuera de Thornfield.

A campo traviesa alcancé, una milla más allá, una carretera que seguía la dirección contraria a Millcote. Muchas veces la había visto, pero nunca la recorrí, e ignoraba a dónde conducía. No reflexionaba en nada, no miraba hacia atrás, no pensaba en el pasado ni en lo futuro. El pasado parecíame una página tan divinamente dulce que leer una sola línea de ella hubiera quebrantado mi resolución. Y el porvenir era una página en blanco, como el mundo después del diluvio.

Recorrí campos, senderos y setos hasta después de salir el sol. Creo que hacía una hermosa mañana de verano. Mis zapatos estaban húmedos de rocío. Pero yo no reparaba en el sol naciente, ni el el límpido cielo, ni en la naturaleza que despertaba. Quien a través de un bello panorama se dirige al cadalso, no repara en las flores que sonríen en su camino, sino en el patíbulo y la tumba que le esperan. Yo, pues, pensaba en mi situación, de fugitiva sin hogar, y —¡oh, con qué angustia!— en lo que dejaba atrás. Creía a Rochester en su cuarto, contemplando salir el sol, esperando que yo apareciese para decirle que me quedaba a su lado. . . Hasta estudié la posibilidad de regresar. No era demasiado tarde: aún podía ahorrarle aquella amargura. Mi fuga no debía haber sido descubierta. Podía volver sobre mis pasos, consolarle, librarle de su miseria moral, acaso de su ruina. . . El pensamiento de su soledad me angustiaba más que la mía propia. Comenzaban a cantar los pájaros en las ramas: los pájaros, fieles a sus parejas, símbolo del amor. . . Dentro de mi corazón herido, me aborrecía a mí misma. Ninguna satisfacción encontraba en la idea de que había procedido correctamente para salvar mi decoro. Había herido y dañado a mi querido dueño. . . Me consideré odiosa a mis propios ojos. Sin embargo, no desanduve lo andado. Lloraba incansablemente mientras seguía mi solitario camino. A poco me hundí en una especie de delirio. Una progresiva debilidad invadió mis miembros, me sentí desvanecer y caí. Permanecí tendida algunos minutos, con el rostro contra la hierba. Sentí el temor —o la esperanza— de morir allí, pero al fin me puse en pie y continué mi marcha, más firmemente resuelta que nunca a alcanzar el lejano camino.

Cuando llegué a él hube de sentarme, fatigada, en la cuneta. Sentí ruido de ruedas y vi aproximarse una diligencia. Levanté la mano; paró. Pregunté al cochero adónde se dirigía. Me dio el nombre de un lugar muy lejano, en el que yo sabía que Rochester no tenía relaciones. Pregunté cuánto me cobraba por llevarme allí, y repuso que treinta chelines. Contesté que no poseía más de veinte y accedió a transportarme durante un trayecto proporcionado a la suma. Entré en el coche vacío, el cochero cerró la portezuela y el vehículo se puso en marcha.

Amable lector: ¡ojalá no sientas nunca lo que yo sentí entonces! ¡Ojalá no llores nunca las ardientes y tumultuosas lágrimas que yo lloré en aquella ocasión! ¡Ojalá no eleves nunca al cielo una plegaria tan desesperada y angustiosa como la que entonces brotó de mis labios! ¡Ojalá no te veas nunca en el caso de ser instrumento del dolor de aquel a quien amas, como me sucedía a mí!

Capítulo 28

Han pasado dos días. Es una tarde de verano. El coche me ha dejado en un lugar llamado Whitcross, ya que la cantidad pagada no alcanzaba para transportar más adelante y yo no poseía ni otro chelín siquiera. Ahora la diligencia se encuentra a una milla de mí y yo me hallo sola. En este momento descubro que he olvidado mi paquete en la valija del cochero, donde lo había colocado para mayor seguridad. Y, puesto que allí está, no hay más remedio que dejarlo continuar allí.

Whitcross no es una ciudad ni una aldea, sino un simple poste indicador colocado en la confluencia de cuatro caminos y enyesado de blanco, supongo que para poderlo reconocer en la oscuridad. De aquel poste salen cuatro brazos que señalan cuatro distintas direcciones. La población más próxima dista diez millas; la más lejana, veinte, según se lee en los brazos indicadores. Por los muy conocidos nombres de aquellas ciudades, comprendí que me hallaba en un condado del Norte. La comarca estaba rodeada de montañas y a mi alrededor se extendían grandes páramos y pantanos. La población debía de ser poco densa; escasos viajeros recorrían aquellos caminos. Pero si alguno pasaba, ningún interés tenía yo en que me viera, ya que todos se hubieran maravillado de encontrarme perdida y sin sitio alguno al que ir, al lado de un poste indicador, en un camino. Quizá me preguntaran, yo acaso no supiera qué responder, y era probable que se extrañasen y sospecharan de mí. Ninguna ayuda humana cabía esperar, nadie que me viera me dedicaría un pensamiento amable o un buen deseo. No tenía otro amigo que la madre de todos: la naturaleza, y de ella únicamente debía solicitar calor y abrigo.

Me interné entre los matorrales y a poco mis pies se hundieron en el cieno de un pantano. Retrocedí y, encontrando un saliente propicio en una roca de granito, me senté en él. Las márgenes del pantano me rodeaban, la roca protegía mi cabeza y el cielo cubría todas las cosas.

Pasó tiempo antes de que me sintiese tranquila, porque temía que merodeasen por allí animales peligrosos, o que me descubriera algún cazador, furtivo o no. Si soplaba el viento, se me figuraba el bramido de un toro; si alguna cerceta levantaba el vuelo a lo lejos, confundía su figura con la sombra de un hombre. Al fin, viendo que mis temores eran infundados y que reinaba la soledad en torno mío, recobré la confianza. Hasta entonces no había pensado en nada, limitándome a ver, temer y escuchar. Pero ahora comenzaba a reflexionar de nuevo.

¿Qué hacer? ¿Adónde ir? ¡Aterradoras preguntas! Tal vez la más cercana morada humana estuviera a mayor distancia de la que mis debilitadas fuerzas pudieran recorrer. Había de apelar a la fría caridad para lograr un alberque, corriendo el riesgo de tropezar con una repulsa casi cierta y aun con otros peligros.

Toqué una mata de brezo. Todavía estaba caliente del sol que durante el día de verano la había besado. En el cielo sereno una estrella titilaba precisamente sobre mí. Caía un ligero rocío; no soplaba el viento. La naturaleza me pareció benigna y bondadosa para conmigo y pensé que, si de los hombres no me cabía esperar sino repulsas o insultos, en ella podía encontrar apoyo y abrigo. Al menos por una noche, debía ser su huésped: como madre mía que era, me daría alojamiento sin cobrármelo. Yo tenía aún un pedazo de pan, resto de una cantidad que comprara en una población que habíamos atravesado, con un penique olvidado que encontré en mi bolsillo. Entre los matorrales veíanse, aquí y allá, arándanos maduros. Cogí un puñado y los comí con el pan. El agudo apetito que un momento antes sentía se apaciguó, ya que no se satisficiera, con aquella eremítica colación. Después de comer recité una plegaria, y me dispuse a acostarme.

La hierba crecía muy alto junto a la roca. Me tendí en ella colocando sobre mí, a guisa de manta, mi chal doblado y apoyando la cabeza en una pequeña protuberancia del suelo. Instalada así no sentí, al menos al principio de la noche, frío alguno.

Hubiera, pues, podido hallarme bastante a gusto, a no ser por el dolor de mi corazón. Las heridas de mi alma volvían a abrirse. Sufría por Rochester, experimentaba por él una amarga tristeza, y mi corazón, impotente como un pájaro con las alas rotas, gemía y se despedazaba en su vano deseo de prestarle ayuda.

Mis sombríos pensamientos me impedían dormir. Me incorporé. Era de noche ya, una noche serena que alejaba del alma todo temor. Brillaban en el cielo las estrellas. La presencia de Dios es sensible en todas partes, pero nunca tanto como cuando contemplamos sus máximas obras. En aquella serena noche, en aquel cielo despejado en que giraban, silentes, los infinitos mundos creados por Él, se experimentaba más que nunca su infinitud, su omnipotencia, su omnipresencia. Rogué por Rochester. Mientras lo hacía, mis ojos llorosos contemplaron la Vía Láctea. Pensando en los incontables mundos que encerraba aquella vaga bruma luminosa, sentí el infinito poder de Dios, comprendí que podría salvar a quien Él quisiera, que nada era perecedero, que ni un alma tan sólo podía perderse. Mi plegaria se convirtió en acción de gracias, al recordar que el Padre de todas las cosas había sido también nuestro Salvador. Rochester sería salvado porque era de Dios y Dios le preservaría. Volví a acurrucarme en el suelo y me dormí, olvidada toda la angustia.

Al día siguiente, la necesidad, pálida y descarnada, apareció ante mí. Mucho después de que los pájaros abandonaran sus nidos en busca de alimento, mucho después de que la aurora apareciera en Oriente y libara, como dulce miel, el rocío que cubría la maleza, cuando las sombras de la madrugada se habían disipado hacía largo rato y el sol iluminaba ya cielos y tierra, me desperté y, levantándome, miré en torno mío.

El día era magnífico y cálido. El páramo circundante parecía un dorado desierto, en el que yo hubiera deseado vivir para siempre. Todo esplendía al sol. Un lagarto trepaba por la roca y una abeja volaba sobre los arándanos. Habría deseado convertirme en lagarto o en abeja, residir allí, encontrar en aquella edad refugio y alimento. Pero era un ser humano y los humanos tenemos otras necesidades. No podía quedarme donde estaba. Miré el improvisado lecho que acababa de abandonar. Desesperanzada como estaba respecto al futuro, no habría deseado cosa mejor sino que el Creador hubiese arrebatado aquella noche mi alma de mi cuerpo, evitándome una ulterior lucha con el destino. No era así: vivía, con todas las amarguras, luchas y responsabilidades que ello implicaba. Era preciso cargar con la vida como con un pesado fardo, proveer a mis necesidades, soportar los sufrimientos, afrontar mis obligaciones. Me puse en camino.

Una vez en Whitcross, seguí una carretera donde daba el sol, alto y cálido ya. Ninguna otra circunstancia influyó en la elección de ruta. Anduve largo tiempo. Cuando, al fin, fatigada, me senté en una piedra, oí cerca de mí repicar una campana, la campana de una iglesia.

Miré hacia donde la campana sonaba y, entre pintorescas colinas, distinguí una aldea y un campanario. A mi derecha se extendía un valle cubierto de prados, maizales y bosques. Un arroyo zigzagueaba entre árboles, praderas y campos de cereal. Una carreta pesadamente cargada subía la colina y, no lejos, pastaban dos vacas, vigiladas por su pastor.

A cosa de las dos, entré en la aldea. A la entrada de una de sus calles había una tiendecita en cuyo escaparate se exhibían varios panecillos. Deseé uno de ellos con verdadera codicia. Pensaba que comiéndolo adquiriría energías, sin las cuales me sería difícil continuar adelante. El deseo de readquirir mi fuerza y mi vigor había renacido en mí en cuanto me hallé en contacto con mis semejantes. Hubiera sido muy degradante desmayarme de inanición en la calle de una aldea. ¿No llevaba nada sobre mí que ofrecer a cambio de uno de aquellos panecillos? Medité. Poseía un pañolito de seda, puesto al cuello, y los guantes. Muy duro era hablar a nadie del extremo de necesidad en que me encontraba, y muy probablemente nadie querría aquellas pobres prendas, pero resolví intentarlo.

Entré en la tienda. En ella había una mujer. Viendo a una persona decentemente vestida, una señora como sin duda supuso, avanzó atentamente hacia mí. ¿En qué podía servirme?, se apresuró a preguntar. La vergüenza me invadió, no acertaba a decir las palabras que había preparado y comprendí, además, lo absurdo de la proposición que iba a hacer. Le pedí, pues, solamente permiso para sentarme unos minutos, porque me hallaba fatigada. Disgustada al ver que su supuesta cliente no era tal, accedió fríamente a mi ruego, señalándome una silla. Sentí ganas de llorar, pero, comprendiendo lo inoportuno de tal manifestación, me contuve. Luego le pregunté si en el pueblo había alguna costurera.

—Sí, dos o tres. Las necesarias para la aldea.

Reflexioné. Me hallaba cara a cara con la necesidad, sin recursos, sin un amigo. Era preciso hacer algo. ¿Qué? Lo que fuera. Pero ¿dónde?

—¿Conoce a alguna persona de la vecindad que necesite criada?

—No.

—¿Cuál es la industria principal de aquí? ¿A qué se dedica la gente?

—Muchos son labradores y otros trabajan en la fábrica de agujas de Mr. Oliver.

—¿Emplea mujeres Mr. Oliver?

—No; sólo hombres.

—¿Pues qué hacen las mujeres de este lugar?

—No sé —contestó—. Unas una cosa, otras otra. . . Los pobres se arreglan siempre como pueden.

Parecía molesta por mis preguntas. Además, ¿qué derecho tenía yo a importunarla? Luego entraron algunos vecinos. Mi silla era necesaria. Me despedí.

Recorrí la calle mirando a derecha e izquierda cuantas casas encontraba, pero sin hallar pretexto para entrar en ninguna. Vagué por el pueblo más de una hora. Exhausta, experimentando la imperiosa necesidad de comer, me senté al borde de un sendero y allí permanecí largo rato. Luego me levanté y me dirigí hacia una linda casita, ta, con un jardín delante, que se hallaba al final del camino. ¿Para qué me aproximaba a aquella blanca puerta, ni qué interés habían de tener sus habitantes en servirme? Sin embargo, llamé. Una mujer joven, de agradable apariencia, muy limpia, me abrió. Con la voz que puede suponerse en una persona desfallecida y desesperada le pregunté si necesitaban por casualidad una sirvienta.

—No —dijo—; no la necesitamos.

—¿Sabe si me sería posible encontrar alguna clase de trabajo aquí? —volví a preguntar—. Soy forastera, no conozco a nadie. Necesito trabajar, sea en lo que fuere.

Pero ella no tenía por qué ocuparse de mí, ni buscarme un empleo, ni a sus ojos podía aparecer mi relato, situación y carácter sino como muy dudosos. Movió la cabeza, dijo que no podía informarme y cerró la puerta blanca. Con toda cortesía, pero la cerró. Si la hubiese tenido abierta un instante más, creo que le habría pedido un poco de pan, porque me sentía desfallecida.

¿A qué volver al sórdido villorrio, donde ninguna perspectiva de ayuda se divisaba? Hubiera sido mejor dirigirme a un bosquecillo cercano, que se mostraba ante mis ojos brindándome un apetecible refugio, pero me hallaba tan débil, tan extenuada, que rondaba por instinto en torno a los sitios donde existía alguna posibilidad de hallar alimento. Imposible buscar la soledad mientras el buitre del hambre me clavaba tan cruelmente sus garras.

Me aproximé a las casas, me alejé de ellas, volví a aproximarme de nuevo, y de nuevo me alejé, comprendiendo que no tenía derecho alguno a pedir nada ni a que nadie se interesase por mí. La tarde avanzaba mientras yo erraba de aquel modo, como un perro extraviado y hambriento. Al cruzar un prado divisé ante mí la torre de la iglesia y me dirigí hacia ella. Cerca del cementerio, en medio de un jardín, había una agradable casita, que no dudé que sería la del párroco. Recordé que los forasteros que llegan a un lugar donde no conocen a nadie, acuden a veces a los párrocos para pedir su ayuda. Y la misión de un sacerdote es socorrer, al menos con su consejo, a los que soliciten su auxilio. Reuniendo, pues, todo mi valor y mis débiles fuerzas, llegué a la casa y llamé a la puerta de la cocina. Abrió una anciana. Le pregunté por el párroco.

—No está —dijo.

—¿Volverá pronto?

—No. Está a tres millas de aquí, en Marsh End, adonde le han llamado por haber muerto su padre súbitamente. Lo probable es que pase allá quince días.

—¿Hay alguna señora en la casa?

Contestó que no había nadie sino ella, y a ella, lector, no fui capaz de pedirle lo que necesitaba. Otra vez, pues, comencé a errar. Me quité el pañuelo que llevaba al cuello. Había vuelto a pensar en los panecillos de la tiendecita. ¡Oh, qué terrible tormento es el hambre! De nuevo me dirigí a la aldea, de nuevo entré en la tienda y, aunque había otras personas, dije a la tendera que si quería darme un panecillo a cambio de aquel pañuelo.

Me miró con evidentes sospechas.

—No; nunca hago tratos de esa clase.

Casi desesperada, le rogué que me diese siquiera medio panecillo. Se negó también. ¿Qué sabía dónde había cogido yo el pañuelo?, insinuó.

—¿Quiere mis guantes a cambio?

—No. ¿Qué voy a hacer con ellos?

No es agradable insistir en estos detalles. Según algunas personas, complace evocar los recuerdos penosos, pero a mí hoy me es insoportable revivir los tiempos que relato. Aquel rebajamiento moral, unido al sufrimiento físico, fue demasiado doloroso para mí. No censuro a ninguno de los que se negaron entonces a ayudarme. Si un pordiosero vulgar suele inspirar sospechas, un pordiosero bien vestido las inspira siempre. Verdad es que lo que yo pedía era trabajo, pero ¿cómo iban a preocuparse de tal cosa personas que me veían por primera vez? La mujer que no quiso cambiar un panecillo por mi pañuelo de seda tenía derecho a hacerlo si el cambio le parecía ventajoso o la oferta extraña.

Poco antes de oscurecer pasé ante una granja. El granjero, a la puerta, estaba cenando pan y queso. Me detuve y le dije:

—¿Quiere darme un poco de pan? Estoy hambrienta.

Me miró asombrado y, sin contestar, cortó una delgada rebanada de pan y me la tendió. No creo que me considerase una pordiosera, sino más bien una señora extravagante, que sentía el capricho de probar su pan moreno. En cuanto estuve a alguna distancia, me senté y comí el pan.

No teniendo esperanza de dormir bajo techado, pensé que debía dirigirme al bosque a que antes aludí.

Pero mi descanso fue frecuentemente interrumpido. El suelo era duro, el aire frío y a menudo pasaban intrusos cerca de mí, y tenía que cambiar de sitio. Hacia la mañana empezó a llover y durante todo el día hubo mucha humedad. No me pidas, lector, un relato minucioso de aquella jornada. Como la anterior, anduve buscando trabajo, y como la anterior fui rechazada siempre. Como la anterior, me sentí extenuada, y como la anterior pude comer algo. Pasando a la puerta de una casita, vi a una niña echando restos de potaje frío en una gamella de las que se usan para los cerdos. Le dijo:

—¿Quieres darme eso?

—¡Madre! —gritó la niña—. ¡Aquí hay una mujer que quiere el potaje!

—Si es una mendiga, dáselo —contestó una voz desde dentro—. El cerdo está harto.

La niña me entregó el recipiente y devoré su contenido con ansia.

Al caer del húmedo crepúsculo me detuve al borde de un sendero por el que caminaba sin objeto hacía más de una hora.

«Me faltan las fuerzas —monologué— y no podré seguir mucho más adelante. ¿Cómo pasar la noche? ¿Con la cabeza sobre el duro suelo mientras la lluvia me cala? Y, no obstante, no puedo hacer otra cosa, porque nadie me daría hospitalidad. Pero es de temer, dada mi postración, mi abatimiento y mi desesperanza, que me muera esta noche. Después de todo, ¿por qué no hacerme a la idea de morir? ¿Por qué esforzarse en prolongar una vida inútil? ¡Más no! ¡Debo vivir, porque Edward vive o creo que vive! No debo dejarme morir de hambre y de frío. ¡Oh, Dios mío, ayúdame, ayúdame un poco más!»

Mis ojos contemplaron el sombrío y brumoso paisaje. Estaba lejos de la aldea y ésta no se distinguía ya. Los campos cultivados de sus cercanías habían desaparecido. A lo largo de atajos y senderos había llegado otra vez a las cercanías de la zona pantanosa y en mi torno sólo se divisaban míseros prados, casi tan silvestres y áridos como el páramo mismo.

«Mejor sería morir ahí que en una calle o en un camino frecuentado —pensé—. Prefiero que los cuervos, si los hay en la comarca, devoren mis restos, que no que éstos desciendan, en un ataúd de caridad, al fondo de la fosa común.»

Me hallaba a la sazón en pleno páramo. Los musgos y juncos que crecían en las ciénagas se distinguían por su color verde del oscuro de los matorrales que cubrían los lugares donde el suelo formaba una superficie sólida. A mis ojos aquella gradación de matices se presentaba sólo en forma de luces y sombras, ya que el día se había desvanecido.

Oteando el desolado paisaje me pareció ver brillar una luz a lo lejos. La juzgué un fuego fatuo y creí que se desvanecería en seguida. Más la luz no se movía. «¿Será una hoguera?», me pregunté. Pero no aumentaba ni disminuía de tamaño, por lo que deduje que podría ser la luz de una casa, aunque tan lejana que no habría podido alcanzarla, ni me hubiera servido de nada llamar a su puerta, puesto que seguramente me la hubieran cerrado, como las demás.

Me tendí en el mismo lugar en que me hallaba, rostro a tierra. El aire de la noche soplaba sobre mí y se perdía a lo lejos. A poco empezó a llover y el agua me caló hasta los huesos. Me incorporé.

La luz continuaba brillando, mortecina, pero constante, a través de la lluvia. Comencé a andar, con fatigados pies, en aquella dirección. Hube de atravesar un cenagal que hubiera sido impracticable en invierno. Dos veces caí, pero ambas volví a levantarme y a caminar hacia aquella luz, última esperanza mía.

Cruzada la ciénaga, distinguí una faja blanca que atravesaba el páramo. Me acerqué: era un camino. La luz brillaba, al parecer, en una especie de otero entre pinos, que se entreveían confusamente entre las tinieblas. Mi estrella se desvaneció al acercarme. Sin duda se había interpuesto entre ella y yo algún obstáculo. Extendí la mano y toqué un muro bajo y tras él un alto seto. Lo seguí, hasta dar con un postigo, que giró sobre sus goznes al empujarlo.

Pasado el postigo, la silueta de una casa se elevó ante mí. Era baja, oscura y bastante grande. Al presente no se veía en ella luz alguna. ¿Se habrían acostado sus moradores? Buscando la puerta, doblé un ángulo del edificio y volví a distinguir la anhelada luz brotando de una ventanita enrejada, pequeña y que lo parecía más aún porque la ocultaba en parte la hiedra que revestía el muro de aquella parte de la casa. Las ventanas no tenían cortina y, a través de sus cristales, pude ver el interior. Era una estancia muy limpia, de suelo de tierra apisonada, con un aparador de nogal sobre el que había colocadas varias filas de platos de peltre, en los que se reflejaba el resplandor de un buen fuego de turba. Vi un reloj, una mesa blanca, varias sillas. . . La vela que fuera mi guía en la oscuridad se hallaba sobre la mesa y a su luz una mujer, tosca, pero tan limpia como cuanto la rodeaba, hacía calceta.

Todo aquello no tenía nada de extraordinario. Pero junto al fuego había algo más: dos jóvenes, evidentemente dos señoritas, vestidas de luto, sentadas, una en una mecedora baja y otra en un taburete. Un gran perro de caza apoyaba su maciza cabeza en las rodillas de una de las muchachas y un gato negro dormía en el regazo de la otra.

¡Extraño lugar era aquella humilde cocina para las dos exquisitas jóvenes que la ocupaban! Con toda certeza, no eran hijas de la mujer sentada a la mesa, porque tenían tanto de delicadas y distinguidas como ella de rústica. Jamás había visto rostros como los de aquellas mujeres. No cabe llamarlas hermosas, porque eran demasiado graves, pálidas y pensativas para aplicarles tal adjetivo. Cada una tenía en la mano un tomito y en una mesa entre las dos había otra vela y dos gruesos volúmenes, que de vez en cuando consultaban, comparándolo con el texto de sus libros respectivos, como se hace cuando se traduce. Todo transcurría en tan hondo silencio como si aquellos seres fueran sombras y el conjunto un cuadro, hasta el punto de que yo podía percibir el chisporroteo de la lumbre, el tictac del reloj y el choque de las agujas con que la mujer hacía calceta. Al fin una voz rompió el silencio:

—Escucha, Diana —dijo una de las absortas lectoras—. Franz y el viejo Daniel se hallaban juntos esta noche y Franz está contando un sueño del que ha despertado aterrorizado. Oye. . .

Y leyó, en voz baja, algo ininteligible para mí: ni francés ni latín. Si era griego, alemán u otro idioma, imposible saberlo.

—Es muy enérgico —dijo al terminar—. Me gusta mucho.

La otra muchacha, mirando al fuego, repitió una línea de las que le habían sido leídas. Más tarde supe de qué libro se trataba. Citaré, pues, lo que ella repitió, aunque entonces me fue del todo incomprensible:

—*Da trat hervor Einer, anzusehen wie die Sternen Nacht.* ¡Muy bien! —exclamó, abriendo mucho sus oscuros y profundos ojos—. ¡Cuánto me gusta! Una sola línea de éstas vale por cien páginas de prosa rebuscada. *Ich wäge die Gedanken in der Schale meines Zornes und die Werke mit dem Gewichte meines Grimms. . .*

Ambas callaron de nuevo.

—¿Existe algún país donde hablen de ese modo? —les preguntó la anciana.

—Sí, Hannah: un país mayor que Inglaterra.

—¡No sé cómo pueden entenderse! Si viniera aquí uno de los que hablan así, ¿le entenderían ustedes?

—Algo de lo que dijera, sí, pero todo no, porque no somos lo inteligentes que usted cree, Hannah. No hablamos alemán ni somos capaces de leerlo sin ayuda del diccionario.

—¿Y para qué sirve estudiar eso?

—Nos proponemos aprenderlo mejor y entonces podremos ganar más dinero del que ganamos ahora.

—Eso está bien. Pero déjense ya de estudiar. Basta por hoy.

—Sí. Yo estoy fatigada. ¿Y tú, Mary?

—Mucho. Es muy trabajoso aprender sin profesor, sólo con el diccionario.

—Y sobre todo un lenguaje como este admirable alemán. . . Oye, ¿cómo no habrá vuelto John todavía?

—No tardará. Son las diez en punto —dijo la interpelada, mirando su relojito de oro—. Y está lloviendo. Hannah, ¿quiere tener la bondad de mirar cómo está el fuego del salón?

La mujer abrió una puerta, desapareció por un pasillo, la sentí atizar la lumbre. Luego reapareció.

—¡Ay, niñas —dijo al volver—, qué pena me da entrar en ese cuarto y ver aquel sillón vacío!

Se secó los ojos con el delantal. Las dos muchachas se entristecieron.

—¡Pero ahora está en otro mundo mejor! —continuó Hannah—. Más vale que se encuentre allí. ¡Todos quisiéramos morir tan serenamente como él!

—¿No le habló de nosotros antes de fallecer? —inquirió una de las jóvenes.

—No tuvo tiempo. Su pobre padre se había sentido un poco mal el día antes, pero no le dio importancia, y cuando el señorito John le preguntó si quería que enviase a buscar a una de ustedes, se puso a reír. Al día siguiente —hoy hace quince— volvió a sentir dolor de cabeza. Se durmió y no despertó más. Cuando el hermano de ustedes entró en la habitación, le encontró ya rígido.

La vieja sirvienta, en el dialecto de la región, se extendió en consideraciones familiares, asegurando que Mary era el vivo retrato de su difunta madre y Diana más parecida a su padre, cosa que para mí resultaba incomprensible, pues las dos muchachas me parecían casi idénticas. Ambas eran esbeltas y bellas, ambas distinguidas, ambas tenían aspecto de muy inteligentes. Cierto que el cabello de una era algo más oscuro que el de la otra y que se lo peinaban de modo diferente: Mary, liso y con rayas; Diana, con tirabuzones.

El reloj dio las diez.

—Supongo —observó Hannah— que en cuanto venga su hermano desearán cenar.

Y comenzó a preparar la cena. Las muchachas se fueron, probablemente al salón. Hasta entonces yo había estado tan atenta a observarlas, y tanto me habían interesado, que incluso me olvidé de mí misma. Pero ahora me acordé de mí, y mi situación, por el contraste, se me presentó más desolada y desesperada que nunca. Imposible impresionar a los moradores de la casa con el relato de lo que me sucedía; no me creerían, no me concederían albergue. . . Así pensaba mientras, vacilante, llamaba a la puerta. Hannah abrió.

—¿Qué desea? —inquirió, sorprendida, examinándome a la luz de la bujía que llevaba en la mano.

—¿Puedo hablar a una de las señoritas? —pregunté.

—Mejor será que me diga a mí lo que fuera a decirles a ellas.

—Soy forastera. . .

—¿Y qué hace por aquí a estas horas?

—Quisiera que me dieran albergue por esta noche, en el pajar o donde sea, y un poco de pan.

En el rostro de Hannah se pintó la expresión de contrariedad que yo temía y aguardaba.

—Le daré pan —dijo, tras una pausa—, pero albergue no es posible.

—Déjeme hablar con sus señoritas.

—No. ¿Qué van ellas a remediarle? ¡Y le aconsejo que no vagabundee por acá!

—¿Y qué voy a hacer si me hecha usted? ¿Qué haré?

—¡Ya sabe usted muy bien adónde ir y qué hacer! ¡Ea, tome un penique y váyase!

—¿Para qué quiero un penique? ¿Si no tengo ni fuerzas para moverme! ¡No cierre, no cierre, por amor de Dios!

—Tengo que cerrar. Está entrando la lluvia.

—Hable a las señoritas, presénteme a ellas.

—No quiero. No es usted una mujer como debe. No alborote. Váyase.

—¡Me moriré si me quedo esta noche al aire libre!

—No. Seguramente la mandan a usted algunos salteadores, para averiguar el modo de robar la casa. Pero ya puede decirles que aquí hay un hombre, perros y escopetas.

Y la honrada, pero inflexible sirvienta, cerró la puerta.

Un sufrimiento inmenso, una desesperación infinita colmaron mi corazón. No pude dar un solo paso. Me senté en el peldaño de la puerta, con los pies sobre el suelo mojado, junté las manos y lloré con angustia. ¡Oh, el espectro de la muerte, la visión de la última hora que se aproxima con todos sus horrores! Más, al fin, pude recuperar mi presencia de ánimo.

—Después de todo, bien puedo morir —dije—. Creo en Dios y aguardaré resignada que se cumpla su voluntad.

No sólo había pensado aquellas palabras, sino que mis labios las habían pronunciado en alta voz.

—Todos hemos de morir —murmuró una voz muy próxima a mí—, pero no todos están condenados a perecer prematuramente de necesidad, como podría haberle sucedido a usted al pie de esta puerta.

—¿Quién o qué es lo que me habla así? —exclamé, aterrorizada. No contaba ya con la posibilidad alguna de ayuda de nadie.

Junto a mí había una figura que mis sentidos debilitados y la oscuridad de la noche no me permitían distinguir bien. El recién llegado llamó fuertemente a la puerta.

—¿Es usted, señorito John? —preguntó Hannah.

—Sí. Abra pronto.

—¡Debe usted llegar calado y muerto de frío! ¡Hay que ver la noche que hace! Entre; sus hermanas están preocupadas por usted y deben rondar malas gentes por los contornos. Ha estado una mendiga que. . . ¡Ah, si no se ha ido aún! ¡Lárguese!

—¡Chist, Hannah! Tengo que hablarla. Usted ha cumplido su deber echándola y yo cumplo con el mío admitiéndola. Yo estaba cerca de ustedes y las he oído hablar. Me parece que éste es un caso especial. Joven: levántese y entre.

Le obedecí, no sin dificultad. Me hallé en la agradable cocina, junto al fuego, bien consciente del maltratado y lamentable aspecto que debía presentar. Las dos jóvenes, su hermano y la criada me contemplaban con atención.

—¿Quién es, John? —oí preguntar a una de las hermanas.

—No sé. La he hallado a la puerta.

—Está muy pálida —dijo Hannah.

—Pálida como la muerte. Sentadla. Va a caerse si no.

Y, en efecto, se me iba la cabeza, y hubiera caído a no habérseme ofrecido oportunamente una silla. Aún conservaba el sentido, pero no podía hablar.

—Quizá le siente bien un poco de agua. Tráigala, Hannah. ¡Qué delgada y qué lívida está!

—Parece un espectro.

—¿Estará enferma o famélica tan sólo?

—Creo que sólo famélica. Hannah: deme pan y leche. Diana —la reconocí por sus largos tirabuzones al inclinarse sobre mí— partió un trozo de pan, lo mojó en leche y me lo puso en los labios. En su rostro, muy próximo al mío, leí simpatía y compasión. En las palabras que me dirigió había una emoción afectuosa:

—Pruebe a comer.

—Sí, pruebe —repitió Mary, mientras me quitaba el gorrito.

Y probé, en efecto, lo que me ofrecían. Primero con timidez, luego con ansia.

—No le deis mucho de primera intención —indicó su hermano—. Por ahora es bastante.

Y retiró la taza de leche y el plato de pan.

—Un poco más, John, por favor. ¿No ves el hambre que tiene?

—No, hermana, ahora no. Si puede hablar, preguntadla su nombre.

—Jane Elliott —contesté. Había resuelto usar un nombre supuesto para evitar que me descubriesen.

—¿Dónde vive usted?

Callé.

—¿Podemos enviar a buscar a sus parientes?

Denegué con la cabeza.

—¿Qué puede decirnos de sí misma?

Desde que había cruzado el umbral de aquella casa y me sentía entre mis semejantes volvía a ser la de siempre. Dejaba de obrar como una mendiga y recuperaba mi carácter natural. Incapaz de detallar mi situación, porque me sentía muy débil, repuse:

—No me siento con fuerzas para explicarme por esta noche.

—Y entonces, ¿qué desea usted de mí?

Diana tomó la palabra:

—¡No supondrá usted que creemos haberla prestado toda la ayuda que necesita y que vamos a dejarla marchar en esta noche de lluvia!

La miré. En su rostro se pintaban, a la vez, bondad y la energía. Me animé y repuse con una sonrisa.

—Deseo decirles la verdad sobre mí. Estoy segura de que, aunque fuera un perro perdido, no tendría usted valor para echarme fuera en una noche como ésta. No lo temo, pues. Hagan lo que quieran conmigo, pero les ruego que no me fuercen a hablar mucho hoy, porque me falta el aliento.

Los tres me miraron en silencio.

—Hannah —dijo John, al fin—. Déjela ahí sentada y no le pregunte nada por ahora. De aquí a diez minutos dele el resto del pan y la leche. Nosotros vamos al salón para hablar de esto.

Se fueron. Una de las jóvenes volvió al poco rato. No sé cuál de las dos. Una especie de agradable entumecimiento me poseía mientras me hallaba sentada junto al magnífico fuego. La muchacha, en voz baja, dio instrucciones a Hannah. Ésta me ayudó a subir una escalera, me despojé de mis ropas empapadas y un lecho seco y cálido me acogió. Di gracias a Dios, y me dormí con la impresión de que un rayo de luz disipaba las tinieblas de mi desventura.

Capítulo 29

El recuerdo de lo que sucedió durante los tres días y tres noches siguientes permanece muy oscuro en mi memoria. Apenas me acuerdo de nada, porque nada hacía, ni en casi nada pensaba. Sé que estaba en un cuarto pequeño y en una cama estrecha. Permanecía en ella inmóvil como una piedra, sin poderme volver siquiera y sin apenas reparar en el transcurso del tiempo. Notaba que entraban y salían personas en la alcoba, podía decir quiénes eran y oía lo que me hablaban, pero no podía contestarles, porque me era imposible abrir los labios ni mover los miembros. Hannah, la criada, era quien me visitaba con más frecuencia. Su presencia me disgustaba comprendiendo que ella habría preferido verme marchar y que sentía prevención contra mí. Diana y Mary entraban en la alcoba una o dos veces al día. A veces les oía comentar:

—Hicimos bien en acogerla.

—Sí, porque de lo contrario hubiese aparecido muerta en el umbral al día siguiente. ¡Qué le habrá sucedido?

—Azares de la vida, supongo. . . ¡Pobrecita!

—No parece una persona ineducada. Habla con corrección y las ropas que se quitó eran bastante finas.

—Su cara es agradable, a pesar de lo demacrada que está. Imagino que, sana y animada, debe tener un aspecto muy agradable.

Nunca les oí lamentar la hospitalidad que me concedían ni expresar hacia mí sospecha alguna. Aquello me consolaba.

John apareció sólo una vez, me examinó y dijo que mi estado era la consecuencia natural de una excesiva fatiga. Juzgó innecesario llamar al médico, asegurando que la naturaleza obraría por sí misma; que había sufrido un fuerte transtorno nervioso y que en cuanto reaccionase me repondría muy de prisa. Habló en términos concisos, añadiendo, tras una pausa, con tono de hombre poco acostumbrado a expansiones verbales:

—Su semblante es poco vulgar y por cierto no el de un ser degradado.

—Nada de eso —dijo Diana—. A decir verdad, John, quisiera que pudiésemos favorecerla de un modo más eficiente.

—Eso quizá sea difícil —repuso él—. Probablemente averiguaremos que es una joven que ha tenido alguna riña con sus parientes e irreflexivamente les ha abandonado. Tal vez consigamos hacerla volver con ellos, si no es muy obstinada. Mas por la expresión de su rostro me parece que no debe de tener nada de dócil —y agregó, tras contemplarme unos minutos—: Debe de ser inteligente, pero no tiene nada de guapa.

—Está enferma, John.

—Enferma o no, no debe de ser guapa nunca. La gracia y la belleza me parecen ausentes de sus facciones.

Al tercer día me sentí mejor y al cuarto pude hablar, moverme y hasta sentarme en la cama. Hannah me trajo, a la hora de comer, una sopa y unas tostadas, que paladeé con deleite. Cuando se fue me sentí relativamente vigorosa, harta de descanso y necesitada de acción. Hubiese querido levantarme, pero ¿cómo vestirme? Mis ropas debían de estar sucias y arrugadas como consecuencia de las noches al raso.

Miré en torno mío. Todas mis prendas, lavadas y secas, estaban en una silla. Mi vestido de seda negra colgaba de la pared. Mis medias y mis zapatos estaban limpios. En la habitación había lavabo y un peine. Me arreglé rápidamente, me vestí, me cubrí con un chal y, ya recobrado mi aspecto correcto y desaparecida toda traza del desorden que tanto aborrecía y tan rebajada me hacía sentirme, bajé, apoyándome en el pasamanos, una escalera de piedra, y me encontré en la cocina.

Sentíase un fuerte aroma a pan caliente y ardía en el hogar un espléndido fuego. Hannah estaba amasando. Como es notorio, los prejuicios son más difíciles de desarraigar en las naturalezas no cultivadas, en las que se afincan como el musgo entre las piedras. Hannah, desde el principio, había obrado fría y secamente conmigo. Después había amainado un tanto su antipatía. Y ahora, al verme arreglada y bien vestida, incluso me sonrió.

—¡Vaya, ya está usted mejor! —dijo—. Siéntese junto al fuego, si quiere.

Señalaba la mecedora. Me acomodé en ella. De vez en cuando me examinaba a hurtadillas. De repente, me preguntó:

—Antes de estar aquí, ¿pedía limosna?

Me indigné, pero comprendiendo que toda acritud estaba completamente fuera de lugar, ya que, en efecto, había aparecido ante ella como una pordiosera, repuse con firmeza, sin alterarme:

—Se engaña suponiéndome una mendiga. No lo soy más que lo pueda ser usted o una de sus señoritas.

—No lo comprendo —dijo, después de una pausa—, porque me parece que no tiene usted casa ni parneses.

—El carecer de casa y de dinero, que es lo que supongo que quiere indicar diciendo parneses, no hacen a una persona ser una mendiga en el sentido que da usted a la palabra.

—¿Sabe usted leer? —preguntó.

—Sí.

—¿Y cómo, no habiendo estado en la escuela?

—He estado en la escuela ocho años.

Abrió los ojos desmesuradamente.

—Y entonces, ¿cómo no gana usted para vivir?

—He ganado para vivir y volveré a ganar de nuevo. ¿Qué va a hacer usted con estas uvas?

—Pastelillos.

—Iré escogiendo las uvas, si quiere.

—No. No me hace falta que me ayuden.

—Vamos, déjeme. No voy a estar sin hacer nada.

Consintió al fin y me puso un paño de cocina sobre el vestido para que no me lo ensuciase, según dijo.

—Ya veo —comentó mientras yo trabajaba— que no está acostumbrada a faenas de éstas. Acaso haya sido usted modista.

—No. Pero eso no importa. Dígame, ¿cómo se llama esta casa?

—Unos la llaman Marsh End y otros Moor House.

—¿Y el señor que vive aquí se llama Mr. Rivers?

—No vive aquí; está de temporada. Es párroco de Morton.

—¿Esa aldea a pocas millas de distancia?

—Sí.

Me acordé de la respuesta que el ama de llaves de la rectoral de aquel pueblo me diera, y dije:

—Entonces, ¿era ésta la casa de su padre?

—Sí: aquí vivió el anciano Rivers, y su abuelo y su tatarabuelo. . .

—¿Así que ese señor se llama John Rivers?

—Sí.

—¿Y sus hermanas Diana y Mary Rivers?

—Sí.

—¿Y su padre ha muerto?

—De apoplejía. Hace tres semanas.

—¿No tienen madre?

—Murió hace mucho.

—¿Lleva usted tiempo con la familia?

—Treinta años. He criado a los tres muchachos.

—Eso prueba que es usted una servidora leal y honrada, lo que me complace saber, aunque haya tenido la descortesía de llamarme pordiosera.

Me miró con asombro.

—Ya veo —dijo— que me equivocaba en mi juicio,

pero hay tantos bribones por los contornos, que. . . En fin, perdone.

—Y a pesar —continué, con aumentada severidad— de que usted quería echarme fuera una noche en que no se hubiera debido negar refugio ni a un perro.

—¿Qué iba a hacer? No era por mí, sino por las pobres niñas. Si no me preocupo de ellas, ¿quién va a preocuparse?

Guardé profundo silencio durante algunos minutos.

—No debe juzgarme mal —dijo Hannah.

—La juzgo mal —repuse—, no tanto porque aquella noche me negase cobijo, sino por el reproche que me ha dirigido de que no tengo casa ni parneses. Si es usted cristiana, no debe considerar la pobreza como un crimen.

—Ya sé que no debo —repuso—. El señorito John me lo dice a menudo. Ahora, además, ya la considero a usted de otro modo. Hice mal.

—Bien: todo olvidado. Deme la mano.

Puso sus rugosos y bastos dedos en los míos, sonrió y desde entonces fuimos amigas.

A Hannah le gustaba mucho la charla. Mientras yo escogía la fruta y ella amasaba la harina para los pastelillos me dio amplios detalles sobre sus difuntos señores y sobre los niños, como llamaba a los jóvenes.

Según sus informes, el viejo Mr. Rivers pertenecía a una antigua familia y era todo un caballero, aunque muy llano en su trato. Marsh End pertenecía a los Rivers desde que se construyera, más de doscientos años atrás. Y aunque fuese una casa muy modesta comparada con la magnífica residencia de los Oliver, en el valle de Morton, ella recordaba bien la época en que el padre de Bill Oliver trabajaba como jornalero en una fábrica de agujas, mientras que los Rivers eran hidalgos desde los tiempos del rey Enrique, como constaba en los archivos de la parroquia de Morton. Sin embargo, a Mr. Rivers, hombre muy sencillo, le gustaba cazar, ocuparse en la labranza «y todo eso». La señora había sido diferente. Leía mucho, estudiaba mucho y sus hijos habían «salido a ella». En la comarca no existía quien les igualase. El señorito John, al salir del colegio, se ordenó de sacerdote, y las muchachas, al dejar la escuela, se colocaron como institutrices, porque su padre había perdido, años atrás, mucho dinero en una quiebra y ellas tenían que ganarse la vida. Les gustaba mucho aquel sitio, y aunque solían vivir en Londres y otras grandes ciudades, afirmaban que ninguna les complacía tanto como Moor House. Se encontraban allí ahora pasando unas semanas con motivo de la muerte de su padre. Según Hannah, los tres miembros supervivientes de la familia vivían en una unión admirable entre sí.

Una vez terminada mi tarea con las uvas, pregunté dónde se hallaban los tres hermanos en aquel momento.

—Se han acercado a Morton dando un paseo, pero volverán de aquí a media hora, para el té.

Regresaron, en efecto, cuando ella dijo, entrando por la puerta de la cocina. John, al verme, se inclinó y siguió adelante. Las jóvenes se entretuvieron conmigo. Mary, en pocas palabras, me expresó el agrado que le causaba verme restablecida. Diana me tomó la mano y movió la cabeza.

—Debía de haber esperado que fuese yo para ayudarla a bajar ¡Qué pálida y qué delgada se ha quedado usted, pobrecita!

La voz de Diana sonaba en mi oído tan dulce como el arrullo de una paloma. Me encantaba la mirada de sus ojos, la expresión de su faz. Mary, de aspecto igualmente inteligente, de rostro igualmente bello, era más reservada, menos expansiva, aunque muy amable. Diana hablaba y miraba con cierta autoridad. Evidentemente, era una mujer voluntariosa. Y estaba en mi carácter aceptar con gusto una autoridad tan suave como la suya y plegarme, hasta donde mi dignidad me lo permitiese, a una voluntad más enérgica que la mía.

—¿Por qué está aquí? —preguntó—. Éste no es el sitio adecuado para usted: Mary y yo nos sentamos a veces junto al fogón, pero nosotras estamos en casa y tenemos derecho a no andar con cumplidos. Pero usted es una visitante y debe estar en el salón.

—Me encuentro muy bien aquí.

—No lo creo. Hannah está amasando y llenándola de harina.

—Y el fuego es demasiado fuerte para usted —agregó Mary.

—Claro —concluyó su hermana—. Vamos, sea obediente. —Y tomándome de la mano me llevó al salón.

—Siéntese ahí —dijo, colocándome en un sofá—. Nosotras vamos a hervir el té, porque uno de los privilegios que nos permitimos en nuestra casa es preparar nosotras mismas las cosas cuando nos apetece o bien cuando Hannah está muy ocupada.

Y cerró la puerta, dejándome sola con John Rivers que, en el extremo opuesto del salón, leía no sé si un periódico o un libro. Examiné primero el aposento y luego a su ocupante.

La estancia era pequeña y modesta, pero cuidada y limpia. Las sillas, de antañón estilo, eran muy cómodas y la mesa de nogal brillaba como un espejo. Viejos retratos de hombres y mujeres de otros días decoraban las paredes. Una alacena de puertas de cristal contenía varios libros y un antiguo juego de porcelana. No había un solo adorno superfluo, ni un solo mueble moderno, excepto dos costureros y un escritorio de señora, de palisandro. Todo lo más, incluso cortinajes y alfombras, parecía tan viejo como bien conservado.

John Rivers, inmóvil cual uno de los retratos que pendían de los muros, fijos los ojos en la página que leía, fue para mí fácil objeto de examen. Una estatua no lo hubiera sido más. Era joven —unos veintiocho o treinta años—, alto y delgado. Todos los rasgos de su rostro eran de una pureza griega: el corte de su cara, la nariz, la barbilla y la boca. Rara vez se encuentra en semblantes ingleses tal parecido a los modelos clásicos. No me extrañó que le hubiese impresionado la irregularidad de mis facciones, siendo las suyas tan armoniosas. Tenía los ojos grandes y azules, con oscuras pestañas, y su cabello rubio, cuidadosamente peinado, coronaba una ancha frente pálida como el marfil.

¿Verdad, lector, que este retrato que hago es atractivo? Sin embargo, apenas da una idea del sereno, imperturbable y plácido aspecto de John Rivers. Y con todo, mientras le contemplaba, en ciertos casi imperceptibles movimientos de su boca, de sus cejas, de sus manos, parecíame apreciar elementos interiores de vehemencia, pasión y energía. No me habló ni me dirigió una sola mirada hasta que sus hermanas volvieron. Diana me ofreció un bollito calentado al horno.

—Cómalo —dijo—, Hannah me ha contado que desde la mañana no ha tomado usted más que una sopa.

No me negué, porque sentía apetito. Rivers cerró su libro, se acercó a la mesa, se sentó y clavó sus azules ojos en los míos con una naturalidad que me hizo comprender que no me había hablado hasta entonces adrede, no por timidez o desconfianza.

—Tiene usted hambre —dijo.

—Sí —repuse. Está en mi modo de ser el contestar con claridad y sin ambages a las preguntas.

—Ha convenido que la fiebre de estos días pasados no le haya permitido comer, porque hubiera sido peligroso calmar su apetito de repente. Ahora, en cambio, puede comer ya lo que guste, aunque todavía con moderación.

—Espero no comer mucho tiempo a costa de usted

—contesté, casi sin darme cuenta de lo grosero de la respuesta.

—Eso creo —dijo él, fríamente—, porque, una vez que nos dé la dirección de su familia, escribiremos para que vengan a buscarla.

—Eso es imposible, porque no tengo casa ni familia.

Los tres me miraron, no con desconfianza, sino con curiosidad. Me refiero más bien a las jóvenes, ya que los ojos de John Rivers, claros en el sentido literal de la palabra, resultaban muy oscuros en el sentido de que era imposible desentrañar lo que pensaba. Parecía emplearlos más bien para averiguar los pensamientos de los demás que para reflejar los suyos.

—¿Quiere usted decir —preguntó— que carece en absoluto de parientes?

—Ése es el caso. No tengo derecho a ser admitida bajo techo alguno de Inglaterra.

—¡Extraña situación para su edad!

Sus ojos buscaron mis manos, que yo tenía apoyadas en la mesa. Sus palabras me aclararon lo que trataba de saber.

—¿Es usted soltera?

Diana rió.

—¡Por Dios, John! ¡Si no debe tener más que diecisiete o dieciocho años!

—Tengo diecinueve —dije—. No, no estoy casada.

Amargos y estremecedores recuerdos me agitaron al pronunciar esta frase. Todos notaron mi turbación. Diana y Mary, discretamente, separaron sus miradas de mi ruborizado rostro, pero su hermano continuó contemplándome de tal modo, que acabé sintiendo afluir las lágrimas a mis ojos.

—¿Dónde vivía usted últimamente? —preguntó.

—No seas así, John —murmuró Mary en voz baja, sin que por ello dejara él de seguir insistiendo, a través de su penetrante mirada.

—Dónde y con quién vivía, deseo mantenerlo en secreto —dije concisamente.

—Tiene derecho a hacerlo así, con John y con quien sea —observó Diana.

—Si no sé nada de usted, no podré ayudarla —repuso él—, y creo que necesita usted ayuda.

—La necesito y la deseo —dije—, y sería muy humanitario quien me buscara trabajo en lo que fuera y pagado como fuera, con tal que me permitiera ganar lo indispensable para vivir.

—Por mi parte, no sé si soy humanitario o no, pero deseo ayudarla en un propósito tan honrado. Para ello, necesito saber lo que usted sabe hacer y a qué está acostumbrada.

Bebí mi té. El brebaje me reconfortó como a un gigante pudiera reconfortarle una azumbre de vino, tonificó mis nervios y me puso en condiciones de contestar como debía a las preguntas de aquel inquisitivo joven.

—Mr. Rivers —le dije, mirándole sinceramente y sin desconfianza, como él a mí—, usted y sus hermanas me han prestado una gran servicio, el mayor que puede prestarse, librándome de la muerte con su generosa hospitalidad. Este servicio les da derecho a mi gratitud ilimitada y, hasta cierto punto, a mis confidencias. Les diré cuanto pueda de mi historia, cuanto no perturbe la tranquilidad de mi alma, ni mi propia seguridad o la de otros. Soy huérfana, hija de un sacerdote. Mis padres murieron antes de que los conociera. Fui educada en una institución de beneficencia. El nombre del establecimiento donde he pasado seis años como discípula y dos como profesora, es Orfanato de Lowood, el cual tenía por tesorero al reverendo padre Robert Brocklehurst. . .

—He oído hablar de él y conozco Lowood.

—Hace un año abandoné el colegio, empleándome como institutriz en una casa particular. El puesto era bueno y me sentía dichosa en él. Cuatro días antes de llegar aquí tuve que dejar el empleo. No puedo ni debo decir por qué. Sería inútil, arriesgado e increíble. No me fui por culpa mía: tanta culpa tengo yo de lo sucedido como puedan tener ustedes. La catástrofe que me ha hecho salir de aquella casa es de un género extraordinario. Hube de partir con premura y en secreto, dejando allí casi todo cuanto tenía, excepto un paquete que, en mi prisa, olvidé en la diligencia de que me apeé en Whitcross. Llegué a este país falta de todo. Dos noches seguidas dormí al aire libre y sólo dos veces en este tiempo pude comer algo. Estaba a punto de morir de hambre y de fatiga cuando usted, Mr. Rivers, me ofreció un refugio bajo su techo. Sé cuánto sus hermanas han hecho por mí desde entonces —porque, a pesar de mi sopor, oía y veía— y he apreciado en cuanto valen su inmensa y espontánea compasión y la caridad cristiana de usted.

—No la hagas hablar más. John —dijo Diana—. Está excitada aún. Siéntese aquí, Miss Elliott.

Me sobresalté al escuchar aquel falso nombre, que casi había olvidado ya. John Rivers, a cuya penetración no escapaba nada, observó:

—¿No ha dicho que se llama Jane Elliott?

—Lo dije, y por ese nombre pienso hacerme llamar por ahora, pero no es el mío verdadero y, cuando lo oigo, me suena muy raro.

—¿Por qué no nos dice su nombre real?

—Porque temo que se produzcan complicaciones que deseo impedir.

—Seguramente acierta —dijo Diana—. Déjala un poco tranquila, hermano.

Pero John Rivers comenzó a hablar al poco rato, presionándome tanto como antes.

—Creo que desea usted librarse de nuestra hospitalidad, dejar de depender de la compasión de mis hermanas y de mi caridad cristiana (he notado la distinción y no me ofendo por ello) y vivir con independencia, cuanto antes, ¿no?

—Sí, sí lo deseo. Le ruego que me busque trabajo, aunque sea el más humilde en la más humilde cabaña. Pero hasta entonces, le ruego me permita estar aquí y no me condene a los horrores de no tener dónde refugiarme.

—Se quedará —aseguró Diana, acariciando con su blanca mano mi cabeza.

—Se quedará —repitió Mary, con el sosegado tono que parecía serle tan peculiar.

—Mis hermanas —dijo Rivers— tienen interés por usted, como lo tendrían por un pajarillo medio helado que encontraran en su ventana un día de invierno. Yo preferiría, desde luego, buscarle el medio de que se valiera por sí misma, pero mi esfera de acción es reducida. No soy más que un párroco de una pobre feligresía campesina y mi ayuda ha de ser forzosamente muy pequeña. Le conviene más buscar una ayuda más eficaz que la mía, porque yo bien poca cosa podré encontrarle.

—Ya te ha dicho —repuso Diana— que está dispuesta a trabajar en cualquier cosa honrada que le sea posible, y bien ves que no tiene muchos favorecedores entre quienes escoger. Así que tendrá que quedarse con uno tan gruñón como tú.

—Estoy dispuesta a trabajar de lo que sea: modista, criada, niñera, si no encuentro algo mejor —dije.

—Bien —repuso John Rivers, con frialdad—. Si se conforma con eso, prometo ayudarla, a su tiempo y a mi modo.

Volvió a coger el libro que leía antes. Yo me retiré pronto, porque había hablado y permanecido levantada el máximo que mis fuerzas me permitían.

Capítulo 30

Cuanto más iba conociendo a los habitantes de Moor House, más les apreciaba. A los pocos días había recobrado mi salud, podía hablar con Diana y Mary cuanto querían y ayudarlas como y cuando les parecía bien. Había para mí un placer en aquella especie de resurrección: el de convivir con gentes que congeniaban conmigo en gustos, sentimientos y principios.

Me gustaban las lecturas que a ellas, disfrutaba con lo que ellas disfrutaban, reverenciaba las cosas que aprobaban ellas. Ellas amaban su casa y yo, en aquel edificio de antigua arquitectura —con su techo bajo, sus ventanas enrejadas, su avenida de pinos añosos, su jardín, con sus plantas de tejo y acebo, donde sólo florecían las más silvestres flores— encontraba un encanto constante y profundo. Compartía su afecto hacia los rojizos páramos que rodeaban la residencia, hacia el profundo valle al que conducía el sendero que arrancaba de la verja, y que, serpenteando entre los helechos, alcanzaba los silvestres prados del fondo, donde pastaban rebaños de ovejas y corderitos. Yo comprendía sus sentimientos, experimentaba el atractivo del solitario lugar, amaba aquellas laderas y cañadas cubiertas de musgo, campánulas y otras florecillas silvestres, y sembradas, aquí y allá, de rocas. Tales detalles eran para mí, como para ellas, manantial de puros placeres. El viento huracanado y la dulce brisa, los días desapacibles y los serenos, el alba y el crepúsculo, las noches sombrías y las noches de luna, me producían a mí las mismas sensaciones que a ellas.

Dentro de la casa también nos entendíamos en todo. Ambas habían leído mucho y sabían más que yo, pero yo las seguía con facilidad en el camino que ellas recorrieran antes. Devoraba los libros que me dejaban y comentaba con entusiasmo por las noches lo que había leído durante el día. En opiniones y pensamientos coincidíamos de un modo absoluto.

Si en nuestro trío había alguna superior a las demás, era Diana. Físicamente, valía más que yo: era hermosa y fuerte y poseía un dinamismo que excitaba mi asombro. Yo podía hablar algo sobre un asunto, pero en cuanto agotaba mi primer ímpetu de elocuencia, me sentía cansada y sin saber qué decir. Entonces me sentaba en un escabel, apoyaba la cabeza en las rodillas de Diana y oía alternativamente, a ella y a Mary, profundizar y glosar el tema que yo apenas había desflorado. Diana me ofreció enseñarme el alemán. Me gustaba aprender con ella, y a ella no le placía menos instruirme. El resultado de aquella afinidad de nuestros temperamentos fue el afecto que se desarrolló entre nosotras. Descubrieron que yo sabía pintar e inmediatamente pusieron a mi disposición sus cajas y útiles de dibujo. Les sorprendió y encantó encontrar que siquiera en un aspecto las superaba. Mary se sentaba a mi lado para verme trabajar y tomar lecciones, y se convirtió en una discípula inteligente, asidua y dócil. Así ocupadas y entretenidas, los días pasaban como minutos y las semanas como días.

La intimidad que tan rápida y naturalmente brotó entre las jóvenes y yo, no se extendió a su hermano. Una de las razones de ello era que él estaba en casa relativamente poco, ya que solía dedicar su tiempo a visitar a sus feligreses pobres y enfermos.

Lloviese o hiciera viento, una vez pasadas las horas que dedicaba al estudio, tomaba el sombrero y seguido de *Carlo,* el viejo perro de caza, salía a cumplir su misión. Yo ignoraba si ésta le era agradable o si simplemente la consideraba como un deber. Cuando el tiempo era muy malo, sus hermanas insistían para que no saliera, pero él contestaba con una sonrisa más solemne que amable:

—Si el viento o la lluvia me detuviesen en el cumplimiento de mi labor, ¿cómo podría prepararme a la tarea que he resuelto realizar en el porvenir?

Diana y Mary contestaban con un suspiro y quedaban pensativas.

A más de sus frecuentes ausencias, el carácter reservado y concentrado de John Rivers elevaba en torno suyo una barrera que impedía la amistad con él. Celoso de su ministerio, impecable en su vida y costumbres, no parecía gozar, sin embargo, de la interior satisfacción, de la serenidad espiritual que debe ser característica de todo cristiano sincero y todo filántropo práctico. A veces, por las tardes, al sentarse junto a la ventana, con sus papeles ante sí, dejaba de escribir o de leer y se entregaba a no sé qué clase de pensamientos, que evidentemente, le excitaban y le perturbaban, como se podía apreciar por la expresión de sus ojos.

La naturaleza, además, parecía no ofrecer tanto encanto para él como para sus hermanas. Una vez habló ante mí del afecto que experimentaba hacia su hogar y hacia aquellas colinas que lo rodeaban, pero más que contento, creí adivinar una sombra de tristeza en sus palabras.

Era tan poco comunicativo, que no me resultaba fácil apreciar la magnitud o estrechez de su inteligencia. La primera idea real que tuve de ella fue cuando le oí predicar en la iglesia de Morton. Describir aquel sermón escapa a mi capacidad. Imposible expresar fielmente el efecto que me produjo.

Empezó a hablar con calma y su voz poderosa y sus conceptos enérgicos, contenidos, comprimidos, condensados, resultaban de una fuerza infinita. El corazón quedaba traspasado y la mente atónita ante las palabras del predicador. No había en ellas blandura, ni abundaban los consuelos. Sentíase en ellas más bien una amargura extraña, percibíanse frecuentes alusiones a las doctrinas calvinistas —elección, predestinación, reprobación— y cada una de aquellas frases sonaba en su boca como una sentencia inapelable. Cuando concluyó el sermón, yo, más que calmada y alentada, me sentí triste, con una indefinible tristeza, porque me parecía —no sé si los demás experimentarían lo mismo— que bajo la elocuencia del predicador se ocultaban insatisfechos anhelos y fracasadas aspiraciones. Estaba segura de que John Rivers —por puro, honrado y celoso que fuera— no había encontrado la paz de Dios, no la había encontrado más que yo, con mis ocultos recuerdos de mi paraíso perdido y mi ídolo destrozado, que me atormentaban amargamente.

Pasó un mes. Diana y Mary iban a dejar en breve Moor House para dirigirse a la gran ciudad meridional en que ejercían como institutrices en casas de acaudaladas familias que no reparaban en ellas sino para considerarlas humildes servidoras, sin apreciar lo que valían más de lo que pudieran apreciar la habilidad de su cocinera o la disposición de sus criadas. John no me había hablado nada del trabajo que yo le pidiera y que ya me urgía. Una mañana, estando a solas con él en el salón, me aventuré a acercarme al rincón de la ventana en que su mesa, su tintero y sus libros habían improvisado un pequeño despacho y, aunque no sabía cómo empezar, porque es difícil romper el hielo cuando se trata de naturalezas tan reservadas como la suya, tuve la fortuna de que él me ayudara, comenzando el diálogo.

—Quiere preguntarme algo, ¿no? —me dijo.

—Sí; quisiera saber si ha encontrado un trabajo en que pudiese ocuparme.

—Hace tres semanas lo encontré, pero como veía que estaba usted a gusto con mis hermanas y ellas con usted, me pareció mejor aplazarlo hasta que la marcha de ellas hiciera forzosa la suya.

—Se van de aquí a tres días, ¿verdad?

—Sí, y cuando se vayan yo regresaré a Morton, llevándome a Hannah, y cerraremos esta vieja casa.

Esperé que se explicase, pero él parecía abstraído en sus propios pensamientos y ajeno a mis asuntos. Le recordé el tema, porque la cosa era para mí de un interés que no admitía demora.

—¿Y de qué empleo se trata, Mr. Rivers? Confío en que las semanas transcurridas no dificulten. . .

—No, ya que depende únicamente de mí concederlo y de usted aceptarlo.

Se detuvo, como si le desagradase continuar. Mi impaciencia crecía. Algún movimiento que hice, alguna mirada que le dirigí fueron lo bastante elocuentes para hacerle continuar.

—No tenga prisa —dijo—. Ante todo, permítame decirle francamente que no he hallado nada adecuado para usted. Ya le advertí que mi ayuda no sería mayor que la que un ciego puede prestar a un lisiado. Soy pobre: después de pagar las deudas de mi padre, no me quedará sino esta vieja granja, esa hilera de pinos que ve ahí y ese jardín con plantas de tejo y acebo que rodea la casa. Soy humilde. La raza de los Rivers es antigua, pero de sus últimos tres descendientes, dos han de servir a desconocidos y el tercero se considera extraño en su propio país para vida y para muerte. Para muerte, porque no volverá a su patria, ya que tomará la cruz de la separación cuando el jefe de la Iglesia militante de que él es uno de los más humildes miembros, pronuncie la palabra: «¡Sígueme!»

John pronunció aquellas palabras con la mirada radiante y con la voz profunda y serena con que predicaba.

—Siendo, pues, pobre y humilde, no puedo ofrecer a usted trabajos que no sean humildes y pobres. Usted quizá se considere rebajada, porque me doy cuenta de que tiene los hábitos que el mundo llama refinados, y que ha tratado con gentes educadas. Mas yo opino que no es degradante trabajo alguno que tienda a hacer mejores a los hombres. Cuanto más duro es el suelo que el cristiano ara, mayor es el honor que consigue. Así lo hicieron los Apóstoles, capitaneados por Jesús, el Redentor. . .

—Continúe —dije viendo que se interrumpía.

Me miró con detenimiento, como si mis facciones fueran líneas de una página y quisiera leer en ellas. Las conclusiones que obtuvo fueron parcialmente expuestas en las siguientes palabras:

—Creo que aceptará usted lo que voy a ofrecerle —dijo—, pero no de modo permanente, no quizá por más tiempo que el que yo continúe siendo cura de esta pacífica parroquia de la campiña inglesa. El carácter de usted es tan inquieto como el mío, aunque en otro sentido.

—Explíquese —pedí cuando él se interrumpió una vez más.

—Lo haré, y verá cuán pobre es mi oferta. Ahora que mi padre ha muerto y soy señor de mí mismo, no estaré mucho tiempo en Morton. Probablemente me iré antes de un año. Pero mientras esté aquí, debo preocuparme de mis feligreses. Morton, cuando me encargué de la parroquia hace dos años, carecía de escuela, y los hijos de los pobres no tenían posibilidad alguna de instruirse. Establecí una escuela para muchachos y ahora voy a abrir otra para niñas. He alquilado una casa a ese propósito, con un pabellón contiguo, de dos habitaciones, para vivienda de la maestra. Ganará usted treinta libras al año y la casa estará amueblada, aunque muy modestamente, gracias a la munificencia de Miss Oliver, única hija del solo hombre adinerado que hay en mi parroquia: Oliver, el dueño de la fábrica de agujas y la fundición de hierro que hay en el valle. La misma señorita paga la educación y vestido de una huérfana a condición de que ayude a la maestra en los trabajos domésticos que ella no podría hacer sin detrimento de su cargo de profesora. ¿Le convience este empleo?

Había hablado como si esperase de mi parte una indignada repulsa, ignoraba mis verdaderos sentimientos y pensamientos, aunque adivinase alguno. En verdad, el cargo, aunque humilde, tenía sobre el de institutriz de una casa la ventaja de la independencia, ya que me hería más profundamente que el sentimiento de dependencia respecto a terceros. No era un empleo innoble, ni degradante, ni indigno. Me resolví.

—Le doy gracias por su oferta, Mr. Rivers, y la acepto de todo corazón.

—¿Ha comprendido bien? —insistió—. Es una escuela de aldea; sus discípulas serán niñas pobres, hijas de labradores en el caso mejor. No tiene usted que enseñar sino a leer, escribir, contar, coser y hacer calceta. Nada adecuado a sus conocimientos, a sus inclinaciones... ¿Qué hará con ellos?

—Guardarlos hasta que haya ocasión de aplicarlos.

—¿Sabe usted de lo que se encarga?

—Sí.

Sonrió, pero no con amargura, sino satisfecho.

—Si le parece, iré a la casa mañana y abriré la escuela la semana próxima.

—Muy bien.

Se levantó y comenzó a pasear por la sala. Movió la cabeza.

—Usted no estará mucho en Morton, no.

—¿Por qué? ¿Qué motivos tiene para creerlo?

—Leo en sus ojos que no soportará largo tiempo tal género de vida.

—No tengo ambición.

Se sobresaltó al oírme. Repitió:

—¿Quién habla de ambición? Ya sé que la tengo, pero ¿cómo lo sabe usted?

—Hablaba de mí.

—Bien; no es ambiciosa, pero es. . . —y se interrumpió.

—¿Qué soy?

—Iba a decir apasionada, pero temo que dé usted un sentido equívoco a la palabra. Quiero decir que los afectos y simpatías humanas influyen mucho sobre usted. Estoy cierto de que no será capaz de pasar su vida en una tarea tan monótona, tan falta de estímulo. ¿Quién puede vivir encerrada entre pantanos y montañas, sin emplear las facultades que nos ha dado Dios. . .? Contestará que me contradigo, yo que aconsejo a los fieles conformarse con su suerte, aun a los leñadores, aun a los aguadores, pensando que todo es servicio de Dios. . . En fin: cabe conciliar las inclinaciones con los principios.

Salió del aposento. En aquel breve rato yo había sabido más de su carácter que en todo el mes precedente. No obstante, seguía sintiéndome desconcertada respecto a su modo de ser.

Diana y Mary Rivers se entristecían y poníanse más taciturnas a medida que llegaba el momento de abandonar a su hermano y su casa. Trataban de aparecer como de costumbre, pero no podían disimular el esfuerzo que les costaba. Diana entendía que aquella separación iba a ser diferente a otras anteriores, ya que acaso no volvieran a ver a John en muchos años o quizá nunca.

—Todo lo sacrificará a sus propósitos —me dijo—, incluso los mayores afectos. John parece tranquilo, Jane, pero en su interior es un hombre ardiente. Aunque se muestra amable y dúctil, en ciertas cosas es inflexible como la muerte. Y lo peor de todo es que no me atrevo a disuadirle, ni menos a censurarle, porque sus intenciones son elevadas, nobles y cristianas, aunque me desgarren el corazón.

Mary inclinó la cabeza sobre la costura.

—Ya no tenemos padre —dijo— y pronto no tendremos casi ni hermano.

En aquel momento sobrevino un incidente de aquellos que prueban la verdad del adagio de que las desgracias nunca vienen solas y que demuestran que siempre queda algo más que libar en la copa de la amargura, John entró leyendo una carta.

—Parece que desaprueba usted algo —dije.

—El tío John ha muerto —dijo.

Las hermanas parecieron impresionarse, pero sin quedar afectadas, como si se tratase de algo más inesperado que aflictivo.

—¿Muerto? —repitió Diana.

Dirigió una mirada a su hermano.

—¿Y entonces, John? —preguntó, en voz baja.

—Entonces, ¿qué? —dijo él con el rostro impasible como el mármol—. Entonces, nada. . . Lee.

Le echó la carta en la falda. Diana la leyó en silencio y se la pasó a Mary, quien después de leerla, la devolvió a su hermano. Los tres se miraron y los tres sonrieron, pensativos.

—Amén. No vamos a morirnos por eso —dijo Diana.

—Después de todo, hemos quedado como estábamos antes —observó Mary.

—Unicamente ocurre que resulta fuerte el contraste de lo que podía haber sido con lo que es —comentó John Rivers.

Colocó la carta en el escritorio y salió.

Tras algunos minutos de silencio, Diana se volvió a mí.

—Te asombrarán estos misterios, Jane, y nos considerarás insensibles viendo cómo acogemos la muerte de un tío —dijo—. Pero no le hemos visto nunca. Era hermano de mi madre. Mi padre y él riñeron hace mucho. Por consejo suyo, mi padre había invertido la mitad de sus bienes en una especulación que le arruinó. Hubo recriminaciones mutuas, se separaron disgustados y no volvieron a verse. Mi tío tuvo suerte después en sus negocios y parece que ganó veinte mil libras. No se casó nunca, ni tenía más parientes que nosotros y otro, no más cercano. Mi padre esperaba que el tío nos dejase sus bienes, pero esta carta nos informa de que los ha dejado íntegros a ese otro pariente, excepto treinta guineas que nos lega a los tres para lutos. Desde luego, tenía perfecto derecho a hacer lo que quisiera, pero siempre impresiona un poco recibir noticias de éstas. Mary y yo nos habríamos considerado ricas con mil libras cada una y John hubiera sido feliz con análoga cantidad, porque hubiera podido hacer mucho bien con ella.

Tras esta explicación, pasamos a otro tema y no se insistió más en aquél. Al día siguiente me instalé en Morton, y al otro Diana y María partieron para B. . . Una semana después, John Rivers y Hannah se presentaron en la rectoral y la vieja granja quedó abandonada.

Capítulo 31

Mi casa —al fin había encontrado una casa— era un pabelloncito con las paredes encaladas y el suelo de arena apisonada. Contenía cuatro sillas y una mesa, un reloj, un aparadorcito con dos o tres platos y tazas y un servicio de té. En el piso alto había una alcoba de las mismas dimensiones que la cocina, con un lecho y una pequeña cómoda, sobrada para mi escaso guardarropa, aunque éste hubiera sido incrementado con algunas cosas regaladas por mis generosas amigas.

Era de noche. Había despedido, dándole una naranja, a la huerfanita que me servía de doncella. Me hallaba sentada junto al fuego. La escuela de la aldea se había abierto aquella mañana, con veinte discípulas. Sólo tres de ellas sabían leer y ninguna escribir ni contar. Algunas sabían hacer calceta y unas pocas coser. Hablaban con el rudo acento de la región. Experimentaba algún trabajo en comprenderlas. Algunas eran toscas e intratables como ignorantes, pero otras eran dóciles y amigas de aprender y manifestaban buen temperamento. No olvidaba que aquellas burdas aldeanas eran tan de carne y hueso y de tan buena sangre como las hijas de las gentes más distinguidas, y que los gérmenes de lo buenos sentimientos, el refinamiento y las nobles inclinaciones existían igual en su corazón que en el de los nacidos en privilegiadas cunas. Mi deber era desarrollar aquéllos y seguramente no me sería ingrato cumplir tal oficio. Con todo, no cabía esperar grandes satisfacciones en la vida que se me presentaba.

¿Me sentía contenta, alegre durante las horas que pasé en aquella clase, desnuda y humilde? Si había de ser sincera conmigo misma, debía contestar que no. Me sentía muy sola y además —¡necia de mí!— me consideraba degradada, preguntándome si no había bajado un escalón, en vez de subirlo, en la escala de la vida social, al caer entre la ignorancia, la pobreza y la tosquedad que me rodeaban, pero hube de reconocer, al fin, que mis opiniones eran erróneas y que en realidad había ascendido un peldaño. Acaso, pasado algún tiempo, la satisfacción de ver progresar a mis discípulas, la alegría de verlas mejorar, sustituyesen mi disgusto por una sincera congratulación.

La cuestión era ésta: ¿qué valía más, rendirme a la tentación, escuchar la voz de las pasiones, dejarme caer en una trampa de seda, dormirme sobre las flores que la cubrían, despertarme en un clima meridional, en una villa lujosa, vivir en Francia como amante de Rochester, delirar de amor —porque él me amaba, sí, como nadie más volvería a amarme, ya que el homenaje amoroso se rinde sólo a la belleza y a la gracia, y ningún otro hombre que él podría sentirse orgulloso de mí, que carecía de tales encantos— o. . .? Pero ¿qué decía? ¿Cabía comparar la ignominia de ser esclava favorita de un loco paraíso, en el Sur, y gozar una hora de fiebre amorosa para despertar a la realidad anegada en lágrimas de remordimiento, con ser maestra de aldea, honrada y libre, en un rincón de las montañas de Inglaterra?

Sí: yo había hecho bien siguiendo los principios establecidos por la ley y apartando de mi paso las tentaciones. Dios me había llevado por el mejor camino y le di fervorosamente las gracias.

Al llegar a este punto de mis pensamientos me levanté, me asomé a la ventana y miré los campos silenciosos bajo el crepúsculo. La aldea distaba una media milla. Los pájaros cantaban y

El aire era sereno y el rocío fragante. . .

Me consideré feliz y me asombró notar que estaba llorando. ¿Por qué? Porque no volvería a ver más a mi amado y, más aún, porque acaso la furia y el dolor en que le sumiera mi partida le separaran del camino recto, le quitaran su última esperanza de salvación. Al imaginar esto, aparté la vista del bello cielo y del solitario valle de Morton —solitario porque sólo se veían en él la iglesia y la rectoral, medio ocultas entre árboles, y, muy lejos, los tejados de Pale Hall, donde vivían el rico fabricante Oliver y su hija rubia— y apoyé la cabeza en el alféizar de la ventana.

El ruido del postigo que separaba mi jardincillo de la pradera que ante él se extendía, me hizo alzar la cabeza. Un perro, el viejo *Carlo*, según pude ver, empujaba la cancela con el hocico, y John Rivers la abría en aquel momento. Su entrecejo arrugado, su mirada grave, le daban un aspecto casi hostil. Le invité a pasar.

—No; no puedo detenerme. Sólo venía a darle unas cosas que dejaron mis hermanas para usted: una caja de colores, papel y lápices.

Recogí el agradable don y, al acercarme, él examinó mi rostro, donde debió apreciar huellas de lágrimas.

—¿Ha encontrado su primer día de trabajo más ingrato de lo que creía?

—Al contrario. Creo que, con el tiempo, acabaré llevándome muy bien con mis alumnas.

—Acaso la casa, el mobiliario, le hayan parecido peores de lo que esperaba. Reconozco que son muy modestos, pero. . .

—La casa es limpia y sin humedad y los muebles son suficientes y cómodos —interrumpí—. Todo me ha agradado. No soy una necia sibarita como para echar de menos alfombras, tapicerías, un sofá y cubiertos de plata. Además, hace cinco semanas yo no tenía nada: era una mendiga, una vagabunda, sin hogar y sin trabajo. Estoy maravillada de la bondad de Dios y de la generosidad de mis amigos, y me siento contenta de mi suerte.

—¿No se encuentra demasiado sola? La casa, así, le parecerá oscura y vacía. . .

—Casi no he tenido tiempo de darme cuenta. . .

—Bien. Confío en que experimente de verdad el contento que expresa y le aconsejo que ponga todo su buen sentido en no imitar a la mujer de Lot. No sé lo que ha dejado usted tras de sí, pero debe desechar toda tentación de mirar atrás y perseverar en su ocupación actual, al menos por algunos meses.

—Eso me propongo hacer.

John Rivers continuó:

—Es muy duro contrariar las inclinaciones naturales, pero sé por experiencia que cabe hacerlo. En cierto sentido, Dios nos ha dejado en libertad de escoger nuestro destino. Si alguna vez nuestras energías son impotentes para seguir el camino que deseamos, no debemos desesperar. Busquemos otro desahogo a nuestra alma, otro placer para nuestro corazón, tan intensos —y acaso más puros— que los que nos son vedados y, si no podemos seguir el sendero que la Fortuna nos cierra, emprendamos otro, aunque sea más escabroso.

»Hace un año, yo me sentía muy desventurado, pensando que había cometido un error al hacerme sacerdote. Me creía llamado a una vida activa. Bajo mi sobrepelliz latía un corazón anheloso de algo más enérgico, más dinámico; la carrera de un literato, de un artista, de un autor, de un orador, de un político, de un guerrero, de un amante de la fama, de un codicioso del poder. . . Medité: mi vida tenía que cambiar de ruta, porque si no me sería imposible soportarla. Tras una temporada de luchas conmigo mismo, de tinieblas en torno, se hizo la luz para mí. Ante mi estrecha existencia se abrían panoramas sin límites. Podía ejercitar todas mis facultades, remontarme tan alto como lo permitieran mis alas. Dios tenía algo para mí: algo en que poder desplegar esfuerzo, valor, elocuencia, las cualidades necesarias al soldado, al estadista, al orador. Porque todo ello se necesita para ser un buen misionero.

»Resolví hacerme misionero. Desde entonces mi estado de ánimo cambió. Las cadenas que oprimían mi espíritu desaparecieron, sin dejarme otro recuerdo que el de las llagas producidas, que sólo el tiempo puede cicatrizar. Mi padre contrariaba mi decisión, pero desde su muerte ningún obstáculo se opone a que yo cumpla lo que me propongo. Una vez que deje arreglados algunos asuntos y se designe sucesor mío en la parroquia, una vez que venza algunas debilidades sentimentales que me retienen aún, pero que sé que acabaré venciendo, porque debo vencerlas, embarcaré para Oriente.»

Habló con su voz peculiar, reprimida y enfática, y cuando hubo callado miró al sol que se ponía, y que yo miraba también. Mientras hablábamos habíamos comenzado a caminar por el sendero que, partiendo de mi verja, atravesaba el campo. Ningún paso resonaba en aquel camino tapizado de hierbecillas, y sólo se sentía el rumor del arroyo en el valle. Nos sobresaltó, pues, escuchar el sonido de una voz alegre, dulce, como una campanilla de plata, que decía:

—Buenas tardes, Mr. Rivers. ¡Hola, *Carlo*! Su perro reconoce a los amigos antes que usted. Aún estaba yo en el extremo del prado, y ya él aguzaba las orejas y agitaba la cola. En cambio usted todavía continúa de espaldas a mí.

Era cierto. Rivers se había estremecido al escuchar aquella voz, como si un tremendo trueno hubiese estallado sobre su cabeza, y al terminar de hablar el nuevo interlocutor, permaneció en la misma actitud en que éste le había sorprendido. Se volvió, al fin, con deliberada lentitud. Una aparición, o tal se me antojó, se hallaba a su lado. Vestía completamente de blanco, era juvenil y graciosa. Al inclinarse para acariciar al perro, separó un velo que cubría su cara y mostró una faz de la más perfecta belleza. Las más dulces facciones que el clima templado de Albión haya modelado jamás, la más bella combinación de rosas y lirios que hayan hecho brotar de un rostro femenino la brisa y el brumoso cielo ingleses, justifican mi afirmación. Ningún encanto faltaba, ningún defecto era perceptible. La joven tenía los rasgos delicados y tan brillantes, profundos y oscuros los ojos como los que se ven en algunos cuadros de grandes maestros. Eran largas y sombreadas sus pestañas, finas las cejas, blanca y suave la frente, lozanas y ovaladas las mejillas, frescos, saludables, suavemente cincelados los labios, relucientes los dientes, menuda la barbilla. Al ver aquella bellísima criatura, la admiré con todo mi corazón. La naturaleza, al modelarla, no le había negado ni uno de sus dones.

¿Qué pensaba John Rivers de aquel ángel terrenal? Esto me pregunté al verle volver el rostro y mirarla, y busqué la respuesta en su expresión. Pero él, casi al momento, retiró su mirada de la joven y la posó en las humildes margaritas que crecían junto al sendero.

—Hace una buena tarde, pero es ya una hora muy avanzada para que ande sola por aquí —dijo, al fin, mientras aplastaba las margaritas con el pie.

—He vuelto hoy de S. . . —y mencionó el nombre de una ciudad situada a veinte millas de distancia—; papá me ha dicho que usted ha abierto la escuela y que la maestra está ya en ella, y en cuanto tomé el té me puse el sombrero y salí para verla. ¿Es esta señorita? —añadió, señalándome.

—Sí —dijo John.

—¿Le gusta Morton? —me preguntó ella con una simplicidad de tono y maneras casi infantiles.

—Creo que llegará a gustarme.

—¿Son aplicadas sus alumnas?

—Sí.

—¿Le gusta su casa?

—Mucho.

—¿Y los muebles?

—También.

—¿He acertado escogiendo a Alice Wood para servirla?

—Ha acertado usted. Es afable y trabajadora —dije a la joven, de cuya identidad ya no dudaba. Era la hija del acaudalado Oliver, y tan rica, por tanto, de dones de belleza como de fortuna. ¿Qué feliz combinación de planetas habría presidido su nacimiento?

—Iré alguna vez a ayudarla —me dijo—. Siempre será un cambio para mí visitarla de vez en cuando, y me gusta mucho cambiar. Me he divertido mucho en S. . ., Mr. Rivers. La última noche estuve bailando hasta las dos de la madrugada. Hay allí un regimiento de guarnición y sus oficiales son amabilísimos. Dejan tamañitos a todos nuestros jóvenes fabricantes de cuchillos y comerciantes de ferretería.

Los labios de John Rivers se contrajeron al escucharla. Separando la mirada de las margaritas, la volvió hacia la joven de un modo escrutador y severo. Ella correspondió con una sonrisa, que armonizaba muy bien con su juventud, con las rosas de sus mejillas y con la luz de sus ojos.

Mientras él permanecía mudo y grave, ella volvió a acariciar al perro diciendo:

—¡Cuánto me quiere el pobre *Carlo*! No es un ser frío y ajeno a sus amigos y, si supiese hablar, no permanecería mudo cuando le hablan.

Mientras se inclinaba para acariciar la cabeza del animal, vi encenderse una llama en el rostro austero de Rivers. Sus ojos graves se llenaron de una emocionada luz. Así, sonrojado, brillante la mirada, parecía tan hermoso hombre como ella mujer. Su pecho se dilató, como si su gran corazón tratase de expandirse en él. Pero dominó sus impresiones, tal un jinete experto domina un potro fogoso, y no respondió con una palabra ni con un ademán.

—Papá —continuaba la joven— dice que ya no va usted a vernos nunca. Él se encuentra esta noche solo y algo indispuesto. ¿Por qué no viene conmigo, para visitarle?

—No es hora de visitar a nadie —dijo Rivers.

—Cuando yo se lo digo, es que sí. Precisamente es la hora conveniente para papá, porque ya están cerrados los talleres y no tiene que ocuparse en negocios. Venga, Mr. Rivers. ¿Cómo está usted tan sombrío? —y como sólo la contestase el silencio, exclamó de pronto—: Perdone; no recordaba que no tiene usted motivos para sentirse alegre. Diana y Mary acaban de abandonarlo, Moor House está cerrada y usted se encuentra solo. ¡Ande, venga a ver a papá!

—Esta noche, no, Miss Rosamond.

Rivers hablaba como un autómata. Sólo él podía saber el esfuerzo que aquella negativa le exigiera.

—¡Qué obstinado es usted!... Ya no puedo detenerme más: comienza a caer el rocío. Buenas noches.

—Buenas noches —dijo Rivers en voz baja y casi como un eco. Ella echó a andar, pero se volvió en seguida.

—¿Se encuentra bien? —preguntó. Y no le faltaba razón para interrogarlo, porque la faz del joven estaba tan blanca como el vestido de la muchacha.

—Muy bien —repuso él. E, inclinándose, se apartó de la verja. Cada uno se alejó por un camino distinto. Ella, vaporosa entre los campos como una aparición maravillosa, se volvió dos veces para mirarle. Él, ninguna.

El espectáculo del dolor y el sacrificio de otro, ahuyentó el pensamiento de los míos personales. Diana Rivers había calificado a su hermano de «inflexible como la muerte». Y no exageraba.

Capítulo 32

Proseguí mis tareas en la escuela de la aldea tan activa y entusiasta como pude. El trabajo fue duro al principio. Pasó tiempo, pese a mis esfuerzos, antes de que pudiera comprender a mis alumnas y su modo de ser. Me parecía imposible desembotar sus facultades y, además, al primer golpe de vista, todas se me figuraron iguales en su rusticidad y en sus aptitudes. Pronto comprendí que estaba equivocada y que entre ellas había tanta diferencia de una a otra como la que hay entre seres educados. Una vez que comenzamos a comprendernos mutuamente, descubrí en muchas de ellas cierta amabilidad natural, cierto innato sentido del respeto propio y una capacidad innata que granjearon mi admiración y mi buena voluntad. Las muchachas se interesaron en seguida en cumplir bien sus tareas, en adquirir hábitos de limpieza, puntualidad y urbanidad. La rapidez de los progresos de algunas era sorprendente. Y ello me imbuía un modesto orgullo. Acabé estimando a algunas de las mejores de mis discípulas, y ellas me correspondían. Tenía entre las alumnas varias hijas de granjeros, ya casi mujeres. Como sabían leer, escribir y coser algo, pude enseñarles rudimentos de gramática, geografía, historia y labores. A veces pasaba agradables horas en las casas de algunas de las que se mostraban más ávidas de instruirse y progresar. En tales casos, los granjeros, sus padres, me colmaban de atenciones. Experimentaba una alegría aceptándolas y retribuyéndolas con consideración y respeto escrupuloso hacia sus sentimientos, a lo que quizá no estuvieran acostumbrados. Ello les encantaba y beneficiaba, porque, sintiéndose elevados ante sus propios ojos, procuraban merecer el trato diferente que yo gustosamente les daba.

Me convertí en favorita de la aldea. Cuando salía, acogíanme por doquiera cordiales saludos y amistosas sonrisas. Vivir entre el respeto general, aunque sea entre humildes trabajadores, es como estar «sentados bajo un sol dulce y benigno». En aquel período de mi vida mi corazón solía estar más animado que abatido. Y con todo, lector, en medio de mi existencia tranquila y laboriosa, tras un día pasado en la escuela y una velada transcurrida leyendo en apacible soledad, cuando me dormía soñaba extraños sueños, coloridos, agitados, llenos de ideal, de aventura y de novelescas probabilidades. Muchas veces imaginaba hallarme con Rochester, me sentía en sus brazos, oía su voz, veía su mirada, tocaba su rostro y sus manos, y entonces la esperanza y el deseo de pasar la vida a su lado se renovaban en todo su prístino vigor. Al despertar recordaba dónde estaba y cómo vivía, me estremecía de dolor y la noche oscura asistía a mis convulsiones de desesperación y al crepitar de la llama de mis pasiones. A las nueve de la mañana siguiente, abría con puntualidad la escuela y me preparaba para los cotidianos deberes.

Rosamond Oliver cumplió su palabra de visitarme. Solía ir a la escuela durante su paseo matinal a caballo, seguida por un servidor montado. Imposible imaginar nada más exquisito que el aspecto que tenía con su vestido rojo y su sombrero de amazona graciosamente colocado sobre sus largos rizos que besaban sus mejillas y flotaban sobre sus hombros. Solía llegar a la hora en que Mr. Rivers daba la diaria lección de doctrina cristiana. Yo comprendía que los ojos de la visitante desgarraban el corazón del joven pastor. Dijérase que un instinto secreto anunciase a Rivers la llegada de la muchacha, porque, aunque fingía no verla, antes de que cruzase el umbral, la sangre se agolpaba en sus mejillas, sus marmóreas facciones se transformaban y su serenidad aparente demostraba una impresión mayor que cuanto hubieran exteriorizado los más vivos ademanes o miradas.

Ella sabía el efecto que le causaba. Pese a su cristiano estoicismo, Rivers, cuando Rosamond le miraba y le sonreía, no podía contener el temblar de sus manos y el fulgor de sus ojos. Parecía decirla, con su mirada, triste y resuelta a la vez: «La amo y sé que usted me aprecia. No dejo de dirigirme a usted por temor al fracaso. Creo que si le ofreciera mi corazón, usted lo aceptaría. Pero mi corazón está destinado a arder en un ara sagrada y en breve el sacrificio se habrá consumado.»

En tales ocasiones ella se ponía pensativa como una niña disgustada. Una nube velaba su radiante vivacidad; separaba con premura la mano de la de él y volvía la mirada. Estoy segura de que Rivers hubiera dado un mundo por retenerla cuando se apartaba de él así, pero no, en cambio, una probabilidad de alcanzar el cielo. No hubiera cambiado por el amor de aquella mujer su esperanza de alcanzar el verdadero paraíso. Ni le era posible concentrar en los límites de un solo amor sus ansias de ambicioso, de poeta, de sacerdote. No quería, ni debía, sacrificar su tarea de misionero a una vida reposada en los salones de Pale Hall. Aprendí mucho en el ejemplo de aquel hombre, una vez que, a pesar de su reserva, logré penetrar algo en su confianza.

Miss Oliver honraba mi casita con visitas frecuentes. Yo conocía bien su carácter, en el que no había ciertamente disfraz ni misterio. Era coqueta, pero no le faltaba corazón, y absorbente, pero no egoísta. Era caprichosa, pero tenía buen carácter; frívola, mas no afectada; generosa, nada orgullosa de su situación económica, ingenua, bastante inteligente, despreocupada y alegre. Era encantadora, en resumen, aun para un observador imparcial y de su propio sexo, como yo, pero no profundamente interesado. Un tipo muy diferente, en fin, de las hermanas de Rivers. Yo experimentaba por ella un afecto muy semejante al que sintiera por Adèle con la natural diferencia de ser ésta una niña y aquélla una adulta.

Ella sentía por mí un amable capricho. Decía que yo era como Rivers (aunque estoy segura de que en el fondo pensaba que no tan bella y que, aunque limpia de alma, no podía compararme con él, a quien debía considerar como un ángel). Agregaba que yo, como maestra de escuela de aldea, era un *lussus naturae* y que estaba segura de que mi vida anterior debía de constituir una sugestiva novela.

Una noche en que, con su curiosidad infantil, aunque no molesta, se dedicaba a revolver el aparador de mi cocina, encontró una gramática y un diccionario alemanes, dos libros franceses y una obra de Schiller, así como mis útiles de dibujo, un apunte de la cabecita de una de mis alumnas y algunos paisajes del valle de Morton y de los pantanos. Quedó atónita de sorpresa y placer.

¿Había hecho yo aquellos dibujos? ¿Sabía francés y alemán? ¡Qué encanto! ¡Yo podía ser maestra de la mejor escuela de S. . .! ¿Querría hacer un retrato de ella, para enseñarlo a papá?

Respondí que con mucho gusto, experimentando, en efecto, el placer que todo artista sentiría en copiar un modelo tan perfecto y radiante. Vestía la joven un traje de seda azul oscuro, llevaba desnudos los brazos y el cuello, y no ostentaba otro adorno que el natural de sus tirabuzones castaños cayendo sobre los hombros. Tomé cuidadosamente un apunte, que me prometí colorear, y le dije que, como era tarde, debía volver a posar otro día.

De tal modo debió de hablar de mí a su padre, que éste la acompañó al día siguiente. Era un hombre alto, de cara cuadrada, maduro, de cabello gris. Su hija parecía, a su lado, una flor junto a una vieja torre.

Aunque tenía aspecto orgulloso y taciturno, estuvo muy amable conmigo. El bosquejo del retrato de Rosamond le gustó mucho y dijo que era preciso que lo completara. Me rogó también insistentemente que fuese a pasar la velada del día siguiente en Pale Hall.

Acudí. La casa, amplia y hermosa, denotaba la riqueza de su propietario. Rosamond estuvo muy alegre y su padre muy afable. Después del té me dijo que se hallaba muy satisfecho de mi labor en la escuela y que sólo temía que yo la abandonase pronto, ya que mis aptitudes no eran apropiadas a aquel modesto empleo.

—¡Claro! —exclamó Rosamond—. Podría ser muy bien institutriz de una familia distinguida.

Yo pensaba que estaba más a gusto así que con la familia más distinguida del planeta. Mr. Oliver habló con gran respeto de los Rivers. Dijo que era la casa más antigua de la comarca, que antiguamente les había pertenecido todo Morton y que, aun ahora, el representante de aquella noble familia podría hacer un matrimonio excelente. Se lamentó de que un hombre de tanto talento como el joven hubiese decidido hacerse misionero. Entendí que el padre de Rosamond no hubiera dificultado su unión con John considerando sin duda que el nombre ilustre, la familia distinguida y la respetable profesión de Rivers compensaban su falta de fortuna.

El 5 de noviembre era fiesta. Mi criadita, después de ayudarme a limpiar la casa, se había ido, encantada con el penique con que la obsequié. Todo estaba limpio y brillante: la vajilla, el suelo, las sillas bien barnizadas. Tenía ante mí la tarde para emplearla como quisiera.

Pasé una hora traduciendo alemán. Luego cogí mis pinceles y mi paleta y comencé a dar los últimos toques al retrato de Rosamond Oliver. Apenas faltaba nada: algún toque de carmín que añadir a los labios, algún rizo que añadir a los tirabuzones, un ligero sombreado bajo los ojos. . . Estaba abstraída en estos detalles cuando oí un golpe en la puerta entornada y entró seguidamente John Rivers.

—Vengo a ver cómo pasa usted la fiesta —dijo—. Espero que no en pensar cosas tristes. ¡Ah, está pintando! Muy bien. Le traía un libro para entretenerse.

Y puso sobre la mesa un poema recientemente publicado, una de aquellas excelentes producciones que se ofrecían al público en aquella época, la edad de oro de la literatura inglesa moderna. ¡Nuestra época no es, en ese sentido, tan afortunada! No nos desalentemos, sin embargo. Sé que la poesía no ha muerto ni el genio se ha perdido, que Mammon no los ha esclavizado. Así, pues, un día u otro demostrarán su existencia, presencia y libertad. Como potentes ángeles, se han refugiado en el cielo, y sonríen ante el triunfo de las almas sórdidas y de las lágrimas de las débiles. No; no está la poesía destruida ni desvanecido el genio. No cantes victoria, ¡oh, mediocridad! No sólo aquellos divinos influjos existen, sino que reinan y sin ellos tú misma estarías en el infierno. . . en el de tu insignificancia.

Mientras examinaba el libro, John Rivers contemplaba el retrato. Luego se irguió, en silencio. Le miré: leía en sus ojos y en su corazón como en un libro abierto y me sentía más tranquila y más fría que él. Viéndome de momento más fuerte que Rivers, resolví hacerle el bien que me fuera posible, segura de que nada le sería más grato que hablar un poco de aquella dulce Rosamond con la que no pensaba casarse, a pesar de su amor. . .

—Siéntese —le dije.

Contestó, como siempre, que no le era posible detenerse. Resolví que, sentado o de pie, me oiría, ya que la soledad no era más conveniente para él que para mí. Pensaba que, de no poder llegar hasta la fuente de su confianza, al menos descubriría en su pecho de mármol una grieta a través de la cual poder deslizar el bálsamo de mi simpatía.

—¿Le gusta este retrato? —pregunté de pronto.

—¿Gustarme el qué? No me he fijado bien.

—Sí se ha fijado.

Me contempló atónito, sorprendido de mi brusquedad. Pero yo continué, impertérrita:

—Lo ha mirado detenidamente, pero no sé por qué no ha de verlo mejor —y diciendo así, se lo entregué.

—Es un excelente retrato, muy suave de color y muy dibujado.

—Ya, ya. . . Pero, ¿de quién es?

Dominando un titubeo, respondió:

—Presumo que de Miss Oliver.

—Sí. Ahora bien, si desea y lo acepta, le ofrezco una copia fiel del retrato.

Siguió examinándolo y murmuró:

—¡Es admirable! Los ojos, su expresión, su color, son perfectos. . . Se la ve sonreír. . .

—¿Le agradaría o le disgustaría tener una copia? Cuando se encuentre usted en Madagascar, en la India, o en El Cairo, ¿sería para usted un consuelo este retrato o más bien un motivo de recuerdos tristes?

Me miró indeciso y volvió a examinar la pintura.

—Me agradaría tenerlo —respondió—. Que sea prudente o no, es otra cosa.

Desde que comprobara que Rosamond quería a Rivers y su padre no se oponía a un matrimonio, había deseado abogar porque se realizara. Parecía que, si entraba John Rivers en posesión de la gran fortuna de Mr. Oliver, podría hacer más beneficios a sus semejantes que los que efectuara ejerciendo de misionero bajo el sol de los trópicos. Por ello, le dije:

—A mi entender, lo más razonable sería tener, mejor que el retrato, el modelo.

Él se había sentado, colocando el retrato sobre la mesa y la contemplaba en éxtasis, con la cabeza entre las manos. Noté que no le ofendía mi audacia. Hasta observé que aquel modo brusco de tratar el asunto le placía y le aliviaba. Las personas reservadas necesitan a veces que se hable de sus sentimientos y angustias más que las expansivas. El más estoico es, al fin, un ser humano.

—Estoy segura de que usted la quiere —dije—. Y el padre de ella le estima mucho a usted. Además, es una muchacha encantadora y si no posee una gran mentalidad, usted tiene bastante para los dos. Debe casarse con ella.

—¿Acaso me quiere ella a mí? —repuso.

—Más que a nadie. Nada le complace tanto como hablar de usted y lo hace continuamente.

—Eso es muy agradable de oír. . . Estaré otro cuarto de hora —añadió, poniendo el reloj sobre la mesa para calcular el tiempo.

—¿Para qué? ¿Para preparar entre tanto una violenta contradicción y forjar una cadena más que aprisione los impulsos de su corazón?

—Vaya, no imagine esas cosas terribles. . . Imagine más bien, y acertará, que la posibilidad de un amor humano fluye en mi mente como una riada que inunda el campo que con tanto cuidado y trabajo preparé, que hace llover sobre él un suave veneno. Me veo a mí mismo sentado en una butaca en el salón de Pale Hall, con Rosamond a mis pies, hablándome con su dulce voz, sonriéndome con esos labios de coral que la diestra mano de usted ha copiado tan bien. Es mía, soy suyo, esta vida y este mundo me bastan. ¡Chist! No diga nada: mi corazón está lleno de satisfacción y enervados mis sentidos. Deje pasar en paz el tiempo marcado.

Sonaba el tictac del reloj. Rivers respiraba fuertemente; yo callaba. Pasado el cuarto de hora, se incorporó, guardó el reloj y dejó de mirar la pintura.

—Estos minutos —dijo— han sido consagrados al delirio y a la ilusión. He ofrecido mi cerviz voluntariamente al florido yugo de las tentaciones, me he dejado cubrir las sienes con sus guirnaldas y he apurado su copa. Ahora veo ya y siento que su vino es hiel, sus promesas falsas y sus guirnaldas espinas.

Volvió a mirarme y continuó:

—Aunque haya amado a Rosamond Oliver tan intensamente como la amo, y reconociendo lo bella, exquisita y graciosa que es, jamás he dejado de comprender que no será una esposa apropiada para mí, que no sería la compañera que necesito. Me consta que a un año de éxtasis, sucedería toda una vida de lamentar esa unión.

—¡Qué extraño! —no pude por menos de exclamar.

—Hay algo en mí —dijo Rivers— inmensamente sensible a sus encantos y otra parte que nota fuertemente sus defectos. Sé que ella no compartiría ninguna de mis aspiraciones ni colaboraría en ninguna de mis iniciativas. ¿Cree posible que Rosamond se convirtiera en una mujer abnegada, laboriosa, paciente, en la esposa de un misionero? ¡No!

—Pero no está usted obligado a ser misionero. Renuncie a ello.

—¿Renunciar a mi vocación? ¿Destruir los cimientos terrenos de mi morada celestial? ¿Sustituir la sabiduría por la ignorancia, la paz por la guerra, la libertad por la esclavitud, la religión por la superstición, la esperanza del cielo por el amor del infierno? ¿Renunciar a cuanto me es más querido que la sangre de mis venas? No; debo vivir para ello y mirar hacia delante.

—Y el disgusto que experimente Miss Oliver, ¿le es indiferente? —pregunté, tras larga pausa.

—Rosamond está siempre rodeada de hombres que la cortejan y antes de un mes se habrá olvidado de mí y se casará, probablemente, con alguien que la hará más feliz de lo que yo la haría.

—Usted habla con calma, pero sufre.

—No. Lo único que me disgusta es el alargamiento de mi marcha. Esta mañana me he informado de que el párroco que me sustituye no llegará hasta dentro de tres meses, acaso de seis.

—Usted se estremece y se sonroja cuando ella entra

en la escuela.

Otra vez una expresión de asombro se pintó en su faz. No imaginaba que una mujer osase hablar así a un hombre. En cuanto a mí, navegaba en mis propias aguas. Nunca me sentía a gusto en el trato de cualquiera, hombre o mujer, hasta que penetraba en el umbral de su confianza, traspasando los límites de la reserva convencional.

—Es usted original y nada tímida —dijo—. Su espíritu es atrevido y sus ojos perspicaces, pero le aseguro que en parte interpreta mal mis emociones. Me considera más profundo y más inteligente de lo que soy. Me concede más simpatía de la que merezco. Si se me enciende la cara cuando veo a Rosamond no es, como supone usted, por un impulso del alma, sino por una vergonzosa debilidad de la carne. Pero espiritualmente me conozco: soy un hombre frío y duro como una roca.

Sonreí, incrédula.

—Ha tomado usted por asalto mi intimidad —siguió— y no le ocultaré mi carácter. Prescindiendo de las vestiduras externas y convencionales con que cubrimos las deformidades humanas, en el fondo no soy más que un hombre duro, frío y ambicioso. No me guía el sentimiento, sino la razón; mi ambición es ilimitada; deseo elevarme más que nadie. Si alabo la perseverancia, la laboriosidad y el talento, es porque son los medios de que pueden servirse los hombres para alcanzar vastos fines. Y si yo me ocupo de usted, es porque la considero un modelo de mujer diligente, enérgica y disciplinada, no porque me compadezca de lo que usted ha sufrido o le falte por sufrir.

—Se pinta usted como un filósofo pagano —dije.

—Hay una diferencia entre mí y esos filósofos, y es que creo en el Evangelio. No soy un filósofo pagano, sino cristiano, un discípulo de Jesús, que acepta sus benignas y piadosas doctrinas. Las profeso y he jurado propagarlas. La religión me ha ganado a su causa y ha convertido los gérmenes de afecto instintivo que hubiera en mí, en el árbol amplio de la filantropía cristiana. La ambición de obtener poder y fama personal la he transformado en ambición de extender el reinado del Maestro y conseguir victorias para el estandarte de la cruz. Así, pues, la religión ha modificado en buen sentido mis inclinaciones, pero no ha podido transformar mi naturaleza, ni la cambiará «hasta que este mortal, inmortal sea...».

Y tras esta cita, tomó el sombrero de la mesa y, al hacerlo, miró otra vez el retrato.

—¡Es encantadora! —murmuró—. Bien lo dice su nombre: es la rosa del mundo.

—¿Quiere una copia del retrato?

—*Cui bono?* No.

Colocó sobre el dibujo la hoja de papel transparente en que yo solía apoyar la mano mientras pintaba, para no ensuciar la cartulina. Lo que pudiese ver en aquel papel fue entonces un misterio para mí, pero en algo debió de reparar su mirada. Lo cogió rápidamente, examinó sus bordes y me miró de un modo extraño e incomprensible, como si tratara de examinar hasta el detalle más mínimo de mi aspecto, mi rostro y mi vestido. Sus labios se entreabrieron, como si fuese a hablar, pero nada dijo.

—¿Qué pasa? —pregunté.

—Nada —contestó. Y antes de volver a dejar el papel en su sitio cortó rápidamente una estrecha tira de su borde y la guardó en el guante. Luego inclinó la cabeza y desapareció murmurando:

—Buenas tardes.

—¡Si lo entiendo, que me maten! —exclamé usando una locución local muy corriente.

Examiné el papel, pero nada vi de raro, salvo unas ligeras manchas de pintura. Medité en aquel misterio un par de minutos y, estimándolo insoluble y seguramente secundario, dejé de pensar en él.

Capítulo 33

Cuando se fue Rivers comenzaba a nevar, y siguió nevando toda la noche. Al oscurecer del día siguiente el valle estaba casi intransitable. Cerré, apliqué una esterilla a la puerta para que la nieve, al derretirse, no entrase por debajo, encendí una vela y comencé a leer el libro de Marmion que me trajera Rivers:

> Laderas del castillo de Norham,
> ancho y profundo río Tweed,
> solitarias montañas de Cheviot. . .
> Macizos murallones, que flanquean
> las torres que protegen el dintel
> reluciendo, amarillas, bajo el sol. . .

La bella melodía de los versos me hizo olvidar en breve la áspera tormenta.

Oí repentinamente un ruido en la puerta. Creí que fuera el batir del viento pero era John Rivers, que surgiendo bajo el helado huracán de entre las profundas tinieblas, aparecía ante mí, cubierta su alta figura de un abrigo todo blanco de nieve, como un glaciar. Me alarmé, ya que no esperaba visita alguna en semejante noche.

—¿Pasa algo? —pregunté.

—No. ¡Con qué facilidad se asusta! —dijo, mientras se quitaba el gabán y lo colgaba de la puerta, tras la que volvió a poner la esterilla, en la que se limpió las botas llenas de nieve.

—Dispense que ensucie la limpieza de su pavimento —exclamó, agregando, mientras se acercaba al fuego—: Le aseguro que me ha costado trabajo llegar. He caído en un hoyo y la nieve me alcanzaba hasta la cintura. Por fortuna no se había helado aún.

—¿Por qué ha venido? —no pude menos de interrogarle.

—¡Qué pregunta tan poco acogedora! No obstante, le diré que he venido para hablar con usted un poco, ya que me siento fatigado de mis libros silenciosos y mis habitaciones vacías. Además, experimento desde ayer el interés de la persona a quien cuentan una historia y la dejan a la mitad.

Se sentó. Recordando su singular conducta del día anterior, empecé a temer que Rivers no estuviera bien de la cabeza. Pero si estaba loco, lo estaba con una locura harto fría y serena. Nunca me parecieron de una calma tan marmórea sus facciones como hoy, mientras se separaba de la frente el cabello húmedo de nieve. Con todo, la preocupación se pintaba claramente en su rostro iluminado por la llama del hogar. Esperé que hablara. Había apoyado la barbilla en la mano, mantenía un dedo sobre los labios y parecía pensativo. Aquella mano me pareció tan pálida y demacrada como ahora lo estaba su rostro. Sentí pena de él y dije:

—Me gustaría que Diana o Mary viniesen a vivir con usted. Está muy solo y temo por su salud.

—Ya me cuido yo; estoy muy bien —repuso—. ¿Qué ve usted de mal en mí?

Habló distraídamente, con indiferencia, como si no necesitara para nada mi solicitud. Guardé silencio.

Separó al fin su dedo de los labios, pero sus ojos contemplaban aún, fijos y estáticos, el fuego. Por decir algo, le pregunté si no le molestaba el frío que se deslizaba por las rendijas de la puerta.

—No, no —respondió, casi ásperamente.

«Bien —pensé—. Puesto que no quieres hablar, allá tú. Yo vuelvo a mi libro.»

Despabilé la bujía y me sumí en la lectura de Marmion. Él, al cabo, sacó una cartera de piel y de ella una carta, que examinó en silencio, volviendo luego a hundirse en sus reflexiones. Leer en aquellas condiciones me resultaba insoportable. Resolví hablarle, a riesgo de que me contestase con la misma brusquedad.

—¿Le han vuelto a escribir sus hermanas?

—Desde la carta que le enseñé la semana pasada, no.

—¿Han experimentado algún cambio sus asuntos? ¿Podrá partir antes de lo que contaba?

—Me temo que no. Sería demasiada suerte.

No viendo posibilidad de charla por aquel lado, opté por hablar de la escuela.

—La madre de Mary Garret está mejor y Mary ha venido hoy a la escuela. La semana próxima asistirán cuatro niñas más de la Inclusa.

—Ya.

—Mr. Oliver paga los gastos de dos.

—¿Sí?

—Se propone hacer un regalo a la escuela por Navidad.

—Lo sé.

—¿Se lo aconsejó usted?

—No.

—¿Entonces, quién?

—Supongo que su hija.

—Probablemente: es muy buena.

—Sí.

Se produjo otra pausa. Él, al fin, se volvió hacia mí.

—Deje su libro un momento y acérquese más al fuego —dijo. Le obedecí, asombrada.

—Hace media hora —explicó— que pienso en la continuación de la historia de ayer y he llegado a concluir que es mejor que yo la cuente y usted la escuche. Antes de empezar, debo advertirla que la historia le va a sonar a cosa conocida, pero con todo, siempre adquieren alguna novedad los detalles cuando son pronunciados por otra boca. Por lo demás, el relato es breve.

»Hace veinte años, un pobre sacerdote —su nombre no hace al caso por el momento— se enamoró de la hija de un hombre adinerado. Ella le correspondió y se casó con él, contra la voluntad de su familia, que rompió sus relaciones con los recién casados. Antes de dos años, los dos habían muerto y reposan en paz bajo la misma lápida. Yo he visto su tumba, en el inmenso cementerio adosado a la sombría y antigua catedral de una ciudad industrial, en el condado de. . . Dejaron una hija, a quien, a poco de nacer, la caridad acogió en su regazo frío, como el hoyo lleno de nieve en el que he caído esta noche. La persona que la recogió era una tía suya: Mrs. Reed, de Gateshead. A propósito: ¿no oye usted un ruido? Debe ser un ratón, seguramente en el edificio de la escuela. Antes de alquilarlo para escuela era un granero, y en los graneros suelen abundar los ratones . . . Pero continuemos: Mrs. Reed tuvo a la huérfana en su casa diez años, y si la niña fue feliz o no es cosa que, no habiéndome sido dicha, no puedo concretar. Al fin, dicha señora la envió a un colegio, que no era otro que Lowood, donde usted ha vivido. Su carrera fue lucida, ya que pasó de alumna a profesora. . ., y por cierto que noto semejanza entre su historia y la de usted. . . Como usted, se empleó después de institutriz, encargándose de la educación de una niña, protegida de un tal Mr. Rochester. . .

—¡Mr. Rivers! —interrumpí.

—Adivino sus sentimientos —repuso—, pero le ruego que me oiga hasta el fin. Nada sé del carácter de ese Mr. Rochester; sólo me consta que propuso a la joven unirse con él en matrimonio legal, aunque vivía su mujer, que estaba demente. Cuáles fueran sus ulteriores propósitos, es asunto que se presta a discusión. Lo único evidente es que, habiéndose precisado tener noticias de la muchacha, resultó que ésta había desaparecido sin saberse cómo. Abandonó Thornfield Hall una noche y todas las pesquisas hechas en la comarca para encontrarla han resultado inútiles. Sin embargo, urge que aparezca, y al efecto se han publicado anuncios en todos los periódicos. Yo mismo he recibido una carta de un procurador llamado Briggs comunicándome los detalles que acabo de participarle. ¿No le parece una historia interesante?

—Puesto que conoce tales detalles —contesté—, podrá decirme uno más. ¿Qué es de Mr. Rochester? ¿Qué hace? ¿Está bien?

—Ignoro cuanto se refiere a ese caballero, ya que la carta no le menciona más que para citar el ilegal propósito que le he referido. Más vale que pregunte usted el nombre de la institutriz y el motivo que requiere su aparición.

—Pero ¿no han ido a Thornfield Hall? ¿No han visto a Mr. Rochester?

—Creo que no.

—¿Y entonces. . .?

—Mr. Briggs dice que la contestación a su carta dirigida a Thornfield no la envió Mr. Rochester, sino una señora llamada Alice Fairfax.

Me sentí desmayar. Mis peores temores se habían confirmado. Seguramente él había abandonado Inglaterra y erraba a la sazón por el continente. ¿Y qué bálsamo buscaría para sus sufrimientos, qué objeto encontraría en que desahogar sus pasiones? No me atreví a darme la respuesta. ¡Pobre amado mío, aquél a quien casi llegara a estar unida, aquél a quien llamara una vez «mi querido Edward»!

—Ese Rochester debe de ser un mal hombre —comentó Rivers.

—No le conoce usted. No puede juzgarle —contesté con calor.

—Bien —repuso serenamente—. Tengo otras cosas en qué pensar antes que en él. . . Debo concluir mi historia. Y, puesto que no me pregunta el nombre de la institutriz, yo lo diré, y no de palabra, porque siempre son mejores las cosas por escrito.

Volvió a sacar la cartera y de una de sus divisiones extrajo una delgada tira de papel, en la que reconocí, por sus manchas de azul ultramar, ocre y bermellón, el borde de la hoja que Rivers cortara en mi casa el día antes. Y en él, escrito en tinta china, de mi puño y letra, se leía *Jane Eyre,* mi propio nombre, que yo había escrito allí en un momento de distracción, sin duda.

—Briggs me habla de una Jane Eyre —siguió Rivers—, anuncios hablan de una Jane Eyre y yo conozco a una Jane Elliott. Confieso que tenía algunas sospechas, pero sólo ayer tuve la certidumbre. ¿Qué? ¿Renuncia usted a ese nombre supuesto?

—Sí, sí, pero ¿dónde está Briggs? Él sabrá de Rochester más cosas que usted.

—Briggs está en Londres y dudo que sepa nada de Rochester, porque no es en él quien está interesado. Y veo que olvida usted los motivos que Briggs tiene en hallarla. . .

—¿Qué quiere de mí?

—Sólo advertirla que su tío Eyre, que vivía en Madera, ha muerto, que ha legado a usted todos sus bienes y. . . ya nada más.

—¿Sus bienes? ¿A mí? ¿Conque soy rica?

—Sí.

—Siguió un silencio.

—Ahora es preciso que pruebe usted su identidad —concluyó John Rivers—. Los bienes están invertidos en títulos públicos de Inglaterra. Briggs tiene el testamento y la documentación necesaria.

He aquí que mi suerte experimentaba un nuevo cambio. Es una agradable cosa, lector, pasar en un momento de la indigencia a la opulencia, pero, sin embargo, al recibir la noticia, no hay por qué saltar, gritar y enloquecer de alegría. La riqueza es un hecho concreto, práctico, desprovisto de aspectos ideales y, por tanto, la alegría que se experimenta alcanzándola debe ser del mismo género. Además, las expresiones *herencia* y *testamento* están íntimamente ligadas a las de *funeral* y *muerte*. Mi tío había muerto y yo que, desde que conocí su existencia, había acariciado la esperanza de verle algún día, debía renunciar a ello. Luego aquel dinero era sólo para mí, no para una familia venturosa y alegre. En fin: de todos modos era una gran suerte, yo podía alcanzar mi independencia, y este pensamiento me ensanchó el corazón.

—Parece que se ha convertido usted en piedra —dijo Rivers—. Vamos, ¿no pregunta cuánto hereda?

—Bien: ¿cuánto heredo?

—¿Una bagatela! No merece la pena hablar de ello. . . Veinte mil libras.

—¿Veinte mil libras?

Quedé atónita. Había contado con cuatro o cinco mil. Se me cortó la respiración. Rivers, a quien nunca viera reír, no pudo reprimir la risa esta vez.

—Si hubiese cometido usted un crimen y la dijese que había sido descubierta, no quedaría más petrificada. . .

—¡Es mucho! ¿No será un error? ¿No serán dos mil y por equivocación en las cifras. . .?

—Nada de cifras. Está escrito en letras. Son veinte mil.

Sentí la impresión que podría experimentar un gastrónomo solo ante una mesa servida para un centenar. Rivers se levantó y se puso el gabán.

—Si no hiciera tan mala noche —dijo— le enviaría a Hannah a acompañarla, porque parece usted sentirse hoy desgraciadísima. . . Pero la pobre Hannah no puede saltar los hoyos llenos de nieve tan bien como yo. Así que tengo que abandonarla a su pena. Buenas noches.

Un súbito pensamiento acudió a mi mente.

—Espere un momento —rogué.

—¿Qué?

—Me asombra que Briggs escribiese a usted sobre esto. ¿Cómo le conoce ni cómo podía figurarse que usted, en un lugar tan apartado, podría cooperar a encontrarme?

—Soy sacerdote —dijo—, y con frecuencia se apela a los sacerdotes en los más raros asuntos.

Y empuñó el picaporte.

—No me convence —repuse. Había, en efecto, en su ambigua contestación algo que excitaba mi curiosidad en grado sumo. Añadí—: Es algo tan extraño, que deseo que me lo aclare.

—Otro día.

—No. ¡Hoy, hoy!

Y me interpuse entre él y la puerta. Pareció turbarse.

—No se irá hasta que me lo diga —aseguré.

—Preferiría que la informaran Mary o Diana.

Tales objeciones no hacían más que estimular mi curiosidad. Era preciso satisfacerla, y se lo dije:

—Ya le he manifestado que soy un hombre duro, impersuadible —objetó.

—Y yo una mujer durísima.

—Y frío. . . —siguió diciendo.

—El fuego deshace el hielo —alegué—, y yo soy ardiente. La prueba está en que la nieve que cubría su abrigo se ha fundido al calor, convirtiendo mi cocina en un lago. Y, si quiere usted que le perdone el horrible crimen de inundar mi cocina, es preciso que me diga lo que deseo.

—Me rindo —dijo—, no a su ardor, sino a su perseverancia, capaz de agujerear la roca, como una gota de agua. Aparte de eso, más pronto o más tarde había de saberlo. . . ¿Usted se llama Jane Eyre?

—Desde luego.

—En ese caso. . . ¿No sabe usted que mi nombre es John Eyre Rivers?

—¡No lo sabía! Recuerdo ahora haber visto su nombre, con la E en abreviatura, escrito en los libros que me ha dejado algunas veces, pero nunca se me ocurrió pensar que. . . Pero entonces. . .

Me interrumpí. No acertaba a expresar el

pensamiento que se me ocurría y que, sin embargo, representaba una evidente probabilidad, ya que formaba el resultado lógico de una cadena de circunstancias concurrentes. Por si el lector no acierta, reproduciré las explicaciones de Rivers:

—Mi madre se apellidaba Eyre y tenía dos hermanos: uno, sacerdote, casó con Jane Reed, de Gateshead; el otro, John Eyre, era comerciante en Funchal, en Madera. Briggs, abogado de Eyre, nos escribió en agosto informándonos de la muerte de nuestro tío y de que había dejado sus bienes a la huérfana de su hermano el sacerdote, prescindiendo de nosotros, como consecuencia de su ruptura con mi padre. Nos escribió semanas después anunciando que la heredera había desaparecido y preguntándome si sabía algo de ella. Un nombre escrito por casualidad al borde de un papel me ha permitido encontrarla. Lo demás es inútil que lo diga, porque ya lo sabe usted.

Y trató de salir, pero yo me apoyé contra la puerta.

—Antes de hablarle —dije— déjeme reflexionar un momento —y tras una pausa agregué—: Su madre era hermana de mi padre, ¿no?

—Sí.

—¿Y, por tanto, tía mía?

Asintió.

—Mi tío John era tío de usted, y usted, Diana y Mary, hijos de su hermana, como yo hija de su hermano.

—Innegablemente.

—¿De modo que los tres son mis primos?

—Lo somos, en efecto.

Le miré. Parecíame haber hallado un hermano —y un hermano del que me sentía orgullosa—, y dos hermanas cuyas cualidades, aun considerándolas extrañas a mí, habían despertado mi admiración y mi afecto. Aquellas dos jóvenes que, desesperada, contemplara una noche de lluvia a través de la enrejada ventanita de la cocina de Moor House eran mis parientes, como lo era aquel joven que se hallaba ante mí. ¡Oh, qué delicioso descubrimiento para quien sufría el dolor de su soledad! ¡Ésta sí que era riqueza, auténtica riqueza, riqueza del corazón, susceptible de producir la alegría y el entusiasmo, al contrario de la riqueza metálica!

Junté las manos, en un impulso de alegría. Mi pulso latía aceleradamente.

—¡Qué contenta estoy! —exclamé.

John sonrió.

—¿No le decía que descuidaba usted lo esencial? Se puso seria cuando le dije que poseía una fortuna y ahora se emociona por una cosa de tan poca importancia.

—¿De poca importancia? Quizá para usted que, teniendo dos hermanas, no necesita una prima, pero no para mí, que me encuentro de improviso con tres parientes. . . o al menos con dos, si usted no quiere contarse en el número. . . ¡Qué contenta estoy, sí!

Comencé a pasear a través de la habitación y luego me detuve, medio sofocada por los pensamientos que invadían mi mente. Yo podía corresponder a los beneficios de los que salvaron mi vida. Eran dependientes: yo podía independizarles; estaban separados: podía reunirlos. Lo que era mío, debía ser de ellos también. Puesto que éramos cuatro, las veinte mil libras debían ser repartidas. Con cinco mil cada uno, todos teníamos la vida de sobra asegurada, todos seríamos felices y se cumpliría un acto de justicia. Ahora la riqueza no era ya un peso para mí. Implicaba, al contrario, vida, felicidad, esperanza. . .

No sé cómo miraría a Rivers mientras pensaba en estas cosas; sólo sé que me ofreció una silla y me aconsejó que me serenase.

—Escriba mañana a Diana y a Mary y dígales que vuelvan a casa. Si se consideraban ricas con mil libras, hay que creer que con cinco mil cada una se considerarán dichosas —exclamé.

—Dígame dónde puedo encontrar un vaso de agua para usted, porque necesita calmarse —repuso John.

—¡Nada de eso! Y dígame: ¿qué hará usted? ¿Se quedará en Inglaterra, pedirá la mano de Rosamond y hará una vida corriente, como. . .?

—Desvaría usted. Le he comunicado las noticias tan bruscamente, que no me extraña. . .

—Me hace perder la paciencia. Estoy en mi plena razón. Es usted quien no entiende o no quiere entender.

—Quizá la comprendiese si se explicara mejor.

—¿Qué falta hacen explicaciones? Puesto que son veinte mil libras, deben dividirse a partes iguales entre los cuatro sobrinos de nuestro tío. Escriba a Mary y a Diana diciéndoles la fortuna que han heredado. . .

—Que ha heredado usted.

—Ya le he dicho lo que pienso y no cambiaré. No soy una egoísta ni una desagradecida. Además, quiero tener una casa y una familia. Me gusta Moor House y viviré en Moor House, y quiero a Diana y a Mary y viviré con ellas. Poseer cinco mil libras me agrada y me conviene. Poseer veinte mil, me abrumaría. Y no serían mías en justicia, aunque lo fueran según la ley. Les cedo lo que es superfluo para mí. No rehúse ni me lo discuta. Póngase de acuerdo conmigo sobre ello ahora mismo.

—Habla usted siguiendo el primer impulso. Tómese días para pensarlo, antes de comprometer su palabra.

—Aunque dude de mi sinceridad, ¿no comprende que lo que digo es justo?

—Es justo hasta cierto punto, pero no es lo que se acostumbra a hacer. Tiene usted derecho a toda la fortuna. Mi tío la ganó con su trabajo y podía legarla a quien quisiera. Puede usted, en conciencia, quedarse con todo.

—Para mí —dije— el sentimiento es tan importante como la conciencia. Y ya que puedo pocas veces seguir mis sentimientos, deseo seguirlos ahora que se me ofrece la oportunidad. Cuanto pudiera usted argumentar, aunque me hablase un año seguido, no destruirá el placer que me proporciona el pagar una deuda moral y conseguir amigos para toda mi vida.

—Habla usted así —objetó John— porque no sabe lo que es la riqueza ni los goces que proporciona. No comprende bien lo que son veinte mil libras, el puesto que le darán en sociedad, las perspectivas que. . .

—Y usted —interrumpí— no comprende bien lo que es conseguir un cariño fraternal. Yo no he tenido casa nunca, nunca hermanos ni hermanas. Quiero tenerlos ahora ¿Me rechaza?

—Jane: yo seré su hermano y Diana y Mary sus hermanas sin necesidad de sacrificio pecuniario alguno.

—¿Hermanos? ¿A mil leguas de distancia de mí? ¿Y hermanas esclavas en casas ajenas? ¿Yo rica, con una riqueza que no he ganado ni merecido, y ustedes pobres? ¡Vaya una fraternidad y vaya una unión!

—Sus deseos de tener una familia pueden realizarse cuando se case.

—¡Tontería! No quiero casarme y no me casaré nunca.

—Eso es mucho decir, y sólo prueba lo muy excitada que está.

—No es mucho decir. Sé lo que siento y lo poco inclinada que me encuentro al matrimonio. Nadie se enamorará de mí, y si alguien se casara conmigo sería por mi dinero. Y no deseo a mi lado un ser ajeno a mi alma. Quiero convivir con aquellos que comparten mis sentimientos. Dígame otra vez que es mi hermano; dígalo, si puede, con sinceridad y me sentiré feliz.

—Puedo. Sé que si he querido a mis hermanas ha sido porque estimo sus virtudes y admiro sus méritos. Usted es inteligente y virtuosa, tiene los mismos gustos que Diana y Mary, su presencia y su conversación me son agradables. Creo que puedo reservar un sitio para usted en mi corazón, como una hermana mía.

—Gracias. Eso me basta por hoy. Y ahora vale más que se vaya, John, porque si se queda tal vez me haga enfadar otra vez con sus escrúpulos.

—¿Y la escuela, Jane? ¿Habrá que cerrarla?

—Seguiré en el cargo hasta que se encuentre una sustituta.

Sonrió, aprobatorio. Nos estrechamos la mano y se fue.

No es preciso detallar los ulteriores esfuerzos y argumentos que empleé para convencer a mis primos. Mi tarea fue difícil, pero como estaba absolutamente resuelta a imponer mi voluntad y ellos comprendieron la sinceridad con que lo hacía, acordaron finalmente someter el asunto a arbitraje. Los árbitros fueron Mr. Oliver y un inteligente abogado, que coincidieron con mi opinión. Los documentos transmisorios fueron legalizados, y John, Diana y Mary entraron en posesión de sus partes respectivas.

Capítulo 34

Todo quedó arreglado poco antes de las fiestas de Navidad. Abandoné la escuela después de procurar que me sustituyera alguien que no hiciese estériles mis esfuerzos en pro de las alumnas. La mayoría de ellas, según parecía, me apreciaban, y mi partida lo puso de manifiesto. Me sentí profundamente emocionada por el lugar que me habían concedido en sus inocentes corazones y les prometí que, en el porvenir, las visitaría todas las semanas y daría una hora de clase en la escuela.

John Rivers llegó cuando yo, después de haberme despedido de las sesenta muchachas alineadas ante mí, cambiaba nuevos adioses con las mejores de mis discípulas: media docena de muchachas recatadas, modestas e instruidas como no se encontrarían fácilmente en el resto de Inglaterra ni en toda Europa.

—¿No sientes —dijo John cuando todas hubieron salido— la satisfacción de haber hecho con esas muchachas algo en beneficio de tus semejantes?

—Sin duda.

—Pues si eso ha sido así en pocos meses, ¿no crees que la tarea de dedicar toda la vida a la regeneración humana es hermosa?

—Sí —dije—, pero yo no puedo dedicarme sólo al bien de los demás. Deseo gozar de mi propia vida también.

—¿Y qué vas a hacer ahora? —me preguntó gravemente.

—Trabajar en lo que está a mi alcance. Deseo que busques a alguien que sustituya a Hannah para que ésta me acompañe.

—¿Adónde?

—A Moor House. Diana y Mary llegarán de aquí a una semana y quiero tenerlo todo arreglado para cuando vengan.

—Comprendo. Creí que pensabas hacer algún viaje. Sí, vale más que vaya Hannah contigo.

—Bien; pues dile que esté lista para mañana. Toma la llave de la escuela. La de casa mañana te la daré.

—Quisiera saber —me dijo, mientras tomaba la llave— qué ocupación vas a realizar en lugar de la que dejas. ¿Qué proyectos, qué ambiciones tienes ahora?

—Primero, limpiar Moor House de arriba abajo; segundo, encerarla y pulirla cuanto pueda; tercero, colocar todas las mesas, sillas y demás muebles con un orden y precisión matemáticos; cuarto, arruinarme comprando carbón y leña para que en cada cuarto haya un fuego excelente; quinto, dedicar a Hannah, dos días antes de que lleguen Diana y Mary, a batir tantos huevos, amasar tantas empanadas y preparar tantos bollos de Pascua, que no hay palabras en el diccionario para darle idea de la solemnidad de los ritos culinarios a que me entregaré. En resumen: mi ambición consiste en que todo esté listo el próximo jueves para otorgar a mis primas una acogida que constituya el ideal de las acogidas familiares.

John sonrió. No parecía del todo satisfecho.

—Eso está muy bien por el momento —dijo—, pero hablando seriamente, creo que después mirarás un poco más alto y no te limitarás a ocuparte de esas cuestiones domésticas.

—¡Son lo más agradable del mundo! —repuse.

—No, Jane: este mundo no es lugar de placeres, ni hay por qué intentar convertirlo en tal; como no hay tampoco que entregarse a la molicie.

—Al contrario; voy a entregarme a la actividad.

—Por ahora está bien, Jane. Admito que están bien dos meses para gozar el encanto de tu nueva situación y del cariño de tus nuevos parientes. Pero después supongo que Moor House y Morton, y la compañía de mis hermanas, y la calma egoísta y la comodidad no te parecerán suficientes.

Le miré con sorpresa.

—John —dije—: ¿cómo puedes hablar así? Me sentiré tan satisfecha como una reina. ¿En qué cosa mejor puedo pensar?

—En aprovechar la inteligencia que Dios te ha concedido y de que, si no la ejercitas como debes, te pedirá algún día estrecha cuenta. Te observo con mucho interés, Jane, y extraño el desmesurado interés que pones en los placeres vulgares del hogar. No te aferres tan tenazmente a las debilidades materiales. Reserva tu constancia y tu vehemencia para empresas más elevadas. . . ¿Entiendes, Jane?

—Tanto como si me hablaras en griego. Para mí ser feliz es una empresa bastante elevada. Y lo seré. ¡Adiós!

Y lo fui, en efecto, en Moor House, y trabajé de firme, con asombro de Hannah, admirada de la jovialidad con que me desenvolvía en el ajetreo de aquellos arreglos, de la energía con que pulía, limpiaba y cocinaba. Era delicioso, un par de días después, ver cómo iba resurgiendo el orden del caos que nosotras mismas habíamos producido. Hice antes un viaje a S. . . para comprar algunos muebles, fin al que habíamos asignado algún dinero y para lo que mis primas me habían dado carta blanca. La salita y los dormitorios fueron dejados como estaban, porque comprendí que a Diana y a Mary les placería hallarse en su ambiente acostumbrado, pero en cambio, una alcoba libre y un salón que no se usaba fueron decorados con bellos cortinajes y alfombras nuevas, con adornos de bronce cuisadosamente elegidos. En las demás alcobas instalé tocadores y espejos nuevos. Los muebles comprados eran de caoba y las alfombras y cortinas de color carmesí oscuro. Todo terminado, juzqué que Moor

House era el modelo perfecto de una casa modesta bien acomodada por dentro, como era el tipo de la desolación invernal por fuera en aquella época del año.

Llegó, al fin, el anhelado jueves. Esperábamos a las jóvenes al oscurecer. Las chimeneas estaban encendidas, la cocina preparada. Hannah y yo vestidas, y todo a punto.

John fue el primero en llegar. Yo había procurado que no acudiese durante los preparativos, para no darle una impresión desagradable con el espectáculo de la casa revuelta.

Me encontró en la cocina vigilando la operación de amasar pastas para el té. Me preguntó si estaba satisfecha de mis tareas domésticas y le contesté invitándole a inspeccionar el resultado de mis tareas. No sin dificultad, le convencí de que me acompañase. Luego que hubimos recorrido toda la casa y subido y bajado escaleras, comentó que debía haberme tomado mucha molestia para llevar a la práctica aquellos cambios en tan poco tiempo, pero no añadió ni una sílaba que indicase que le placía el nuevo aspecto de la residencia.

Me disgustó aquel silencio, pensando que acaso le hubiera contrariado que se alterase el aspecto de la casa paterna. Le pregunté si era así.

—Nada de eso. Ya he observado el cuidado que has tenido en respetar cuanto pudiese significar un recuerdo. ¿Cuántos minutos has dedicado a pensar en el arreglo de esa habitación? Y ¿puedes decirme dónde está colocado. . .?

Me mencionó el título de un libro. Se lo mostré, lo cogió y, retirándose a su acostumbrado rincón, junto a la ventana, comenzó a leer. Aquello me desagradó. John, lector, era un hombre bueno, pero yo comenzaba a pensar que había dicho la verdad cuando él mismo afirmara que era frío y duro. La vida no presentaba atractivos para él. No vivía más que para sus elevadas aspiraciones, y además desaprobaba que no se compartiesen. Mientras contemplaba su frente, pálida y serena como el mármol, y las bellas facciones de su rostro absorto en la lectura, comprendí que nunca podría ser un buen marido y que su esposa sería muy desgraciada. Y concordé con él en que su amor por Rosamond era un amor puramente sensual. Me hice cargo de que John mismo se despreciaba por aquella emoción que ante ella sentía. Y, en resumen, advertí que estaba hecho según el modelo de los héroes, cristianos o paganos, que han dado leyes a sus pueblos, que los han llevado a la conquista o los han convertido a una nueva creencia.

«Este salón no es lugar adecuado para él —pensé—. En la cordillera del Himalaya, en las selvas de Cafrería o en las costas de Guinea estaría más en su centro. La calma de la vida doméstica no es su elemento. Aquí sus facultades se enmohecen, faltas de desarrollo. Sólo en medio de la lucha y el peligro, allí donde se requiera valor, fortaleza y energía, podrá hablar y actuar, manifestarse superior a los demás. Creo que acierta eligiendo la carrera de misionero.»

—¡Ya vienen, ya vienen! —gritó Hannah.

El perro ladró alegremente. Salí corriendo. Se sentía en la oscuridad ruido de ruedas. Hannah tomó una linterna. El coche se detuvo ante la verja. El cochero se apeó para abrir la portezuela y dos bien conocidas figuras bajaron del carruaje. Un momento después, mi cara se ponía en contacto, primero con las suaves mejillas de Mary y luego con los tirabuzones de Diana. Rieron, me besaron; luego besaron a Hannah, acariciando a *Carlo*, medio loco de alegría, y entraron en la casa.

Aunque estaban heladas de frío después de su largo viaje en aquella inclemente noche, sus agradables facciones irradiaban luz. Preguntaron por John quien salía en aquel momento del salón, y le abrazaron las dos a la vez. Él las besó con calma, pronunció algunas frases de bienvenida y, tras una breve conversación, suponiendo que ellas irían también al salón a poco, se retiró a su acostumbrado refugio. Encendí bujías para subir al piso superior. Diana dio antes algunas órdenes hospitalarias concernientes al cochero. Luego ambas me siguieron y manifestaron su satisfacción por las reformas introducidas, por las nuevas cortinas y alfombras y los ricos jarrones de China. Tuve el placer de comprobar que mis modificaciones coincidían exactamente con los gustos de ellas y que constituían un motivo más de alegría a su llegada.

Aquella velada fue deliciosa. La entusiasta charla de mis primas, sus relatos y sus comentarios hacían olvidar la taciturnidad de John. Él estaba contento de ver a sus hermanas, pero no simpatizaba con las exteriorizaciones de su contento. Su regreso le complacía, mas el tumulto inherente le desagradaba y ansiaba, sin duda, que llegase el día siguiente, menos bullicioso.

Cuando estábamos en el momento más grato de aquella noche, una hora después del té, oímos llamar a la puerta, y Hannah entró con la noticia de que estaba allí un pobre muchacho a rogar que Mr. Rivers fuese a visitar a su madre, moribunda.

—¿Dónde vive, Hannah?

—En Whitcross Brow, a más de cuatro millas y por un camino lleno de pantanos.

—Dile que iré.

—Creo que haría mejor en no ir, señor. Es el peor camino para recorrer de noche que pueda imaginarse. No hay carretera. Vale más que diga que irá mañana.

Pero él ya estaba en el pasillo poniéndose el gabán y, sin una palabra, se fue. Eran las nueve y no volvió hasta medianoche. Se le notaba fatigado, pero parecía más satisfecho que cuando salió. Había cumplido un deber y realizado un sacrificio y estaba satisfecho de sí mismo.

La semana siguiente debió agotar su paciencia. Era la semana de Navidad y nosotras nos entregamos a una especie de alegre orgía doméstica. El aire de las alturas, la libertad de sentirse en su casa, obraban sobre Diana y Mary como estimulantes elixires y estaban contentas de la mañana a la noche y de la noche a la mañana. Hablaban sin cesar y sus conversaciones me eran tan agradables, que prefería escucharlas a hablar yo misma. John procuraba huir de nuestra vivacidad. Rara vez estaba en casa. La parroquia era grande y la población muy diseminada. Tenía, pues, constantes ocasiones de visitar a los pobres y enfermos de las diferentes zonas.

Una mañana, durante el desayuno, Diana le preguntó si sus planes seguían siendo los mismos.

—Lo son y lo serán —contestó él. Y en seguida explicó que su marcha de Inglaterra estaba acordada para el año entrante.

—¿Y Rosamond. . .? —insinuó Mary. Debió decir las palabras sin darse cuenta, porque al punto hizo un gesto como si quisiera rectificar.

—Rosamond Oliver —repuso John— va a casarse con Mr. Granby, hijo de Sir Frederic Granby y persona muy estimable y bien relacionada en E. . . Me lo ha dicho el señor Oliver.

Las tres nos miramos y luego le contemplamos a él. Estaba tan sereno como un cristal.

—Muy de prisa han concertado el enlace —comentó Diana—, porque no se deben conocer desde hace mucho tiempo.

—Hace dos meses. Se conocieron en un baile, en S. . . Pero cuando no hay obstáculos, como en el caso presente, es natural abreviar. Se casarán en cuanto la casa que les regala Sir Frederic esté en condiciones de ser habitada.

La primera vez que vi a John a solas traté de averiguar si estaba disgustado, pero me pareció tan reacio a las manifestaciones de simpatía, que no me aventuré a expresarle lo que sentía por sus supuestos sufrimientos. Además, su reserva había vuelto a hacerme perder la costumbre de hablarle con sinceridad. No cumplía su promesa de tratarme como una hermana más. Antes bien, marcaba a cada momento pequeñas y molestas diferencias nada propicias al aumento de una mutua cordialidad. A tal extremo, que ahora que vivíamos bajo el mismo techo me sentía menos unida a él que cuando era maestra de escuela en Morton. Recordando hasta qué punto había conseguido su confianza, me resultaba increíble su frialdad presente.

Por todo ello, en la mencionada ocasión en que estábamos solos, no fue poco mi asombro cuando le vi alzar súbitamente la cabeza de sobre la mesa y le oí decir:

—¿Ves, Jane? La batalla se ha dado y la victoria se ha conseguido.

La sorpresa me dejó atónita, pero al fin contesté:

—¿Estás seguro de que la victoria no te ha costado demasiado cara, como a muchos conquistadores?

—Creo que no, y aunque fuera así, no importa. El desenlace es definitivo y ahora no tengo obstáculos en mi camino, gracias a Dios.

Y volvió a sus papeles y a su mutismo.

La felicidad que sentíamos Diana, Mary y yo acabó tomando un carácter más reposado, y entonces John estaba en casa con más frecuencia. Se sentaba en el mismo aposento que nosotras y a veces todos pasábamos varias horas juntos. Mientras Mary dibujaba, Diana seguía un curso de lecturas enciclopédicas que había emprendido con gran asombro mío, y yo me afanaba en el alemán. John estudiaba una lengua oriental, que creía necesaria para el desarrollo de sus planes.

Sentado en su rincón, parecía absorto y sereno, pero a veces sus azules ojos abandonaban los libros y se posaban sobre nosotras, examinándonos con curiosa intensidad. Si se le sorprendía, retiraba la vista inmediatamente, mas de vez en cuando volvía a dirigirla a nuestra mesa. Yo no sabía lo que pudiera significar aquello. Me asombraba, por otro lado, la satisfacción que nunca dejaba de expresar siempre que yo iba a realizar la prometida visita semanal a la escuela de Morton. Si sus hermanas me querían persuadir, los días de mal tiempo, de que no fuera, él, por el contrario, me excitaba a que acudiese desafiando los elementos adversos.

—Jane no es lo débil que suponéis —solía decir— y puede soportar un poco de viento o unos copos de nieve tan bien como el primero. Su naturaleza es nerviosa y flexible, más apropiada para adaptarse a los cambios de clima que otras más robustas.

Y cuando yo volvía, muy cansada y a veces víctima de las inclemencias del tiempo, no osaba quejarme por temor a causarle contrariedad. La fortaleza en sufrir tales molestias le placía y lo contrario le disgustaba.

No obstante, una tarde resolví quedarme en casa, porque realmente estaba acatarrada. Sus hermanas habían ido a Morton en mi lugar. Yo estaba sentada leyendo una obra de Schiller y él luchaba por descifrar sus orientales jeroglíficos. Se me ocurrió mirarle y hallé que me contemplaba atentamente con sus azules ojos. Ignoro cuánto tiempo llevaba así; sólo sé que me sentí desasosegada.

—¿Qué haces, Jane?

—Aprender alemán.

—Preferiría que dejase el alemán y aprendieses el indostaní (lengua del Sur de la India).

—¿Hablas en serio?

—En serio. Me explicaré.

La explicación consistió en manifestarme que era indostaní la lengua que él estudiaba, que solía olvidar lo que había aprendido, y que si tuviese una discípula con quien practicar los rudimentos, éstos no se le irían de la memoria, antes bien, quedarían fijos en su mente. Agregó que me había preferido a mí por juzgarme la más apta de las tres mujeres. ¿Le haría este favor? En todo caso, no sería largo el sacrificio, ya que contaba partir antes de tres meses.

No era fácil negar nada a John porque se comprendía que cualquier sensación, grata o ingrata, se grababa profundamente en él. Consentí. Cuando Diana y Mary regresaron hallaron a la maestra de Morton transformada en discípula del párroco. Se hecharon a reír y opinaron que John no debía haberme metido en aquella aventura. Él repuso, tranquilamente:

—Ya lo sé.

Descubrí que era un maestro muy paciente, muy tolerante y muy exigente a la vez. Esperaba mucho de mí, y cuando veía que llenaba sus esperanzas, manifestaba su aprobación a su modo. Poco a poco fue adquiriendo cierta autoridad sobre mí, y su influencia y atención me parecieron más cohibidores que su indiferencia. Ya no me atrevía a hablar ni a reír a mis anchas cuando él estaba presente, porque un espíritu de clarividencia me advertía que eso le disgustaba a él. Yo comprendía muy bien que a John sólo le placían los modales graves y las ocupaciones serias y que era vano tratar de obrar de otro modo en su presencia. Acabé hallándome bajo el efecto de una fría sugestión. Si él me decía: «vete», me iba; si «ven», iba; si «haz esto», lo hacía. Pero no me agradaba aquella sumisión y hubiera preferido que, como antes, mi primo no se ocupara de mí.

Una noche, al ir a acostarnos, le rodeamos como de costumbre para desearle buenas noches, y como de costumbre también, después de besarle sus hermanas, él y yo nos dimos la mano. Diana, que estaba de buen humor (ella y Mary no experimentaban el influjo de la voluntad de John porque, en su estilo, eran tan fuertes como su hermano), exclamó:

—Vaya, John: tú llamas a Jane tu tercera hermana, pero no te comportas como si lo fuera. Bésala también.

Y me empujó hacia él. Pensé que Diana era muy imprudente y me sentí desagradablemente turbada. John inclinó la cabeza, hasta poner sus griegas facciones a nivel de las mías. Sus ojos escrutaron mis ojos, y me besó. No creo que exista nada parecido al beso de un mármol o de un trozo de hielo, mas me atrevo, con todo, a decir que el beso de mi eclesiástico pariente pertenecía a un género semejante. En todo caso, tuve la impresión de que me besaba por vía de ensayo, ya que luego me contempló como para comprobar el resultado. Ciertamente, no fue nada impresionante y estoy segura de que no me sonrojé. Sin embargo, aquello vino a ser el remache de mis cadenas. Desde entonces no prescindió nunca de repetir aquella ceremonia y la tranquila gravedad con que yo recibía su beso parecía tener cierto encanto para él.

Cada vez deseaba más complacerle, pero también cada vez experimentaba más la sensación de que había de cambiar mis gustos, transformar mi naturaleza, modificar mis inclinaciones y forzarme a propósito hacia los que no sentía el menor apego. Él deseaba elevarme a una altura que yo no podía alcanzar y hacerme imitar modelos fuera de mis posibilidades. Tan imposible era aquello como igualar mis irregulares facciones a las suyas, perfectas, y sustituir mis ojos, de cambiantes tonalidades verdes, por los suyos, azules como el mar.

Acaso, lector, imagines que yo había olvidado a Rochester en el curso de mi cambio de fortuna. Ni por un momento. Su recuerdo vivía en mí: no era una nube de estío que el sol disipa, ni una figura trazada en la arena, que borra el viento. No: su recuerdo era como un nombre grabado en un mármol, persistente en él mientras el mármol exista. Si su imagen me perseguía en Morton, también ahora, en mi lecho de Moor House, pensaba en él.

En el curso de mi correspondencia con Briggs, el procurador, yo le había preguntado sobre la residencia actual y la salud de Rochester, pero Briggs, como John supusiera, ignoraba por completo tales extremos. Entonces escribí a Mrs. Fairfax preguntándole lo mismo, y contando con una rápida contestación. Grande fue mi asombro cuando pasaron quince días sin recibir noticias. Pero cuando las dos semanas se convirtieron en dos meses y el correo continuaba sin traerme carta alguna, me sentí presa de una ansiedad mortal.

Volví a escribir, en la suposición de que mi primera carta no hubiera llegado. Mi esperanza se mantuvo varias semanas, y luego comenzó la tensión de antes. Ni una línea, ni una palabra. Cuando hubo transcurrido medio año sin noticias, mi esperanza murió y volví a sentirme entre sombras.

No pude, pues, gozar de la magnífica primavera que nos rodeaba. Llegaba el verano. Diana, preocupada por mi salud, quería llevarme a alguna playa. John se opuso, alegando que yo no necesitaba distracción, sino ocupaciones, ya que mi vida estaba demasiado vacía, de lo cual deduje que se proponía llenar las lagunas que había en ella con más prolongadas sesiones de indostaní. Así era, y no pensé en resistirle ni hubiera conseguido resistir.

Un día acudí a mis lecciones con menos voluntad que de costumbre. Hannah me había avisado por la mañana que había una carta para mí, y cuando fui a recogerla, cierta de que las noticias esperadas llegaban al fin, me encontré con una insulsa nota de Mr. Briggs. La amarga decepción me hizo verter lágrimas y después, mientras luchaba con los indescifrables caracteres y las floridas metáforas de un escritor indio, sentí humedecerse de nuevo mis ojos.

John me llamó para que leyera. Al hacerlo se me entrecortaba la voz y los sollozos impedían oír mis palabras. En la habitación nos hallábamos él y yo solos. Diana estaba tocando en el salón grande y Mary paseaba por el jardín. Hacía un bello, soleado, claro y fresco día de mayo.

Mi primo no pareció extrañar mi emoción, ni me preguntó los motivos, limitándose a decir:

—Esperemos unos minutos, Jane, hasta que te tranquilices.

Y mientras yo me entregaba a los paroxismos de mi dolor, él, sentado ante el pupitre, me contemplaba como un médico pueda contemplar las reacciones de un paciente. Después de dominar mis sollozos, enjugar mis lágrimas y murmurar que no me encontraba bien aquella mañana, reanudé la tarea y logré concluirla. John entonces, apartó su libro y el mío y dijo:

—Vamos a dar un paseo, Jane.

—Bueno. Voy a llamar a Diana y a Mary.

—No. No quiero que me acompañe nadie más que tú. Arréglate, sal por la puerta de la cocina y toma el camino de Marsh Clen. Te alcanzaré enseguida.

Durante toda mi vida, yo no había sabido, ante los caracteres enérgicos y duros, tan distintos al mío, optar por el término medio, sino someterme del todo o rebelarme abiertamente. En mis relaciones con John siempre hasta entonces me había sometido, y sin deseo alguno de sublevarme, seguí sus instrucciones y, diez minutos después, caminaba a su lado por el abrupto sendero del valle.

Soplaba desde los montes una brisa del Oeste, olorosa a juncos y brezos. El cielo era de un inmaculado azul. El río, lleno por las lluvias de primavera, fluía, sereno, en el fondo del valle, reflejando los dorados rayos del sol y los tonos de zafiro del firmamento.

Dejamos el camino y avanzamos por un prado de

hierba menuda, verde, esmaltada de minúsculas flores amarillas y blancas.

—Quedémonos aquí —dijo John cuando alcanzamos la primera hilera de un batallón de rocas que guardaban una especie de paso que desembocaba cerca de una cascada. Más allá, la montaña aparecía desnuda de césped y flores y sólo malezas la vestían y riscos la adornaban.

Me senté. John tomó también asiento a mi lado. Miró más allá del paso, contempló las aguas del río y luego volvió la vista al cielo sereno. Se quitó el sombrero, dejando que la brisa acariciase su cabello y besase sus sienes. Por la expresión de sus ojos se comprendía que estaba despidiéndose mentalmente de lo que le circundaba.

—No volveré a ver esto más, sino en sueños —dijo—, cuando duerma a orillas del Ganges o de algún río más remoto aún.

¡Extrañas palabras, que testimoniaban un extraño amor a su tierra natal! Duante media hora guardamos mutuo silencio. Al fin, él comenzó:

—Jane: me voy dentro de seis semanas. Embarco en un navío que zarpa para la India el 20 de junio.

—Dios te proteja, ya que lo haces a gloria suya —dije.

—Sí —repuso—; ése es mi orgullo y mi alegría. Soy servidor de un señor infalible. No actúa bajo dirección humana, sujeto a las leyes imperfectas y a la errónea dirección de mis flacos semejantes. Mi rey, mi legislador, mi capitán es el Todopoderoso. Me asombra que los que me rodean no se alisten bajo el mismo estandarte, no se asocien a la misma empresa.

—Todos no tienen tu energía. Sería una locura en el débil seguir los pasos del fuerte.

—No pienso en los débiles: pienso en los que son dignos de la tarea y capaces de realizarla.

—Pocos son y difíciles de encontrar.

—Tienes razón. Por eso, cuando se encuentran, debe exhortárseles a que se unan al esfuerzo común, hacerles oír las palabras de Dios, ofrecerles un puesto entre los elegidos.

—¿No crees que los aptos para esa labor se ofrecerían a ella espontáneamente si les llamara a ella la voz de su corazón?

Sentí la impresión de que un sortilegio se abatía sobre mí y temblé al pensar que iba a oír las palabras fatales que ratificarían el hechizo.

—¿Y qué dice la voz de tu corazón? —preguntó John.

—Mi corazón permanece mudo, mudo. . . —respondí, estremecida.

—Yo hablaré entonces por él. Jane: ven conmigo a la India para ser mi compañera y mi colaboradora.

Los campos, el cielo, los montes giraron en torno mío. Me parecía escuchar una llamada del cielo, las palabras de un iluminado. . . Pero yo no era un apóstol, no podía atender la llamada.

—¡John! —exclamé—. ¡Ten piedad de mí!

Apelaba a la piedad de un hombre que, en cumplimiento de lo que creía su deber, no conocía la piedad ni el remordimiento. Continuó:

—Dios y la naturaleza te han creado para ser la esposa de un misionero. No te han sido otorgadas dotes físicas, sino espirituales. No estás hecha para el amor, sino para la labor. Debes ser la esposa de un misionero, y serás la mía. Te reclamo, no en nombre de mi placer personal, sino en el de mi Soberano.

—No sirvo para eso. No tengo vocación —dije.

No se irritó. Tenía previstas las primeras objeciones. Se apoyó contra la roca que había a su espalda, cruzó los brazos y me miró con serenidad. Comprendí que estaba preparado para una oposición tenaz y dispuesto a vencerla.

—La humildad, Jane, es la principal de las virtudes

cristianas —dijo—. En tal sentido, haces bien en contestar que no sirves para eso. Pero ¿qué crees que hace falta para servir? ¿Quién de los que realmente han sido llamados por Dios se ha creído digno de la llamada? Yo, por ejemplo, no soy sino polvo y ceniza. Como San Pablo, me considero el mayor de los pecadores, pero la convicción de mi insignificancia personal no me aparta de la tarea. Dios es infinitamente bueno y poderoso y cuando elige un débil instrumento para una labor grandiosa, Él proveerá a lo que falte. Piensa como yo, Jane, y acertarás.

—No estoy capacitada para una vida misionera. Nunca he estudiado los trabajos de las misiones.

—En eso, por humilde que yo pueda ser, me cabe ayudarte. Te mostraré tu tarea, hora a hora, te ayudaré siempre que lo necesites. Eso sólo al principio, porque conozco tu capacidad y pronto serás tan apta como yo mismo y no necesitarás mi ayuda.

—¿Mi capacidad? ¿Dónde está mi capacidad para tal empresa? Mientras me hablas, nada en mi interior me aconseja, ninguna luz me alumbra. Quisiera que comprendieses lo que pasa en mi alma en este momento en que tú me llamas a una tarea que yo no puedo desempeñar.

—Escucha. Te he venido observando desde que nos conocimos, hace diez meses. Te he sometido a varias pruebas sin que lo notases. En la escuela de la aldea he observado que cumplías bien, puntual y eficazmente una tarea que no estaba en tus costumbres ni inclinaciones. La serenidad con que recibiste la noticia de que eras rica me hizo ver que no te tienta el afán de lucro. En la resuelta facilidad con que espontáneamente dividiste tus bienes en cuatro partes reconocí un alma que arde en la llama de la abnegación y el sacrificio. En la docilidad con que, al pedírtelo, abandonaste un estudio que te interesaba por otro que me interesaba a mí, en la asiduidad con que lo has seguido, en la energía que has puesto en vencer sus dificultades, he reconocido el complemento de tus méritos, Jane. Eres dócil, activa, desinteresada, leal, valerosa, constante, amable y heroica. Sí: puedo decírtelo sin reservas. Serías una insuperable directora de escuelas indias y la ayuda que me prestarías cerca de las mujeres de aquel país sería inapreciable.

El círculo de hierro se estrechaba en torno mío. La persuasión avanzaba, lenta pero segura. Las últimas palabras de John comenzaban a hacerme ver como relativamente fácil el camino que antes me pareciera infranqueable. Mi tarea, antes difusa y problemática, se me figuraba más sencilla al adquirir una forma definida. Él esperaba una contestación. Le pedí que me dejara pensarlo quince minutos antes de arriesgar una respuesta.

—Muy bien —dijo. Y, levantándose, se alejó a alguna distancia y se tendió sobre la hierba.

«Soy capaz de hacer lo que él desea, lo reconozco —pensé—. Creo que mi vida, en el clima de la India, no sería larga. ¿Y entonces? Eso no le preocupaba a él. Cuando llegara mi hora, me exhortaría a aceptar, con calma y santidad, la voluntad de Dios. Eso es indudable. Yéndome de Inglaterra abandonaría un país que amo, pero vacío para mí, ya que Rochester no está en él, y aunque estuviera, nada variaría en mi vida. He de vivir sin Edward. Nada tan absurdo como esperar de día a día un imposible cambio de la situación que me permita reunirme con mi amado. Como John dice, debo buscarme otro interés y otra ocupación en la vida, y ¿hay alguna más digna que la que él me ofrece? ¿No es por sus nobles propósitos y sus sublimes consecuencias la más apropiada para llenar el vacío que dejan los afectos fracasados y las esperanzas rotas? Creo que debía decirle que sí y, sin embargo, temo. . . Al unirme a John, renuncio a la mitad de mí misma, a mi voluntad propia, y al ir a la India me condeno a una muerte prematura. Y ¿cómo se llenará el intervalo entre Inglaterra y la India y la tumba? ¡Me consta muy bien! La perspectiva es clara. Me constreñiré a complacer a John hasta que me duelan los huesos y los nervios me estallen, le complaceré hasta el máximo de sus esperanzas. Si me voy con él haré el sacrificio que desea, lo haré absolutamente, me ofreceré entera en aras de ese sacrificio. Él no me amará nunca, pero me aprobará. Yo le mostraré energías que no conoce, recursos que no sospecha. Sí: me cabe trabajar tanto como él lo haga.

»Puedo, pues, acceder a lo que me pide, pero debo hacerme a mí propia una advertencia, y es que en él no he de esperar encontrar un corazón de esposo más que pudiera encontrarlo en esta roca que me apoyo. Me aprecia como un soldado aprecia una buena espada, y nada más. No siendo esposa suya, esto me es igual. Pero ¿he de auxiliarle a realizar sus planes y a poner sus cálculos en práctica mediante el matrimonio? ¿He de ostentar el anillo de casada, soportar todas las formas del amor, que —estoy segura— él observará escrupulosamente, y saber que el alma está ausente en todo eso? ¿Podría aceptar sus manifestaciones de cariño sabiendo que son sacrificios hechos en aras de sus principios? No: sería monstruoso aceptar tal marido. Podré acompañarle como su hermana, pero no como su esposa, y así voy a decírselo.»

Le miré. Seguía tendido, como una columna derribada. Volvió la cabeza, se incorporó y vino a mi lado.

—Estoy dispuesta a ir contigo a la India, pero conservando mi libertad.

—Esa respuesta requiere aclaración.

—Puesto que me has adoptado por hermana, continuaré siéndolo y te acompañaré como tal, sin casarnos.

Meneó la cabeza.

—Una fraternidad adoptiva no es viable en este caso. Si se tratase de una hermana de verdad, sí. Pero en nuestras circunstancias, o nuestra unión es consagrada por el matrimonio o no puede existir. Muchos obstáculos lo impiden. Considéralo un momento, tú que tienes buen sentido.

Mi buen sentido no me decía sino que dos seres que no se aman no deben casarse. Se lo manifesté así, agregando:

—John: te aprecio como a un hermano y tú a mí como a una hermana. Continuemos como hasta ahora.

—Imposible —replicó él con energía—. Me has dicho que irás conmigo a la India, no lo olvides.

—Condicionalmente.

—Ya, ya. . . A lo principal —partir conmigo y cooperar a mis tareas— no objetas nada. Puesto que estás dispuesta a empuñar el arado no debes retirar la mano en virtud de consideraciones pequeñas. Sólo has de pensar en la grandiosidad de la labor, prescindiendo de tus deseos, inclinaciones, sentimientos y propósitos para consagrarte enteramente al servicio del Maestro. Necesitas en ello un colaborador, y ese ha de ser tu marido. Una hermana no me es necesaria: podría además llegar un día en que dejase de estar a mi lado. Necesito una mujer en quien yo pueda influir mientras viva y conservar a mi lado hasta la muerte.

Me estremecí. Me parecía ya sentir aquella influencia sobre mí.

—Busca otra más idónea, John.

—Vuelvo a repetirte que no busco en ti la consorte, sino la misionera.

—Y puedes encontrarla en mí. Yo te daré todas mis energías, pero no mi persona. Para ti no es útil; déjame conservarla.

—No puedes ni debes. ¿Crees que sería grato a Dios un sacrificio a medias? Es la causa de Dios por la que abogo y bajo su bandera quiero alistarte. No puedo aceptar un enrolamiento de la mitad de su personalidad; ha de ser completo.

—¡Oh! —contesté—. Dios cuenta ya con mi corazón. Tú no lo necesitas.

No te aseguraría, lector, que yo no pusiera algo de reprimido sarcasmo en estas palabras. Hasta ahora había temido a John porque no acababa de entenderle. Pero en el curso de nuestra conversación de hoy había desvelado su carácter: veía sus debilidades y las comprendía. La arrogante figura que se sentaba ante mí no era sino un hombre cuya intransigencia y despotismo resultaban evidentes. El conocer sus defectos me dio valor. Siendo igual a mí, podía resistirle.

Al oír mis últimas palabras permaneció silencioso, mirándome, como si quisiera decirme: «Eres sarcástica, y lo eres a mi costa.»

—No debemos olvidar que estamos tratando un asunto grave —dijo al fin—. Puesto que ofrendas tu corazón a Dios, no necesito más. Desde ese momento dejarás de pensar en los hombres para pensar en el reino espiritual del Creador y sólo en Él encontrarás sosiego y delicia. Ello hará sólida nuestra unión moral y física, por encima de las pequeñas dificultades del sentimiento, sobre caprichos, ternuras y desdeñables inclinaciones personales. Tú acabarás hallando placer en nuestra unión.

—¿Tú crees? —le dije.

Y contemplé sus hermosas y armónicas facciones, imponentes en su severidad, sus cejas imperativas, sus ojos brillantes y profundos, sin dulzura alguna, su alta y majestuosa figura, y me imaginé siendo su mujer. ¡No, nunca lo sería! Podía ser su ayudante, su camarada, cruzar el océano a su lado, seguirle a los países que baña el sol de Oriente, a los desiertos asiáticos, admirar y emular su valor, su devoción y su energía, considerarle como cristiano, no como hombre, sufrir el dominio de su personalidad, pero conservando libres mi corazón y mi cerebro, reservando en los rincones de mi alma un lugar sólo mío, al que nunca él tuviera acceso y cuyos sentimientos no pudiera reprimir bajo su austeridad. Pero ser su mujer, permanecer siempre a su lado, vivir siempre sometida, constreñida, esforzándome en apagar la llama que me devoraba, me sería insoportable.

—¡John! —exclamé al llegar a aquel punto de mis reflexiones.

—¿Qué? —repuso fríamente.

—Puedo ser tu compañera de misión, pero no tu mujer. No puedo casarme contigo ni pertenecerte.

—Es preciso que me pertenezcas —respondió—. ¿Cómo va un hombre que aún no ha cumplido treinta años a llevarse a la India a una muchacha de diecinueve no siendo su esposa? ¿Cómo sería posible que viviésemos solos, incluso a veces entre tribus salvajes, no estando casados?

—Podemos —repuse— como si fuera tu hermana, o simplemente un sacerdote compañero tuyo en la misión.

—No puedo presentarte como hermana mía, porque no lo eres. Nos expondríamos a sospechas calumniosas. Además, aunque tengas la mentalidad de un hombre, tienes el corazón de una mujer y no puedes prescindir de ello.

—Puedo —dije con desdén—. Tengo corazón de mujer, pero no para ti. Para ti tendré la constancia de una camarada, la franqueza de un soldado, la fidelidad y la fraternidad que desees, el respeto de un neófito hacia su hierofante. Pero nada más, no temas.

—Eso es lo que quiero —dijo él, hablando para sí—. Es preciso eliminar todo obstáculo. Jane, no te arrepentirás de casarte conmigo. Es preciso que nos casemos. Repito que no hay otro medio, y está segura de que a nuestra unión seguirá un afecto que, aún en ese sentido, te la hará agradable.

—Desprecio tu concepto del amor —dije, sin

poderme contener, incorporándome y apoyando la espalda contra la roca—. Desprecio el falso amor que me ofreces y hasta te desprecio a ti, John, al ofrecérmelo así.

Me miró fijamente, apretando los labios. No era posible discernir si se sentía furiosos o sorprendido, tal era el dominio que ejercía sobre su aspecto.

—No hubiera esperado eso de ti —repuso—, ni creo haber hecho nada digno de desprecio.

Me sentí afectada por su acento.

—Perdóname estas palabras, John, pero tú tienes la culpa de que te haya hablado tan rudamente. Has introducido en nuestra charla un tema que será siempre la manzana de discordia entre nosotros: el tema del amor, del que cada uno tenemos una opinión opuesta. Querido primo, olvida tu proyecto de matrimonio.

—No —contestó—, porque es un proyecto en el que pienso hace mucho y el único modo de realizar mis grandes propósitos. Pero por el momento no insisto. Mañana me voy a Cambridge, a despedirme de los amigos que tengo allí. Estaré fuera durante quince días. Reflexiona entretanto y no olvides que, si me rechazas, a quien rechazas no es a mí, sino a Dios. Por mi intermedio Él te ofrece una noble actividad, y para desempeñarla necesitas ser mi mujer. Al negarte te condenas a seguir un camino de egoísta calma y de ceguedad moral. Y en ese caso debes contarte en el número de los que han renegado de su fe y deben ser considerados peores que infieles.

Se volvió y una vez más:

Miró el monte, miró el río. . .

De regreso a casa, juntos, yo leía perfectamente en su silencio lo que sentía hacia mí: la contrariedad de un temperamento austero y despótico que encuentra resistencia donde esperaba hallar sumisión, la desaprobación de un carácter frío e inflexible que encuentra sentimientos y puntos de vista con los que no puede simpatizar. En resumen: como hombre hubiera deseado reducirme a su obediencia, aunque como cristiano era paciente ante mi contumacia y me daba un largo plazo para reflexionar y arrepentirme.

Aquella noche, después de besar a sus hermanas, ni siquiera me estrechó la mano y abandonó el cuarto en silencio. Yo, que aunque no le amaba, le apreciaba mucho, me sentí tan afectada, que las lágrimas brotaron de mis ojos.

—Veo que has disputado con John durante vuesto paseo —dijo Diana—. Pero oye: está esperándote en el pasillo. Quiere rectificar.

En tales circunstancias, no suelo ser orgullosa. Prefiero sentirme feliz que mantenerme altiva. Salí al pasillo y encontré a mi primo al pie de la escalera.

—Buenas noches, John —dije.

—Buenas noches, Jane —contestó, con calma.

—Estrechémonos la mano —añadí.

¡Qué fríamente oprimió mis dedos! Estaba disgustado por lo de aquel día, y ni le afectaba la cordialidad ni le conmovían las lágrimas. Ni aún a través de sonrisas y frases afectuosas cabía reconciliarse con él. No obstante, como cristiano era paciente y sereno, y así, cuando le pregunté si me perdonaba, replicó que nunca recordaba las ofensas que le hacían, y que no tenía por qué perdonarme puesto que yo no le había ofendido.

Y tras estas palabras, se fue. Yo hubiera preferido casi que me golpeara a que observase una actitud tan fría.

Capítulo 35

No se fue a Cambridge al día siguiente, como dijera. Aplazó su marcha una semana, durante la cual me demostró cuán severamente puede un hombre bueno, pero rígido, castigar a quien le ha infligido una ofensa. Sin exteriorizar hostilidad, sin palabra alguna de violencia, supo acreditar de modo palpable cuánto había decaído yo en su opinión.

No es que John albergase anticristianos sentimientos de rencor, no es que fuese capaz de tocar un cabello de mi cabeza, aunque ello le hubiera sido posible. Por inclinación y por principios, era opuesto a la venganza. Había perdonado mi injuria al decirle que le despreciaba a él y a su amor, pero no olvidaba las palabras ni las olvidaría mientras ambos viviésemos. Su aspecto me decía a las claras que estarían siempre grabadas en su alma, que flotarían en el aire entre él y yo y que las escucharía en mi voz siempre que le hablase.

No dejaba de conversar conmigo y, como de costumbre, me llamaba todas las mañanas a su pupitre, pero yo notaba cómo lo que había de hombre en él gozaba, sin que su espíritu cristiano lo compartiese, en manifestar en todas sus frases y modales, aparentemente iguales que los de siempre, la falta de interés y aprobación que antes daban una especie de austero encanto a su severidad. Para mí se había convertido en mármol. Sus ojos eran piedra fría y azul, su lengua un mero e indispensable instrumento de conversación, y nada más.

Todo ello constituía para mí una refinada tortura, una tortura que hacía arder íntimamente mi indignación. Comprendí que, si me hubiese casado con él, aquel hombre bueno y puro como el agua de un profundo manantial, me hubiese matado en poco tiempo sin verter una sola gota de mi sangre y sin que su conciencia, clara como el cristal, experimentase el más leve remordimiento. Lo comprendí, sobre todo, cuando intenté una reconciliación. Él no experimentaba compasión alguna, y ni le disgustaba el desacuerdo ni le agradaba el reconciliarse. Más de una vez mis lágrimas cayeron en la página sobre la que ambos estábamos inclinados, sin que le hiciesen más efecto que si su corazón hubiera sido de piedra o metal; sin embargo, con sus hermanas era más afectuoso que de costumbre, como para hacerme notar más vivamente el contraste. Estoy segura de que lo hacía así, no por maldad, sino por principio.

La noche antes de marchar le encontré en el jardín, al oscurecer, y recordando que aquel hombre, por muy lejano que ahora se mantuviese respecto a mí, me había salvado la vida en una ocasión y era, además, mi primo, traté de recuperar su amistad. Me acerqué a él, que estaba junto a la verja, y le hablé:

—John: siento mucho que estés disgustado conmigo todavía. Quedemos amigos.

—Creo que lo somos —respuso, con frialdad. Y siguió contemplando la luna, que se alzaba en el horizonte, como lo hiciera hasta aquel momento.

—No, John, no lo somos como debíamos. Ya lo sabes.

—¿No lo somos? ¡Qué raro! Por mi parte, deseo tu bien y no tu mal.

—Lo creo, porque no te considero capaz de desear mal a nadie, pero quisiera para mí una amistad más honda que esa afección general que haces extensiva a todos.

—Tu deseo es razonable —repuso— y disto mucho de considerate como una extraña.

Lo dijo con tan helado tono, que me sentí mortificada. A seguir los impulsos de mi orgullo y mi cólera, me hubiese separado de él inmediatamente, pero algo en mi interior me lo impidió. Yo admiraba los principios y la inteligencia de mi primo. Me disgustaba perder su amistad, que apreciaba en mucho. No debía, pues, abandonar tan pronto el propósito de recobrarla.

—¿Vamos a separarnos así, John? ¿Te separarías de mí, cuando vayas a la India, sin una palabra más amable que la de ahora?

—¿Separarnos cuando vaya a la India? ¿No vas a compañarme?

—Tú mismo has dicho que no, a menos que nos casemos.

—¿Y persistes en no casarte conmigo?

¿Has notado, lector, la impresión de horror que producen las heladas preguntas de las personas de carácter frío? Hay en ellas algo análogo al desprendimiento de un alud, a la rotura de un mar helado.

—No, John, no me casaré contigo. Persisto en mi resolución.

—Vuelvo a preguntarte, no puedo evitarlo, que por qué rehusas —dijo.

—Antes —repuse— te dije que porque no me amabas; ahora añado que porque me odias. Si me casara contigo, me matarías. Ya me estás matando ahora.

Sus labios y sus mejillas se pusieron blancos como la cera.

—¿Que te mataría y te estoy matando? Tus palabras son injustas y violentas, delatan un lamentable estado de ánimo, merecen severa censura y son inexcusables. Pero el hombre debe perdonar a su prójimo hasta setenta veces siete.

Todo había terminado. Al tratar de borrar en aquel

obstinado espíritu las huellas de la ofensa anterior, no había conseguido más que grabarlas a fuego.

—Desde ahora me odiarás —dije—. Todo intento de reconciliación es inútil. Ya veo que me consideras una enemiga mortal.

Aquello fue aún peor, porque era verdad. Vi contraerse sus labios y comprendí que había estimulado todavía más su ira.

—Interpretas mal mis palabras —me apresuré a agregar, cogiéndole la mano—. No he querido ofenderte.

Sonrió con amargura y retiró su mano de la mía. Tras una larga pausa, preguntó:

—¿De modo que retiras tu promesa y no me acompañas a la India?

—Sí, si lo deseas, como tu colaboradora —repuse.

Siguió un prolongado silencio. No sé lo que pasaba en el alma de John. Singulares luces se encendían en sus ojos y extrañas sombras oscurecían su semblante.

—Ya te he demostrado lo absurdo de que una mujer de tu edad acompañe a un hombre de la mía. Te lo probé de tal forma, que no creí que volvieras a aludir a ello. Lamento por ti lo que haces.

Le interrumpí. El reproche que apreciaba en su voz me daba ánimos.

—No digas tonterías, John. Pareces mostrarte asombrado de lo que te he dicho y en realidad no lo estás. No es posible que tu inteligencia no comprenda lo que quiero decirte. Estoy dispuesta a ser tu auxiliar, pero no tu mujer.

Volvió a palidecer, pero como antes, supo contenerse y respondió con énfasis:

—Un auxiliar de tu sexo, no siendo mi mujer, no me acompañará nunca. Conmigo, pues, no puedes ir. Pero si quieres, hablaré a un misionero casado cuya mujer necesita una ayudante. Gracias a tus bienes puedes ser independiente de la sociedad, y así evitarás la deshonra de faltar a tu promesa y desertar de la bandera en que te has alistado.

Como sabe el lector, yo no había dado promesa alguna en firme ni alistádome bajo ninguna bandera. Tal lenguaje, en tal ocasión, me parecío harto violento y déspótico. Repliqué:

—No hay deshonra alguna, ni falta a promesa de ningún género, ni deserción de ninguna clase. No tengo obligación de ir a la India, y menos con personas extrañas. Podría haberme aventurado contigo a hacerlo, porque te admiro, confío en ti y te quiero como un hermano. Además, estoy segura de que, fuese con quien fuera, no viviría mucho en aquel clima.

—¡Ah, temes por tu vida! —dijo apretando los labios.

—Sí. Dios no me la dio para suicidarme y sospecho que si hiciera lo que deseas, casi equivaldría a un suicidio. Y, finalmente, antes de irme de Inglaterra quisiera estar segura de que soy más útil en otro lugar que aquí. Es inútil entrar en explicaciones, pero hay un extremo que me ha hecho sufrir lo bastante para que desee cerciorarme de lo que existe respecto a él antes de partir de Inglaterra.

—Sé a lo que te refieres. Te interesas por una cosa ilegal y reporbable. Hace tiempo que debías haberla olvidado. ¿Te refieres a Rochester?

Mi silencio confirmó su suposición.

—Necesito saber lo que ha sido de él.

—Entonces —dijo— sólo me queda rogar a Dios por ti para que no te apartes del sendero de la virtud. Creí haber hallado en ti a una de las elegidas. Pero Dios ve más lejos que nosotros, mortales. Hágase su voluntad.

Abrió la verja, salió, se dirigió hacia el valle y se perdió de vista.

Al entrar en el salón hallé a Diana mirando por la ventana, muy pensativa. Puso la mano en mi hombro —era mucho más alta que yo— y examinó mi semblante.

—Jane —dijo—: estás pálida y agitada. Estoy segura de que pasa algo. Dime lo que tenéis entre manos John y tú. He pasado media hora mirándoos por la ventana. Perdona, pero hace tiempo que imagino no sé qué. . . ¡John es tan raro!

Se detuvo y como yo no dijera nada, continuó:

—Mi hermano debe de tener proyectos especiales respecto a ti, estoy segura. Te ha concedido una atención que nunca concede a nadie. ¿Qué es? Si estuviera enamorado de ti, me alegraría. ¿Es eso, Jane?

—No es eso, Diana —respuse, poniendo su fresca mano sobre mi frente ardorosa.

—Entonces, ¿por qué se pasa la vida mirándote y paseando a solas contigo? Mary y yo suponíamos que iba a proponerte. . .

—En efecto; me ha pedido que fuera su mujer.

—¡Lo que suponía! —exclamó Diana, juntando las manos—. ¿Te casarás con él, Jane? ¡Así se quedará en Inglaterra!

—No, Diana. Casándose conmigo, lo haría para llevar a la India una colaboradora eficaz.

—¡Cómo! ¿Pretende que le acompañes a la India?

—Sí.

—¡Está loco! No vivirías allí ni tres meses. No lo hagas. No consientas. ¿Qué le has dicho, Jane?

—Me he negado a casarme con él.

—¿Se ha disgustado?

—Sí; no me lo perdonará nunca, aunque le he ofrecido acompañarle como pudiera hacerlo una hermana.

—Sería una locura. La tarea es fatigosa y tú débil. John pide imposibles, y no dejaría de exigírtelos allí. Desgraciadamente, según he notado, eres incapaz de negarte a nada que él te pida. Me maravilla que hayas tenido valor para rehusar. ¿No le quieres, Jane?

—Para marido, no.

—Es un buen mozo, sin embargo.

—Y yo soy fea, ya lo ves. No haríamos buena pareja.

—¿Fea? ¡Al contrario! Eres muy bonita, demasiado para encerrarte en Calcuta.

E insistió en que desechase todo pensamiento de acompañar a su hermano.

—Así será —dije—, porque cuando le he expresado mi deseo de servirle de auxiliar ha manifestado su disgusto por lo que considera una falta de decoro. Cree que le propongo una cosa incorrecta ofreciéndome a seguirle sin casarnos. ¡Como si yo no le hubiese considerado siempre como un hermano!

—¿Por qué dices que no te quiere?

—Me gustaría que él mismo te lo explicara. Asegura que no desea una compañera para su satisfacción, sino para el servicio de la obra a que se consagra. Afirma que yo estoy hecha para la labor y no para el amor, lo que sin duda es verdad. Pero en mi opinión, si no estoy hecha para el amor, no lo estoy tampoco para el matrimonio. ¿No sería una extravagancia, Diana, encadenarse de por vida a un hombre que sólo la considera a una como un instrumento útil?

—Sería insoportable, absurdo, fuera de lugar.

—No obstante —continué—, si me casara con él admito la posibilidad de amarle de un modo especial y torturador, porque es inteligente y a veces en su aspecto, maneras y palabras hay cierta grandeza heroica. Y en tal caso, yo sería indeciblemente desdichada. No desea que le ame y si le demostrara algún sentimiento, me diría que era una cosa superflua, innecesaria para él e inoportuna en mí. Me consta.

—¡Y el caso es que John es bueno! —dijo Diana.

—Bueno y elevado, pero indiferente a los derechos y los sentimientos de las gentes pequeñas cuando se trata de alcanzar sus vastas miras. Pero los insignificantes, es mejor no mezclarnos en su camino. . . Mira: ahí viene. Te dejo, Diana.

Y subí las escaleras mientras él entraba en el jardín.

Hube de verle durante la cena. Él se mostró tan sereno como de costumbre. Yo temía que me hablase con aspereza o que insistiera en sus proyectos. Me equivoqué en ambas suposiciones. Me habló con la cortesía de costumbre. Sin duda había invocado la ayuda divina para dominar el disgusto que yo le causara y me había perdonado una vez más. Al leer las plegarias de la noche, eligió el capítulo veintiuno de la Revelación. Era muy agradable escucharle. Jamás su voz resultaba más armoniosa que cuando brotaban de sus labios las frases de la Biblia, jamás sus modales eran tan impresionantes en su noble simplicidad como cuando hacía escuchar los oráculos de Dios. Nunca su voz sonó más solemne que aquella noche en que, en el salón de su casa, mientras la luz de una clara luna de mayo penetraba a través de los visillos de la ventana, él, inclinado sobre la vieja Biblia, leía las promesas de Dios a los hombres, ofreciendo enjugar todas sus lágrimas, evitarles para siempre la muerte, el mal y el dolor.

Las palabras siguientes me impresionaron, tanto por su contenido como por la casi imperceptible alteración de la voz de John y porque observé que, al leer, sus ojos se volvían hacia mí:

«. . . y el incrédulo irá al lago de fuego y azufre, que es la segunda muerte. . .».

Comprendí que tal era la suerte futura que John me suponía reservada.

Terminada la plegaria, nos despedimos de él, que debía partir muy temprano de mañana. Diana y Mary, una vez que le hubieron besado, salieron del aposento. Yo le tendí la mano y le deseé un feliz viaje.

—Gracias, Jane —repuso—. Volveré de Cambridge dentro de quince días. Te doy ese tiempo para que reflexiones. Si atendiese la voz del orgullo humano, no insistiría en que te casaras conmigo, pero sólo oigo la de mi deber, que me manda hacer todas las cosas para gloria de Dios. Mi Maestro soportó mucho; también yo lo soportaré. Quiero darte, mientras pueda ser, una última posibilidad de salvación. Te ofrezco la posibilidad de elegir entre lo mejor y lo peor.

Y mientras hablaba, puso la mano sobre mi cabeza. No ofrecía, ciertamente, el aspecto de un enamorado acariciando a su amada, sino de un pastor guiando a una oveja descarriada o de un ángel de la guarda custodiando el alma que está a su cargo. Todo hombre de talento, posea sentimientos o no, sea déspota, ambicioso o lo que fuere, siempre que lo sea con sinceridad, tiene momentos sublimes. Experimenté admiración hacia John y por un momento me sentí tentada a dejar de resistirle, a dejarme arrastrar por el torrente de su voluntad hacia la corriente de su existencia y mezclarme con ella. Estaba procediendo con él casi tan duramente como, en distinto sentido, procediera antes con otro. Ambas veces obraba neciamente. Antes había cometido un error de principios y ahora cometía un error de apreciación. Así pensaba yo en aquel momento, pero ahora, pasado el tiempo, reconozco que cuando obré como una necia fue en aquel momento precisamente.

Permanecí inmóvil bajo su contacto. Olvidé mis negativas, mis temores. Lo imposible —mi casamiento con John— comenzó a parecerme posible. Todo había cambiado de pronto: la religión me llamaba, los ángeles me conducían, Dios me daba una orden. Ante mí parecía disiparse la vida, abrirse las puertas de la muerte y mostrarme más allá la eternidad. ¡E iba a sacrificarlo todo, en el corto tiempo de un segundo, a la felicidad terrenal! El cuarto me parecía lleno de extrañas visiones.

—¿Te decides ahora? —preguntó, con gentileza, atrayéndome suavemente hacia sí. ¡Oh, qué fuerza había en su amabilidad! Yo podría resistir a John airado, pero amable era irresistible para mí.

—Me decidiría —repuse— si estuviera segura de que

es voluntad divina que me case contigo. Entonces lo haría ahora mismo, pasara después lo que pasase.

—¡Mis oraciones han sido escuchadas! —exclamó John.

Oprimió mi cabeza con su mano, como si me reclamase, y su brazo ciñó mi cintura, casi como si me amara. Y digo casi, porque bien sabía yo, al hacerlo, no pensaba en el amor y sí sólo en el deber. En cuanto a mí, sentíame sinceramente inclinada a realizar lo que ya consideraba acertado, a seguir el camino que me condujera al cielo. Estaba más excitada que lo estuviera nunca. El lector juzgará si lo que siguió fue o no efecto de mi excitación.

La casa estaba en silencio, porque todos, menos John y yo, debían de haberse acostado. La bujía se había extinguido y la luz de la luna inundaba la estancia. Yo oía los apresurados latidos de mi propio corazón. Súbitamente, experimenté una sensación extraña, que hizo temblar mi cuerpo de pies a cabeza. No fue precisamente como una descarga eléctrica, sino algo agudo, extraño, estimulante, que despertó mis sentidos cual si hasta entonces hubiesen permanecido aletargados. Permanecí con ojos y oídos atentos, sintiendo un temblor que penetraba mi carne hasta la médula.

—¡Jane! ¿Qué has visto, qué has oído? —preguntó John.

Yo no veía nada, pero percibí claramente una voz que murmuraba:

—¡Jane, Jane, Jane!

No oí más.

—¡Oh, Dios mío! ¿Qué es esto? —balbucí.

En vez de *qué*, debía haber preguntado *dónde*, porque ciertamente no sonaba ni en el cuarto, ni encima de mí. Y sin embargo era una voz, una voz inconfundible, una voz adorada, la voz de Edward Fairfax Rochester, hablando con una expresión de agonía y dolor infinitos, penetrantes, urgentes.

—¡Voy! —grité—. ¡Espérame! ¡Voy, voy!

Corría a la puerta y miré el pasillo: estaba en sombras. Salí al jardín: estaba vacío.

—¿Dónde estás? —exclamé.

Las montañas devolvieron el eco de mi pregunta y oí repetir: ¿Dónde estás? El viento silbaba entre los pinos y todo era en torno soledad y silencio.

«¡Silencio, superstición! —dije para mí—. Aquí no hay engaño, no hay brujería, no hay milagro. Es el instinto lo que obra en mí.»

Me separé de John, que me había seguido y trataba de detenerme. Aquel era el momento de que yo reaccionara. Mis facultades estaban en tensión. Le prohibí que me preguntase nada y agregué que deseaba que me dejase sola. Obedeció. Cuando se tiene energía para ordenar nunca se es desobedecido. Subí a mi alcoba, caí de rodillas y oré a mi modo, muy diferente del de mi primo, pero no por ello menos ferviente. Me parecía que un poderoso espíritu me penetraba y, agradecida, me postré a sus pies. Me incorporé, con una resolución adoptada, y me acosté, esperando el siguiente día.

Capítulo 36

Llegó el día y me levanté. Empleé un par de horas en ordenar las cosas de mi cuarto tal como deseaba dejarlas durante la breve ausencia que iba a realizar. Sentí a John salir de su alcoba y pararse ante la mía. Temí que llamara, pero se limitó a deslizar un papel bajo la puerta. Lo cogí y leí estas palabras:

«Me dejaste ayer de repente, antes de haber tomado en definitiva la decisión de empuñar la cruz cristiana y ceñirte la corona de los ángeles. Espero tu determinación final cuando vuelva, dentro de quince días. Rogaré para que no caigas en la tentación. Tu alma es fuerte, pero tu carne es débil. Sí; no dejaré de rogar por ti. —Tuyo, *John*.»

«Mi alma —respondí mentalmente— es bastante fuerte para hacer lo que debo y confío en que mi carne lo sea bastante para cumplir la voluntad divina una vez que me parezca evidente. Y confío, en fin, en que bastarán una y otra para disipar las nubes en que estoy envuelta y distinguir, al cabo, la luz del sol.»

Estábamos a primeros de junio, pero la mañana era desapacible y fría. La lluvia azotaba mi ventana. A través de los cristales vi a John atravesar el jardín. Se dirigió por los brumosos campos hacia Whitcross, donde tomaría la diligencia.

»Dentro de pocas horas seguiré por ese camino, primo —pensé—. Como tú tomaré una diligencia y veré si me queda algo que hacer en Inglaterra antes de abandonarla para siempre.»

Faltaban dos horas para el desayuno. En el intervalo paseé por mi alcoba, recordando la sensación que experimentara la noche antes, la voz que oyera. . .

¿Dónde había sonado? En mí, sin duda, no en lo que me rodeaba. ¿Había sido una mera ilusión? Sobrevino en mí como el terremoto que conmoviera los cimientos de la prisión de Pablo y Silas, abriendo las puertas de la celda en que yacía mi alma y despertándola de su letargo.

«Puesto que por carta —medité, resumiendo mis pensamientos— no puedo saber nada de aquel cuya voz creí oír anoche, una gestión personal me permitirá averiguarlo.»

Mientras desayunábamos, anuncié a Diana y Mary que iba a hacer un viaje y estaría ausente lo menos cuatro días.

—¿Vas sola, Jane?

—Sí. Quiero tener noticias de un amigo de quien no sé nada hace tiempo.

Podían haberme preguntado qué amigo era, ya que yo solía afirmar que no tenía otros que ellas, pero con su innata delicadeza se abstuvieron de preguntarme nada. Diana me preguntó si me encontraba en condiciones de viajar, ya que le parecía verme muy pálida. Contesté que nada tenía, sino inquietud, y que esperaba calmarla con aquel viaje.

Observando que no deseaba por el momento entrar en detalles sobre mis planes, guardaron un discreto y amable silencio, dejándome en la libertad de acción en que, en caso análogo, yo les hubiera dejado a ellas.

Salí de Moor House a las tres de la tarde y hacia las cuatro me hallaba en Whitcross, esperando la diligencia que debía llevarme al distante Thornfield. En el silencio profundo de los caminos desiertos y las solitarias montañas, oí acercarse al coche cuando aún estaba muy lejos. Era el vehículo que, un año atrás, me dejara en aquel mismo lugar en plena desolación y desesperanza. Esta vez no tenía que entregar toda mi fortuna como precio del pasaje. Hice seña de que la diligencia parara, se detuvo y, una vez en marcha, me pareció ser la paloma mensajera que vuela del palomar.

El viaje duró treinta y seis horas. Salí de Whitcross la tarde de un martes y en la mañana del jueves el coche se detuvo, para que bebiesen los caballos, ante una posada en medio de campos verdes e idílicas colinas que contrastaban con el áspero escenario de las montañas norteñas que acababa de abandonar. Reconocí el aspecto de aquel paisaje, como si viese un rostro conocido.

—¿Está Thornfield muy lejos de aquí? —pregunté al posadero.

—Dos millas a campo traviesa, señorita.

«El viaje ha concluido», pensé. Me apeé, dejé mi equipaje en la posada, anunciando que volvería a buscarlo, pagué el pasaje, gratifiqué al cochero y el carruaje partió. El sol arrancaba destellos de la muestra de la posada, en cuyas doradas letras leí: *A las armas de Rochester*. Mi corazón latió con premura. Me hallaba ya en los dominios de mi amado. Luego un pensamiento amargo me invadió: «Acaso él hubiese cruzado el canal de la Mancha, acaso no estuviese en Thornfield, acaso valiera más pedir informes al posadero.»

Temía, sin embargo, alguna mala noticia y no me resolvía a preguntar, ya que prolongar la duda era prolongar la esperanza.

Ante mí se extendían los campos que cruzara el día de mi fuga. Los recorrí de prisa, contemplando el familiar panorama, los bosques, los árboles, las praderas y las colinas. Remonté, al fin, la ladera. Sobre mi cabeza volaban las cornejas. Un graznido quebró el silencio de la mañana. Crucé un prado, seguí un sendero y me hallé ante las tapias del patio. Aún no podía distinguir la casa. «Quiero verla por su fachada —pensé—, contemplar el espectáculo de sus almenares, la ventana de mi amado. Acaso esté asomado a ella —¡madruga tanto!— o bien pasee ante la puerta o por el huerto. ¡Oh, deseo verle, un instante siquiera! ¿Seré

tan loca que corra hacia él? No puedo asegurarlo, no sé
. . . ¿Y si él —¡bendito sea!—corre hacia mí? ¡Ah!
¿Quién sabe si a estas horas está contemplando la salida
del sol en los Pirineos o sobre los tranquilos mares del
Mediodía. . .?»

Di la vuelta a la tapia del huerto. Allí había un
portillo que permitía entrar desde la pradera, entre dos
pilares coronados por bolas de piedra. Ocultándome
tras uno de los pilares podía observar la casa sin ser
vista. Adelanté la cabeza con cautela, para comprobar
si las ventanas de algún dormitorio estaban abiertas ya.
Todo —fachada, ventanas, almenas—, quedaba desde
allí al alcance de mis ojos.

Si las cornejas que volaban sobre mi cabeza me
hubieran examinado, habríanme visto hacer mis
observaciones, primero recelosa y tímida, más tarde
atrevida, al fin despreocupada. Y seguramente hubieran
pensado: «¡Qué afectada desconfianza primero y qué
necia confianza ahora!»

Esto, lector, tiene su explicación. La ilustraré con un
ejemplo:

Un enamorado divisa a su amante dormida en el
césped y desea contemplarla de cerca sin interrumpir su
sueño. Avanza, cauteloso; se para creyendo que ella se
mueve; se retira, temiendo que le vea. . . Pero todo está
tranquilo y entonces vuelve a avanzar. Se inclina sobre
ella lentamente, gozando de antemano con la visión de
la belleza que va a admirar. Y de pronto se sobresalta,
se precipita, sujeta fuertemente entre sus brazos a la que
un momento antes no osaba tocar con un dedo.
Pronuncia su nombre a gritos, la mira con
desesperación. ¡Porque ella no puede contestarle! El
enamorado había creído dormida a su amada y la
encuentra fría e inmóvil como una piedra.

Yo buscaba con temerosa alegría una majestuosa
casa y encontraba una calcinada ruina.

Era innecesario ocultarme tras una columna, lanzar

ojeadas a las ventanas, escuchar ruidos de puertas o de pasos en la explanada. Porque la explanada estaba desierta y la fachada era, como ya la viera una vez en sueños, una sola pared, alta y frágil, agujereada por ventanas sin cristales, tras las que no quedaba nada. No había techo, ni almenas, ni chimeneas. Todo se hallaba destruido.

En torno reinaba un silencio de muerte, una soledad de desierto.

Ya no extrañaba que mis cartas no obtuviesen respuesta, porque era como escribir a los quietos moradores de una tumba. Las ennegrecidas piedras del edificio decían cómo éste se había derrumbado: por un incendio. Pero ¿cómo? ¿Cuál era la historia de aquella catástrofe? ¿Qué pérdidas, además de las piedras, mármoles y maderas habían acontecido? ¿Había muerto alguno? ¿Y quién? Terrible pregunta a que no me cabía contestar. . .

Rondando en torno a los derribados muros, comprobé que el siniestro debía haber sucedido tiempo atrás, porque entre las ruinas brotaba ya una vegetación silvestre: hierbas y musgos que crecían entre las piedras y las piedras y las vigas partidas. ¿Dónde estaba el desgraciado propietario de aquella ruina? ¿En qué tierras y en qué estado se encontraba? Mis ojos se dirigieron hacia la no lejana iglesia y me pregunté si no yacería, con el antiguo Damer de Rochester, en su angosta morada de mármol.

Era preciso obtener respuesta a mis preguntas. Volví a la posada y cuando el posadero me trajo el desayuno le rogué que se sentase, cerrara y contestase a un asunto sobre el que deseaba interrogarle. Pero casi no sabía cómo empezar, temiendo las contestaciones que iba a oír, a pesar de que la desolación de Thornfield me preparaba para los más funestos relatos.

—¿Conoce usted Thornfield Hall? —pregunté, al fin, al hostelero, hombre ya maduro, de buena apariencia.

—Sí, señorita. He vivido allí.

—¿Sí? —y pensaba que ello no había sucedido en mi época, porque me era desconocido.

—Fui el mayordomo del difunto Mr. Rochester —añadió.

¡El difunto! Al fin había recibido el golpe que tanto temía.

—¿Ha muerto? —balbucí.

—Quiero decir el padre del actual Mr. Rochester —exclamó.

Respiré. Estaba segura de que mi Edward vivía gracias a aquel breve, «el actual Mr. Rochester». Puesto que él vivía, aún podría escuchar lo más terrible con tranquilidad relativa. Ya que no estaba en la tumba, oiría con tranquilidad decir incluso que se hallaba en las antípodas.

—¿Reside ahora Mr. Rochester en Thornfield? —pregunté, conociendo de antemano la respuesta, pero deseosa de aplazar lo posible las noticias que me dieran.

—No, señorita. Nadie vive allí. Supongo que es usted forastera, puesto que no sabe lo que ocurrió el pasado otoño. Thornfield Hall está en ruinas; fue destruido por un incendio. ¡Un desastre, porque apenas pudo salvarse nada! El incendio estalló de noche y antes de que llegasen las bombas de Millcote la casa era ya un inmenso brasero. Fue un horrible espectáculo, se lo aseguro.

—¡De noche! —murmuré. Era la hora en que sucedían todas las calamidades en Thornfield. Añadí:

—¿Se sabe cómo se produjo el incendio?

—Se supone, señorita. O mejor dicho, se sabe con certeza. Acaso ignora usted —prosiguió, acercando su silla a la mesa y hablando en voz baja— que en la casa había encerrada una señora que estaba. . . loca.

—Oí decir algo de eso.

—La guardaban con riguroso secreto, así que durante muchos años la gente no estaba segura de que esa señora existiera, aunque se rumoreaba que sí. Desde luego, no se sabía quién era. Se decía que Mr. Edward la había traído del extranjero y se suponía que era su querida. Pero hace un año sucedió una cosa extraña, muy extraña.

Temiendo que me contase mi propia historia, insistí en lo principal:

—¿Y esa señora?

—¿Esa señora resultó ser la esposa de Mr. Rochester! Se supo de un modo muy raro. Había en la casa una joven institutriz, y Mr. Rochester. . .

—Bien, pero ¿y el incendio?

—Ahora, ahora. Mr. Rochester se enamoró de ella. Los criados dicen que nunca han visto a nadie tan enamorado como él. Lo observaban, claro. . . ¡Ya sabe usted lo que es la servidumbre! Ella era muy jovencita, casi una niña. No la he visto nunca, pero Leah, que la apreciaba, me ha hablado con frecuencia de ella. Mr. Rochester tenía unos cuarenta años y esa señorita menos de veinte, y cuando caballeros de esa edad se enamoran de muchachas, casi se atontan. . . En fin; él quiso casarse con la joven. . .

—Esa parte de la historia cuéntemela luego —dije—. Ahora tengo especiales razones para enterarme de lo del incendio. ¿Se supone que la loca intervino en él?

—Es seguro, señorita, que ella y no otra persona fue quien lo causó. Tenía una mujer que la custodiaba, Grace Poole, una persona muy buena y muy escrupulosa. Pero tenía un defecto común a niñeras y sirvientas de esa clase, y es que guardaba en su cuarto una botella de ginebra y apuraba frecuentes tragos. Es comprensible, porque llevaba una vida poco agradable y tenía que consolarse de algún modo, pero el caso es que, cuando Grace se dormía después de beber su ginebra con agua, la señora loca, que era astuta como una bruja, le sacaba las llaves del bolsillo y erraba por la casa haciendo todo el mal que se le venía a la cabeza.

Se dice que una noche incendió la cama de su marido, pero de eso no sé nada a punto fijo. En fin, para acabar: una noche prendió fuego a los tapices del cuarto contiguo al suyo, y luego bajó al de la institutriz que estaba afortunadamente, vacío, porque la joven se había ido dos meses antes. Mr. Rochester la había buscado como si fuese la cosa más preciosa del mundo, pero no supo nada de ella. Desde entonces, el disgusto le hizo huraño, casi salvaje. Envió a Mrs. Fairfax, su ama de llaves, con su familia, aunque portándose bien con ella, porque le señaló una pensión fija. La Fairfax era muy buena mujer. Adèle, una niña que Mr. Edward había recogido, fue enviada al colegio. Rompió toda relación con sus amigos y quedó en la sala como un ermitaño.

—¿No se fue de Inglaterra?

—¡Bendito sea Dios! No. No salía de casa, excepto por las noches. Entonces erraba por el huerto como un alma en pena. Parecía loco, y mi corazón es que lo estaba, porque nunca había sido así antes de que esa mosquita muerta la institutriz se cruzara en su camino. No bebía ni jugaba y, aunque no era un hombre gallardo, era tan cabal como el primero. Yo le he tratado de niño. ¡Figúrese si le conozco! ¡Ojalá esa Miss Eyre se hubiese ahogado en el mar antes de venir a Thornfield!

—¿Estaba en casa Mr. Rochester cuando se declaró el incendio?

—Sí, estaba. Subió en seguida al piso alto para despertar a los criados, y luego fue a sacar a la loca de su celda. Pero ella se hallaba en el tejado, en pie, agitando los brazos y gritando de un modo que se la oía en una milla a la redonda. Yo mismo la vi y la oí. Era una mujer corpulenta, de cabello negro, que flotaba iluminado por las llamas. Yo vi, y los demás vieron, a Mr. Rochester subir al tejado y gritar: «¡Bertha!» Entonces ella dio un salto y se estrelló contra el suelo.

—¿Murió?

—Murió. Se rompió la cabeza contra las piedras de la explanada.

—¡Dios mío!

—Fue horrible, señorita.

—Y después, ¿qué pasó?

Después, señorita, la casa ardió hasta los cimientos, y no han quedado en pie más que algunos lienzos de parez.

—¿Hubo alguna víctima más?

—No; pero hubiera valido más que la hubiese.

—¿Por qué?

—¡Pobre Mr. Edward! —exclamó el posadero—. ¡Quién me hubiera dicho que había de verle así! Hay quien afirma que ha sido un justo castigo por mantener secreto su matrimonio y tratar de casarse con otra cuando su primera mujer vivía, pero yo le compadezco.

—Pero ¿vive? —insistí.

—Vive. ¡Más le hubiera valido perder la vida!

—¿Qué le pasa? ¿Está en Inglaterra?

—Está, está, y no creo que en el estado en que se halla pueda ir a sitio alguno.

¡Qué tortura! ¡Y aquel hombre parecía dispuesto a prolongarla!

—Está ciego —dijo, al fin—. ¡Ciego, el pobre Mr. Edward!

Yo había temido algo peor aún: que estuviera loco. Haciendo un esfuerzo pude preguntar a mi interlocutor cómo había sucedido aquella desgracia.

—Mr. Rochester era valeroso; no quiso salir hasta que todos lo hubieran hecho. Cuando, después de la muerte de su esposa, bajaba la escalera, despés que los demás, el edificio se derrumbó. Se extrajo a Mr. Rochester de las ruinas, vivo, pero mal herido. Una viga había caído de modo que le protegió en parte. Sin embargo, había perdido un ojo y tenía una mano tan estropeada que Mr. Carter, el médico, hubo de amputársela inmediatamente. Acabó perdiendo también la vista del otro ojo sano. Así que ahora está ciego e inválido.

—¿Dónde vive?

—En Ferndean, una casa de campo que posee a treinta millas de aquí. Un sitio desolado, solitario.

—¿Quién le acompaña?

—El anciano John y su mujer. Mr. Edward está completamente aniquilado, según ellos dicen.

—¿Tiene usted algún medio de transporte?

—Sí, señora; una excelente silla de posta.

—Mande engancharla en seguida y si su cochero puede llevarme a Ferndean antes de que anochezca, les pagaré, a él y a usted, el doble de la tarifa habitual.

Capítulo 37

Ferndean era un edificio antiguo, de regular tamaño y sin pretensiones arquitectónicas, situado en el fondo de un bosque. Rochester hablaba con frecuencia de aquella casa y la visitaba a veces. Su padre la había dedicado a albergue de caza. Hubiese querido alquilarla, pero la insalubridad de su situación lo impedía. Por tanto, Ferndean permanecía deshabitada y desamueblada, con excepción de dos o tres habitaciones, utilizadas por su dueño cuando iba a cazar.

Llegué allí al caer de una tarde de cielo plomizo, viento frío y lluvia penetrante y continua. Recorrí a pie la última milla, después de despedir coche y cochero con la doble remuneración ofrecida. Aunque muy próxima a la casa, no la distinguía aún, tan aspeso y sombrío era el bosque que la rodeaba. Atravesando una verja entre dos columnas de granito, me encontré bajo la oscura bóveda que formaba el ramaje. Un camino cubierto de hierba penetraba en el bosque entre intrincadas zarzas, bajo las apretadas ramas de los árboles. Lo seguí, esperando alcanzar pronto mi objetivo, pero a pesar de que avanzaba incesantemente, no veía por lado alguno señales de casa.

Temí haber tomado una dirección equivocada o haberme extraviado. La oscuridad y la soledad del lugar me impresionaban. Miré en torno, en demanda de otro camino; no había ninguno. Sólo se distinguían gruesos troncos, espesos follajes y ningún claro.

Continué. Al fin el bosque se hizo menos denso y hallé una empalizada y tras ella la casa, apenas visible entre los árboles, tan cubiertos de verdín y humedad estaban sus ruinosos muros. Pasando un portillo me encontré en un espacio abierto, rodeado en semicírculo por el bosque. No había flores ni césped; sólo un sendero enarenado rodeado de musgo. Las ventanas de la casa eran enrejadas y angostas, y la fachada, estrecha y mezquina. Como me dijera el posadero, Ferndean era un desolado lugar. Reinaba el silencio, como en una iglesia inglesa un día no festivo. El único rumor que se sentía era el de la lluvia.

«¿Es posible viva alguien aquí?», me pregunté.

Sí; vivía alguien. La puerta se abrió lentamente y una figura apareció sobre la escalera de acceso. Extendió la mano como para comprobar si llovía. A pesar de la oscuridad, le reconocí. Era mi amado Edward Fairfax Rochester en persona.

Detuve mis pasos, contuve la respiración y le contemplé, ya que él, ¡ay!, no podía contemplarme. En aquel encuentro el entusiasmo quedaba reprimido por la pena. No me fue difícil ahogar la exclamación que acudía a mi garganta, ni paralizar mi impulso de lanzarme hacia Edward.

Su figura tenía el porte erguido de siempre, su cabello seguía siendo negro y sus facciones no estaban nada alteradas por el transcurso de un año de penas, gracias a su constitución vigorosa. Y, sin embargo, se apreciaba un cambio en él. Una fiera mutilada, un águila enjaulada a la que se hubiesen arrancado los ojos podrían dar una idea de la apariencia de aquel Sansón ciego.

Mas si imaginas, lector, que sentí temor de él, me conoces poco. No; yo experimentaba la dulce esperanza de depositar un beso en aquella frente de roca y en aquellos labios ásperamente cerrados. Pero no quería abordarle aún.

Descendió un escalón y avanzó, lento, hacia el sendero. Luego se detuvo, alzó la mano, abrió los párpados y, como haciendo un esfuerzo desesperado, dirigió sucesivamente los ojos al cielo y a los árboles.

Mas se comprendía que ante aquellos ojos no se extendía más que el vacío y la sombra. Extendió la mano izquierda (llevaba la derecha, que era la amputada, en el bolsillo) como para cerciorarse de si había algo ante él. Pero los árboles estaban aún a varias yardas de distancia. Se paró bajo la lluvia, que mojaba su cabeza descubierta. En aquel momento apareció John, no sé por dónde.

—¿Quiere que le dé el brazo, señor? —preguntó—. Llueve mucho y vale más que vuelva a casa.

—Déjeme solo —dijo Rochester.

John se retiró sin verme. Rochester trató de pasear, a tientas, pero le fue imposible y al fin regresó al edificio y entró, cerrando la puerta.

Me acerqué y llamé. La mujer de John salió a abrir.

—¿Cómo está usted, Mary? —dije.

Me miró como si yo fuera un fantasma. La tranquilicé. Exclamó:

—¿Es posible, señorita, que haya venido sola a un sitio como éste, a estas horas?

Le contesté tomando su mano y siguiéndola a la cocina, donde John se hallaba sentado junto al fuego. Les indiqué, en pocas palabras, cómo me había informado de lo ocurrido en Thornfield y añadí que venía a visitar a Mr. Rochester. Rogué a John que fuese a la casilla de camineros donde había despedido el coche, a buscar mi equipaje; pregunté a Mary, mientras me quitaba el sombrero y el chal, si podía instalarme en la casa durante aquella noche, y hallando que, aunque difícil, no era imposible, le informé que deseaba quedarme. En aquel preciso instante sonó la campanilla del salón.

—Diga al señor —indiqué— que está aquí una persona que quiere hablarle, pero no le diga mi nombre.

—No sé si la recibirá —repuso Mary—. Nunca quiere recibir a nadie.

Cuando volvió le pregunté que había dicho su amo.

—Que se vaya usted con Dios —repuso.

Llenó un vaso de agua y lo puso en una bandeja, donde colocó también unas bujías.

—¿Es eso lo que había pedido? —pregunté.

—Sí. Siempre quiere tener luces encendidas, aunque no ve.

—Yo se lo llevaré —dije.

Tomé la bandeja. Ella me señaló la puerta del salón. La bandeja temblaba entre mis manos y el agua del vaso se vertía a cada estremecimiento. Mary me abrió la puerta y la cerró tras de mí.

El aposento estaba casi en tinieblas. Un descuidado fuego ardía en la antigua chimenea y, con la cabeza apoyada en el mármol, se veía al ciego ocupante de la habitación. *Piloto,* el viejo perro, se hallaba tendido a su lado, fuera de mano, como si temiese ser pisado por inadvertencia. Cuando entré, el animal estiró las orejas, ladró, saltó hacia mí y, en su alegría, faltó poco para que me derribase la bandeja. La puse sobre la mesa, acaricié al perro y le dije en voz baja: «¡Quieto!» Rochester, maquinalmente, se volvió para ver lo que sucedía, pero como no pudo ver nada, suspiró y recobró la postura de antes.

—Deme el agua, Mary— dijo.

Me aproximé a él, con el vaso, ya sólo lleno hasta la mitad. *Piloto,* muy excitado, aún me seguía.

—¿Qué pasa? —preguntó Rochester.

—¡Quieto, *Piloto!* —repetí.

Él se llevó el vaso a los labios, bebió y me dijo:

—Es usted Mary, ¿no?

—Mary está en la cocina —respondí.

Adelantó la mano rápidamente, pero como no me veía, no pudo alcanzarme.

—¿Qué es esto, qué es esto? —preguntó con ansiedad, esforzándose inútilmente en ver con sus muertos ojos—. ¡Conteste, vuelva a hablar! —ordenó.

—¿Quiere más agua? —interrogué—. He derramado sin querer la mitad del vaso.

—¿Qué es eso? ¿Quién me habla?

—*Piloto* me conoce y John y Mary saben quién soy. Acabo de llegar —contesté.

—¡Dios mío! ¿Qué ilusión es ésta? ¿Qué dulce locura me ha acometido?

—No es ilusión ni es locura. Su cerebro y su ánimo son demasiado fuertes para ilusionarse ni para enloquecer.

—¿Quién me habla? ¿Es sólo una voz? No puedo ver, no, pero necesito sentir o, de lo contrario, se me paralizará el corazón y me arderá la cabeza. Déjeme que la toque, sea quien fuere, o me muero.

Adelantó la mano; yo la oprimí entre las mías.

—¡Sus dedos! —gritó—. ¡Sus deditos!

Su mano recorrió mis hombros, mi rostro, mi talle.

—¿Eres Jane Eyre? Tienes su figura, su. . .

—Su voz, su figura y su corazón, también —repuse—. Soy Jane y me siento contenta de estar al lado de usted.

—¡Jane Eyre, Jane Eyre! —exclamó—. ¿Eres Jane de veras? ¿Jane viva?

—Ya ve que mi piel está cálida y que respiro.

—¡Mi querida Jane! Sí; eres tú. Pero esto debe de ser un sueño, un sueño como los que tengo cuando imagino que la estrecho contra mi corazón, que me ama y que no me abandonará nunca.

—Desde hoy no le abandonaré, no.

—¡Oh, esta aparición dice que nunca me abandonará! Pero siempre que despierto encuentro que me rodea el vacío, y me siento otra vez desolado y abandonado, solo, con mi vida desesperada y tenebrosa, con mi alma sedienta de un elixir que no podré beber jamás. . . ¡Oh dulce sombra de un sueño; ven a mí, abrázame y bésame antes de disiparte como las anteriores apariciones!

Puse mis labios en sus antes brillantes y ahora apagados ojos, separé el cabello de su frente y le besé también. Pareció convencerse de la realidad de mi presencia.

—¿Eres tú, Jane? ¿Has vuelto a mi lado?

—Sí.

—¡Oh, Jane! ¿Y qué es de ti? ¿Sigues trabajando en alguna casa extraña?

—No. Ahora soy independiente.

—¿Independiente? ¿Qué quieres decir?

—Mi tío el de Madera ha muerto y me ha legado cinco mil libras.

—Ya veo que esto es real —exclamó—. Cosas así no las he soñado nunca. Además es tu voz, tu voz que me reconforta, que me da la vida. . . ¿Así que eres rica e independiente, pequeña Jane?

—Lo soy. Y si no quiere recibirme en su casa, puedo construir una junto a la de usted y puede visitarme en ella cuando alguna tarde se sienta deseoso de compañía.

—Pero ahora que eres rica, encontrarás amigos que se preocuparán de ti y no permitirán que te consagres a cuidar a un desdichado ciego.

—Ya le he dicho que soy independiente y que nadie tiene autoridad sobre mí.

—¿Y te propones quedarte conmigo?

—Sí, si usted no me lo impide. Puedo ser su compañera, su enfermera y su ama de llaves. Leeré para usted, hablaré con usted, me sentaré a su lado, seré sus manos y sus ojos. No se entristezca, amigo mío; no estará jamás solo, mientras yo viva.

No contestó. Se había puesto grave y abtraído. Movió los labios como si fuese a hablar, pero los cerró de nuevo. Yo me sentía un poco turbada. Acaso había ido demasiado lejos en mi desprecio de los convencionalismos humanos, y como mi primo John, él encontraba incorrecta mi conducta. Yo le había hecho mi proposición suponiendo que Edward deseaba y me pediría que fuese su mujer. Mas al notar en su aspecto que quizá me equivocaba, suavemente comencé a aflojar la presión de su brazo. Pero él me retuvo.

—No, no, Jane, no te vayas. Te he escuchado, he experimentado el consuelo de tu presencia, la dulzura de tus palabras. No puedo dejar huir de mi lado estas alegrías. Te necesito. El mundo se burlará de mí, me llamará egoísta y absurdo, pero no me importa.

—Bien: viviré con usted. Ya se lo he dicho.

—Sí, pero tú entiendes por vivir conmigo una cosa, y yo, otra. Ya sé que eres capaz de ser para mí una abnegada enfermera, porque tu corazón es generoso, tierno y pronto a todo sacrificio por aquellos a quienes compadeces. Mas supongo que en adelante mis sentimientos por ti han de ser exclusivamente paternales, ¿no es eso?

—Haré lo que usted quiera. Si cree que es mejor que sea sólo su enfermera, lo seré.

—Pero no lo serás siempre, Jane. Eres joven y te casarás algún día.

—No me preocupa en nada ese asunto.

—Y yo haría que te preocupara, Jane, si fuese el que era. ¡Pero ahora, que sólo soy un desdichado ciego!

Y quedó melancólico. Yo, por el contrario, me reanimé al escuchar aquellas palabras, que me indicaban que la única dificultad que podía haber era por mi parte. Mi turbación desapareció y no tardé en reanudar la conversación con más brío.

—Ante todo, hay que pensar en humanizarle —dije arreglando su descuidada y larga cabellera—, porque está usted convertido en un león o cosa parecida. Su cabello me recuerda el plumaje de un águila. Lo que no he notado es si sus uñas han crecido como las garras de un ave de presa.

—En este brazo, al menos —repuso, mostrándome el mutilado—, no hay ni uñas, ni mano siquiera. No es más que un lamentable muñón. ¿Te habías dado cuenta de ello, Jane?

—Es triste verlo, y triste ver sus ojos, y doloroso distinguir las cicatrices que las llamas han dejado en su frente. . . ¡Y lo peor de todo es que le quiero más precisamente por eso!

—Ya rectificarás, Jane, cuando veas mi brazo y mi rostro lleno de cicatrices.

—No diga semejante cosa. . . Y, ahora, déjeme que encienda un fuego. ¿Nota cuándo lo hay?

—Sí; percibo vagamente una especie de neblina.

—¿Y las bujías?

—Muy imprecisas. Como una nubecilla luminosa.

—Y a mí ¿me ve?

—No, hadita mía. Pero te oigo y te siento, y me basta.

—¿Cuando quiere usted cenar?

—No ceno nunca.

—Pero debe hacerlo esta noche. Yo estoy hambrienta.

Llamé a Mary y las dos arreglamos el aposento con más orden. Preparé una agradable colación. Me sentí excitada. Hablé a Rochester con placer y emoción durante la cena y largo rato después. Nada me restringía a su lado, nada me hacía reprimir mi vivacidad, porque sabía que cuanto dijese le placía y le consolaba. En su presencia todas mis facultades, cuanto había en mí de vivo y animado, parecía desarrollarse, como a él le sucedía también ante mí. Aunque ciego como estaba, la sonrisa iluminaba su rostro, la alegría brillaba en sus facciones y todo en él parecía dulcificarse.

Me hizo muchas preguntas sobre mi vida, sobre lo que había hecho en aquel año y sobre cómo había averiguado su paradero, pero sólo pude contestarle en parte, porque era muy tarde para entrar en detalles durante aquella noche. Además yo no quería despertar recuerdos ni emociones demasiado profundos en su corazón. Sólo deseaba consolarle, y eso, evidentemente, lo conseguía.

En una ocasión en que en nuestra charla se produjo un silencio, me dijo:

—¿Estás segura de que eres un ser viviente, Jane?

—Absolutamente segura.

—Pero no comprendo cómo apareciste, en esta noche oscura y melacólica, a mi lado. Tendía mi mano para coger un vaso de agua y me lo entregaste tú. Hice una pregunta a Mary y me contestó tu voz. ¿Cómo pudo ser eso?

—Porque fui yo quien trajo la bandeja, en lugar de Mary.

—¡Oh, qué encantador es el tiempo que estoy pasando a tu lado! ¿Cómo podría explicarte la oscura, terrible y desesperada vida que ha arrastrado estos pasados meses? No hacía nada, no esperaba nada, días y noches eran iguales para mí, no sentía sino frío cuando la lumbre se apagaba, o hambre cuando me olvidaba de comer, y, unido a todo, un inmenso dolor; el de no volver a ver a Jane. Sí; ansiaba más volver a encontrarla que recobrar la vista. ¿Es posible que Jane esté conmigo y me diga que me ama? ¿Que no desaparezca como ha aparecido? Temo no hallarla mañana a mi lado.

Me pareció que una contestación vulgar era lo mejor para cambiar el curso de sus turbados pensamientos. Pasando, pues, los dedos por sus cejas, comenté que estaban quemadas en parte y agregué que procuraría buscar algún remedio que volviese a hacerlas crecer tan pobladas y negras como antes.

—¿Para qué ocuparse en ello, espíritu benigno, si en un momento fatal, acabarás desvaneciéndote sin que sepa cómo?

—¿No tiene usted un peine de bolsillo?

—¿Para qué, Jane?

—Para peinarle esas crines revueltas. Cuando se las veo, me da miedo. Yo seré un hada, pero usted es un coco.

—¿Tan feo te parezco, Jane?

—Horroroso. Ya sabe que siempre lo ha sido.

—¡Caramba! Veo que, dondequiera que hayas pasado este tiempo, no ha sido ciertamente en un sitio donde te hayan quitado tu habitual perversidad.

—Sin embargo, he estado con gentes muy buenas, cien veces mejores que usted, con ideas y opiniones refinadas y elevadas como usted no las ha tenido en su vida.

—¿Con quién diablos has estado, Jane?

—Si sigue usted agitándose de ese modo, le arrancaré el pelo de la cabeza a tirones, y así no le quedarán dudas de que soy de carne y hueso.

—¿Con quién has estado, Jane?

—Permítame no decírselo hoy. Así, dejando la historia a medio relatar, tendrá la certeza de que mañana reapareceré a la mesa para contársela completamente mientras desayuna. Además, nada de acostarse con sólo un vaso de agua. Voy a prepararle un huevo con el correspondiente jamón, por supuesto.

—Te estás burlando de mí, hadita mía. Me haces sentirme como si no hubieran pasado estos doce meses. De haber sido tú el David de Saúl, habrías exorcizado el mal espíritu sin necesidad de arpa.

—Vaya, ya se pone usted en razón. Y ahora le dejo para ir a acostarme. Estoy en viaje desde hace tres días, y me siento cansada. Buenas noches.

—Una palabra más, Jane. ¿Había sólo mujeres en la casa en que vivías?

Reí y salí del cuarto. Continuaba riendo mientras subía las escaleras. «¡Buena ocurrencia —pensé—. Ya veo que tengo un medio de vencer su melancolía durante los días próximos!»

Muy temprano, de mañana, le oí andar de un aposento a otro y preguntar a Mary:

—¿Está aquí Miss Eyre? ¿Sí? ¿No será húmeda la alcoba? ¿Sabe si ya se ha vestido? Vaya a ver si necesita algo y pregúntele cuándo va a bajar.

Bajé cuando supuse que era la hora de desayunar. Entré en el cuarto sin hacer ruido y pude contemplar a Rochester. Era doloroso ver aquella vigorosa naturaleza esclavizada a una dolencia corporal. Sentado en su silla, permanecía quieto, pero no tranquilo, sino en actitud de anhelosa espera. En sus facciones se pintaba la tristeza que ahora le era habitual. Daba la impresión de una lámpara apagada en espera de que la encendiesen. Mas, ¡ay!, no dependía de él, sino de otro, el readquirir su brillo. Yo deseaba mostrar despreocupación y alegría, pero la impotencia a que se veía reducido aquel hombre tan enérgico me afectaba hasta el fondo de mi corazón. No obstante, le hablé lo más animadamente que pude.

—Hace una hermosa mañana de sol. Vamos a dar un paseo.

Ya había logrado encender la llama. Sus mejillas se colorearon.

—¿Ya estás aquí, alondra mía? Ven, ven. . . ¿Conque no te has desvanecido? Hace un rato estuve oyendo cantar a otra alondra como tú, en el bosque, pero sus trinos no me decían nada, como nada me dicen los rayos del sol naciente. Todas las melodías de la tierra están concentradas para mí en la voz de mi Jane y toda la luz que puedo percibir consiste en tenerla a mi lado.

Mis ojos se humedecieron oyéndole proclamar su dependencia de mí. Era como si un águila real, encadenada, hubiese de depender de un gorrión para subsistir. Pero no podía ser débil. Enjugué mis lágrimas y comencé a servir el desayuno.

Pasamos casi toda la mañana al aire libre. Le conduje, a través del húmedo y espeso bosque, hasta unos campos cultivados de las cercanías y le expliqué lo verdes que estaban, la lozanía de las flores que crecían entre las hierbas y el esplendor del cielo. Le busqué un asiento al lado de un árbol y no me negué a complacerle cuando él me pidió que me acomodara en sus rodillas.

¿Para qué negarme, si los dos nos sentíamos más felices estando juntos que separados? *Piloto* se tendió a nuestro lado. Todo era calma en torno nuestro. Rochester exclamó de pronto, mientras me abrazaba fuertemente:

—¡Qué cruel fuiste, Jane! ¡Si vieras lo que sufrí cuando huiste de Thornfield y no pude encontrarte en sitio alguno! ¡Y cuando vi, examinando tu alcoba, que no te habías llevado dinero ni nada que lo valiese! Un collar de perlas que te había regalado lo dejaste en su estuche y tus maletas estaban listas y atadas, como las tenías para el viaje de novios. «¿Qué podría hacer mi amada», me preguntaba, «huyendo desvalida y pobre?» ¿Qué hiciste? Cuéntamelo ahora.

Inicié la narración de mi vida durante el último año. Dulcifiqué mucho lo relativo a los tres días que pasé sin alimento ni hogar, para no causarle un dolor inútil, pero con todo, impresioné su noble corazón más profundamente de lo que quisiera.

Me dijo luego que no debía haberle abandonado así, sin llevar al menos algunos recursos. Debía haber confiado en él, que no me hubiera obligado a convertirme en su amante contra mi voluntad. Por muy grande que fuese su desesperación, me amaba demasiado para constituirse en su tirano. Él me habría dado la mitad de su fortuna, sin pedirme a cambio ni un solo beso, con tal de no verme lanzarme, como me lancé, sin medios ni amigos, a través del mundo. Estaba seguro, además, de que yo habría sufrido más de lo que le confesaba.

—Fueran los que fuesen los sufrimientos, duraron poco —dije.

Y le conté cómo había sido recibida en Moor House, cómo obtuve el cargo de maestra, la noticia de la herencia, el descubrimiento de que los que me acogieron eran primos míos. El nombre de John Rivers se repitió varias veces en el curso de la narración.

—Entonces, ¿ese John es primo tuyo?

—Sí.

—¿Y le estimas?

—Sí; es un buen hombre.

—¿Cómo es? ¿Un respetable caballero de cincuenta años?

—Tiene veintinueve.

—*Jeune encore?*, como dicen los franceses. ¿Es un hombre bajo, flemático, corriente? ¿Una de esas personas cuyos méritos consisten más en no cometer faltas que en ejercer virtudes?

—Es al contrario: virtuoso y activo y no vive sino para fines elevados.

—Y de inteligencia, ¿cómo está? Nada extraordinario ¿no es cierto? Es de aquellos que se explican bien y, sin embargo, no interesan, ¿verdad?

—Habla muy poco; sólo lo indispensable. Pero tiene una mentalidad muy vigorosa.

—¿Es, pues, un hombre de capacidad?

—De mucha capacidad.

—¿Educado?

—Instruidísimo.

—Entonces, ¿son sus modales los que no te gustan? ¿Es afectado y gazmoño?

—A menos que yo tuviera muy mal gusto, habían de gustarme por fuerza, porque es muy cortés, sereno y caballeroso.

—Será su aspecto el que. . . ¿es uno de esos pastores jóvenes, muy empaquetados, con sus cuellos altos y. . .?

—No John viste bien. Es un hombre arrogante, alto, delgado, rubio, con ojos azules y un perfil griego.

—¡Maldito sea! —dijo para sí. Y agregó—: ¿No te agrada, Jane?

—Sí, me agrada. Ya me lo había preguntado usted antes.

Noté que los celos devoraban a mi interlocutor. Pero eran saludables, con todo, porque le arracaban de su melancolía habitual. Así, pues, yo no debía adormecer en seguida la serpiente que le mordía el corazón.

—Acaso te encontrarás más a gusto no estando sentada en mis rodillas, ¿verdad?— preguntó inesperadamente y no sin cierta exaltación.

—¿Por qué?

—Porque ha hecho un relato tan sugestivo, que la comparación ha de resultarte ingrata a la fuerza. Tus palabras han descrito un verdadero Apolo. Se ve que le tienes presente en la imaginación. Alto, delgado, con los ojos azules, con el perfil griego. . . Y ahora estás ante un Vulcano, un herrero auténtico, moreno, con los hombros cuadrados y, para colmo, manco y ciego.

—No había pensado en ello, pero, sin embargo, me quedo con Vulcano.

—Bien, señorita, puede usted largarse —y me apretó con más fuerza—, pero antes tiene que constestarme a una o dos preguntas.

Se detuvo.

—¿Cuáles son?

—¿John te buscó el empleo de maestra antes de saber que eras prima suya?

—Sí.

—¿Le veías muchas veces? ¿Visitaba la escuela?

—A diario.

—¿Aprobaba tus proyectos, Jane? Porque debió de darse cuenta de que eran acertados, ya que eres una mujer de talento.

—Los aprobaba.

—¿No descubrió en ti muchas cosas que no esperaba encontrar? Algunas de tus cualidades no son comunes.

—Eso no lo sé.

—Dices que tenías una casita junto a la escuela. ¿Te visitaba allí?

—De vez en cuando.

—¿Por las noches?

—Una o dos veces.

Una pausa.

—¿Cuánto tiempo has vivido con él y con sus hermanas desde que descubriste vuestro parentesco?

—Cinco meses.

—¿Pasaba mucho tiempo Rivers con vosotras?

—Sí; había un saloncito que era a la vez su cuarto de estudio y el nuestro. Él se sentaba junto a la ventana y nosotras a la mesa.

—¿Estudiaba mucho?

—Mucho.

—¿El qué?

—El idioma indostaní.

—Y tú, ¿qué hacías?

—Aprender alemán, al principio.

—¿Te lo enseñaba él?

—No sabe alemán.

—¿Y no te enseñó nada?

—Un poco de lengua indostaní.

—¿Qué te enseñó indostani?

—Sí.

—¿Y a sus hermanas también?

—No.

—¿Sólo a ti?

—Sólo a mí.

—¿Le pediste que te lo enseñara?

—No.

—¿Deseaba él que lo aprendieras?

—Sí.

Una segunda pausa.

—¿Para qué lo deseaba? ¿De qué podía servirte ese idioma?

—Porque quería llevarme con él a la India.

—¡Claro, ésa era la cosa! ¿Quería casarse contigo?

—Me lo propuso.

—Eso es falso. Lo dices para ofenderme.

—Perdón: es la pura verdad. Me lo repitió más de una vez y me insistía tanto en ello como usted mismo lo hubiera hecho.

—Señorita: le repito que puede apartarse. ¿Por qué ese empeño en permanecer sobre mis rodillas cuando le he dicho que se quite?

—Porque estoy a gusto.

—No puedes sentirte a gusto, Jane. Tu corazón no está conmigo, sino con tu primo, con ese John. ¡Y yo que he pensado hasta ahora que mi Jane era realmente mía! Yo creí que cuando me abandonaste me querías y eso representaba una gota de miel en mis amarguras. Desde que nos separamos, he vertido muchas lágrimas por ti, pero nunca pude pensar que quisieras a otro. En fin: es inútil lamentarse. Vete, Jane, y cásate con Rivers.

—Entonces, arrójeme usted de su casa, porque por mi voluntad no me iré.

—Jane: tu voz renueva mis esperanzas, me suena leal y afectuosa, me hace volver a mi vida de un año atrás. Comprendo que hayas contraído un nuevo compromiso. Pero yo no soy un necio. . . Vete.

—¿Adónde?

—A casarte con el esposo que has elegido.

—¿Quién es?

—Ya lo sabes, ese John Rivers.

—No es mi marido, ni lo será nunca. No me ama, ni le amo. Él ama —a su modo, que no es ciertamente el de usted— a una joven llamada Rosamond. Si deseaba casarse conmigo era porque consideraba que yo sería una buena esposa de misionero y Rosamond no. Es bueno y noble, pero muy austero y, para mí, tan frío como un témpano de hielo. No es como usted: no soy feliz a su lado. No siente por mí ni cariño ni comprensión algunos. No ve en mí nada atractivo, ni siquiera la juventud, sino sólo algunos aspectos espirituales. ¿Me considera usted capaz de abandonarle para ir con él?

Me estremecí involuntariamente y me apreté más al pecho de mi ciego y querido Edward. Sonrió.

—¿Me aseguras que es ése en realidad el estado de tus relaciones con Rivers?

—En absoluto. No se sienta celoso. Quería bromear un poco con usted para hacerle olvidar su tristeza. Pero si usted me ama y sabe apreciar lo mucho que le amo, se sentirá orgulloso y contento. Todo mi corazón es suyo y deseo vivir a su lado, aunque hubiese de permanecer en un desierto toda mi vida.

Me besó. Pero otra vez sombríos pensamientos entenebrecieron su semblante.

—¡Ay! —gimió—. ¡Pensar que soy un mutilado, un deformado!

Le acaricié, tratando de tranquilizarle. Sabía lo que pensaba y hubiera querido hablarle de ello, pero no me atrevía. Él volvió la cara y de sus ojos apagados brotó una lágrima que se deslizó por su mejilla. Mi corazón desbordaba de pena.

—Estoy como el viejo castaño del huerto sobre el que cayó aquel rayo —murmuró—. ¿Qué derecho tiene esta ruina a que un capullo en flor le perfume con su lozanía?

—No es usted una ruina. Es usted fuerte, vigoroso. Y hay quienes quieren crecer a la sombra de sus ramas, y buscar en su tronco robusto un apoyo contra los huracanes.

Volvió a sonreír, consolado.

—¿Te referías a mis amigos, Jane?

—Sí, a amigos —dije, aunque no era ésa la palabra adecuada, ni la que yo quería pronunciar. Pero él me ayudó.

—Lo que yo deseo es una esposa, Jane.

—¿Sí?

—Sí. ¿Ahora te enteras?

—Ahora. Antes no me había dicho usted nada.

—¿Y no te agrada la noticia?

—Depende de quién sea la persona elegida.

—Te autorizo a que elijas tú misma, Jane.

—Entonces. . . escojo a la que más le quiere en el mundo.

—Yo elegiría. . . a la que más amo. . . ¿Quieres casarte conmigo, Jane?

—Sí.

—¿Con un desventurado ciego que no puede caminar sin lazarillo?

—Sí.

—¿Con un mutilado, que te lleva veinte años y al que tendrás que ayudar en todo?

—Sí.

—¿De veras, Jane?

—Completamente de veras.

—¡Oh, querida mía! ¡Dios te bendiga y te recompense!

—Escuche: si algo bueno he realizado en mi vida, si alguna vez he rogado con sincera devoción, si alguna vez he sentido algún buen deseo, me siento recompensada ahora por todo. Ser su esposa es, para mí, alcanzar la mayor felicidad posible en la tierra.

—Porque te complaces en el sacrificio.

—¿Qué sacrificio? ¿El de calmar el hambre que me devora, el de cambiar la esperanza por la realización? ¿Es un sacrificio poder estrechar entre mis brazos al que estimo, poder besar al que amo, descansar en el que confío? Si eso es sacrificarse, ¡bendito sea tal sacrificio!

—¿Y soportar mis dolencias y condescender con mis faltas?

—Para mí no existen. Prefiero amarle ahora, cuando puedo serle útil, que antes, cuando usted no accedía a desempeñar otro papel que el de un protector orgulloso y espléndido.

—Es verdad que aborrecía el ser auxiliado y conducido, pero no lo aborreceré en adelante. No me gustaba apoyar mi brazo sobre el de los que me sirvieran porque les pagaba, pero con gusto sentiré que me lo oprimen los deditos de Jane. Preferiría la soledad total a ser acompañado por sirvientes profesionales, pero los dulces servicios de Jane me colmarán de alegría. Jane me agrada. ¿Le agradaré yo a ella?

—Más de cuanto pueda decirse.

—Siendo así, como no tenemos que depender de nadie, debemos casarnos inmediatamente.

Hablaba con vehemencia. Su antigua impetuosidad resurgía.

—Debemos unirnos sin dilación, Jane. Nadie nos impide que ahora. . .

—Acabo de observar que el sol ya está muy bajo. *Piloto* se ha ido a casa a comer. Déjeme ver la hora en su reloj.

—Guárdalo tú, Jane, porque a mí no me sirve de nada.

—Son casi las cuatro de la tarde. ¿No tiene usted apetito?

—De aquí a tres días nos casaremos. Ahora no hay que ocuparse para nada de ropas ni joyas. Todo eso no importa ni un adarme.

—El sol ha secado la humedad de la lluvia de ayer . . . No hace nada de aire y se siente mucho calor.

—¿Sabes, Jane, que tu collarcito de perlas va sobre mi áspera piel, bajo mi corbata, desde que perdí mi tesoro, en recuerdo de él?

—Podemos ir a casa cruzando el bosque. Será el camino más sombreado.

Pero él seguía entregado a sus pensamientos, y no hacía caso alguno de mis intentos de desviar el tema de conversación.

—Jane: aunque pienses que soy un perro ateo, mi corazón rebosa gratitud hacia Dios. Él no ve como ven los hombres, sino con más clarividencia; no juzga como ellos, sino con más justicia. Hice mal tratando de empañar la pureza de mi inocente flor, y el

Omnipotente me lo impidió. Y yo, en mi soberbia, en lugar de inclinarme ante su voluntad, le desafié. Pero la divina justicia prosiguió su curso y me fue preciso pasar por el valle sobre el que proyecta su sombra la muerte. El castigo ha sido justo y ha humillado mi orgullo para siempre. Yo, que me envanecía de mi fuerza, debo confiarme ahora a la guía de otro, como el más débil de los niños. Al fin, Jane, sólo al fin, comienzo a experimentar remordimiento y contrición y deseo de reconciliarme con mi Creador. Hasta rezo algunas veces: oraciones muy breves, sí, pero sinceras. . .

»Hace algunos días. . . —puedo concretar la fecha: fue la noche del lunes pasado— experimenté una extraña impresión. Yo, hasta entonces, al no hallarte, te daba por muerta. Esa noche, entre once y doce, retirado en mi alcoba, supliqué fervientemente a Dios que, si tal era su voluntad, me arrebatara pronto esta vida y me admitiese a la existencia del más allá, donde yo tenía la esperanza de reunirme contigo.

»Estaba sentado junto a la ventana abierta. Me acariciaba la perfumada brisa nocturna y, aunque no veía las estrellas, por un vago y difuso resplandor adivinaba que brillaba la luna. ¡Te anhelé, Jane, te anhelé con toda mi alma y todo mi corazón! Y pregunté a Dios, con humildad y angustia, si no había sido ya bastante atormentado, desolado y afligido y si no podía disfrutar al fin otra vez de dicha y de paz. Reconocía merecer cuanto había sufrido, pero rogaba que no se me infligiesen más dolores. Y todos los sentimientos de mi corazón, del principio al fin, se condensaron en tres palabras: ¡Jane, Jane, Jane!

—¿Las pronunció en voz alta?

—Sí. Y si alguien hubiera escuchado, me habría juzgado loco por la frenética energía con que las pronuncié.

—¿Y eso fue el lunes, hacia medianoche?

—Sí, pero la hora no tiene importancia. Lo

trascendental es lo que siguió. Me tomarás por un supersticioso y confieso que algo de ello llevo en la sangre, pero lo que te voy a relatar es absolutamente cierto.

»Al exclamar: ¡Jane, Jane, Jane!, una voz, que no puedo decir de dónde procedía, pero que reconocí muy bien, dijo: «Voy, espérame. ¡Voy, voy!» Un momento después, el viento me trajo estas palabras: «¿Dónde estás?»

»Procuraré explicarte la impresión que aquellas palabras me causaron, aunque es difícil pintar lo que sentí. Ferndean, como sabes, está situado en un espeso bosque donde los sonidos no producen ecos. Y el "¿Dónde estás?" me pareció dicho en un lugar rodeado de montañas y hasta oí el eco que lo repetía. Una brisa fresca acarició mi frente en aquellos instantes, y tuve la sensación de que Jane y no nos hallábamos reunidos en aquel momento en algún lugar solitario, desolado. Y creo que, en efecto, nos reunimos en espíritu. Estoy seguro, Jane, de que, a aquella hora, mientras dormías, tu alma abandonó tu cuerpo para confortar la mía por un segundo.»

La noche del lunes anterior, y a aquella hora, fue, lector, cuando yo percibí la misteriosa llamada a que respondí con las frases que él me repetía. Escuché el relato de Rochester, pero no correspondí con la narración de lo que yo había experimentado. Me pareció una coincidencia demasiado sobrenatural e inexplicable para comunicársela. Contarle lo que a mí me sucediera habría causado una impresión excesiva en su espíritu, demasiado inclinado entonces a lo sombrío y misterioso, y le hubiera llevado a profundizar más en pensamientos que no convenían a su estado de ánimo. Callé y guardé en mi corazón aquellos misterios.

—No extrañes, pues —prosiguió él—, que cuando anoche te presentaste tan súbitamente, me costara trabajo suponer que eras otra cosa distinta a una simple voz o una aparición, algo que debía disiparse en el silencio y en la nada como aquella otra voz que oí resonar entre montañas que repetían su eco. Mas ahora, gracias a Dios, comprendo que no era así. ¡Sí: gracias a Dios!

Me retiró de sobre sus rodillas, se incorporó y, quitándose reverentemente el sombrero, inclinó sus ojos apagados y se sumió en una casi muda plegaria, de la que sólo pude entender las palabras postreras:

—Agradezco a mi Creador el perdón que en el Tribunal de su Justicia me haya concedido, y pido humildemente a mi Redentor que me otorgue fuerzas para llevar en el futuro una vida más pura que la que he llevado antes.

Luego extendió la mano hacia mí. Tomé y llevé a mis labios aquella mano tan querida, y él la pasó alrededor de mi hombro. Como yo era mucho más baja, pude servirle así de apoyo y de guía. Penetramos en el bosque y llegamos a casa.

Capítulo **38**

Conclusión

Lector: me casé con Edward. Fue una boda sencilla. Sólo él, el párroco, el sacristán y yo estuvimos presentes. Cuando volvimos de la iglesia, fui a la cocina de la casa, donde Mary estaba preparando la comida y John sacando los cubiertos, y dije:

—Mary: me he casado esta mañana con Mr. Rochester.

El ama de casa y su marido pertenecían a esa clase de personas flemáticas y correctas, a las que se puede participar una noticia sin temor a que nos abrumen con sus exclamaciones y nos ahoguen bajo un torrente de palabras de asombro. Mary me miró: el cucharón con que golpeaba un par de pollos que se asaban al fuego permaneció suspendido en el aire unos tres minutos y durante el mismo tiempo quedó interrumpido el proceso de arreglo de los cuchillos de John. Después, Mary, volviendo a inclinarse sobre el asado, se limitó a decir:

—¿Sí, señorita? Muy bien.

Y al cabo de un breve rato continuó:

—La vi salir con el señor, pero no sabía que iban a la iglesia.

Y siguió golpeando los pollos. Me volví hacia John y vi que reía abriendo mucho la boca.

—Ya le decía yo a Mary que acabaría sucediendo así —comentó—. Conozco bien a Mr. Edward —John era un criado antiguo y trataba a su amo desde que éste era el menor de la familia, por lo que se permitía a veces mencionarlo por su nombre propio— y me constaba lo que se proponía. Estaba seguro de que no lo demoraría mucho, y ha hecho bien. Le deseo muchas felicidades, señorita.

Y se quitó cortésmente la gorra.

—Gracias, John. Mr. Rochester me dijo que les diera esto.

Puse en su mano un billete de cinco libras y salí de la cocina. Pasando poco después ante la puerta de tal santuario, oí estas palabras:

—Será mejor *pa* él que una de esas señoronas. . . Y ella podría haber *encontrao* otro más guapo, pero no de mejor carácter ni más cabal. . .

Escribí a Cambridge y a Moor House dando la noticia. Diana y Mary me aprobaron sin reserva alguna. Diana me anunció que, una vez transcurrido un tiempo prudencial para dejar pasar la luna de miel, iría a visitarme.

—Vale más que no espere a que pase, Jane —dijo mi marido cuando le leí la carta—, porque tendrá que aguardar mucho. Nuestra luna de miel durará tanto, que sólo se apagará sobre tu tumba o la mía.

No sé que efecto causaría la novedad a John, porque no me contestó ni tuve carta suya hasta seis meses más tarde. En ella no aludía para nada a Edward ni a mi casamiento. Era una misiva tranquila y, aunque seria, afectuosa. Desde entonces mantenemos una correspondencia regular, si bien no frecuente. Él dice que confía en que yo sea feliz y espera que no imite a aquellas que prescinden de Dios para ocuparse sólo en las cosas terrenas.

¿Verdad que no has olvidado a Adèle, lector? Yo tampoco. Escaso tiempo después de casados, pedí a Rochester que me dejase ir a visitarla al colegio donde se hallaba interna. Su inmensa alegría me conmovió mucho. Me pareció pálida y delgada, y me confesó que no era feliz. Yo descubrí que la disciplina del colegio era demasiado rígida y su programa de estudios demasiado abrumador para una niña de aquella edad. Me la llevé a casa, resuelta a ser su institutriz de nuevo, pero esto no resultó posible, porque todos mis cuidados los requería otra persona: mi marido. La instalé, pues, en otro colegio menos severo y más próximo, donde me era fácil visitarla a menudo y llevarla a casa de vez en cuando. Me preocupé de que no le faltase nada que pudiera contribuir a su bienestar, y así, pronto se sintió satisfecha y progresó en sus estudios. A medida que crecía, una sana educación inglesa corrigió en gran parte sus defectos franceses, y cuando salió del colegio hallé en ella una compañera agradable, dócil, de buen carácter y sólidos principios. Con su sincera afección por mí y los míos, ha compensado de sobra las pequeñas bondades que alguna vez haya podido tener con ella.

Mi narración toca a su término. Unas breves palabras sobre mi vida de casada y sobre la suerte de aquellos cuyos nombres han sonado más frecuentemente en esta historia, la completarán.

Llevo casada diez años y sé bien lo que es vivir con quien se ama más que a nada en el mundo. Soy felicísima, porque lleno la vida de mi marido tan plenamente como él llena la mía. Ninguna mujer puede estar más unida a su esposo que yo lo estoy al mío: soy carne de su carne y alma de su alma. Jamás me canso de estar con Edward ni él de estar conmigo y, por tanto, siempre estamos juntos. Hallarnos juntos equivale para nosotros a disfrutar la libertad de la sociedad y la satisfacción de la compañía. Hablamos mucho todos los días y el hablar no es para nosotros más que una manifestación externa de lo que sentimos. Toda mi confianza está depositada en él y toda la suya en mí. Nuestros caracteres son análogos y una concordia absoluta es la consecuencia.

Edward estuvo ciego los dos primeros años de nuestro matrimonio, y ello consolidó más nuestra unión, porque yo fui entonces su vista, como soy ahora aún su mano derecha. Yo era literalmetne, como él solía llamarme, las niñas de sus ojos. *Veía* los paisajes y *leía* los libros por intermedio mío. Jamás me cansé de expresarle en palabras el aspecto de los campos, las ciudades, los ríos, las nubes, la luz del sol, los panoramas que nos rodeaban, el tiempo que hacía, de modo que la descripción verbal se grabase en su cerebro, ya que no podía la apariencia física grabarse en sus ojos. Jamás me cansé de leerle, jamás de guiarle adonde quería ir. Y en aquellos servicios que le prestaba y que él me pedía sin vergüenza ni humillación, había el más delicado e inefable de los placeres. Él me amaba lealmente y comprendió cuánto le amaba yo al comprobar que atenderle y mimarle constituían mis más dulces aspiraciones.

Pasados los dos años, una mañana, mientras me dictaba una carta, se acercó y me dijo:

—Jane: ¿llevas al cuello alguna cosa brillante?

—Sí —contesté, porque llevaba, en efecto, una cadena de reloj, de oro.

—¿Y no vistes un traje azul celeste?

Asentí. Entonces me manifestó que hacía tiempo venía pareciéndole que la oscuridad que obstruía uno de sus ojos era menos densa que antes. Y acababa de tener la certeza de ello.

Fuimos a Londres, consultamos a un oculista eminente y Edward recobró la vista. No ve con mucha claridad, no le cabe leer ni escribir demasiado, pero puede andar sin que le guíen, el cielo no está en sombras para él ni vacía la tierra. Cuando nació nuestro primer hijo, al tomarlo en sus brazos pudo apreciar que el niño tenía sus mismos ojos grandes, brillantes y negros de antes. Y una vez más dio gracias a Dios, que había suavizado su justicia con su misericordia.

Mi Edward y yo, pues, somos felices, y lo somos más aún porque sabemos felices también a los que apreciamos. Diana y Mary Rivers se han casado y todos los años vienen a vernos y nosotros les devolvemos la visita. El marido de Diana es un capitán de navío, brillante oficial y hombre bondadoso. El de Mary es sacerdote, antiguo amigo de colegio de su hermano y, por sus principios y su cultura, muy digno de su mujer. Tanto el capitán Fitz James como el padre Wharton aman a sus esposas y son amados por ellas.

John Rivers partió de Inglaterra y se fue a la India. Siguió y sigue aún la senda que se marcó. Jamás ha habido misionero más resuelto e infatigable que él, aun en medio de los mayores peligros. Firme, fiel, devoto, lleno de energía, celo y sinceridad, labora por sus semejantes, procurando mejorar su penoso camino, desbrozando, como un titán, los prejuicios de casta y de creencia que lo obstruyen. Podrá ser duro, podrá ser intransigente, podrá incluso ser ambicioso, pero su dureza es la del esforzado guerrero que defiende la caravana contra el enemigo; su intransigencia, la del apóstol que, en nombre de Cristo, dice: «Quien quiera ser mi discípulo, reniegue de sí mismo, tome su cruz y sígame»; y, en fin, su ambición es la del espíritu superior que reclama un puesto de primera línea entre los que, desinteresándose de las cosas terrenas, se presentan inmaculados ante el trono de Dios, participan en la final victoria del Divino Cordero y son, conjuntamente, llamados elegidos y fieles creyentes.

John no se casó, ni se casará ya nunca. Él solo ha

desempeñado su tarea en la Tierra y su glorioso sol toca ahora a su ocaso. La última carta que recibí de él hizo brotar lágrimas humanas de mis ojos y llenó mi corazón de divina alegría, porque me anunciaba la esperanza de alcanzar en breve una sublime recompensa, una incorruptible corona. Sé que las próximas noticias que tenga de él me las participarán manos ajenas, para comunicarme que este leal servidor de Dios ha sido llamado al seno de su Señor. Estoy segura de que el temor de la muerte no turbará los postreros momentos de John. Su mente continuará despejada, su corazón impávido, su esperanza firme, su fe inquebrantable. Sus propias palabras son prenda de ello:

«Mi maestro —dice— me previene, cada vez con más claridad: "Pronto estaré contigo". Y yo le respondo, con anhelo más acendrado de hora en hora: "Así sea para siempre jamás, Señor Jesús".»

LECTURAS AFINES

Soneto 141

William Shakespeare

Cuando Rochester le pregunta a Jane si lo encuentra guapo, ella le responde con franqueza: "No, señor". Sin embargo, Jane se siente atraída por su empleador desde el momento en que se conocen. Shakespeare escribe sobre una atracción romántica similar en el siguiente soneto.

Con los ojos que poseo no podría amarte, es cierto,
pues en ellos se revelan mil defectos de apariencia,
mas el alma se ata a lo que niegan los ojos, advierto,
y a pesar de lo que ven, su amor sincero sentencia.

No hallan mis oídos en el tono de tu voz encanto,
ni mi tierno tacto, tan sensible a los groseros roces,
ni mi gusto ni mi olfato acuden seducidos por el
    canto
de tu cuerpo que no invita a los sensuales goces.

Mas mis cinco facultades no podrían impedir
que un tonto corazón te sirva como esclavo,
al tiempo que su aspecto humano deja de existir
haciéndose vasallo miserable de tu orgullo:
mas mi azote es provechoso en el arte de vivir,
pues quien me induce al pecado es quien me hace
    sufrir.

La institutriz

Daniel Pool

Aparte de su encuentro con la mujer loca en el ático, ¿son las experiencias de Jane en Thornfield tan diferentes de las otras institutrices de su época? Este capítulo de un libro acerca de la vida diaria en Inglaterra en el siglo 19 nos muestra qué tenía Jane en común con las otras miles de jóvenes que desempeñaban el papel de institutriz.

"Una dama joven acostumbrada a la enseñanza (¿no he sido acaso maestra durante dos años?) deseosa de encontrar un arreglo en un hogar privado donde haya niños menores de catorce años. (Pensé que, dado que yo apenas tengo dieciocho años, no sería demasiado apropiado ocuparme de alumnos casi de mi edad.) Capacitada para enseñar las materias que de costumbre una buena educación inglesa comprende, así como francés, dibujo y música".

De esta manera Jane Eyre redactó el fatídico anuncio de periódico que la llevaría a Thornfield Hall. En 1850, había 21.000 institutrices registradas en Inglaterra, y es probable que muchas de ellas hubieran recibido una buena educación pero caído en la miseria, del mismo modo que Jane. Algunas, aparentemente, contaban con una muy sólida educación. En *Vanity Fair,* la señorita Pinkerton sostiene que sus jóvenes damas están "perfectamente capacitadas para enseñar el griego y el latín, así como los conocimientos básicos del hebreo; matemáticas e historia; español, francés, italiano y geografía; música, vocal e instrumental; danza sin la ayuda de un profesor, y los principios de las ciencias naturales. Son expertas en el uso de los globos". (Los globos eran una esfera celeste y una esfera terrestre, que se usaban para enseñar geografía celeste y terrestre, respectivamente.)

Las institutrices enseñaban a los niños de los hogares de clase media y clase alta hasta que alcanzaban la edad de ir a la escuela o a la universidad, de tomar clases con un profesor particular o, como a veces sucedía con las jóvenes de sexo femenino, hasta que "eran presentadas en sociedad". Es muy probable que las institutrices no siempre fueran tan cultas como las jóvenes de la señorita Pinkerton. Muchas, sin lugar a dudas, eran como la señora Garth en *Middlemarch*, que "había sido maestra antes de casarse" y, por lo tanto, presumiblemente tenía "una gran familiaridad con Lindley Murray y las *Preguntas* de Mangnall", siendo el último (*Preguntas varias y sobre historia para uso de la gente joven,* de la señorita Mangnall) un libro de preguntas y respuestas de memoria ampliamente conocido por las desesperadas institutrices a quienes el oficio se les escapaba de las manos. El trabajo de institutriz era una de las pocas ocupaciones que se consideraban apropiadas para las jóvenes de clase media que tenían que ganarse la vida, pero a pesar de que se esperaba que la institutriz tuviera la educación y el porte de una "dama", se la trataba como a una sirvienta. "Puedo ser tratada como parte de la familia, excepto en los días en que tienen invitados, cuando las señoritas y yo cenamos en el piso de arriba", escribe Becky Sharp a su amiga Amelia, y podemos compadecernos de las que desempeñaban esta profesión, incluso hasta de Becky Sharp, porque implicaba ser y no ser parte de la familia a la vez, cosa que hacía la tarea solitaria y difícil. (Al mismo tiempo, esta posición intermedia le daba una perspectiva maravillosa, relativamente independiente, que permitía a la novelista describir desde dentro lo que acontecía en el hogar.)

Muchas mujeres detestaban el oficio. Jane Fairfax, cuando sabe que trabajará como institutriz, confiesa en *Emma* que no tiene ninguna prisa por ir al pueblo y visitar "oficinas, donde a fuerza de preguntar, pronto obtendré algo, oficinas donde se comercia no precisamente con la carne humana, sino con el intelecto humano". De manera similar, la independiente Mary Garth, tal y como lo señala Rosamond Vincy en *Middlemarch*, se resigna a cuidar al quejumbroso Peter Featherstone "porque prefiero esto antes que trabajar como institutriz". Los criados detestaban a las institutrices porque, como dice la señora Blenkinsop en *Vanity Fair*, "se las dan de grandes damas, y su salario no es mejor que el mío ni el tuyo"; mientras que aquéllos que pertenecían a la clase de sus empleadores las encontraban de una categoría demasiado "baja". George Osborne se horroriza de que Joe Sedley considere formar una alianza con Becky Sharp cuando piensa en casarse con Amy: "¿Quién es esta niñita de edad escolar que coquetea y hace el amor con él? Rayos, ya suficientemente bajo ha llegado la familia, sin su ayuda. Una institutriz está muy bien, pero mucho preferiría tener por cuñada a una dama". La extremadamente refinada señora General acepta amablemente ocuparse de educar a las niñas Dorritt en las mejores artes de la sociedad, pero cuando el señor Dorritt tímidamente pregunta: "¿qué remune–".

—Por cierto —interrumpe la fornida y gruñona anciana, demasiado delicada como para hablar de dinero—. Espero que se dé cuenta que no soy una institutriz . . .

—¡Por Dios, señora, no! —dice el señor Dorritt—. No crea ni por un instante que yo pienso eso.

El hecho de no pertenecer a la familia ni ser parte de la servidumbre podía llevar a una situación de terrible aislamiento en medio del bullicio de la vida del hogar. Una institutriz que existió en la vida real hacía todo lo posible por pasar cinco horas escribiendo cada carta que enviaba: ". . . ha sido una gran diversión. . . durante las muchas horas de soledad en que no tenía mejor tarea que hacer". Quizá fuera aún peor, debido a que, si los ejemplos de Jane Eyre, Becky Sharp y Lucy Morris en *The Eustace Diamonds* son algo representativos, la mayoría eran huérfanas.

Sin embargo, los casos de las tres ficticias institutrices sugieren que las institutrices a veces *sí* se ganaban la atención de la figura masculina de la familia. Solas, corteses, tal vez en una posición "de inferioridad" o "de desamparo", bien educadas y con todo el temperamento y el refinamiento de una dama, ¿es de extrañar que los jóvenes hijos, o a veces hasta el jefe de la familia, encontraran atractivas a semejantes criaturas con quienes compartían el mismo techo? Especialmente en una cultura que ponía el énfasis en la sagrada obligación de los caballeros de acudir al rescate de todos los seres desamparados del sexo débil. Es evidente que el caso de Jane Eyre, por más que parezca un prototipo salido de una novela romántica, no era demasiado atípico. Becky atrapó a Rawdon Crawley, y la madre de David Copperfield (también huérfana) brinda un retrato más bien melancólico de la vida de institutriz cuando explica cómo ". . . trabajaba como institutriz y niñera de la familia cuando el señor Copperfield vino de visita. El señor Copperfield fue muy amable conmigo y me prestó mucha atención, hasta que al fin me propuso matrimonio". Por cada Jane Eyre de ficción, quién sabe cuántas existieron en la vida real, como la institutriz del hogar del editor del *Westminster Review,* donde trabajaba George Eliot, quien tuvo una aventura amorosa con él mientras que vivía con su familia. De visita en Londres, Hippolyte Taine sostenía que gran cantidad de hombres adinerados de esa ciudad tenían institutrices como amantes. Si Thackeray no se equivoca, se comprendía bien que los hombres de un hogar cedieran a los encantos de las institutrices. Y sugiere la manera en que el empleador prudente podía resolver el problema. En *Vanity Fair*, la señorita Pinkerton le escribe a la señora Bute Crawley para recomendarle dos candidatas para el puesto de institutriz, haciendo notar que ambas estaban bien calificadas, pero una sutilmente más que la otra. "Pero debido a que no cuenta con más que dieciocho años de edad y su apariencia personal es extremadamente agradable, es posible que esta joven no sea la más recomendable para el hogar de sir Huddleston Fuddleston. Por otra parte, la señorita Letitia Hawley no es físicamente agraciada. Tiene veintinueve años y su rostro está cubierto de marcas de viruela. Cojea al andar, tiene los cabellos rojos y la vista ligeramente desviada".

La pequeña institutriz

Katherine Mansfield

En el siguiente relato, la institutriz es inglesa, el país es Alemania y la época es el siglo 20. Pero al igual que Jane Eyre, esta institutriz se encuentra sola y aislada de su familia y amigos cuando viaja para desempeñar su primer trabajo.

Oh cielos, cómo deseaba que no fuera de noche. Hubiera tanto preferido viajar durante el día, tanto, tanto. Pero la señora de la agencia de institutrices había dicho:

—Es mejor que tomes un barco por la noche, y entonces, si te metes en el tren en un compartimiento "sólo para damas", estarás mucho más segura que pasando la noche en un hotel extranjero. No salgas del vagón; no camines por los pasillos y *asegúrate bien* de trancar la puerta si vas al baño. El tren llega a Munich a las ocho, y frau Arnholdt dice que el Hotel Grunewald está a tan solo dos pasos de distancia. Un maletero te puede acompañar hasta allí. Ella llegará a las seis de esa misma tarde, así que tendrás todo un tranquilo día para descansar después del viaje y para refrescar tu alemán. Y cuando quieras comer algo, yo te aconsejo que vayas a la panadería más cercana y te compres un pastelillo y un poco de café. ¿Nunca has viajado al extranjero, no?

—No.

—Bueno, yo siempre les digo a mis jóvenes que es mejor desconfiar que confiar a primeras de la gente y que es más seguro sospechar que tienen malas intenciones antes que buenas. . . Parece un poco duro, pero tenemos que ser mujeres del mundo, ¿no es cierto?

Había estado bien en el camarote para damas. La camarera había sido tan amable, le había cambiado el dinero y le había cubierto los pies. Se recostó en uno de los sofás duros con ramitos rosados y contempló, simpática y espontánea, a las otras pasajeras colgando sus sombreros, quitándose las botas y las faldas, abriendo sus neceseres y acomodando misteriosos paquetitos crujientes, cubriéndose la cabeza antes de acostarse. *Tap, tap, tap,* sonaba monótonamente la hélice del buque a vapor. La camarera bajó una cortina verde para cubrir la luz y se sentó junto a la estufa, con la falda volteada sobre las rodillas y un largo tejido sobre su regazo. Sobre un estante, encima de su cabeza, se encontraba un ramo de flores apretado dentro de una botella de agua. "Me gusta mucho viajar", pensó la pequeña institutriz. Sonrió y se abandonó al cálido vaivén.

Pero cuando el barco se detuvo y subió a cubierta, su cesta de ropa en una mano y el paraguas y la manta en la otra, sintió un viento frío y extraño debajo de su sombrero. Alzó la vista hacia los mástiles y los palos del navío (que se recortaban negros contra un cielo verde brillante) y luego miró hacia abajo, hacia la oscura plataforma de desembarque, donde extrañas figuras con la cara cubierta deambulaban, esperando; avanzó, con el rebaño somnoliento, todos sabiendo qué hacer y hacia dónde ir, menos ella, y tuvo miedo. Sólo un poquito, lo suficiente como para desear, ay, para desear que fuera de día y que una de esas mujeres que le había sonreído frente al espejo cuando ambas se arreglaron el cabello en el camarote para damas estuviera en algún sitio cerca en ese momento.

—Boletos; sírvanse mostrar sus boletos. Tengan los boletos a mano.

Bajó cuidadosamente la pasarela, esmerándose por

no perder el equilibrio sobre sus tacones. Entonces un hombre que llevaba una gorra de cuero negro se adelantó y le tocó el brazo.

—¿A dónde, señorita?

Hablaba inglés; con una gorra como ésa, debería ser un guardia o un jefe de estación. Apenas había contestado ella cuando el hombre se abalanzó sobre su cesta de ropa.

—Por aquí —gritó, con una voz grosera y resuelta, y sin perder un instante, se abrió paso a codazos entre la multitud.

—Pero, no quiero un maletero —"¡Qué hombre horrible!", pensó—. No quiero un maletero. Quiero llevarla yo misma.

Tuvo que correr para alcanzarlo, y su ira, mucho más fuerte que ella misma, se le adelantó y arrancó el bolso de las manos del desgraciado. Sin prestar nada de atención, él se escabulló por la larga y oscura plataforma, hasta cruzar una vía de tren. "Es un ladrón". Estaba convencida de que se trataba de un ladrón mientras que pisaba entre las vías plateadas y sentía los carbones crujir bajo sus pies. Al otro lado, ¡gracias al cielo!, había un tren que decía "Munich". El hombre se detuvo junto a los inmensos vagones iluminados.

—¿Segunda clase? —preguntó la insolente voz.

—Sí, un compartimiento para damas.

Estaba casi sin aliento. Abrió su pequeño monedero en busca de algo lo suficientemente pequeño como para darle a ese hombre horrendo, mientras que él tiraba su cesta de ropa sobre el estante de un vagón vacío que tenía un cartel pegado en la ventanilla que rezaba *Dames Seules*. Subió al tren y le dio veinte *centimes*.

—¿Qué es esto? —rugió el hombre mirando airadamente, primero el dinero y después a ella, llevándoselo a la nariz, olfateándolo como si jamás en su vida hubiera visto, y mucho menos tenido en sus manos, semejante suma.

—Es un franco. Usted lo sabe, ¿no? Es un franco. ¡Ésa es la tarifa!

¡Un franco! ¿Se había él imaginado que ella le daría un franco por jugarle semejante treta, simplemente porque ella era una muchacha que viajaba sola por la noche? ¡Jamás, jamás! Apretó su monedero en su mano y sencillamente no lo vio; se concentró en una vista de St. Malo que colgaba de la pared de enfrente y sencillamente no lo oyó.

—Ah no. Ah no. Cuatro *sous*. Usted se equivoca. Aquí, tómelos. Lo que quiero es un franco.

Saltó sobre el escalón del tren y le tiró el dinero en el regazo. Temblando de pánico, ella se armó de valor, estiró una mano helada, tomó el dinero y lo ocultó.

—Eso es todo lo que le voy a dar —dijo. Durante uno o dos minutos sintió su aguda mirada escudriñándola de arriba a abajo, mientras que asentía lentamente, abriendo la boca: —Muuuy bien. *Trrrès bien.*

Encogió los hombros y desapareció en la oscuridad. ¡Qué alivio! ¡Qué sencillamente espantoso que había sido! Se paró para asegurarse de que su cesta no estuviera por caerse y se vio en el espejo, bastante pálida, sus ojos grandes y redondos. Se desató su "pañuelo de motorista" y se desabrochó la capa verde.

—Pero ya se terminó —le dijo al rostro del espejo, sintiendo que de cierto modo estaba más atemorizado que ella.

Comenzó a reunirse la gente en la plataforma. Conversaban en pequeños grupos; una extraña luz que provenía de las lámparas de la estación pintaba sus rostros casi de verde. Un niño pequeño vestido de rojo se recostó contra una carreta inmensa donde vendía té, poco después de haber hecho un estruendo al arrastrarla, silbando y haciendo chasquear una *serviette* contra sus botas. Una mujer con un delantal de alpaca negra empujaba una carretilla con almohadas que ofrecía en alquiler. Vaga y soñadora se veía, al igual que una mujer empujando un cochecito, arriba y abajo, arriba y abajo, con un bebé durmiendo dentro. Guirnaldas de humo blanco brotaban en el aire desde alguna parte y colgaban del techo como si fueran viñas de niebla. "Cuán extraño es todo esto", pensó la pequeña institutriz, "y en el medio de la noche también". Asomó la mirada desde su guarida, ya no más atemorizada sino orgullosa de no haber entregado el franco. "Puedo valerme por mí misma, claro que puedo. Lo más importante es no. . ." De pronto vino desde el pasillo el estruendo de pisadas y voces masculinas, fuertes e interrumpidas por bruscas carcajadas. Venían en su dirección. La pequeña institutriz se encogió en su esquina, mientras que cuatro hombres jóvenes con sombreros bombines pasaron, mirando fijamente por las ventanillas y la puerta. Uno de ellos, festejando la broma, señaló el cartel *Dames Seules* y los cuatro se agacharon aún más para ver a la niña sola en el rincón. Santo cielo, estaban en el vagón contiguo. Oyó sus pisadas y después un silencio repentino, seguido por un individuo delgado y alto con un bigotito negro que de golpe abrió su puerta de par en par.

—Si la señorita desea acompañarnos —dijo en francés. Vio a los demás apiñados detrás de él, espiando por debajo de su brazo y por encima de su hombro, y se enderezó tiesa en su asiento.

—Si la señorita nos concede el honor —se burló el hombre alto.

Uno de ellos no pudo resistirse más y estalló en una estrepitosa risotada.

—La señorita está seria —insistió el joven, haciendo muecas y una reverencia. Se quitó el sombrero con un ademán, y ella volvió a quedar sola.

—*En voiture. En voi-ture!*— Alguien pasó corriendo

hacia arriba y hacia abajo junto al tren. "Cómo desearía que no fuera de noche. Cómo desearía que hubiera otra mujer en mi vagón. Tengo miedo de los hombres que están en el vagón de al lado". La pequeña institutriz miró hacia afuera y vio al maletero que regresaba, el mismo hombre dirigiéndose hacia su vagón con los brazos cargados de equipaje. Pero, pero, ¿qué estaba haciendo? Con la uña del pulgar, arrancó el cartel que rezaba *Dames Seules* y luego se hizo a un lado mirándola de reojo, entre tanto que un anciano envuelto en una capa a cuadros trepaba el alto escalón.

—Pero éste es el compartimiento para damas.

—No, señorita, está equivocada, le aseguro. *Merci. Monsieur*. . .

—*En voi-turre!*

Un silbato ensordecedor. El maletero descendió triunfante y el tren emprendió la marcha. Por un instante o dos se le llenaron los ojos de grandes lágrimas, a través de las cuales pudo ver al anciano quitándose la bufanda del cuello y desatando las alas de su gorra estilo *Jaeger*. Parecía muy viejo. Noventa años, al menos. Tenía un bigote blanco, arrugadas mejillas sonrosadas y grandes anteojos con borde dorado, detrás de los cuales asomaban unos pequeños ojos azules. Un rostro agradable, y encantadora la manera en que se inclinó hacia adelante y dijo en un francés vacilante:

—¿La molesto, señorita? ¿Preferiría que me llevara todas mis cosas del estante y buscara otro compartimiento?

¿Cómo? Este anciano tendría que mover todo ese pesado equipaje sólo porque ella. . .

—No, está bien. No me molesta en absoluto.

—Un millón de gracias.

Se sentó frente a ella, desabrochó la capa de su inmenso abrigo y se la echó sobre los hombros.

El tren parecía estar contento de haberse ido de la

estación. De un gran salto se adentró en la oscuridad. Ella frotó con su guante la ventana pero no pudo ver nada, simplemente el follaje de un árbol abierto como un abanico negro o algunas luces, o el contorno de una colina, solemne e inmensa. En el vagón contiguo, los jóvenes comenzaron a cantar *"Un, deux, trois"*. Cantaban la misma canción una y otra vez, tan fuerte como sus voces se lo permitían.

"Nunca me hubiera atrevido a dormirme si hubiera estado sola", decidió. *"No podría* haber levantado las piernas, ni siquiera haberme quitado el sombrero". El canto le causó un extraño estremecimiento en el estómago, y mientras que se abrazaba para que se le pasara, con los brazos cruzados debajo de la capa, verdaderamente se alegró de que el anciano estuviera con ella en el compartimiento. Después de asegurarse de que él no la estuviera mirando, lo observó por entre sus largas pestañas. Él estaba sentado extremadamente erguido, con el pecho hacia afuera, el mentón hacia adentro, las rodillas juntas, leyendo un periódico alemán. Por eso era que hablaba francés de esa manera tan rara. Era alemán. Algún militar, supuso, un coronel o un general, hace tiempo, claro, no ahora; estaba demasiado viejo como para eso ahora. Qué bien arreglado se veía para ser un anciano. Tenía una perla en su corbata negra y llevaba un anillo con una piedra color rojo oscuro en el dedo meñique; del bolsillo de su chaqueta cruzada asomaba la punta de un pañuelo blanco de seda. Por algún motivo, era verdaderamente agradable a la vista. La mayoría de los ancianos eran tan repugnantes. No soportaba sus chocheras, o tenían una tos asquerosa o alguna otra cosa. Pero el hecho de que no tuviera barba, era eso sin duda lo que hacía ver tan agradable, y sus mejillas eran tan sonrosadas y su bigote tan blanco. El periódico alemán bajó y el anciano se inclinó hacia adelante con la misma encantadora cortesía:

—¿Habla alemán, Mademoiselle?

—*Ja, ein wenig, mehr als Französisch* —respondió la pequeña institutriz, poniéndose de un color rosado profundo que se extendió lentamente sobre sus mejillas e hizo que sus ojos azules parecieran casi negros.

—*Ach, so!*

El anciano se inclinó amablemente.

—Quizá le agradaría hojear unos periódicos ilustrados.

Quitó la gomita que sujetaba un pequeño rollo de periódicos y se los entregó.

—Muchas gracias.

Le encantaba mirar ilustraciones, pero primero se quitaría el sombrero y los guantes. Se puso de pie, se quitó el alfiler del sombrero de paja color café y lo colocó primorosamente en el estante junto a la cesta; se quitó sus finos guantes café de cuero, que arrolló juntos firmemente y puso en la copa del sombrero para que no se perdieran, y se volvió a sentar, más cómoda ahora, con los pies cruzados y los periódicos en la falda. Con qué amabilidad observaba el anciano desde la esquina su pequeña mano desnuda pasando las grandes páginas blancas y el movimiento de sus labios cuando pronunciaba las largas palabras para sí, mirando sus cabellos que claramente brillaban bajo la luz. ¡Qué pena! ¡Qué tragedia para una pequeña institutriz tener cabellos que hacían pensar en naranjas mandarinas y caléndulas, en albaricoques, gatos de carey y champaña! Quizá era en eso que pensaba el anciano mientras que miraba y miraba, y que ni siquiera las feas y oscuras vestimentas podían ocultar su fresca belleza. Quizá el rubor que pintaba sus mejillas y labios era el rubor de ira que pintaría el rostro de cualquiera que a tan temprana y tierna edad tuviera que viajar sola y desamparada en el medio de la noche. Quién sabe si no estaría murmurando a la sentimental manera alemana: "*Ja, es ist eine Tragödie!* ¡Dios me concediera ser el abuelo de la niña!"

—Muchas gracias. Son muy interesantes. —Con una linda sonrisa le devolvió los periódicos.

—Pero usted habla alemán extremadamente bien —dijo el anciano—. Ha estado en Alemania antes, ¿no es cierto?

—Oh, no, ésta es la primera vez —breve pausa mediante— ésta es la primera vez en mi vida que salgo de mi país.

—¡De veras! ¡Parece mentira! Usted me da la impresión, si me permite decirlo, de que está acostumbrada a viajar.

—Es que. . . he viajado mucho en Inglaterra, y estuve en Escocia una vez.

—*So.* Yo mismo he estado en Inglaterra una vez, pero no pude aprender inglés—. Alzó una mano y sacudió la cabeza, riéndose.

—No, no, demasiado complicado para mí. . . Jau-du-iu-dú. Pliz vich is de vay tu Leicester Scuear.

Ella también se rió. —Los extranjeros siempre dicen. . .

Tuvieron toda una conversación sobre el tema.

—Pero le gustará Munich —dijo el anciano—. Munich es una ciudad hermosa. Los museos, las pinturas, las galerías, los bonitos edificios y las tiendas, los conciertos, los teatros, los restaurantes, todos se encuentran en Munich. He viajado por toda Europa muchas, muchas veces en mi vida, pero es siempre a Munich que regreso. La va a pasar bien allí.

—No voy a quedarme en Munich —aclaró la pequeña institutriz, a lo cual agregó con timidez—: Voy a trabajar como institutriz para la familia de un médico de Augsburg.

—Ah, eso era.

Augsburg sí conocía. Ausgburg, en fin, no era una ciudad hermosa. Una sólida ciudad industrial. Pero si nunca antes había estado en Alemania, esperaba que aun allí encontrara algo interesante.

—Estoy segura que sí.

—Pero qué pena que no vaya a conocer Munich antes de ir. Debería tomarse unas breves vacaciones camino a Augsburg —sonrió— y almacenar algunos recuerdos agradables.

—Me temo que no podría hacer *eso* —dijo la pequeña institutriz, sacudiendo la cabeza, repentinamente solemne y seria—. Además, estando sola. . .

Él entendió perfectamente bien. Inclinó la cabeza, serio él también. Después de esto permanecieron en silencio. El tren continuó lanzándose hacia adelante, blandiendo su oscuro y ardiente pecho a las colinas y los valles. En el compartimiento hacía calor. Ella parecía recostarse contra la oscuridad y ser llevada lejos y más lejos. Se entreoyeron algunos ruiditos, pisadas en el pasillo, puertas que se abrían y se cerraban, un murmullo de voces, silbidos. . . Después, largas agujas de lluvia se clavaron en la ventanilla. . . Pero no importaba. . . era afuera. . . y tenía su paraguas. . . puso mala cara, suspiró, abrió y cerró las manos una vez y se quedó profundamente dormida.

—*Pardon! Pardon!*

La puerta corrediza del vagón cerrándose hizo que se despertara sobresaltada. ¿Qué había sucedido? Alguien había entrado y vuelto a salir. El anciano estaba sentado en su esquina, más erguido que nunca, con las manos en los bolsillos del abrigo y el ceño muy fruncido. "Ja, ja, ja", se oyó desde el vagón contiguo. Todavía medio adormecida, se llevó las manos a la cabeza para estar segura de que no se trataba de un sueño.

—¡Qué vergüenza! —murmuró el anciano, más para sí mismo que para ella—. ¡Individuos vastos y vulgares! Siento que la hayan perturbado, grata *Fräulein*, metiéndose aquí de esa manera.

No, en realidad, no. Justo se estaba por despertar, y sacó su reloj de plata para ver la hora. Las cuatro y media. Una luz fría y azulada empañaba los vidrios de las ventanillas. Ahora, cuando frotó en un lugar, vio brillantes retazos de campos, un racimo de casas blancas como hongos, un camino "como salido de una pintura" con álamos a ambos lados, un hilo de río. ¡Qué hermoso era! ¡Qué hermoso y cuán diferente! Hasta las nubes rosadas del cielo parecían extranjeras. Hacía frío, pero se imaginó que hacía aún más frío y se frotó las manos y tembló, tirando del cuello de su abrigo de tan contenta que estaba.

El tren comenzó a aminorar la marcha. La locomotora lanzó un largo y agudo silbido. Estaban llegando a un pueblo. Casas más altas, rosadas y amarillas se deslizaron profundamente dormidas detrás de sus verdes párpados y protegidas por los álamos que se estremecían bajo el aire azul, como si escucharan en puntas de pies. En una casa, una mujer abrió las persianas, colgó un colchón rojo y blanco del marco de la ventana y se quedó observando el tren. Una mujer de rostro pálido y cabellos negros con un chal blanco de lana sobre los hombros. Más mujeres se asomaron a las puertas y ventanas de las casas dormidas. Pasó un rebaño de ovejas. La pastora llevaba una blusa azul y zapatos puntiagudos de madera. ¡Mira! Mira las flores, ¡y también junto a la estación de tren! Rosas comunes, como ramos de novia, geranios blancos y rosados cerosos que uno *nunca* vería fuera de un invernadero en su país. Cada vez más lentamente. Un hombre mojaba la plataforma con una regadera. *A-a-a-ah!* Alguien vino corriendo y agitando los brazos. Una mujer inmensamente gorda pasó bamboleándose a través de las puertas de vidrio de la estación con una bandeja de fresas. Tenía sed. Tenía mucha sed. *A-a-a-ah!* La misma persona pasó corriendo nuevamente. El tren se detuvo.

El anciano se echó el abrigo a los hombros y se levantó, dirigiéndole una sonrisa. Masculló algo que ella no pudo entender, pero le sonrió mientras que bajaba del vagón. Una vez que se había ido, la pequeña institutriz volvió a mirarse en la ventanilla, se sacudió y se arregló con el cuidado preciso y práctico de una joven que tiene suficiente edad como para viajar sola y que no tiene a nadie más para asegurarle "que se ve bien de atrás". ¡Sedienta y sedienta! El aire sabía a agua. Bajó la ventana y la mujer gorda de las fresas pasó como adrede, acercándole la bandeja. —*Nein, danke* —dijo la pequeña institutriz, mirando las grandes frutas en sus radiantes hojas. —*Wie viel?* —preguntó, a medida que la mujer gorda se alejaba. —Dos marcos cincuenta, Fräulein.

—¡Santo cielo!

Metió la cabeza adentro de la ventanilla y fue a sentarse en el rincón, muy seria por un instante. ¡Media corona!

"¡U-u-i-i-i-i!" aulló el tren, preparándose para partir nuevamente. Deseó que el anciano no perdiera el tren. Era de día; todo era hermoso, si tan sólo no hubiera tenido tanta sed. ¿Dónde *estaba* el anciano; ah, ahí estaba; le sonrié como si se tratara de un viejo y aceptado amigo, mientras que él cerraba la puerta y, dándose vuelta, sacaba un canasto de fresas de debajo de su capa.

—Me haría Fräulein el honor de aceptarlas. . .

—¿Para mí? —pero se echó hacia atrás y alzó las manos como si estuviera por alzar un gatito en su regazo.

—Sí, claro, para usted —replicó el anciano—. Desde hace veinte años no me armo del suficiente valor para comer fresas.

—Gracias, muchísimas gracias. *Danke bestens* — tartamudeó—, *sie sind so sehr schön!*

—Cómalas y compruébelo —dijo el anciano, que parecía complacido y amistoso.

—¿No va a comer ni siquiera una?

—No, no, no.

Su mano quedó suspendida, tímida y encantadora. Eran tan grandes y jugosas que tuvo que dar dos bocados para comerlas; el jugo se deslizó por sus dedos, y fue degustando las fresas que pensó por primera vez en el anciano como en un abuelo. ¡Qué abuelo perfecto que sería! ¡Como salido de un libro!

Salió el sol, el azul se comió las nubes rosadas en el cielo, las nubes de fresa.

—¿Están buenas? —preguntó el anciano—. ¿Tan buenas como parecen?

Después de comerlas, sintió que lo conocía desde hacía años. Le contó sobre Frau Arnholdt y cómo había obtenido el puesto. ¿Conocía el Hotel Grunewald? Frau Arnholdt no llegaría hasta el atardecer. Él escuchó y escuchó, hasta que supo tanto como ella acerca del asunto, hasta que dijo, sin mirarla, sino frotando suavemente las palmas de sus guantes de gamuza marrón:

—Me pregunto si me permitiría enseñarle Munich un poquito hoy. No gran cosa, sólo quizá una galería de arte y el *Englischer Garten*. Parece una pena que usted tenga que pasar el día en el hotel, y también un poco incómodo. . . en un sitio desconocido. *Nicht wahr?* Podrá estar de vuelta allí temprano por la tarde, o cuando prefiera, por supuesto, y le causará un gran placer a un anciano.

No fue sino bastante después de haber aceptado (porque en el momento en que lo hizo y él le agradeció comenzó a contarle acerca de sus viajes por Turquía y la esencia de rosas), que se preguntó si no había cometido un error. Después de todo, en realidad no lo conocía. Pero era tan viejo y había sido tan amable, sin mencionar las fresas. . . Y no podría haber explicado por qué no, y en cierto modo era su último día, su *último* día para verdaderamente disfrutar. "¿Hice mal? ¿Cometí un error?" Una gota de sol cayó sobre sus manos y permaneció allí, cálida y temblorosa.

—Si me permite, la puedo acompañar hasta el hotel —sugirió—, y pasarla a buscar alrededor de las diez.

Sacó su libreta y le entregó una tarjeta. "Herr Regierungsrat. . . "¡Tenía un título! Bueno, *seguro* que estaría bien. Entonces, después de sucedido esto, la pequeña institutriz se abandonó a la emoción de estar verdaderamente en el extranjero, de mirar hacia afuera y leer los anuncios extranjeros, de que le dijeran a qué lugar habían llegado, con un abuelo encantador que se ocupaba de atenderla y de que se divirtiera, hasta que llegaron a Munich y a la Hauptbahnhof.

—¡Maletero! ¡Maletero!

Le encontró un maletero, dispuso de su propio equipaje con unas pocas palabras, la guió fuera de la estación a través de la desconcertante multitud bajando por los limpios escalones blancos hacia la calle blanca hacia el hotel. Explicó al gerente quién era ella, como si todo esto hubiera estado predestinado a suceder, y a continuación su pequeña manito se perdió por un instante en las grandes manos de gamuza color café.

—Pasaré a buscarla a las diez—. Y se fue.

—Por aquí, *Fräulein* —dijo el mozo, que había estado escurriéndose detrás del gerente, todo ojos y oídos para la extraña pareja. Ella subió dos pisos de escaleras detrás de él, hasta llegar a un oscuro dormitorio. Colocó en el suelo su cesta de ropa y subió una ruidosa y polvorienta persiana. ¡Uuh, qué habitación tan fea y fría, qué muebles tan enormes! ¡Buena hubiera sido pasar el día allí!

—¿Ésta es la habitación que pidió Frau Arnholdt? —preguntó la pequeña institutriz. El mozo la miraba fijamente de una manera curiosa, como si ella tuviera algo *extraño*. Frunció los labios, como si fuera a silbar, pero cambió de parecer.

—*Gewiss* —dijo. Bueno, ¿por qué no se iba entonces? ¿Por qué la miraba de esa manera?

—*Gehen Sie* —dijo la pequeña institutriz con una

frígida simplicidad inglesa. A él casi se le saltaron sus pequeños ojos, cual pasas, de las pastosas mejillas.

—*Gehen Sie sofort* —repitió ella en un tono helado. Él se volvió al llegar a la puerta.

—Y en cuanto al caballero —dijo—, ¿lo hago pasar a la habitación cuando llegue?

Sobre las blancas calles, grandes nubes blancas orlaban de plata, y el sol brillaba por todas partes. Cocheros gordos, gordos conducían gordos cabriolés; graciosas mujercitas con pequeños sombreros redondos limpiaban las vías del tranvía; gente que se reía y se empujaba; árboles a ambos lados de las calles, y casi dondequiera que uno mirara, inmensas fuentes; risas desde las aceras o el medio de las calles o las ventanas abiertas. Y a su lado, más hermosamente acicalado que nunca, con un paraguas enrollado en una mano y guantes amarillos en lugar de los café, su abuelo que le había pedido para pasar el día juntos. Sentía deseos de correr, de colgarse de su brazo, deseaba gritar a cada paso: "¡Estoy tan terriblemente contenta!". La condujo a través de las calles, esperó sin moverse mientras que ella "miraba" y echándole una amable mirada le dijo "lo que desees". Comió dos *bockwurst* y dos panecillos frescos a las once de la mañana y tomó un poco de cerveza, que él le dijo que no se le subiría a la cabeza, nada como la cerveza inglesa, de un vaso que parecía un florero. Y entonces se subieron a un cabriolé y ella debe verdaderamente haber visto miles y miles de maravillosas pinturas clásicas, ¡en como un cuarto de hora!

—Voy a tener que recordarlas cuando esté sola. . .

Pero cuando salieron de la galería de arte, estaba lloviendo. El abuelo desplegó su paraguas y lo sujetó sobre la pequeña institutriz. Comenzaron a caminar hacia el restaurante, para almorzar. Ella, muy cerca de él, para que él también tuviera un poco del paraguas.

—Es más sencillo, Fräulein —dijo como desentendido— si me toma del brazo. Además de que es la costumbre alemana.

Y ella lo tomó del brazo y caminó a su lado mientras que él le señalaba las estatuas famosas, tan ensimismado que hasta se olvidó de cerrar el paraguas cuando ya hacía rato que había dejado de llover. Después de almorzar, fueron a un café a escuchar una banda de músicos gitanos, pero a ella no le gustó nada. Uh, qué hombres horribles había allí, con cabezas como huevos y rostros cortados, por lo cual dio vuelta a su silla y colocó sus mejillas ardientes entre sus manos ahuecadas y en su lugar miró a su viejo amigo. . . Después fueron al *Englisher Garten.*

—¿Qué hora será? —preguntó la pequeña institutriz—. Se me paró el reloj. Me olvidé de darle cuerda anoche en el tren. Hemos visto tantas cosas que me parece que debe ser bastante tarde.

—¡Tarde! —Se detuvo él frente a ella, riéndose y sacudiendo la cabeza, de una manera que a ella le comenzaba a resultar conocida—. Entonces no se ha divertido verdaderamente. ¡Tarde! ¡Pero si todavía no hemos tomado el helado!

—Pero, ¡sí que me he divertido! —exclamó ella compungida—, más de lo que puedo expresar con palabras. ¡Ha sido maravilloso! Sólo que Frau Arnholdt va a llegar al hotel a las seis y yo debería estar allí a las cinco.

—Y así lo hará. Después del helado, la subiré a un cabriolé y podrá ir allí cómodamente.

Ella se alegró nuevamente. El helado de chocolate se derretía y chorreaba lentamente hasta abajo. Las sombras de los árboles danzaban sobre los manteles, y se sentó, de espaldas al decorativo reloj que apuntaba a las siete menos veinticinco minutos.

—De veras —dijo la pequeña institutriz sinceramente—, que hoy ha sido el día más feliz de mi vida. Nunca me había siquiera imaginado un día como el de hoy.

A pesar del helado, su infantil corazón agradecido resplandeció de amor por el encantador abuelo. Salieron del jardín por un largo callejón. El día llegaba a su fin.

—¿Ve esos grandes edificios que están enfrente? —preguntó el anciano—. El tercer piso, allí es donde vivo yo. Yo y la vieja ama de llaves que se ocupa de mí.

Ella estaba muy interesada.

—Y ahora antes de que le pida un cabriolé, ¿le gustaría ver mi pequeño "hogar" y permitirme que le dé una botella de la esencia de rosas que le mencioné en el tren? ¿De recuerdo?

—Nunca he estado antes en el piso de un hombre soltero —rió la pequeña institutriz, encantada con la invitación.

El pasillo era bastante oscuro.

—Me imagino que mi vieja señora salió a comprarme un pollo. Un momento.

Abrió la puerta y se hizo a un lado para que ella entrara, un poco tímida pero curiosa, en una habitación desconocida. Ella no supo bien qué decir. No era hermoso. En cierto modo, era muy feo, pero limpio y, se imaginó, cómodo para un hombre tan mayor. —Y, ¿qué le parece? —Se arrodilló y sacó de un aparador una bandeja redonda y dos vasos altos rosados y una botella alta—. Tiene dos pequeños dormitorios y una cocina —dijo alegremente—. ¿Suficiente, no?

—Sí, más que suficiente.

—Y si en algún momento está en Munich y desea pasar un día o dos, siempre habrá un nidito, un ala de pollo, una ensalada y un anciano encantado de recibirla otra vez y muchas, ¡muchas veces más, querida pequeña Fräulein!

Quitó el tapón de la botella y sirvió un poco de vino en los dos vasos rosados. Le tembló la mano y el vino se derramó sobre la bandeja. En la habitación no volaba ni una mosca. Ella dijo: —Creo que ahora debo irme.

—Pero, ¿no va a tomar una copita de vino conmigo, un minuto antes de irse —dijo el anciano.

—No, no creo. Nunca bebo vino. Prometí, prometí nunca tomar vino ni nada de ese tipo.

Y aunque él le suplicó y ella se sintió extremadamente descortés, especialmente cuando él pareció tomárselo tan a pecho, ella fue muy decidida. —No, *de veras,* por favor.

—Bueno, ¿me acompañaría entonces durante cinco minutos en el sofá y me permitiría beberlo a su salud?

La pequeña institutriz se sentó en el borde del sofá de terciopelo rojo y él se sentó a su lado y se lo bebió de un golpe a la salud de ella.

—¿De veras ha sido feliz hoy? —le preguntó el anciano, dándose vuelta, tan cerca de ella que sintió su rodilla temblorosa clavándose en la de ella. Antes de que ella pudiera responder, él le tomó las manos. —¿Y me va a dar un besito antes de marcharse? —le preguntó, acercándola aún más hacia él.

¡Era un sueño! ¡No podía ser verdad! No parecía el mismo hombre. ¡Qué horrible! La pequeña institutriz se lo quedó mirando aterrorizada.

—¡No, no, no! —tartamudeó aterrorizada.

—Un besito. Un beso. No es nada. Sólo un beso, querida pequeña Fräulein. Un beso.

Echó el rostro hacia adelante, con una enorme sonrisa, ¡y cómo brillaron sus ojitos azules detrás de los anteojos!

—Nunca, nunca. ¡Cómo se atreve!

Se levantó de un salto, pero él fue demasiado veloz y la arrinconó contra la pared, apretándola con su duro cuerpo de anciano y su temblorosa rodilla y, a pesar de que ella sacudía su cabeza de un lado a otro, como distraído, la besó en la boca. ¡En la boca! Donde ni un alma viviente que no fuera un pariente cercano la había jamás antes besado. . .

Corrió, corrió calle abajo hasta que llegó a una ancha avenida por donde pasaban las vías del tranvía y había un policía parado en el medio, cual muñeco de un reloj de cuerda.

—Quiero tomar un tranvía que me lleve a la Hauptbahnhof —sollozó la pequeña institutriz.

—¿*Fräulein*? —Ella retorció sus manos—. La Hauptbahnhof. Allí, allí hay uno—. Y mientras que él la contemplaba con gran asombro, la pequeña con su sombrero a un lado, llorando sin un pañuelo, subió de un salto al tranvía, sin ver las cejas del conductor, sin oír a la *hochwohlgebildete Dame* hablando de ella con su escandalizada amiga. Se meció y lloró fuertemente profiriendo un "ah, ah" y apretándose la boca con las manos.

—Viene del dentista —chilló una anciana gorda, lo suficientemente estúpida como para no sentir compasión—. *Na sagen Sie 'mal*, ¡qué dolor de muelas! ¡A la pobre criatura no le queda ni una en la boca!

Mientras, el tranvía se balanceaba y hacía sonar su campana a través de un mundo lleno de viejos con temblorosas rodillas.

Cuando la pequeña institutriz llegó a la entrada del Hotel Grunewald, el mismo mozo que había estado en su habitación por la mañana se encontraba lustrando una bandeja de vasos de pie junto a una mesa. Al ver a la pequeña institutriz pareció llenarse de alguna inexplicable e importante felicidad. Estaba esperando la pregunta; profirió su respuesta firme y cortesmente.

—Sí, *Fräulein*, la señora ha estado aquí. Le dije que usted había llegado y que había salido inmediatamente con un caballero. Me preguntó cuándo volvía usted, pero por supuesto que no lo sabía. Y entonces fue a ver al gerente.

Tomó un vaso de la mesa, lo levantó contra la luz, lo miró cerrando un ojo y comenzó a lustrarlo con una esquina de su delantal.

—. . .

—¿Perdón, *Fräulein? Ach, no, Fräulein*—. El gerente no podría decirle nada, nada.

Sacudió la cabeza y sonrió al lustroso vaso.

—¿Dónde está ahora la señora? —preguntó la pequeña institutriz, estremeciéndose tan fuertemente que tuvo que llevarse el pañuelo a la boca.

—¿Y yo qué sé? —exclamó el mozo, y en tanto que se le adelantaba para abalanzarse sobre un cliente recién llegado, su corazón le latió tan fuerte contra las costillas que casi dejó escapar una risita. "¡Eso es, eso es!", pensó. "Eso le enseñará". Y mientras que se lanzaba el equipaje del recién llegado al hombro, aúpa, como si él fuera un gigante y el equipaje una pluma, volvió a pronunciar para sus adentros las palabras de la pequeña institutriz: "*Gehen Sie. Gehen Sie sofort*. ¡Lo haré! ¡Lo haré!", gritó para sí mismo.

Veo, veo la media luna

Anna Akhmatova

Algunas veces, imágenes del mundo natural sugieren el enlace psicológico que puede existir entre dos personas, incluso cuando están separadas.

Veo, veo la media luna
a través del follaje denso de los sauces.
Escucho, escucho el regular latido
de los cascos sin herraje.

¿Tampoco tú deseas quedar dormido?
En un año no has podido olvidarme,
¿no te acostumbras a hallar
tu cama sola y vacía?

¿No hablo acaso contigo
en el cortante chillido de los halcones?
¿No miro acaso dentro de tus ojos
desde estas páginas blancas?

¿Por qué merodeas en torno
a la silente casa, cual ladrón?
¿O es que recuerdas el pacto
y esperas vivo por mí?

Me estoy quedando dormida. El filo de la luna
corta la serena oscuridad.
Otra vez el ruido de los cascos. Es mi propio corazón
ardiente que así late.

Signos y símbolos

Vladimir Nabokov

¿Es posible entender la dificultad y el dolor de cuidar a un familiar cercano que sufre de una enfermedad mental? ¿Cómo encajamos a los que no son normales en nuestro llamado mundo normal?

I

Por cuarta vez en ese mismo número de años se enfrentaban al dilema de qué regalarle de cumpleaños a un joven cuya mente estaba incurablemente perturbada. Sus deseos eran nulos. Las cosas materiales eran entes diabólicos llenos de una actividad malévola que sólo él percibía, o simples posesiones para las que no encontraba uso alguno en su mundo abstracto. Después de eliminar varios artículos que podrían ofenderlo o asustarlo (cualquier aparato era tabú, por ejemplo), sus padres escogieron una delicada e inocente bagatela: una canasta de mermeladas de diez distintos sabores de frutas en diez frascos pequeños.

Por la época de su nacimiento ya llevaban mucho tiempo casados; habían transcurrido muchos años y se habían vuelto viejos. Ella llevaba su opaco cabello gris de cualquier forma y usaba vestidos baratos de color negro. A diferencia de otras mujeres de su edad —como la señora Sol, su vecina de al lado, cuyo rostro siempre estaba maquillado de rosa y malva, y cuyo sombrero tenía un ramillete de flores silvestres— ella presentaba un semblante desnudo frente a la implacable luz de los días primaverales. Su esposo, quien en el viejo mundo había sido un comerciante medianamente próspero, ahora dependía por completo de su hermano Isaac, un verdadero americano por cerca de cuarenta años. Casi nunca lo veían y lo apodaban "el Príncipe".

Ese viernes todo salió mal. El tren subterráneo se quedó sin corriente eléctrica entre dos estaciones y por un cuarto de hora no se escuchó otra cosa que el devoto palpitar del corazón de cada cual y el crujido de periódicos. El autobús que debían tomar después los hizo esperar siglos, y cuando llegó, estaba atiborrado de bulliciosos chicos de secundaria. Mientras ascendían el camino color café que conducía al sanatorio llovía a cántaros. Allí tuvieron que esperar de nuevo, y en lugar de ver entrar a su muchacho arrastrando los pies como siempre (con su pobre rostro inundado de acné, a medio afeitar, taciturno y confundido), una enfermera a la que conocían y con quien no simpatizaban por fin apareció y les explicó vivamente que él había tratado de quitarse la vida otra vez. Estaba bien, dijo, pero una visita podría perturbarlo. El lugar estaba tan pobremente dotado de personal y las cosas se extraviaban o se traspapelaban tan fácilmente, que decidieron no dejar el regalo en la oficina sino volverlo a llevar la próxima vez que lo visitaran.

Ella esperó a que su esposo abriera el paraguas y lo tomó del brazo. Él no dejaba de aclararse la garganta de esa forma particular y ruidosa que tenía cuando estaba molesto. Al llegar a la cabina de autobuses al otro lado de la calle, él cerró el paraguas. A un pie de distancia, debajo de un árbol cimbreante que chorreaba agua, un pajarillo medio muerto yacía retorcido en un charco.

Durante el largo trayecto hasta la estación del subterráneo, los dos esposos no intercambiaron palabra. Cada vez que ella miraba las viejas manos de él —de venas hinchadas y manchas pardas— que apretaban y retorcían el mango del paraguas, sentía que le crecía el nudo de lágrimas acumuladas. Al mirar a su alrededor tratando de distraer su mente en algo, sintió una especie de sutil impacto, una mezcla de compasión y curiosidad al notar que una de las pasajeras, una chica de cabello oscuro y con las descuidadas uñas de los pies pintadas de rojo, sollozaba en el hombro de una mujer mayor. ¿A quién se le parecía la mujer? A Rebecca Borisovna, cuya hija se había casado con uno de los Soloveichik, en Minsk, años atrás.

La última vez que él había intentado hacerlo, su método fue —en palabras del doctor— una obra maestra de inventiva; lo habría logrado de no ser porque un paciente envidioso pensó que estaba aprendiendo a volar y lo detuvo. Pero lo que en realidad quería hacer era abrir un agujero en su mundo y escapar por él.

El sistema de sus delirios había sido objeto de un detallado artículo en una publicación científica mensual, pero tiempo atrás ella y su esposo lo habían descifrado por sí mismos. "Manía referencial", era como Herman Brink lo había calificado. En ese extraño caso el paciente imagina que todo lo que pasa a su alrededor es una alusión velada a su personalidad y existencia. De esa conspiración excluye a las personas reales, puesto que se considera a sí mismo mucho más inteligente que el resto de los mortales. Los fenómenos naturales lo persiguen por dondequiera que va. Por medio de lentas señales, las nubes del cielo se transmiten las unas a las otras información increíblemente detallada acerca de él. Al caer la noche los árboles en secreto gesticulan y discuten sus más íntimos pensamientos mediante alfabeto manual. Las piedras, las manchas y las sombras de luz forman patrones que, de manera atroz, representan mensajes que él debe interceptar. Todo constituye un código y él es el tema de todo. Algunos de los espías son observadores imparciales, como las superficies de vidrio y los charcos de agua; otros, como los abrigos de las vitrinas, son testigos prejuiciados, linchadores en potencia; y otros, como la lluvia y las tormentas, son entes histéricos al punto de la locura que tienen una opinión distorsionada acerca de él y malinterpretan sus acciones de forma grotesca. Él debe estar siempre en estado de alerta y dedicar cada minuto y módulo de su vida a descifrar la ondulación de las cosas. El mismo aire que él exhala es señalizado y registrado. Si tan sólo el interés que él provoca se limitara a su entorno inmediato, pero ¡vaya que no! La distancia hace que los torrentes de delirante escándalo aumenten en volumen y verbosidad. Las siluetas de sus glóbulos de sangre, amplificados un millón de veces, revolotean sobre vastas planicies; y, aún más allá, enormes montañas de insoportable solidez y peso integran, en granito y quejumbrosos abetos, la verdad esencial de su ser.

II

Cuando emergieron del estruendo y del fétido aire del subterráneo, los últimos vestigios del día se mezclaban con las luces de las calles. Ella quería comprar pescado para la cena, así que le extendió a su esposo la canasta con los frascos de mermeladas y le dijo que se fuera a casa. Al llegar al tercer rellano, él se acordó de que esa mañana le había entregado sus llaves a ella.

En silencio se sentó en los escalones y en silencio se levantó cuando cerca de diez minutos más tarde llegó ella ascendiendo con dificultad las escaleras, sonriendo lánguidamente, sacudiendo la cabeza en desaprobación por su propia tontería. Entraron al departamento de dos habitaciones y él fue directo al espejo. Con los pulgares se estiró hacia arriba las comisuras de los labios y, con una horrible y carnavalesca mueca, se quitó su nueva e irremediablemente incómoda dentadura postiza y cortó los largos colmillos de saliva que lo conectaban a ella. Mientras ella arreglaba la mesa, él se dedicó a leer su periódico en ruso. Sin dejar de leer, comió la pálida cena para la que no necesitaba dientes. Ella conocía su estado de ánimo y también guardó silencio.

Cuando él se fue a la cama, ella permaneció en la sala con su naipe de cartas manchadas y sus viejos álbumes. A través del angosto patio, donde la lluvia tintineaba en la oscuridad contra unos apaleados botes de basura, las ventanas estaban levemente iluminadas. Por una de ellas se alcanzaba a divisar a un hombre con pantalones negros y codos al descubierto tendido boca arriba en una cama desarreglada. Ella bajó la persiana y examinó las fotografías. De pequeño lucía más sorprendido que la mayoría de los bebés. De un pliegue del álbum saltó una foto de una empleada alemana que tuvieron en Leipzig, acompañada de su rollizo novio. Minsk, la Revolución, Leipzig, Berlín, Leipzig; la inclinada fachada de una casa fuera de foco. A los cuatro años, en el parque: malhumorado, temeroso, con la frente fruncida, desviando la mirada de una inquieta ardilla como lo haría de cualquier otro extraño. La tía Rosa, una remilgada y vieja dama de rostro angular y mirada furiosa, quien había vivido en un mundo trémulo lleno de malas noticias, bancarrotas, accidentes de tren y tumores cancerosos, hasta que los alemanes la llevaron a la muerte junto con todas las personas que le interesaron en vida. A los seis años: la época en que dibujaba maravillosas aves con manos y pies humanos y sufría de insomnio como un adulto. Su primo, ahora un famoso jugador de ajedrez. Él otra vez, de ocho años más o menos, ya difícil de entender, asustado del papel de colgadura del corredor, asustado del dibujo de un libro que tan sólo mostraba un paisaje idílico con rocas en una colina y una vieja rueda de carreta que colgaba de la rama de un árbol sin hojas. A los diez años, el año en que salieron de Europa. La vergüenza, la pena, las humillantes dificultades, los repulsivos, depravados y retardados niños con los que estuvo en esa escuela especial. Y entonces vino una época en su vida, simultánea con la larga convalescencia tras una neumonía, cuando esas pequeñas fobias de él (que sus padres se empeñaban en calificar de excentricidades de un niño prodigiosamente superdotado) se endurecieron como en una densa maraña de ilusiones lógicamente interactivas, haciendo de él un ser totalmente inaccesible a las mentes normales.

Ella aceptó eso y mucho más. Después de todo, el vivir significaba aceptar la pérdida de una alegría tras otra, pero en su caso ni siquiera eran alegrías: eran simples posibilidades de mejoría. Pensó en las interminables olas de dolor que por alguna razón u otra ella y su esposo tuvieron que soportar; en los gigantes invisibles que lastimaban a su niño de una manera inimaginable; en la incalculable cantidad de ternura que había en el mundo; en la suerte de esa ternura, que es aplastada, o malgastada o transformada en locura; en niños abandonados que se cantan cancioncillas a sí mismos en rincones sucios; en hermosas hierbas que no pueden esconderse del granjero y desvalidamente ven la sombra de su simiesca desyerbadora que mutila flores a su paso, a medida que la monstruosa oscuridad se acerca.

III

Era pasada medianoche cuando escuchó desde la sala el gemido de su esposo. Al poco rato entró él tambaleante, llevando encima de la camisa de dormir un viejo abrigo con cuello de astracán, que prefería a la cómoda bata azul que tenía.

—No puedo dormir —se lamentó.

—¿Por qué? —preguntó ella—. ¿Por qué no puedes dormir? Si estabas tan cansado.

—No puedo dormir porque me estoy muriendo —contestó él y se tendió en el sofá.

—¿Es tu estómago? ¿Quieres que llame al doctor Solov?

—No, no quiero doctores —refunfuñó él—. ¡Al diablo con los doctores! Tenemos que sacarlo pronto de allí. Si no lo hacemos, seremos responsables. ¡Responsables! —repitió y se sentó de un impulso. Puso ambos pies en el piso y se golpeó la frente con el puño cerrado.

—Está bien —dijo ella sosegadamente—. Lo traeremos a casa mañana en la mañana.

Agachándose con dificultad, ella recogió algunos naipes y una que otra fotografía que se habían deslizado del sofá al piso: sota de corazones, nueve de espadas, as de espadas, Elsa y su brutal belleza.

Él regresó animado diciendo en voz alta:

—Ya lo tengo todo planeado. Le cederemos la alcoba. Cada uno de nosotros pasará mitad de la noche a su lado y mitad en este sofá. Nos turnaremos. Haremos que el doctor lo vea por lo menos dos veces por semana. No importa lo que diga el Príncipe. De todos modos no tendrá mucho que decir porque saldrá más barato.

El teléfono sonó. Era una hora poco usual para que el teléfono sonara. La pantufla izquierda se le había resbalado a él del pie y a tientas la alcanzó con el talón y los dedos mientras permanecía parado en el centro de la habitación; como un niño miró a su esposa boquiabierto y sin dientes. Puesto que ella hablaba más inglés que él, era ella quien contestaba el teléfono.

—¿Puedo hablar con Charlie? —preguntó una chica con una apagada vocecilla.

—¿Qué teléfono marcó? No. Éste no es el número.

Colgó la bocina con delicadeza y se puso la mano sobre su cansado y viejo corazón.

—Me asusté —dijo ella.

Él sonrió a la ligera y reanudó de inmediato su animado monólogo. Lo irían a buscar a primera hora de la mañana. Tendrían que guardar los cuchillos bajo llave. Ni en sus peores momentos había significado un riesgo para los demás.

El teléfono sonó por segunda vez. La misma voz opaca y ansiosa de la joven preguntó por Charlie.

"Marcó el número equivocado. Le voy a decir lo que pasa: está girando la letra O en lugar del cero".

Se sentaron a disfrutar de su inesperado té de medianoche. El regalo de cumpleaños permanecía sobre la mesa. Él sorbió el té ruidosamente; tenía el rostro encarnado y de tanto en tanto elevaba su taza impartiéndole un movimiento circular como para que el azúcar se disolviera bien. La vena en el costado de su cabeza calva, donde tenía una marca de nacimiento, sobresalía conspicuamente y, aunque se había afeitado esa mañana, una pelusa plateada cubría su barbilla. Mientras ella le servía otra taza de té, se colocó los espejuelos y volvió a examinar con placer los luminosos frasquitos de color amarillo, verde y rojo. Sus torpes y húmedos labios leyeron en voz alta las elocuentes etiquetas: albaricoque, uva, durazno de la haya, membrillo. Cuando estaba a punto de leer el de manzana silvestre, el teléfono volvió a sonar.

Una casa para la esperanza

Ron Arias

*Por lo general se piensa que los orfanatos
son lugares que albergan a niños sin
padres. En el siguiente reportaje, Kevin, un
niño con padres, pasa la mayor parte del
tiempo en un orfanato. Teniendo en
cuenta las críticas de Jane hacia Lowood,
¿cómo crees que hubiera reaccionado ante
el hogar de Kevin y el orfanato en el que
vivía?*

*Cuando el presidente de la Cámara de
Representantes, Newt Gingrich, expuso por primera
vez ante la opinión pública la noción de que los
orfanatos pueden ser una solución al problema de los
niños abandonados en los Estados Unidos y le sugirió
en tono agrio a Hillary Clinton que viera la película de
1938* Boys Town (Ciudad de niños) *para saber de lo
que hablaba, muchos estadounidenses —entre ellos la
Primera Dama— se mostraron incrédulos. No
obstante, a pesar de la imagen victoriana de los
orfanatos como terribles calabozos para niños
indeseables, y de lo inútil que en la práctica resulta usar
como guía una vieja y sentimental película de hace 56
años, los hogares para niños no son tan anacrónicos
como pudiera creerse. Para averiguar el potencial y las
limitantes de estos hogares, el experimentado reportero
Ron Arias visitó el Centro Gillis para Niños y Familias
en Kansas City, Missouri, una institución con 125 años
de existencia, cuyo personal especializado supervisa a
cerca de cincuenta niños huérfanos, abandonados o*

maltratados. Allí, Arias pasó tres días con Kevin, un niño perturbado de seis años de edad que finalizaba la primera parte de un programa de nueve meses. Su historia revela algunas de las dificultades que se presentan cuando las instituciones, con el gobierno a sus espaldas, tratan de sortear de manera efectiva problemas que en esencia son profundamente personales.

Es viernes en la tarde; todo es frío y gris en Kansas City. En uno de los dormitorios del segundo piso del Centro Gillis, la atmósfera no parece menos sombría. Emily McLane, de 24 años, una de los cuarenta y dos especialistas en atención infantil que tiene el centro, prepara a Kevin para el fin de semana. "Vamos, es hora de empacar —le dice animadamente—. Te vas a tu casa". De repente, este niño de primer grado explota de rabia, frunce el ceño y aprieta los puños. A pesar de que estos viajes a la casa de su abuela los fines de semana ya son cosa de rutina, significan reemplazar el organizado mundo de Gillis por el caos de su propia casa, donde la adicción de su madre a las drogas ha destruido la estabilidad familiar. "Kevin —le pregunta McLane a medida que la rabia del niño cede—, ¿quieres un *abrazo?*" El rostro de Kevin se suaviza. "Sí" responde él, y se pierde en los brazos de la joven.

Al igual que muchos centros residenciales de tratamiento, Gillis atiende a niños con serios problemas emocionales y de comportamiento (actualmente a cuarenta y ocho chicos entre los cinco y los dieciséis años de edad). Algunos son huérfanos, niños sin padres cuya edad o historial desanima a casi todos los padres adoptivos en potencia. Pero la mayoría, como es el caso de Kevin, son chicos cuyas familias han sido destrozadas por las drogas, el abuso sexual o la violencia. El centro Gillis y un puñado de instituciones similares tratan de reconstruir esas familias mediante terapia para los niños, clases para adultos y sesiones familiares. "Es un hecho que algunos niños necesitan vivir en un lugar distinto a su casa para poder crecer bien", dice la directora ejecutiva, Barbara O'Toole, al hablar de este edificio de seis pisos con prados y arbustos impecablemente cuidados. "Pero el vínculo más fuerte que uno puede tener es el lazo biológico. Por eso debemos trabajar con las familias de estos chicos".

Para Kevin el día comenzó de manera tranquila en la Cabaña Este. A las siete de la mañana, otro de los especialistas, Scott Hymer, de veintisiete años, lo despertó a él y a su compañero de cuarto, Jimmy, de ocho años de edad. (A excepción de Kevin, los nombres de los demás niños son ficticios.) "Kevin es uno de los mejores chicos, pero también es el más pequeño de la cabaña", dice Hymer, quien pasó la noche cuidando a siete chicos. Kevin se moja en la cama, así que Hymer debe levantarlo a medianoche para que vaya al baño. "También tiene pesadillas y habla dormido —dice Hymer—. A la mayoría de los chicos les pasa lo mismo. Es como si conversaran entre sí".

A la hora de cepillarse los dientes y lavarse las manos, Alex es el único que esta vez pone problemas. Con doce años de edad, Alex es maníaco depresivo y sufre de ataques de rabia y de agresión. Además, le cuesta trabajo despertarse debido a las medicinas, así que Hymer dedica más tiempo a conversar con él.

A la hora del desayuno, en el primer piso, Kevin devora un panecillo dulce, mientras otros chicos conversan frente a platos de cereal con leche. Después del desayuno, uno de los cuatro supervisores adultos entrega a varios chicos unos vasitos de plástico con tabletas de colores, en su mayoría píldoras relajantes. Pero a Kevin no. "Tenemos chicos que tratan de escapar con frecuencia, otros que son incendiarios y otros con un comportamiento autodestructivo", dice el director asociado Dave Janssens, al explicar la necesidad de tener un alto porcentaje de empleados en relación con el número de niños. (En la mayoría de los casos, es un porcentaje de uno a siete.) Además hay chicos tan perturbados que se acuchillan los brazos, las muñecas y las piernas, así como otros que repetidamente se introducen objetos en los oídos, la nariz y otras partes del cuerpo.

Kevin no tiene ese tipo de problemas y por lo general es juguetón y alegre. Los chicos del grupo le han puesto a este niño regordete el cariñoso apodo de Bubba o Tanque. Antes de llegar al centro Gillis, su mayor problema consistía en tener arrebatos de rabia durante los cuales golpeaba a Keeana, su media hermana de cuatro años, o peleaba con sus maestros y compañeros de escuela.

Durante una sesión en grupo que tiene lugar después del desayuno en el salón de televisión, el supervisor de la cabaña, Brad Crabb, de cuarenta y cuatro años, pregunta: "Kevin, ¿qué cosa positiva hiciste esta semana que te haga sentir orgulloso de ti mismo?". Kevin, sentado al extremo de una larga mesa de comer, murmura: "No tuve que quedarme castigado ni me metí en líos". En el caso de Kevin, el meterse en líos significa, según Cindy Sinclair, su maestra de primer grado en la pequeña escuela de la institución, "llevar la contraria en todo". Por ejemplo, "si yo digo arriba, él dice abajo; si yo digo que éste es un 5, él dice que es un 4". A pesar de ser un alumno entusiasta, su espíritu de contradicción entorpece su aprendizaje. Ahora, con casi siete años de edad, no ha empezado a leer y aún se le dificulta pronunciar palabras.

El comportamiento de Kevin empezó a descontrolarse hace un año, dice su abuela, Barbara Turner, de cuarenta y siete años. Agrega que por entonces la mamá de Kevin, Tyfonie Rainey, de veintitrés años, luchaba contra el vicio del crack y "no tenía el menor interés en ser madre". A pesar de que Rainey nunca abandonó a sus hijos por completo, desaparecía por espacio de varios días, dejando a la abuela al cuidado de Kevin y Keeana. Ambos niños son el producto de relaciones amorosas pasajeras. Para colmo de males, la primavera pasada Rainey se enteró de que había contraído el virus VIH, aparentemente a través del contacto sexual. "Se nos venía el mundo encima —comenta Turner—, y a Kevin le costaba trabajo asumir el no tenerla a su lado. Ella es una hermana más que otra cosa para él y pelean como tal. Entonces la cogió con la pequeña Keeana. Le pegaba, la tumbaba al suelo, la sacudía contra las paredes. Si yo lo castigaba, su comportamiento empeoraba".

Mientras Turner luchaba por mantener a sus nietos con los 700 dólares mensuales que recibía de la beneficencia y por su propia incapacidad física, Kevin empezó a pelear en la escuela y a mojarse en los pantalones. "Cuando un día la trabajadora social lo trajo a la casa, se me rebosó la copa —dice Turner, antigua obrera de una fábrica, quien todavía sufre de dolores de espalda debido a una vieja lesión laboral—. Le dije que tanto Kevin como yo necesitábamos ayuda. Quería criarlo bien, pero lo que estaba haciendo no funcionaba. Seguía con sus ataques de rabia. No quería que mi niño fuera a parar en una pandilla o en la cárcel".

En septiembre, el centro Gillis aceptó a Kevin en un programa de nueve meses de duración llamado "Familias que luchan unidas" (FACT, por sus siglas en inglés). Financiado en gran parte con fondos estatales junto con algunas donaciones privadas, el centro invertiría cerca de 27.300 dólares en el niño. "Los hogares de paso pueden ser menos costosos, pero nosotros tratamos a toda la familia, lo que resulta más económico a largo plazo —dice el director asociado

Janssens, de cuarenta y cinco años—. La mayoría de los chicos que han finalizado el programa en el que participa Kevin aún continúan en su casa, junto a sus familias".

Hacia el mediodía Kevin ha practicado cómo leer el reloj, ha escuchado a su maestra leer y ha contado cien centavos bajo la atenta mirada de un voluntario de ochenta y cinco años de edad a quien todos llaman el señor L. "Me dijeron que le es difícil contar —señala Herman Lowenstein, un comerciante jubilado que ha dedicado veinticuatro años a ayudar a chicos como Kevin—. Pero todo lo que él necesita es confianza en sí mismo. A muchos de estos chicos los han calificado de tontos o de perdedores. Los han golpeado o han abusado de ellos sexualmente. Pero en esencia son buenos. Todo lo que necesitan es amor".

Y muchas veces también necesitan disciplina. Por lo general el personal de Gillis resuelve los problemas de comportamiento mediante palabras tranquilizadoras, aunque algunas veces deben usar "llaves de seguridad" para sujetar a los niños. Una medida disciplinaria común es la "suspensión", un período en que se manda al chico a un sitio a solas para que reflexione.

Después de almuerzo, Kevin encesta unas cuantas pelotas de baloncesto y después pasa el resto de su tiempo libre jugando Nintendo en la sala de recreación. Al igual que Kevin, la mayoría de los niños encuentran en Gillis un grato refugio a la turbulenta situación que viven en su casa. Deon, un niño de diez años, cuenta que tenía seis años cuando el novio de su mamá lo golpeó con una sartén y después le lanzó unas pesas encima. La golpiza lo dejó en coma por ocho días y con una lesión cerebral permanente.

Cuando llega la hora de irse a su casa por el fin de semana, Kevin parece inquieto y agitado. Ya casi concluyen sus primeros tres meses en Gillis y pronto empezará la segunda fase del programa, durante la cual irá a vivir a su casa. El personal del centro ofrecerá consejería regular a la familia entera y orientará a la abuela en particular. "Somos optimistas en cuanto a Kevin y su familia —insiste la trabajadora social Belinda Jacobs, de veintitrés años—. Están dispuestos a cambiar de actitud".

Acomodado en el asiento delantero del auto de Jacobs, Kevin parece complacido de haber terminado la semana con unas pocas suspensiones y confía en poder controlarse lo suficiente como para no golpear a su hermana. Al llegar al departamento de dos habitaciones de su abuela, ubicado en un complejo habitacional para gente de bajos recursos, Kevin abre la puerta, arrastrando un cordón suelto de sus zapatos. La abuela Turner se precipita a abrazarlo, mientras Keeana observa desde lejos. "No te preocupes: Kevin no te va a golpear", Turner le asegura a la niña.

Más tarde aparece la mamá de Kevin acompañada de su esposo Lloyd Rainey, de treinta y un años, y de su hija de quince meses, Kenjdra. Rainey anuncia que todos sus hijos, incluso Kenjdra, están libres del VIH. En cuanto a ella, admite que no todo marcha bien, "pero estoy tratando de organizar mi vida. Dejé el crack de un solo golpe hace dos meses, y eso ya es algo, ¿verdad?".

En dos ocasiones durante el transcurso de la velada, Rainey se levanta bruscamente de la sala, gritando por encima de un televisor a todo volumen que la han dejado "al margen" de la vida de Kevin y luego quejándose de que el estado le ha arrebatado sus derechos de madre. Turner sacude la cabeza. "A veces actúa como una niña de cuatro años y eso asusta y confunde a Kevin. ¿Quién es el adulto aquí?"

En la cocina, Rainey empieza a sollozar y Kevin se le acerca y la abraza en silencio. "No llores —le dice suavemente—. Estoy aquí para ayudarte porque tú eres mi mamá".

Un refugio para niños quebrantados

El término "orfanato", que evoca imágenes de fortalezas al estilo de prisiones donde lastimosos niños abandonados suplican mendrugos de pan, hace tiempo cayó en desprestigio. En su lugar, los niños ahora son enviados a "hogares comunales" o "centros residenciales de tratamiento". Como quiera que se les llame, estos sitios son la médula de los actuales debates en torno al bienestar infantil, que los profesionales creen que se ha descuidado mucho tiempo. "Nos estamos enfrentando a una situación crítica —dice David Fanshel, de setenta y un años, profesor emérito de trabajo social de la Universidad de Columbia y autor de siete libros—. Tenemos que reevaluar el sistema". Para hacer un esbozo del problema, así como de sus soluciones, habló con la reportera Jane Sugden, de la ciudad de Nueva York.

¿Cómo surgieron los orfanatos en los Estados Unidos?

Los orfanatos se generalizaron en los Estados Unidos a mediados del siglo 19 y se construyeron principalmente para albergar a niños cuyos padres, muchos de ellos inmigrantes, habían muerto. En aquellos días la gente no vivía más allá de los cuarenta o cincuenta años y muchos sucumbían antes debido a epidemias de gripe, tuberculosis y otras enfermedades. No era usual entonces que los padres abandonaran a sus hijos, pero muchos hombres murieron en la guerra de Secesión y muchas mujeres fallecían al dar a luz. Para rescatar a los niños huérfanos de sombrías casas de caridad donde eran arrumados junto con mendigos adultos, las iglesias construyeron orfanatos grandes dedicados al desarrollo moral y al orden —todas las camas en fila, la ropa doblada de manera impecable—, lo que más tarde se convirtió en el sello característico de lugares como la "Ciudad de los niños".

¿En qué se diferencian los orfanatos de hoy en día?

A lo largo de los años, el número de niños huérfanos a causa de la muerte de sus padres ha disminuido dramáticamente. Los orfanatos grandes han desaparecido casi por completo. Entre tanto, el gobierno ha desempeñado un papel activo, suministrando ayuda sustancial desde los años de 1930 a las viudas con niños y a las madres solteras. En lugar de colocar a los niños en instituciones, la meta actual es mantener a las familias unidas, con la ayuda de los llamados hogares de paso que ofrecen amparo temporal a los niños. El último recurso es colocarlos en orfanatos u otras instituciones. Pero todo el sistema está en crisis debido al gran incremento de nacimientos ilegítimos y a la epidemia de las drogas. Actualmente hay cerca de medio millón de niños que viven fuera de su casa, principalmente en hogares de paso.

¿Cuál es el perfil típico de estos niños?

Las investigaciones indican que cerca del 75 por ciento de esos niños son víctimas de abandono o abuso. En la mayoría de los casos, estos niños pueden regresar al seno de sus familias después de la intervención necesaria y de vivir en un buen hogar de paso. Pero el 25 por ciento restante son niños que han sufrido un daño tan grande que no pueden lidiar con la intimidad de una situación familiar. Algunos nacieron adictos a las drogas o con lesiones cerebrales debido a que sus madres consumieron narcóticos o alcohol. Muchos han soportado maltratos físicos o abuso sexual, frecuentemente a manos de los novios de sus madres, y a medida que crecen sacan a flote la rabia que sienten. Tienden a ser agresivos y temperamentales, y es posible que cometan actos de violencia contra sí mismos o contra terceros. Nadie quiere adoptarlos y es difícil conseguir un hogar de paso que los acoja porque se comportan mal desde que llegan.

¿Qué se puede hacer por esos niños?

Éste es el tipo de niños que pueden beneficiarse más de un tratamiento prolongado en un centro residencial, siempre y cuando no sea por demasiado tiempo. El escenario ideal es un sistema de cabañas pequeñas bajo la supervisión de una pareja por casa, donde los niños puedan superar su rabia mediante la ayuda de profesionales capacitados y el apoyo de sus compañeros. Si se trata de un buen centro, el niño aprenderá a tener confianza y a comprender que los adultos pueden ser firmes pero no violentos.

¿El establecer más orfanatos es la solución al problema del bienestar infantil?

La atención especializada en grupo es esencial para los niños más perturbados y el apoyo público para ese fin debería aumentar. Pero fácilmente puede costar 40.000 dólares al año por niño, comparado con el promedio nacional de 5.000 dólares al año que cuesta tenerlo en un hogar de paso y con los 3.000 dólares al año si recibiera manutención del gobierno. Es un hecho que ese tipo de atención no puede reemplazar a todo el sistema de beneficencia. Necesitamos mejores servicios comunitarios para detectar a las familias con problemas y prestarle ayuda a los niños a tiempo. Tenemos que ofrecerle a las jóvenes alternativas distintas a tener hijos. Necesitamos mejor atención médica y mejor educación. Es un problema de muchas caras y no hay soluciones fáciles.

Séptima casa

R.K. Narayan

¿Puede el amor sobrevivir cuando todos opinan lo contrario e insisten en que nunca debió ser? ¿Qué se necesita para crear un lazo invencible ante cualquier dificultad y duda?

Krishna pasó el dedo por el bloque de hielo para limpiar la capa de aserrín, partió un trozo, lo trituró y llenó la bolsa de caucho. El realizar esta actividad en la esquina sombreada del pórtico trasero le daba una excusa para apartarse del cuarto de la enferma, pero no podía distraerse más de la cuenta; debía mantener la bolsa de hielo sobre la frente de su esposa constantemente, siguiendo las órdenes del doctor. En esa batalla entre el hielo y la columna de mercurio, era el hielo el que perdía su frigidez mientras que la columna de mercurio mantenía su nivel en los ciento tres grados Fahrenheit. El día en que dio su diagnóstico, el doctor lucía triunfante: era tifoidea. Después anunció con júbilo:

—Ya sabemos lo que se necesita para combatirla; se llama cloromicetina. Deje de preocuparse.

Era un buen doctor, pero tenía cierta tendencia al humor lúgubre y al monólogo.

Las píldoras de cloromicetina debían suministrarse a la paciente según las indicaciones. Cuando el doctor volvió de visita, Krishna esperó a que hiciera una pausa para tomar aliento y lo interrumpió mostrándole la gráfica de temperatura:

—La fiebre no ha bajado.

El doctor echó un breve e indiferente vistazo a la hoja y continuó diciendo:

—El municipio me envió una notificación diciendo que debía poner una placa en la alcantarilla de mi puerta, pero mi abogado dijo que. . .

—Anoche no quiso comer —dijo Krishna.

—Tanto mejor para el país, con esa escasez de comida. ¿Sabe lo que hizo ese gordo comerciante de granos del mercado? Cuando fue a que le examinara la garganta, me preguntó si tenía título de doctor en medicina. No sé dónde averiguó lo de doctor en medicina.

—Estaba intranquila y tiraba la ropa de cama —dijo Krishna, bajando la voz al notar que su esposa abría los ojos.

El doctor le tomó el pulso con la punta del dedo y dijo a la ligera:

—Tal vez quiere un color diferente de sábanas y, ¿por qué no complacerla?

—Leí en alguna parte que es un mal síntoma que un enfermo tire de las sábanas.

—¡Usted y sus lecturas!

La paciente movió los labios. Krishna se agachó para acercarse a ella; luego se enderezó y dijo:

—Quiere saber cuándo podrá levantarse.

El doctor respondió: —A tiempo para las olimpíadas— y se rió de su propio chiste—. A mí también me encantaría estar libre para las olimpíadas.

Krishna replicó: —La temperatura era de ciento tres a la una de la mañana. . .

—¿No le estuvo poniendo hielo?

—Hasta que se me entumecieron los dedos.

—Ya nos encargaremos de sus calambres, pero primero hagamos que la señora de la casa regrese a la cocina.

Krishna por fin encontró un punto en común con el doctor. Ansiaba que su esposa regresara a la cocina. Su comida diaria era un pésimo arroz que él mismo cocinaba mal, cada día de una manera diferente, y que engullía con suero de leche para regresar corriendo a la cabecera de su esposa.

La empleada doméstica venía en las tardes a arreglar a la paciente y tender la cama, y relevaba a Krishna por casi una hora, la que él aprovechaba para ver la calle desde el portal: un ciclista que pasaba, chiquillos de escuela que corrían a sus casas, una fila de cuervos en el tejado opuesto, un buhonero que anunciaba sus mercancías a gritos; cualquier cosa parecía lo suficientemente interesante como para apartar su mente de la fiebre.

Transcurrió otra semana. Sentado al lado de la cama de su esposa, manteniendo la bolsa de hielo en la frente, empezó a cavilar acerca de su vida matrimonial desde el comienzo.

Cuando estudiaba en Albert Mission solía verla con frecuencia; se salían de clases para sentarse a la orilla del río, hablaban animadamente acerca del presente y del futuro, y un día decidieron casarse. Los padres de ambos lados consideraron que ése era un ejemplo de lo pervertida que era la educación moderna: los jóvenes no esperaban a que sus mayores les concertaran el matrimonio sino que tomaban sus propias decisiones, emulando las costumbres occidentales y las películas de cine. Excepto por la falta de convencionalismo, la propuesta matrimonial debía ser aceptable en todos los demás sentidos. El respaldo financiero de ambas familias, los requisitos en cuanto a casta y condición social, edad y todo lo demás era correcto. Al final los mayores cedieron y un buen día se intercambiaron los horóscopos del chico y de la chica, sólo para descubrir que no eran compatibles. El horóscopo del chico indicaba que Marte estaba en la Séptima Casa, lo que vaticinaba desastre para la novia. El padre de la chica se negó a seguir considerando la propuesta matrimonial. Los padres del chico se indignaron con la actitud de la familia de ella; el padre de la novia era el que buscaba partido y el padre del novio el que lo concedía. ¿Cómo se atrevían a ser tan melindrosos?

—Nuestro hijo puede conseguir una novia cien veces mejor que esa chica. Después de todo, ¿qué tiene ella de especial? Todas las chicas universitarias tratan de verse bellas, pero eso no es todo.

La joven pareja se veía y se sentía tan desdichada que los padres decidieron reiniciar las negociaciones. Uno de los sabios sugirió que, si todo lo demás estaba bien, podían pedir una señal y seguir adelante. Ambas partes acordaron hacer la prueba de las flores. En un día propicio a la suerte se reunieron en el templo. La lámpara de mecha en el altar interior iluminaba suavemente los alrededores. El sacerdote encendió un trozo de alcanfor e hizo un círculo frente a la imagen del altar. Los padres de ambas partes y sus partidarios, parados de manera respetuosa en el pasillo de columnas, observaban la imagen y rogaban por obtener una orientación. El sacerdote le hizo señas a un niño de cuatro años que estaba con otro grupo. Cuando el niño dudó, el sacerdote le mostró un trozo de coco. El niño se acercó al umbral del altar con actitud golosa. El sacerdote tomó una flor roja y otra blanca de la guirnalda que adornaba la imagen, las colocó en una bandeja y le pidió al niño que escogiera una.

—¿Por qué? —preguntó el niño, incómodo de ser observado por tanta gente. Si escogía la flor roja, sería una señal de que Dios daba su aprobación. El chiquillo aceptó el trozo de coco y trató de escapar pero, sujetándolo de un hombro, el sacerdote le ordenó:

—¡Toma una flor! —a lo que el chiquillo rompió en llanto llamando a su mamá a gritos. Los adultos se angustiaron. El llanto del niño en ese momento era desfavorable; debía haber risas; debía haber una flor roja. El sacerdote dijo:

—No hay necesidad de esperar otra señal. El niño nos ha mostrado el camino —y todos se dispersaron en silencio.

A pesar de los astrólogos, Krishna se casó con la chica y el asunto de Marte en la Séptima Casa terminó por olvidarse.

La paciente parecía dormir. Krishna salió en puntillas de la habitación y le dijo a la empleada que esperaba en el pórtico:

—Tengo que salir a comprar unas medicinas. Déle jugo de naranja a las seis y cuídela hasta que yo regrese.

Salió de su casa, sintiéndose como un prisionero liberado. Caminó a la ligera, disfrutando de la multitud y del bullicio de la calle del Mercado, hasta que el pensamiento de la fiebre de su esposa lo volvió a embargar. Necesitaba desesperadamente que alguien le dijera la verdad escueta acerca de la salud de su mujer. El doctor tocaba todos los temas posibles menos ése. Cuando la cloromicetina no le bajó la fiebre, dijo alegremente:

—Eso sólo indica que no es tifoidea sino algo distinto. Mañana le haremos otros exámenes.

Y esa mañana, antes de irse, dijo: —¿Por qué no se pone a rezar en lugar de interrogarme tanto?

—¿Qué tipo de oración? —preguntó Krishna ingenuamente.

—Bueno, ensaye a decir algo así: "¡Dios mío, si estás allí, sálvame si puedes!" —replicó el doctor y se rió a carcajadas de su propio chiste. Su sentido del humor era espantoso.

Krishna sabía que tarde o temprano el doctor acertaría en el diagnóstico, pero ¿estaría viva la paciente para entonces? Lo acongojaba la idea de que pudiera morir; el corazón le latía locamente ante el siniestro pensamiento. Marte, antes en letargo, ahora estaba activo. Marte y un microbio desconocido habían unido fuerzas. El microbio era asunto del doctor, por más confundido que aquél pareciera. Pero la investigación acerca de Marte no lo era.

Krishna alquiló una bicicleta en una tienda y pedaleó

en dirección al bosque de cocoteros donde vivía el viejo astrólogo que había leído los horóscopos. Encontró al anciano sentado en el pasillo, mirando plácidamente a un grupo de niños que trepaban por paredes, ventanas, muebles y bolsas de arroz apiladas en un rincón. El estrépito era suficiente como para ahogar cualquier conversación. El viejo desenrolló una colchoneta para que Krishna se sentara y gritó por encima del ruido que hacían los niños:

—Les advertí desde el comienzo cómo terminaría todo, pero ustedes no me quisieron hacer caso. Sí: Marte ha empezado a presentar su más maléfica faceta. Bajo las circunstancias, es dudoso que sobreviva la persona en cuestión.

Krishna emitió un quejido. Los niños en pelotón habían dirigido su atención hacia la bicicleta de Krishna y estaban haciendo sonar la campana e intentando de manera febril empujarla de su puesto. Pero nada parecía importar ahora. Para un hombre que está a punto de perder a su esposa, la pérdida de una bicicleta alquilada no tenía importancia alguna. Los niños podrían acabar con todas las bicicletas del pueblo y a Krishna no le importaría. Todo podía reemplazarse menos una vida humana.

—¿Qué puedo hacer? —preguntó, imaginando a su esposa dormida en su lecho sin volver a caminar. Se asió al anciano desesperadamente; en su febril estado mental sentía que el astrólogo podría interceder, ejercer influencia o incluso disculparse en su nombre ante un planeta en lo alto del firmamento. Recordó el rojizo Marte que le solían mostrar cuando era Niño Explorador; rojizo por la perversidad que emitía, como si botara lava de sus entrañas.

—¿Qué me aconseja hacer? ¡Ayúdeme, por favor!

El anciano miró a Krishna amenazadoramente por encima del borde de sus espejuelos. Sus ojos también eran rojos. Todo era rojo, pensó Krishna. Él compartía el tinte de Marte. No sé si ese hombre es mi amigo o mi enemigo. Mi doctor también tiene los ojos rojos, así como la empleada. . . Hay rojo por todas partes.

Krishna dijo: —Sé que el dios regente de Marte es benigno. Quisiera saber cómo aplacarlo y ganarme su compasión.

El anciano se incorporó y replicó: —Espere.

Entonces sacó de una alacena una pila de hojas de palma con versos grabados; cinco líneas por cada hoja.

—Éste es uno de los cuatro versos originales del *Brihad-Jataka*, del que se deriva toda la ciencia de la astrología. Con esto me he ganado la vida; cuando hablo, hablo con la autoridad que esta hoja me da.

El anciano sostuvo la hoja de palma frente a la luz de la entrada y leyó en voz alta un aforismo en sánscrito:

—No es posible evadir el destino, pero puedes aislarte en parte de su rigor.

Luego agregó: —Escuche esto: "Donde Angaraka es malévolo, apacígualo con la siguiente oración. . . y acompáñala con una ofrenda de arroz y garbanzos y un trozo de seda roja. Vierte una oblación de mantequilla pura en una hoguera de sándalo durante cuatro días consecutivos y alimenta a cuatro brahmanes". . . ¿Puede hacerlo?

Krishna estaba aterrorizado. ¿Cómo podía organizar ese complicado ritual —que iba a costar un dineral— cuando cada momento y cada rupia contaban? ¿Quién cuidaría a su esposa durante su ausencia? ¿Quién prepararía el festín para los brahmanes? Él sencillamente no podría hacerlo a menos que su esposa lo ayudara. Se rió ante la ironía del hecho y el astrólogo preguntó:

—¿Por qué se ríe de estas cosas? ¿Se cree completamente moderno?

Krishna se disculpó por haberse reído y le explicó la difícil situación que atravesaba. Indignado, el anciano cerró el manuscrito, lo envolvió en su forro y lo puso en su lugar murmurando:

—Conque no puede dar estos simples pasos para obtener un profundo resultado. Váyase, váyase. . . Yo no puedo serle útil.

Krishna dudó, sacó dos rupias de su bolso y se las extendió al anciano, quien con un gesto de la mano las rechazó:

—Primero permita que su esposa mejore y luego podrá darme mis honorarios. Ahora no.

Y mientras Krishna daba la espalda para irse, agregó:

—El problema es que su amor está matando a su esposa. Si usted fuera un esposo indiferente, ella podría sobrevivir. La maldad de Marte podría hacerla sufrir de tanto en tanto, más mental que físicamente, pero no la mataría. He visto horóscopos que son una réplica exacta de los suyos y la esposa vivió hasta la edad madura. ¿Sabe por qué? El marido era desleal o cruel y eso, de cierta forma, neutralizaba el rigor del planeta en la Séptima Casa. Percibo que a su esposa le esperan tiempos muy malos. Sálvela antes de que algo pase. Si puede serle infiel, ensaye eso. La esposa de un hombre que tiene concubina siempre vive una larga. . .

Extraña filosofía, pero parecía factible.

Krishna ignoraba la técnica de la infidelidad y deseaba tener la habilidad de su viejo amigo Ramu, quien en los días mozos solía hacer alarde de sus hazañas sexuales. Pero le era imposible buscar el consejo de Ramu, a pesar de que vivían cerca. Él era ahora un respetado empleado del gobierno y hombre de familia, y tal vez no querría prestarse a reminiscencias de esa índole.

Krishna buscó a uno de los tipos que actuaban como intermediarios de las prostitutas en la calle Dorada, pero no divisó a ninguno, a pesar de que la puerta del mercado tenía fama de estar plagada de ellos.

Le echó un vistazo a su reloj. Seis de la tarde. Marte tendría que ser aplacado antes de la medianoche. Por alguna razón su mente estableció el límite de la medianoche. Dio media vuelta en dirección a su casa, recostó la bicicleta contra el farol de la calle y subió corriendo los escalones de su casa. Al verlo, la empleada se dispuso a marcharse, pero él le suplicó que se quedara. Después se asomó al cuarto de la enferma, vio que dormía y se dirigió a ella mentalmente: —Vas a mejorarte pronto, pero costará un poco. Eso no importa. Cualquier cosa con tal de salvarte la vida.

Se lavó a toda prisa y se colocó una camisa de nilón, un *doti* ribeteado con cintas y un manto de seda; se aplicó un poco de talco y un extraño perfume que había descubierto en la cómoda de su esposa. Estaba listo para la velada. Tenía cincuenta rupias en su bolso, y eso debería bastar para la más exótica de las noches. Al hacer una pausa para echarse un último vistazo en el espejo, por un momento lo asaltó una inmensa visión de pasión y seducción.

Devolvió la bicicleta alquilada a la tienda y a las siete empezó a caminar por la calle Dorada. En su mente había imaginado rutilantes mujeres que le hacían señas desde los balcones. Las viejas casas tenían pilotes, pilares y barandas de colores chillones, tal como las casas de las prostitutas solían ser en otros tiempos, pero las inscripciones de las fachadas indicaban que sus moradores eran abogados, comerciantes y maestros. El único vestigio de los viejos tiempos era una pequeña tienda en una oscura esquina que vendía perfumes en botellas de colores y sartas de jazmines y rosas.

Krishna recorrió la calle hacia arriba y hacia abajo, mirando fijamente a unas cuantas mujeres aquí y allá, pero al parecer eran simples e indiferentes amas de casa. Nadie le devolvió la mirada. Nadie pareció notar su manto de seda ni su doti de encaje. Hizo una pausa para contemplar la idea de irrumpir en una casa, agarrar a la primera que encontrara, realizar el acto necesario, entregarle las cincuenta rupias y salir corriendo. Podrían golpearlo en el proceso. ¿Cómo rayos podía saber qué mujer, entre todas las que había visto en las terrazas y pórticos de las casas, respondería a sus encantos?

Después de caminar de un lado para otro durante dos horas, comprendió que la cosa era imposible. Ansió la libertad sexual de los países europeos acerca de la que había leído, donde uno tan sólo tenía que mirar a su alrededor anunciando sus intenciones y podía conseguir suficientes mujeres como para neutralizar el planeta más maligno del universo.

De repente recordó que la bailarina del templo vivía en algún lugar del sector. Había oído muchas historias acerca de Rangi, la del templo, quien bailaba ante la imagen del dios durante el día y recibía amantes en la noche. Se detuvo en una tienda a comprar un plátano y un refresco de frutas y le preguntó al chiquillo que lo atendía: —¿Cuál es la casa de Rangi, la bailarina del templo?

El niño era demasiado pequeño como para entender el propósito de su pregunta y simplemente contestó: —No sé.

Avergonzado, Krishna se marchó.

Debajo de un farol de la acera había un carruaje; el caballo movía la cola ociosamente, mientras que el viejo conductor esperaba un pasajero. Krishna preguntó:

—¿Está libre?

El conductor reaccionó sobresaltado.

—¿A dónde desea que lo lleve, señor?

Krishna dijo tímidamente: —Me pregunto si usted sabe dónde vive Rangi, la bailarina del templo.

—¿Para qué la quiere? —preguntó el conductor, mirándolo de arriba a abajo.

Entre dientes Krishna dijo que quería verla bailar. —¡A esta hora! —exclamó el conductor—. ¡Con tanta seda y tanto perfume encima! No trate de engañarme. Cuando salga de su casa, ella le habrá quitado toda la seda y todo el perfume. Pero antes dígame: ¿por qué tiene que ser Rangi? Hay muchas otras, tanto expertas como principiantes. Yo lo llevaré a donde usted guste. He llevado a cientos como usted a diligencias como ésa. Pero, ¿no cree que antes debería llevarlo a una lechería donde le den leche caliente con almendras trituradas para que tome fuerzas? Sólo es cuestión de rutina, muchacho. . . Yo lo llevaré a donde usted guste. Como quiera que sea, no es asunto mío. ¿Recibió un dinerito que le sobra? O, ¿está su esposa embarazada y se fue a la casa de su mamá? Sé todas las trampas que los hombres le juegan a sus esposas. Conozco el mundo, señor mío. Ahora súbase. A fin de cuentas, ¿qué importa como luzca cuando salga de allí? Lo llevaré a donde usted guste.

Krishna se subió obedientemente al carruaje, sintiendo el perfume en su interior y el crujir de sus ropas de seda. Entonces dijo:

—Está bien. Lléveme a mi casa.

Le dio la dirección de manera tan lúgubre que el conductor del carruaje, fustigando al caballo, dijo:

—No se entristezca, mi joven amo. No se pierde nada. Algún día se acordará de este viejo amigo.

—Tengo mis razones —Krishna comenzó a decir en tono sombrío.

El conductor del caballo dijo:

—Ya lo he oído todo. No me lo tiene que decir —y comenzó un largo sermón sobre la vida conyugal.

Krishna dejó de dar explicaciones y, resignado a su destino, se recostó contra el respaldo.

Al inicio de la noche

Anna Akhmatova

*¿Qué sentimientos son esenciales para un
amor y un matrimonio ideal?*

En el jardín, la música ha fluido
con inefable tristeza.
El plato de ostras sobre hielo expande
intenso y fresco aroma de mar.

Él me dijo: "Soy un amigo leal"
y tocó mi vestido.
Qué distinto a una caricia fue
el roce de esas manos.

Así es como gatos y pájaros se tocan,
y así es como fija la mirada en una esbelta
   amazona. . .
En sus ojos calmados no hay más que risa
bajo pálidas pestañas de oro.

Y los melancólicos violines, detrás
de un velo de humo, entonan:
"Agradece al cielo este regalo:
por primera vez estás sola con tu amado".